審決・命令・警告 徹底整理

景品表示法の理論と実務

林 秀弥／村田恭介／野村亮輔［著］

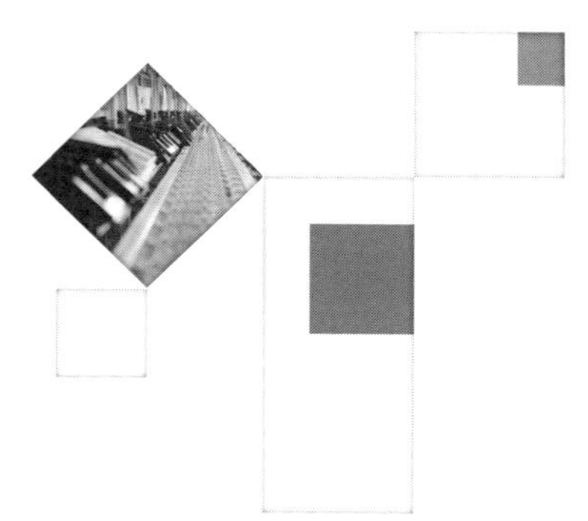

中央経済社

はしがき

本書は，景品表示法の理論と実務を詳論した解説書です。景品表示法は景表法とも略称されますが，正式には「不当景品類及び不当表示防止法」（昭和37年法律第134号）といい，その名のとおり，表示や景品規制の基本法です。すなわち，商品やサービスの品質，内容，価格等を偽って表示を行うことを規制するとともに，過大な景品類の提供を防ぐために景品類の最高額を制限することなどにより，消費者がより良い商品やサービスを自主的かつ合理的に選べる環境を守ることを目的にしています。

景表法は，平成21年の消費者庁設立に伴い，所管が公正取引委員会（公取委）から消費者庁に移管され，その位置付けも，独占禁止法の特例法から消費者法に変わりました。運用面においても，消費者行政の一元化を実現するため，景表法の運用の統一化の観点から，同法の執行は一元的に消費者庁が行うこととされました。しかし，景表法移管後においても，景表法及び政令により，立入検査や報告徴収といった調査権限は公取委に委任されており，公取委の地方事務所等においても，景表法に関する相談業務，同法違反の疑いに関する情報受付業務，被疑事件の調査業務等を行っています。このことからもうかがえるように，景表法は，公正な競争秩序の維持にとっても不可欠な法律です。

いうまでもなく，消費者も競争秩序の担い手です。このような言い方をすると，消費者の合理的な意思決定の確保は，単に市場経済が円滑に機能するための手段にすぎないように聞こえるかもしれませんが，そうではありません。不当表示規制を例にとって説明してみましょう。多くの市場では，経済学がモデルとするような完全競争市場ではなく，問題となっている商品を提供できる企業数には限界があります。高品質の商品の供給に要するコストは，低品質の商品を供給するコストを上回るのが通常です。仮に十分に情報に通じた消費者がいて商品の品質を正しく評価でき，それに応じて高品質の商品をそれに見合った価格で購入しようとしていたとしても，そのような「賢い」消費者が十分に多い場合を除いて，情報に通じていない（すなわち「賢くない」）消費者からの利益獲得機会を得るべく，企業にとっては，粗悪品のみを供給するのが得策となるかもしれません。高品質な商品が提供されるようになるのは，適正な情報に通じた消費者の割合が市場において十分に大きくなった場合に限られるのです。自分が賢い消費者となるだけではなく，他の消費者も情報に通じた賢い消費者になってはじめて市場の機能が改善されることになるのです。このように，自分が賢い消費者となることは他の消費者の利益にもなりますし，逆に他の消費者が賢くなることが自分のためにもなるのです。その手助けをする景表法は，ある意味で，消費者間に連帯の契機を見出すこともできるかもしれません。あるいは，市場機能を改善するには，個人の努力だけではなく，法律及び行政によって手助けされる集団的な努力が必要なのかもしれません。このように，消費者の意思決定の合理性の確保は，典型的な消費者法の課題であるとともに，競争秩序が機能するための大前提でもあるのです。

本書の刊行は，そのような問題意識の下に，実務家と研究者の共同作業によって実現しました。本書の執筆者の一人である村田弁護士は，独占禁止法・下請法・景表法の分野で非常に著名な弁護士であり，野村弁護士も村田弁護士の下で研鑽を積まれ，独占禁止法・下請法・景表法だけでなく，労働法やIT分野にも非常に造詣の深い弁護士です。

私達は，とあるきっかけから，名古屋で若手の企業法務担当者を囲んだ勉強会を開催することで意気投合しました。というのも名古屋では，日本有数の大都市であるにもかかわらず，東京や大阪と違って，独占禁止法をはじめとする企業法について実務家同士，あるいは実務家と研究者間での横のつながりは，これまできわめて希薄だったのです。私達は，実務家が日々抱える悩みや課題を共有したり，最先端の法動向を紹介したりといった「場」の必要性を感じていました。それが「名古屋企業法務研究会」となって結実しました。この研究会は3年前から開始され，幸いにして今も続いています。本書は，この研究会の直接の所産というわけではありませんが，この3年間，私達三人がこの研究会をはじめとするさまざまな機会を通じて意見交換を行ってきた成果です。

本書の特徴は，なんといっても実務家と研究者との共同作業というところにあります。実際，本書の執筆にあたっては，理論的説明と実務的な勘所のバランスに最も意を用いました。理論的な探求だけでは頭でっかちな本になってしまうでしょうし，実務的な解説だけでは読み応えがないということになるかもしれません。もとよりこの試みが成功しているかどうかは，読者諸賢の評価に委ねたいと存じます。

本書のもう一つの特徴は，本書の第２部に表れています。ここでは過去の審決・命令・警告を一覧にまとめました。実務の指針を得るためにはまずもって過去の先例を知らなければなりません。本書は，企業法務担当者が景表法の具体的な問題に突き当たったときに，本書を紐解いて過去の先例との関係からどのように考えたらよいのか，そのガイドとなるよう目指しました。さらに本書では，過去に問題になった広告類の実際例を多数，挿入図として示しています。本書はその意味で景表法の実務マニュアルをも目指したつもりです。また景表法は，課徴金制度が導入されるなど，近時，法改正の動きが激しい法律ですが，本書では最新の動きを可能なかぎり網羅しました。

本書が，一人でも多くの方に参照され，我が国が自由で公正な活力ある経済社会を形成していくためのささやかな一助になれば，望外の喜びです。

平成29年３月

執筆者を代表して

林　秀弥

目　次

第1部　景品表示法の制度と理論

第２部　審決・命令・警告一覧

審決・命令・警告索引

判例索引／466

第１部　景品表示法の制度と理論

【第１部凡例】

景品表示法（景表）：不当景品類及び不当表示防止法
独占禁止法：私的独占の禁止及び公正取引の確保に関する法律
医薬品医療機器等に関する法律：医薬品，医療機器等の品質，有効性及び安全性の確保等に関する法律
懸賞制限告示：懸賞による景品類の提供に関する事項の制限
総付制限告示：一般消費者に対する景品類の提供に関する事項の制限

※その他
「平成27年２月10日措置命令〔239〕」の〔　〕の番号は，「第２部　審決・命令・警告一覧」における通し番号です。

第１章

景品表示法の概説

1　景品表示法と独占禁止法

(1)　景品表示法の目的

不当景品類及び不当表示防止法(景品表示法)の１条を見てみよう。「この法律は，商品及び役務の取引に関連する不当な景品類及び表示による顧客の誘引を防止するため，一般消費者による自主的かつ合理的な選択を阻害するおそれのある行為の制限及び禁止について定めることにより，一般消費者の利益を保護することを目的とする」とある。

本章のはじめに，この目的をさらに理論的に敷衍してみよう。

(a)　消費者保護の含意

一口に「消費者保護」といってもその意味は多岐にわたる。景品表示法との関係で重要なのは，消費者の「知らされる権利」である。これは，消費者が適切な選択を行えるような意思決定環境を確保するという意味である。消費者保護の背景には，消費者の事業者に対する「情報の非対称性」，特に不確実な状況下における消費者の情報処理能力の限界がある。これらの困難への対処は，景品表示法の重要な目的である。そして，こうした問題を改善することは市場競争の観点からも望ましいのである。市場の健全な発展は消費者が合理的に判断できることを前提とするからである。

独占禁止法と消費者法である景品表示法は，消費者の情報に基づく判断を阻害したり，合理的な判断を妨げたりする事業者の各種戦略を違法なものとすることによって，消費者の合理的な意思決定を確保するよう事業者に求めている。競争者が公正に競争できるといえるには，一部の事業者が消費者の無知や不合理につけ込むことのない状態が不可欠である。この意味で，景品表示法は消費者保護法として重要である。景品表示法は消費者の合理的な意思決定を確保するという意味で直接的に消費者の利益に役立っているといえる。しかし，これらの介入によって達成される消費者の利益はそれにとどまるものではない。

次の(b)で，消費者も競争秩序の重要な担い手であることを強調し，消費者の合理的な意思決定が，市場経済が円滑に機能するためにも不可欠であることを説明しよう。

(b)　消費者の意思決定の合理性の確保

景品表示法１条は，一般消費者による自主的かつ合理的な選択の重要性をうたっている。これを次のような設例で説明したい。

情報に通じ，かつ商品の品質を正しく評価でき，そしてそれに応じて高品質な商品をその品質に見合った価格で購入しようと欲している消費者がいるとしよう。市場に多数の企業がいてさまざまな生産を行っているなら，そのような賢い消費者をターゲットにする事業者が登場するだろう。しかし，多くの市場では，その価格に見合った品質の商品を提供できる「まじめな」企業数にはおのずと限界がある。いわゆる悪徳事業者が蔓延しているような不健全な市場の場合，高品質の商品の供給に要する費用が低品質の商品の提供事業者の供給費用を相当程度上回るならば，情報に通じていない消費者から利益獲得機会を得ようとして，低品質商品のみを供給するのが得策となる。つまり，高品質な商品が提供されるようになるのは，情報に通じた賢い消費者の割合が十分に大きくなった場合に限られる。

情報に通じた消費者が高品質の商品に高い価格を支払ってよいと考えている者が十分多いケースは現実にはほとんど存在しない。このように，多くの現実の市場は，不完全な競争しか存在せず，そのような市場では，ある一部の消費者が情報に通じ，洗練されただけでは，その者に都合のよい商品供給が実現できるわけではない。他の大多数の消費者も情報に通じてはじめて市場の機能が改善されることになるのである。

自分が賢い消費者となることは他の消費者の利益にもなるし，逆に他の消費者が賢くなることが自分のためにもなる。その意味で，消費者問題には常に集団的要素を見出すことができるのである。つまり，このような状況で市場機能が改善するには，個人的な努力だけではなく集団的な努力が必要なのである。最近の集団的消費者被害の救済をめぐる議論は，この一例である[1)]。

⑵　諸法との関係

⒜　独占禁止法と景品表示法との関係

独占禁止法は，2条9項6号ハにおいて，「不当に競争者の顧客を自己と取引するように誘引し，又は強制すること。」と定めている。これに基づいて，「不公正な取引方法」（昭和57年公取委告示15号）の一般指定8項，9項において，ぎまん的顧客誘引及び不当な利益による顧客誘引を「不公正な取引方法」と定めている。ぎまん的顧客誘引の典型的な行為類型は不当表示であり，不当な利益による顧客誘引の典型的な行為類型は過大な景品類の提供である。

一般指定8項は,「実際のもの又は競争者に係るものよりも著しく優良又は有利であると顧客に誤認させることにより，競争者の顧客を自己と取引するように不当に誘引すること。」と定める。取引の相手が一般消費者であれば多くの場合，景品表示法が適用される。実際，不当表示にかかる規制のほとんどは景品表示法によってなされている（なお，独占禁止法19条（不公正な取引方法9項〔不当な利益による顧客誘引〕）の規定に違反するおそれがあるとして，最近警告がなされた事例として，教科書の発行者に対する件（平成28年7月6日公正取引委員会）がある。）。したがって，一般消費者でない顧客に対して「著しく優良又は有利であると誤認させる」場合に，主として独占禁止法上の規制がかかる。

ここでいう「誤認」の対象は，商品役務の内容及び取引条件である。表示の内容と商品の内容が明白に異なっている場合が典型であるが，二重価格事件のように価格表示を意図的に複雑にして誤解を招くようにする場合や，顧客が抱く印象が実態と乖離したものであるように仕向ける行為も誤認に当たる。また，独占禁止法による規制の場合には，誤認させる方法も表示によるものに限られない。取引の成否に影響する商品の欠陥など，重要な事実について表示を行わないという「不表示」によって誤認させることも対象となる[2)]。「著しく優良又

1）千葉恵美子・長谷部由起子・鈴木將文編『集団的消費者利益の実現と法の役割』（商事法務，2014年）参照。

は有利である」の「著しく」とは，程度ないし数量の問題ではなく，ある種の誇張された表示が，社会的に見て容認される限度を超えているか否かによって決せられる。

景品表示法は，不当な景品類の提供と不当表示について，ルールを明確にし，禁止される行為を具体的に示すことを通じて，独占禁止法を補完するため，昭和37年に制定された[3)]。

当時，なぜ独占禁止法の特例を設けたのか。そもそも，景品表示法で規制される類型は不公正な取引方法にも該当するはずである。この点について，独占禁止法による処理では，違反行為の排除手続として，これまで審査・審判（審判手続は平成25年独占禁止法で廃止）といった手続が必要であり，その処理には通常かなりの日時を要する。しかし，不当表示のような景品表示法で規制される行為は多数の消費者を対象として短期間のうちに被害が拡大する傾向があるため，これを止めさせるのに長期の手続を要するというのであれば規制の実効性は乏しくなる。ある事業者が実施すれば，競争事業者はさらにこれを上回る規模と方法とをもって対抗するおそれがあるという，「波及性」と「昂進性」とを有している。それゆえ迅速な処理が望まれたのである。

近時，平成21年の消費者庁設置に伴い，景品表示法は公正取引委員会から消費者庁に移管された。これにより，独占禁止法との関係も切断された。もっとも，景品表示法に基づいて公正取引委員会が制定した規則や告示は，改正法施行後も効力を有している。いずれにせよ，景品表示法は，消費者庁への移管によって，消費者保護という性格がより明らかになったといえるだろう。したがっ

2）これに対して，景品表示法においては，いわゆる不表示は表示行為に当たらず，一般的に規制対象ではないが，表示されたメリット事項の内容がそれだけをみれば真実であっても，事業者が一般消費者にとってデメリットとなる事項を適切に表示しないことにより，一般消費者に誤認される場合には，不当表示となるおそれがある，と指摘されている（大元慎二編著『景品表示法（第5版）』57～58頁（商事法務，2017年。以下，本書第1部において「大元編著」））。

3）景品表示法の制定は，当時，好景気を反映してか過度の景品付きキャンペーンが行われていたこと，及び，昭和35年に発生した，「牛肉の大和煮」と表示されている缶詰に馬肉やクジラ肉が混入されていたという，いわゆるニセ牛缶事件が発端となっている。なお，ニセ牛缶事件では，全国で20余社だった牛肉の缶詰メーカーのうち，牛肉を100％使用しているものはわずか2社にすぎないことが判明した（消費者庁表示対策課「景品表示法50年の歩み」公正取引743号7頁（2012年））。

て，景品表示法については，今後より一層，消費者保護を踏まえた解釈運用がされていくものと考えられる[4)]。

消費者庁移管に伴う法改正により，景品表示法の目的が「公正な競争を確保し」から「一般消費者による自主的かつ合理的な選択を阻害するおそれのある行為の制限及び禁止を定めることにより」に変更され，これに伴い，実体規定における「公正な競争」についても「一般消費者による自主的かつ合理的な選択」に変更された。ただこれは，供給者サイドからみた文言である「公正な競争」を消費者サイドからみた文言に置き換えただけであり，両者は表裏一体の関係にある。

なお，消費者庁移管後の景品表示法とそれ以前の景品表示法の主な相違点は以下のとおりである。

⑴　消費者法であることを明確にするため，目的規定の「公正な競争」が「一般消費者による自主的かつ合理的な選択」に置き換えられた。
⑵　景品類・表示の定義，景品類の禁止・制限，不当表示の指定の権限が内閣総理大臣の権限とされた（以前は公正取引委員会の権限であった）。
⑶　業界における自主規制ルールである協定及び規約（公正競争規約）は，内閣総理大臣及び公正取引委員会が認定することとされた（以前は公正取引委員会の認定であった）。

⒝　医薬品医療機器等に関する法律と景品表示法の関係

医薬品医療機器等に関する法律（旧薬事法）は，医薬品等の品質，有効性及び安全性の確保等のための規制を行うものであるが，同法において，医薬品等の製造販売については，品目ごとにその製造販売について厚生労働大臣の承認を受けなければならず（同法14条1項），その承認を受けることなく医薬品を製造販売することはできないとしている（同法55条2項）。そして，承認を受けていない医薬品につき，その名称，製造方法，効能，効果又は性能に関する広告をする

4）白石忠志教授は，「もともと景表法は『消費者から見てどうか』という視点で立法」されており，「公取委の所管であることを説明するために加わっていた『公正競争』の要素が，2009年の移管によって外れ，消費者保護が純粋に強調されるようになった」と説明している（BUSINESS LAW JOUNAL2012年8月号42頁）。

ことはできず(同法68条)，これに違反した場合には刑罰が科せられる(同法84条5号)。

景品表示法では健康に関する表示が問題とされることが多く，このような医薬品医療機器等に関する法律における広告規制は，実務においては景品表示法とも密接な関係を有する。

例えば，株式会社三貴に対する事案では（平成27年2月10日措置命令〔239〕），同社が販売する清涼飲料水について,「ガンの原因である活性酸素を除去するプラチナナノコロイド配合」といった，ガン等の疾病及び老化を予防する効果を標榜した広告宣伝に対して措置命令を行ったものであるが，このような広告宣伝は，医薬品医療機器等に関する法律にも違反するものともいえる。

また近時の判例では,「医薬品としての承認がされていない商品について，医薬品的な効能効果が表示されている場合，当該表示は，一般消費者に対し，当該商品があたかも国により厳格に審査され承認を受けて製造販売されている医薬品であるとの誤認を引き起こすおそれがあるから，優良誤認表示にあたると認めるのが相当である。」として，医薬品医療機器等に関する法律68条に違反する表示は，当然，景品表示法の優良誤認表示に該当するとの判断が示されている（平成27年1月21日京都地判判例集未登載，クロレラチラシ配布差止等請求事件)。

医薬品医療機器等に関する法律に関する表示のうち，特に効能，効果の表示については，厚生労働省の「無承認無許可医薬品の指導取締りについて」(昭和46年6月1日薬発第476号)等，違法な表示がどのようなものであるかについて相当な蓄積がある。本判決のように，医薬品医療機器等に関する法律に違反する表示は，当然景品表示法の優良誤認表示に該当するということであれば，関連する表示を行う場合には，医薬品医療機器等に関する法律における過去の表示の違反事例についても留意すべきということになろう。

(C)　不正競争防止法と景品表示法の関係

景品表示法の措置命令では，原産国表示の違反事例が多い[5)]。

ところで，原産国の表示に関しては，不正競争防止法2条14号が,「商品若し

5）大元編著143頁。

くは役務若しくはその広告若しくは取引に用いる書類若しくは通信にその商品の原産地，品質，内容，製造方法，用途若しくは数量若しくはその役務の質，内容，用途若しくは数量について誤認させるような表示」をする行為を「不正競争」として規制している。不正競争防止法は，事業者間の公正な競争等の観点から，不正競争行為について，営業上の利益を侵害される者等に対して，差止請求権や損害賠償請求権を認めている。不正競争防止法は，事業者に係る法律であるので，景品表示法と関わりがないようであるが，原産国表示を偽って刑事事件として，捜査の対象となっていると報道されている事案は，不正競争防止法違反のそれである。すなわち，不正競争防止法の原産国表示違反については，同法21条2項1号で5年以下の懲役，又は500万以下の罰金（併科あり）という刑罰の対象となっている。他方，景品表示法に違反した不当表示を行っても，その不当表示をした行為自体は景品表示法における刑罰の対象となっていない。したがって，一般消費者に対する商品等の原産国表示違反が，刑事事件になる場合は，不正競争防止法違反として処理されている。

このように，不正競争防止法と景品表示法はまったく関係がないようであるが，原産国表示違反という側面においては，運用面において一定の関連を有するのである。

なお，景品表示法に基づく処分に対する不服審査は，行政不服審査法によることとし，審判手続は適用されないこととなった。

ところで，景品表示法の他にも，商品役務に関する表示を規制する法律は多数存在するが(→38頁コラム参照)，景品表示法は，あらゆる商品及び役務を対象としているという特色を持つ。このため，景品表示法に基づく警告・措置命令事案は，多業種のさまざまな商品及び役務に及んでいる。

また，他の規制法が，一定事項の表示を義務付けていることによって消費者保護を図っているのに対して，景品表示法は特定の表示を義務付けるのではなく，消費者を誤認させる表示を禁止する法律である。このように，景品表示法は，評価規範としての性格を有するため，表示前の段階で，このような表示をすれば措置命令等を免れる，と助言することが難しい法律である。こうした表示をしさえすればよいという助言をしにくいため，事前に表示の修正を助言する際にも，明確な代替案を出すのが困難な場合がある。

また，他の規制法規で特定の表示が義務付けられている場合に，当該法規と景品表示法のいずれもが適用される場合があるので注意が必要である[6)]。過去の命令事案においても，他の規制法規の要請は遵守しているものの，景品表示法上は，不当表示として命令の対象となった事案が複数存在する（→第9章㉔㉕）。

2　なぜ景品表示法が必要なのかー行動経済学の視点から

⑴　消費者行動の経済学

景品表示法の目的は消費者厚生の向上にあり，消費者が保護されることはその目的に資する。消費者の認知能力の限界（限定合理性）ゆえに厚生上の損失が発生している場合，それを是正することは効率性の観点からも正当化できる。その一方で，競争は消費者の不合理な行動を是正する効果も期待されている。しかし，現実には，この側面を過度に強調すべきではない。すなわち，行動パターンに不合理な消費者がいて，そしてそれを搾取する企業がいたとしても，競争が十分であればそのような活動は競争によって淘汰されるはずだというのは，不完全な競争しか存在しない現実の状況ではそもそも妥当しない。需要サイド（消費者）の行動バイアス[1)]に注目し，消費者側の行動バイアスが企業の意思決定にどのような影響を与え，それによって競争均衡がどのように変化するのかを法的に評価することは，供給者側（事業者）の健全な競争環境（能率競争）を維持する上でも不可欠である。かかる見地に立った場合，行動経済学の知見を踏まえた消費者取引の適正化への対処は，景品表示法にとってもまた，重要な課題である。

そこで以下では，第一に，消費者行動の経済学について，消費者の認知能力の限界を概観し（⑵），消費者保護におけるパターナリズムの問題（⑶）を論じる。

近時，消費者の行動を行動経済学的に分析し，その知見をもとに，消費者保

6）小畑徳彦「景品表示法実務講座　第2回　表示制度の概要」公正取引722号95頁（2010年）。

1）ここで行動バイアスとは時間選好率や主観的な危険回避度といった個人の意思決定や行動に影響を与える認知の偏りを指す。

護行政や消費者立法を批判的に検証したり[2)]，今後の消費者行政の企画立案，調査などに生かす試みが始まっている[3)]。そのような試みとは，例えば，事業者の行う表示等に対する消費者行動を分析することにより，「一般消費者の誤認」とは何か，誤認解消のための有効な手段は何かを，より詳細に明らかにし，今後の景品表示法の運用，消費者政策の一助とすることである[4)]。

伝統的な経済学においては，消費者は合理的な行動をすることを前提としていたが，実際の市場において，消費者は必ずしも合理的な行動を採らないこともあり（行動経済学），あるいは，情報の非対称性のために合理的な行動が採れな

2）筒井義郎・晝間文彦・大竹文雄・池田新介「上限金利規制の是非：行動経済学的アプローチ」現代ファイナンス22号25頁（2007年）では，上限金利の引き下げが好ましい消費者政策であるか否かを理論的・実証的に検証している。すなわち，2006年12月に成立した貸金業法改正では，上限金利を利息制限法に規定されている最高利率20%に引き下げ，また，原則年収の3分の1を上限とした総量貸出規制が導入された。さらに，借り手の総借入残高を把握するための新しい信用情報機関制度の創設が義務化された。上記論文では，双曲割引（後述）や衝動性をもつ人々の借り入れ決定がその後の後悔を生むという「時間非整合性」に着目しながら，伝統的な経済学の「合理的な個人」という仮定をはずし，行動経済学に基づく分析フレームワークが採用されている。あわせて消費者金融利用経験者，債務整理・自己破産経験者，消費者金融非利用者，を対象としたアンケート調査の結果を用いた，実証的な検討も行われている。

3）例えば，最近，英国公正取引庁（OFT）は，行動経済学が競争政策に与える影響について考察した報告書を次々に公表している。Steffen Huck, Jidong Zhou, and London Economics Charlotte Duke (Office of Fair Trading), “Consumer behavioural biases in competition survey” －Final Report, *Office of Fair Trading, economic research paper series* OFT1324, 2011.（http://www.oft.gov.uk/shared_oft/research/OFT1324.pdf）は，現時点で最新のものであり，特に，消費者（需要）サイドの行動バイアスに注目している。消費者サイドの行動バイアスの存在は，現実の消費者が，多くの経済モデルが推定するような完全合理的な行動を常にするわけではないことを示唆している。本書は，行動経済学に関する今までの実証的研究・理論的研究をサーベイすることを通して，以下の三つの命題に対する解答を追究している。第一の命題は，消費者サイドの行動バイアスがどのように働いた場合に競争環境に歪みが生まれるのかというものである。第二の命題は，消費者サイドの行動バイアスが働く際に，どのようにして競争均衡や価格が変化するのかというものである。第三の命題は，消費者サイドの行動バイアスから生じる非効率性から来る弊害を少なくするためにはどのような政策手段があるかというものである。なお，我が国の政府機関が行った消費者の行動経済学的調査としては，内閣府国民生活局総務課調査室「消費者の意思決定行動に係る経済実験の実施及び分析調査の概要」（平成20年10月15日）を挙げておく。

4）例として，公正取引委員会・競争政策研究センター共同研究報告書「広告表示等に対する消費者行動の分析」（2008年）（http://www.jftc.go.jp/cprc/reports/cr-0308.pdf）を挙げておく。

い（情報経済学）場合もある。すなわち，伝統的には，事業者と消費者の間に情報の格差があるが，この情報格差を取り除けば，消費者の商品選択は合理的な判断の上に行われると考えられてきた。しかし，消費者は，商品選択に当たって必ずしも合理的な行動を採らない場合もある[5)]。そこで，そもそも，①合理的な行動を採らないのはどういう場合なのか，②またその場合，消費者や事業者に対してどのような不利益を与えることになるのか，③その不利益の程度はどの程度のものなのか，④消費者又は事業者に対し不利益を与える場合，適正な商品選択の観点から，どのような政策提言が可能か，を検討する必要がある[6)]。

消費者の行動バイアスに関する研究が競争法に与える含意には，次の点が挙げられる。

第一に，消費者の行動バイアスがどのような場合に競争の歪みを生むのかを考察することは，市場メカニズムの健全性を評価する際に重要な視点となる。

第二に，消費者の行動バイアスが企業の意思決定にどのような影響を与え，それによって競争均衡がどのように変化するのかについての知見は，競争当局の介入の是非及び方法を判断する指針の一つとなる。

第三に，情報に対する反応の仕方は消費者の知識水準や情報の種類によって異なる。消費者の中には，以下に述べるように，より良い商品を探したりしない者や品質を正しく評価できない者も存在する。そういう消費者が市場の中で多数派となった場合，供給者は，より良質廉価な商品を市場に投入する競争をせずに，逆に有害・無意味な情報を流布したり射幸心をあおったりして，消費

5）もちろん，認知能力の限界があるとしても，健全な市場環境では，合理的な行動を仮定して近似できることも多いはずであり，行動経済学は，標準的なミクロ経済学の分析道具をあくまで補完するものと解すべきである。

6）例えば，こうした限定合理的な行動を消費者が採ることも考慮に入れて，不当表示に対する景品表示法の厳正な運用が，消費者の経済活動に対していかなる影響を与えているのかを分析することや，また，事業者の行う表示に対する消費者行動を分析することにより，経済学上いかなる消費者政策（ひいては競争政策）を政策・規制当局（消費者庁・公正取引委員会）が採ることが適切であるのか検討することは有益である。具体的には，①景品表示法上の排除命令による情報開示が，消費者と事業者との情報量の格差を埋めるものであって，事業者による自発的な情報開示しか行われない場合に比べて消費者の利益を保護していることを統計的な手法を用いて分析することや，②消費者の表示に対する認識を統計データとして集計することにより消費者行動を分析し，事業者が消費者に対しいかなる情報を，どのタイミングで開示すべきかなどである。

者に良質廉価な商品だと誤認させ，結果的に消費者を搾取することができるかもしれない。もちろん，情報の非対称性を解消するために供給者側に強制的に開示規制をかけることには意味がある。ただ，その際，供給者側が実質的に意味のない情報（開示義務のない情報）まで開示することで自社の商品をアピールするような競争がなされてしまう場合がある。かような行き過ぎた情報提供競争の結果，過剰な情報が氾濫する中で，これらの情報を十分に理解できないまま過剰に反応したり評価したりする消費者が増えてしまうおそれもある。

行動経済学の成果は消費者規制やそれに関連する景品表示法の規制に対して従来の介入を正当化する契機をもつ。いわば，これまでの合理的選択論を前提にすればうまく説明がつかない規制を正当化できるという機能である。ただし，消費者の意思決定や認知能力に制約があるのだから直ちに介入が正当化されるというような短絡的議論は避けなければならない。行動経済学の成果を適切に利用しつつも，他方で，それを法学分野において濫用することを防ぐ謙抑的態度もまた，われわれには求められている。

では，行動経済学の成果についてどのような法的位置付けがなされるべきか。これは従来の法運用における経済学的議論の位置付けとも関わる[7)]。経済学の利用には立法事実（立法の必要性や立法目的の合理性を支える事実）と司法的事実（規範適用事実ともいい，法適用の前提となる事実）があり，それぞれの局面で経済分析の占める位置付けは異なる。競争法の分野では（おそらく他の分野でもそうであろうが），裁判官の推論の道具という位置付けがなされている。行動経済学の機能は，上記立法事実に関わるものとして，標準的な経済分析が出した知見・推論を修正する知見として働く。

⑵　消費者の認知能力[8)]の限界

そもそも消費者が必ずしも合理的な行動を採るとは限らないと想定される

7）その前提として，意思決定の非合理性を所与とした場合に法的介入をすべきかどうかの問題として，行動経済学の成果が法運用で位置付けられることもある。個人の選択の自由を尊重しつつ，政府が選択の初期値に介入することを許容するSunsteinらのリバタリアン・パターナリズムの議論はこれに当たる。Cass R. Sunstein & Richard H. Thaler, Libertarian Paternalism Is Not an Oxymoron, 70 U. Chi. L. Rev. 1159 (2003).

ケースとして挙げられるのは，第一に「過剰な選択肢」である。すなわち，消費者は，商品の種類が多すぎると，誤った選択をおそれてランダムな選択をしたり，選択そのものを放棄してしまうというものである。

これは典型的には携帯電話の料金プランがそうである。すなわち，携帯電話の料金プランに関する情報がすべて開示・提供されていたとしても，多数の消費者は，情報量が多すぎると，そのうちどれが自分にとって最も望ましいものかについて面倒臭さから検討を放棄してしまう傾向がある。その結果，ある消費者にとって最適なプランがあったとしても，それが当該消費者に選択されず，事業者にとっても，新プランを出すメリットがなくなってしまうという危険がある。これは，情報処理における合理性からの乖離（狭義の限定合理性）の問題である。

第二に，選好の非整合性の問題である。例えば「賦与効果（endowment）」と呼ばれる原状維持バイアスが観察されている。要するに消費者は，自己の所有する商品への愛着から，その商品に対し過大な愛着を持ってしまうことである。これは耐久消費財の買換え時期を念頭に置くとわかりやすい。すなわち，より優れた後継商品の出現により，本来であれば，買換えが合理的な場合であっても，引き続き高いランニングコストを払いながら，又は，修理費用を負担して，自己の所有する商品を使い続けることがあるのではないかという問題である[9)]。その結果，消費者は高い支出を続けることになる。このことは，事業者にとっても，より優れた商品を開発しようとするインセンティブが失われるおそれがある。

また賦与効果として，「初期設定効果（default）」も挙げられる。消費者は，自分にとって未知の商品を初めて購入する際など，商品選択の基準そのものを

8）認知心理学の進展によって「合理的経済人」仮説（ベイジアン合理性ないし主観的期待効用仮説）を反証する多くの経験的事実が蓄積されている。行動経済学の研究プログラムとは，実験経済学とは異なり，観察された結果等から想定される行動様式を仮説として採用した上で，厳密なモデル分析を行う研究として進展している。特に消費者の一般的属性としてその認知能力に限定があると仮定した上で，競争がどのような帰結をもたらすかについての研究は米国を中心に盛んである。

9）ただし，高額商品の場合は買換えに多額な費用を要するため，買換えの阻害要因になっている場合もあると思われる。

持っていない場合，自分にとって不要なものが含まれていても標準仕様といわれるものを選んでしまう傾向がある。これは，保険商品の特約を考えるとわかりやすい。すなわち，自分にとって必要かどうかの判断の拠り所がないため，他の多くの人が特約を付けるかどうかという事実をもって，自分自身の場合について特約を付けるかどうかを判断してしまうことがある。この結果，消費者は余分な費用を負担することになるおそれがある[10]。

第三に，消費者の意思力の弱さに起因するものである。これは，自己の利益のために行動を制御することの困難さの問題であり，特に，双曲割引による時間的非整合の問題が指摘される。「双曲割引（Hyperbolic discounting）」とは，消費者は，将来の費用・利益よりも，目先の費用・利益に目を向ける傾向にあることを指すものである。これは，近時，多重債務問題において注目されており，将来の費用・利益については合理的な判断がなされるとしても直近の選択であると必ずしも合理的な選択を行わないことを問題にするものである。すなわち，消費者は，目先の利益を過大に評価し，将来の負担等は過小に評価する傾向があるとされ[11]，その時点，その時点でみるとそれぞれ各人の期待効用を最大化しているが(例えば各種中毒)，時間軸を長期に取ると必ずしも客観的に見て合理的な選択を行っていない場合である。

第四に，「フレーミング」による先入観の問題である。これは，意思決定問題をどのような「枠組」でとらえるかによって，その選択行動に影響が出るというものである。消費者の選択は，情報の提示の仕方（frame）に影響を受ける。例えば，同じ内容を意味する「99％紫外線カット」と「１％しか紫外線を吸収しない」と書かれていた商品がある場合，消費者は前者を選択する傾向にあるのではないかが問題とされており（この傾向はマーケティングでも応用されてい

10）またパソコンの標準装備ソフトなどでも，自分にとって必要となるかどうかというよりも，比較対照の商品での装備状況によって，標準かどうかを判断してしまうことがあるのではないかという点である。この結果，消費者は余分な費用を負担することになるのではないかが問題となる。

11）これは，将来の利益に対する割引率は双曲線上になっており，将来時点での利益も勘案した自己の利益の最大化に関して時間的不整合が生じているとしばしば表現される。Shane Frederick et al., Time Discounting : A Critical Review, 40 J. Econ. Literature 351 (2002).

る），意思決定問題の表現方法いかんで結論が左右されている。これは，表現の創意工夫と表示規制とのバランスをどう考えるかを検討するに当たって興味深い視点を提供している。また，リスクに関する先入観も同様である。消費者は，リスクに関する選択に当たっては，非常に低いリスクであってもそれを過大に評価してしまうことがある。前述の保険商品の特約に当たって，非常に低いリスクに保険をかける傾向がある場合である。限定合理性を情報処理の不合理と選好の不合理性に分けるならば，これらは，選好の不合理性として分類される。

第五に，消費者の「自信過剰」である[12]。消費者は，自己の能力を過大評価する傾向があることを指す。ドライバーは一般に自己の運転能力は平均以上だと思っていると指摘されることがあるが，ある自動車関連用品が，初級者用，上級者用と銘打って販売される（その商品情報は正しく提供されていると仮定して）場合，ある消費者にとって適切な商品は初級者用であるにもかかわらず，上級者用の商品を選択候補にする場合である。この消費者の行動バイアスにより，消費者は自ら余分な費用を負担させられているともみることができる。この自己能力・幸運等についての過大評価は，行動経済学でしばしば取り上げられている[13]。

(3)　消費者保護におけるパターナリズム

もちろん，上記のような認知能力の限界があるからといって，そのことが条件反射的なパターナリズムに直結するわけではない。確かに，行動経済学の成果を生かした研究の多くは，消費者法その他の領域で，自己利益を守れない法律弱者について介入を示唆するという意味でパターナリズムにコミットする傾向がある。このことはとりわけ，消費者保護の文脈で顕著である。この傾向に対しては，(1)介入のコストを正しく勘案していないとか，(2)介入された個人が

12）Albert, M., and H. Raiffa, A progress report on the training of probability assessors, in D. Kahneman, P. Slovic and A. Tversky, eds., Judgment Under Uncertainty : Heuristics and Biases (Cambridge University Press, Cambridge 1982) 294.

13）Neil D. Weinstein, Unrealistic Optimism about Future Life Events, 39 J. Personality & Soc. Psychol. 806 (1980). Lynn A. Baker & Robert E. Emery, When Every Relationship is Above Average : Perceptions and Expectations of Divorce at the Time of Marriage, 17 Law & Hum. Behav. 439 (1993).

自己の学習によって合理性を獲得する可能性を軽視している[14]といった批判がなされている。また，自己の行動様式に不合理な消費者が存在し，それを搾取する企業がいたとしても競争が十分であればそのような搾取的行動は市場から淘汰されるはずであるという市場メカニズムに対する過剰な期待もある[15]。この手の批判に対しては，市場の修復作用が弱いことが介入の前提であり，痛い目に遭ったことで今後気を付けようと自己教育・自己改善する個々の消費者の反省的行動をもって，市場競争による是正ととらえることのできる状況は限定されているように思われる。なんとなれば，消費者被害の蔓延下では，不完全な競争しかない状況をわれわれは問題にしているからである。

このように介入に批判的な論者も，全体としての経済厚生の改善のために被規制者の意思決定の自由を過度に制約しないような介入を否定するものではない[16]。またそもそも，消費者の脆弱な意思決定能力につけ込むことや相手方の認知上の制約を不当につけ込んで搾取することを規制するのはパターナリズムとは次元の異なる問題である。

---

14) これに対しては，学習インセンティブの低い状況が法と行動経済学の前提であるという反論がなされている。Colin F. Camerer & Robin M. Hogarth, The Effects of Financial Incentives in Experiments: A Review and Capital-Labor-Production Framework, 19 J. Risk & Uncertainty 7, 11 (1999).

15) Alan Schwartz How Much Irrationality Does the Market Permit? 37 J. Legal Stud. 131 (2008).

16) Cass R. Sunstein & Richard H. Thaler, Libertarian Paternalism Is Not an Oxymoron, 70 U. Chi. L. Rev. 1159 (2003); Richard H. Thaler & Cass R. Sunstein, Libertarian Paternalism, 93 AEA Papers and Proceedings 175 (2003). リバタリアン・パターナリズムとは，Sunstein and Thaler (2003)，Thaler and Sunstein (2003) などで大きな注目を浴び，最近では Thaler, R., and Sunstein C. による Nudge (2008, Yale University Press) という一般向けの書物も刊行されていることで注目を浴びた，行動経済学に基づいたリバタリアンの精神を有するパターナリズムである。リバタリアン・パターナリズムは，個人の選択の自由を認めつつ，厚生を促進する方向へと人々を誘導するための選択として，行動経済学という実験的手法を経済学に応用した分野の結論と提言に立脚し，厚生基準の活用に向けた功利主義が社会選択論という理論的な進展に加え，実際のさまざまな実証経済学の成果を活用した厚生基準の適用可能性を模索している。

第2章

不当表示の規制

表示規制の中心となる条文は，景品表示法5条である。

1　表示規制の趣旨

不当な表示を禁止する規制の場合，表示をするかどうか，どのような表示をするかは，事業者の任意であって，消費者と事業者との間には情報の質・量等に格差が存在するところ，自己の供給する商品・役務の内容を一番よく知っているのは，まさにその商品・役務を供給する事業者であるため，事業者は，その商品･役務の実際と異ならない範囲で自由に表示をする（又は，表示をしない）ことが可能である。そして，景品表示法は，表示から受ける一般消費者の印象･認識を基準として，消費者の自主的・合理的な選択を阻害するおそれのある表示を不当な表示として禁止しているものであるから，事前に，どのような表示をすべきか，又はどのような表示をしてはいけないかを具体的・網羅的に明らかとすることはできない。このため，不当な表示にならないようにするためには，自己の供給する商品･役務の需要者と考えられる者（消費者）の立場に立って，自己の行う広告・表示の全体から一般消費者がどのような印象・認識を持つかを考えた上で，その商品・役務の実際の内容などと比べて，顧客に誤解されないようにする（顧客に誤解されるような誤った情報や大げさな情報は伝えない）ということが基本となる[1]。

1）消費者庁「メニュー・料理等の食品表示に係る景品表示法上の考え方について（抄）」第3　「不当な表示の禁止に関する基本的な考え方」（平成26年3月28日）。

2　表示規制の概要

(1)　規制対象となる表示

景品表示法は，同法の対象となる表示について，「顧客を誘引するための手段として，事業者が自己の供給する商品又は役務の内容又は取引条件その他これらの取引に関する事項について行う広告その他の表示であって，内閣総理大臣が指定するもの」と規定している（２条２項）。告示（昭和37年公正取引委員会告示第３号）で，商品・容器・包装の表示（及びこれらに添付した物による広告その他の表示），見本，チラシ，パンフレット（ダイレクトメール，ファクシミリ等によるものを含む），ポスター，看板（プラカード及び建物又は電車，自動車等に記載されたものを含む），新聞･雑誌･放送による広告等，日常生活で目にするさまざまな表示が具体的に指定されている。

ケース　㈱ヘルスに対する措置命令（平成25年10月17日）（213）

家庭用電位医療器の販売に際し，無料体験会場における「高血圧はパワーヘルスの生体電子で必ず治ります。軽い方だったらばパワーヘルスに続けて１週間かかっていただくと，血圧が少しずつ下がり始めます。で，重い方で大体10日間ぐらいから高血圧が少しずつ下がってきます。パワーヘルスに続けてかかっていただくと，この高血圧は芯から治ります。絶対治りますからね。」等との口頭による説明が不当表示とされている。本件は，営業員などによる口頭での説明を不当表示としたものであり，口頭での表示を違反としたのは，消費者庁では初めてである（公正取引委員会管轄時代の昭和45年に２件あるのみ）とのことである[1]）。

このように，「表示」は，一般的広告表現のみならず，事業者の経済的表現活動を広く含むことに加え，消費者庁は不当表示の是正を積極的に行っており，同種表示に命令事案の前例がないことや，新しい表示形態であることをもって，不当表示のリスクのある表示を是とする理由にはならない。

また，顧客誘引性が要件とされているため，単に事業者が意見広告を出す場合などは，顧客誘引性の要件を欠き，「表示」には当たらない。逆に顧客誘引性を有するものであれば，事業者が「広告」とは認識していなくても「表示」と

1）菅久修一「消費者庁所管法の執行を巡る本年の課題」公正取引759号43頁（2014年）。

される場合がある。

> **ケース　㈱天然の温泉村事件**
> 　事業者名が不当表示として警告対象となった珍しい事例である㈱天然の温泉村に対する警告事例，平成16年８月９日〔14〕)。事業者名も，顧客誘引性を有する「表示」とされたと考えられる。

⑵　規制の概要

景品表示法で禁止している表示には，次の三つの類型がある（５条１項)。

第一に，商品又は役務の内容について，一般消費者に対し，著しく優良であると示す表示，すなわち，「優良誤認表示」である（１号)。

第二に，商品又は役務の取引条件について，著しく有利であると一般消費者に誤認される表示，すなわち，「有利誤認表示」である（２号)。

第三に，商品又は役務の取引に関する事項について一般消費者に誤認されるおそれがある表示であって，内閣総理大臣が指定するものである（３号)。

いずれも禁止されているのは一般消費者に誤認されるおそれのある表示であり,「不当に顧客を誘引し，一般消費者による自主的かつ合理的な選択を阻害するおそれがあると認められるもの」である。「一般消費者」とは,「一応の常識ある者」をいう。一般的平均人よりはレベルを下げた段階でとらえられている。消費者が広告や表示を一字一句注意深く検討することなく，大まかに目を通すだけで即断する傾向にあるということをも考慮に入れると，十人中七八人までが誤認をしないとしても，残り二，三人が誤認し，その誤認がある程度やむを得ないとすれば，その表示は問題があるということになる[2)]。

「誤認される」の『誤認』とは，実際のものと，一般消費者が表示から受ける印象との間に差が生ずることをいう。『される』とは，誤認される可能性が高いことをいう。一般消費者が商品を購入するなどの行為に導く可能性までを要求しているわけではない。故意・過失も問題にならない。

２）川井克倭『表示と景品の話』67頁（日経文庫，1972年)。

⑶　不当表示の主体

不当表示を行ったとして後述の措置命令を受けるのは，自己の供給する商品又は役務の取引について表示をした事業者である(景表5条柱書)。表示の内容の決定に関与した事業者は，ここでいう「表示をした」事業者に該当する。決定に関与した場合とは，自ら積極的に表示内容を決定した場合だけでなく，他者の説明に依拠して表示内容を定めた場合や，他者に表示内容の決定を委ねた場合も該当する。

したがって，単に取引先の説明を軽信して表示を行った場合などは，取引先の説明不足は不当表示行為を正当化できないと思われるので，注意が必要である。

東京高裁平成19年10月12日判決は，独占禁止法の特例法として，不当表示や過大な景品類の提供を規制し，公正な競争を確保し，もって一般消費者の利益を保護することという景品表示法の立法趣旨，並びに条文の内容及び趣旨から，不当表示をした「事業者」について，「公正な競争を確保し，一般消費者の利益を保護する観点から，メーカー，卸売業者，小売事業者等いかなる生産・流通段階にある事業者かを問わず，一般消費者に伝達された表示内容を主体的に決定した事業者はもとより，当該表示内容を認識・認容し，自己の表示として使用することによって利益を得る事業者も，表示内容を間接的に決定した者として，これに含まれると解するのが相当」としている（第8章3）。

上記判決後，景品表示法は消費者庁に移管され，独占禁止法の特例法という位置付けから消費者保護法という性格が強まったため，今後は，一般消費者の利益保護という観点が一層強く「事業者」の解釈に反映し，「事業者」がより広く解される可能性があると思われる。

3　優良誤認表示（景表5条1号）

景品表示法5条1号で禁止される表示は，商品の内容について，一般消費者に対し，

①　実際のものよりも著しく優良であると示す表示，及び

②　事実に相違して当該事業者と同種若しくは類似の商品若しくは役務を供給

している他の事業者に係るものよりも著しく優良であると示す表示，

である。

「著しく優良」か否かは，一般消費者の自主的かつ合理的選択を確保するという景品表示法の目的から，表示を行う側である業界の慣行や事業者の認識によるのではなく，一般消費者の誤認を招くか否かという観点から判断するべきである[1]。ただし，広告・宣伝表示においては，ある程度の誇張がされるのが一般的であり，一般消費者もある程度の誇張が行われることを通常認識していることから，パフィング[2]として許容されている[3]。景品表示法が単に「優良」と誤認される表示ではなく，「著しく優良」と誤認される表示を規制しているのは，上記の趣旨に基づくものである。

ケース　カンキョー事件（第8章7）

「景品表示法5条1号にいう『著しく』とは，誇張・誇大の程度が社会一般に許容されている程度を超えていることを指しているものであり，誇張・誇大が社会一般に許容される程度を超えるものであるかどうかは，当該表示を誤認して顧客が誘引されるかどうかで判断され，その誤認がなければ顧客が誘引されることは通常ないであろうと認められる程度に達する誇大表示であれば『著しく優良であると一般消費者に誤認される』表示にあたると解される」。「そして，当該表示を誤認して顧客が誘引されるかどうかは，商品の性質，一般消費者の知的水準，取引の実態，表示の方法，表示の対象となる内容などにより判断される」（東京高判平成14年6月7日・経済法判例・審決百選270頁 No.〔138〕）

事業者にとっては，どのような表示をもってすれば，許容される限度を超え「著しく優良」に該当するのかが重大な関心事となる。この点，「著しく優良」は，裁量の幅のある文言であり，実際の場面でも判断は困難な場合が多々あるが，過去同業他社事例や類似表示事例等との比較対照も踏まえて判断するとよいであろう。

また，優良誤認表示とされた事案については，業種ごと，あるいは業種横断

1）大元編著70頁。

2）パフィング（Puffing）とは，もともと人が化粧の際に白粉をはたくことを意味する（大元編著70頁）。

3）大元編著70頁。

的に一定の傾向がある。特定の業界において，新しいタイプの優良誤認事例が明らかになった場合，自社の表示が果たして優良誤認表示に該当しないか，再確認すべきである。例えば，近年の消費者のエコロジー意識の高まりに応じて，環境に配慮した製品・省エネ商品の優良表示事案が目立つようになった。また，新規事業分野や業界内で競争が激化している分野においては，他社との競争において優位に顧客を獲得しようとして過剰な表示がされやすいため，注意が必要である。

ケース　㈱進学会に対する措置命令事案（平成26年5月20日〔227〕）

教育産業の事案は，これまで，合格実績についての4条1項1号事案（大学や資格試験の合格者数を過剰に表示するもの），講座費用に関する4条1項2号事案（別途負担しなければならない入学金などを表示しないもの）に二分されていたが，本件は，「塾は講師で決まる！」等と強調した上で，実際には私立大学の出身者を国立大学出身とした，講師の学歴についての不当表示が優良誤認にあたるとした。

本件は，当該表示が真実を伴った表示か否かが優良誤認表示の蓋然性を高める重要なメルクマールとなっていることを示す典型的な例と思われる。学習塾の講師として優秀か否かは，指導経験や指導技術，熱心さや生徒への思いやり，きめ細かな目配りといった諸々の点が関係しているはずであり，国立大学卒業か否かという点は必ずしも決定的要素ではないと思われる。実際に国立大学卒業者を講師に起用した上で，"国立大学卒業の優秀な講師"という表示を行っている場合は，優良誤認表示として措置命令の対象となる可能性はないと考えられる。すなわち，"国立大学卒業者である優秀な講師"という表示をしておきながら，実際には当該講師らが国立大学を卒業していなかったという虚偽の表示が問題とされていると考えられる。

通信産業では，かつては㈱エヌ・ティ・ティ・ドコモ・KDDI㈱に対する警告事案（平成19年11月16日〔83〕）のように，料金表示に関する有利誤認表示事案が多かったが，近年は，KDDI㈱に対する措置命令事案（平成25年5月21日〔206〕）のように，通信速度の速さや，通信帯の地域カバー率等の，通信サービスの優良性に関する優良誤認表示事案が見られるようになってきた（このほか，イー・アクセス㈱に対する排除命令事案（平成24年11月16日〔199〕）など）。このような命令の対象となる表示の内容の変化は，当該業界の競争状態を反映しており，自社の属する業界において，他社との競争が激化している訴求点の表示については，つい過剰な表示に走る傾向があるので，当該表示が許容される誇張（パフィング）の範囲に収まるものかについては，十分な検討が必要である。

平成26年３月27日には，㈱中京医薬品など17社に対して，携帯型除菌製品に関する優良誤認表示について措置命令がされて話題となったが〔225〕，同年５月１日には，㈱エム・エイチ・シーが車内空気浄化機器について措置命令を受けている〔226〕。このように，同種・類似の商品役務について命令が連続することもあるため，自社が多数者に対する措置命令を免れても自社の表示が不当表示でないと速断してはならないし，多数者が措置命令の対象となった商品役務と隣接あるいは類似の商品役務を販売提供している場合にも，自社の表示の妥当性には注意しなければならない。

景品表示法による表示規制の目的は，消費者の合理的な選択が阻害されないようにすることであるから，実際のものよりも著しく優良であると示すものかどうかは，一般消費者の誤認を招くかどうかという観点から判断される。したがって，表示内容と実際のものとが科学的に等価であったり，いずれが優良であるか判断できない場合であっても，一般消費者にとって実際のものよりも著しく優良であると認識される表示が行われれば不当表示となる[4)]。

また，この場合の「一般消費者」とは，当該商品又は役務についてさほど詳しい情報・知識を有していない，通常レベルの消費者，一般レベルの常識のみを有している消費者が基準となる。当該商品役務の購入利用経験のある消費者や，当該業界の事情について通暁している消費者を基準としてはならない。

このような優良性の判断についての考え方は，「不当景品類及び不当表示防止法第４条第２項の運用指針」（平成15年10月28日）においても，「『著しく優良であると示す』表示にあたるか否かは，業界の慣行や表示を行う事業者の認識により判断するのではなく，表示の受け手である一般消費者に，『著しく優良』と認識されるか否かという観点から判断される」と示されている[5)]。

4）大元編著70頁。

しかし，株式会社日本通信教育連合会排除命令事件（平成16年１月28日〔１〕）においては，株式会社日本通信教育連合会が独自に行ったアンケート調査に対する回答者のほとんどが同社の広告を信用できないと回答していたことから誤認は生じていないとの弁明が排除されており[6]，「一般消費者」とは，具体的に自社の商品役務がターゲットとする消費者一般を指しているとも考えられる。

逆に，自社商品役務のヘビーユーザーやリピーターが存在する場合，こうした消費者の存在を前提に，誇張的表現が「パフィング」の範囲内であると軽率に判断してはならない。

上述した点は，後述する有利誤認表示の判断にも基本的に当てはまると考えられる。

業界慣行に従って表示を行っていたと思われるが，警告の対象となったケースとして，奥順㈱ほか９社警告事件（平成17年７月11日→**第９章②**〔27〕），㈱ベルーナに対する警告事件（平成17年12月７日〔35〕→**第９章③**）などが挙げられる。

4　合理的根拠のない表示（不実証広告規制，景表７条２項）

(1)　不実証広告規制とは

事業者が商品又は役務の効果や性能について著しく優良であると示す表示を行った場合，不当表示に該当するとして措置命令を行うためには，調査をしてその商品又は役務の効果や性能が表示のとおりでないことを立証する必要がある。しかし，そのためには多大な時間を要し，その間にも被害が拡大するおそれがある。そこで，景品表示法７条２項は，商品又は役務の著しい優良性を示す表示をする事業者に対し，内閣総理大臣が表示の裏付けとなる合理的な根拠を示す資料の提出を求めることができることとし，事業者が合理的な根拠を示す資料を提出しない場合には不当表示とみなすこととしている。本規定は，平

5）同様の指摘として，関口岳史・石山欽一・太田陽介「近畿日本鉄道株式会社，株式会社阪急阪神ホテルズ及び株式会社阪神ホテルシステムズに対する措置命令について」(公正取引766号63頁（2014年））がある。

6）臼田敏雄「株式会社日本通信教育連合会に対する排除命令について」公正取引646号77頁（2014年）。

成15年の景品表示法改正によって新たに規定されたものである（当時の４条２項）。

表示の裏付けとなる資料を全く提出しない場合のみならず，提出した資料が表示の裏付けとなる合理的な根拠を示すものと認められない場合にも不当表示とみなされる。資料の提出期限は15日後と短く，新たな又は追加的な試験・調査を実施する必要があるなどの理由は，正当な事由とは認められないとされているので注意が必要である[1)]。

同条項については，浴室用洗桶及び台所用洗桶を一般消費者に販売するに当たり，あたかも当該商品を浴室や台所に置くだけで当該商品から発生する銀イオンによりカビや細菌の発生を抑制するかのように示す等の表示を行っていた事件で，公正取引委員会が表示の裏付けとなる合理的な根拠を示す資料の提出を求めたところ，提出した資料が表示の裏付けとなる合理的な根拠を示すものと認められなかったため，不当表示とみなされ排除命令が出されたケース（平成19年６月29日排除命令〔三恵精機ほか12社〕〔77〕）のような家庭雑貨品のほか，健康食品・ダイエット食品に関して，適用事例が多い[2)]。

(2)　不実証広告ガイドライン

不実証広告については，公正取引委員会が，平成15年10月28日，「不当景品類及び不当表示防止法第４条第２項の運用指針－不実証広告規制に関する指針」（不実証広告ガイドライン）を出しており，自社の用意した資料が「当該表示の裏づけとなる合理的な根拠を示す資料」となるか否かに当たっては，参考となる。また，「健康食品に関する景品表示法及び健康増進法上の留意事項について」は，いわゆる健康食品の虚偽誇大広告について，景表法及び健康増進法上の考

1）「不実証広告ガイドライン」９～10頁（執筆者注：PDF版にはページ数が付されていない）。なお，課徴金納付命令の場合は，資料提出期間後でも合理的根拠を示す新しい資料が備わった場合には，当該表示の優良誤認表示該当性を争えるよう，みなし規定ではなく推定規定となっている（松本博明・古川昌平・染矢隆明「景品表示法改正法の成立と課徴金制度の概要」ビジネス法務15巻２号65頁（2015年））。

2）平成26年には，１月21日から11月27日まで合計38件の排除命令がされ，そのうち22件が不実証広告事案であったが，18件が生活雑貨品に関する不実証広告事案，３件が健康食品・ダイエット食品に関する不実証広告事案であった。

え方を整理している。

ⓐ　提出資料が合理的根拠となる要件

不実証広告ガイドラインは，提出資料が表示の裏付けとなる合理的な根拠を示すものと認められるには，①提出資料が客観的に実証された内容のものであること，②表示された効果，性能と提出資料によって実証された内容が適切に対応していることの二つの要件が必要であるとしている。

さらに，(1)試験・調査によって得られた結果である場合は，当該試験・調査の方法は，表示された商品・サービスの効果，性能に関連する学術界又は産業界において一般的に認められた方法又は関連分野の専門家多数が認める方法によって実施する必要があるとしている。

これに対して，(2)専門家，専門家団体若しくは専門機関の見解又は学術文献を表示の裏付けとなる根拠として提出する場合は，①専門家等が，専門的知見に基づいて当該商品・サービスの表示された効果，性能について客観的に評価した見解又は学術文献であって，当該専門分野において一般的に認められているもの，②専門家などが，当該商品・サービスとはかかわりなく，表示された効果，性能について客観的に評価した見解又は学術文献であって，当該専門分野において一般的に認められているもの，のいずれかであれば，客観的に実証されたものと認められる。この点についてガイドラインでは，「特定の専門家等による特異な見解である場合，又は画期的な効果，性能等，新しい分野であって専門家等が存在しない場合等当該商品・サービス又は表示された効果，性能に関連する専門分野において一般的には認められていない場合には，その専門家等の見解又は学術文献は客観的に実証されたものとは認められない」とし，「この場合，事業者は前記(1)の試験・調査によって，表示された効果，性能を客観的に実証する必要がある。」としている。

よって，ガイドラインに従うならば，たとえ論文等を資料として提出することが可能であっても，当該論文が学会等で認められているとは言い難い極少数説にとどまっているような場合には，当該商品役務に関する表示について，その裏付けとなる合理的な根拠を提出することは困難であろう。この点について，医療法人社団バイオファミリーに対する措置命令（平成26年7月4日〔230〕）では，バイオプレートという器具を用いて顎関節症や睡眠時無呼吸症候群等を治癒改善させるという同法人独特の治療法「バイオプレート医療」に関する表示について，同法人が提出した資料が合理的な根拠とは認められず，不実証広告として措置命令がされている点からも，特定の専門分野で一般的に認められていない場合の合理的な根拠の立証は困難であることを示している。

⒝　モニターの調査結果を資料とする場合

また，不実証広告ガイドラインは，「消費者の体験談やモニターの意見等の実例を収集した調査結果を表示の裏づけとなる根拠として提出する場合には，無作為抽出法で相当のサンプルを選定し，作為が生じないように考慮して行うなど，統計的に客観性が十分に確保されていることが必要」としている。平成19年及び20年に，それぞれ防カビ効果を標榜した家庭用品について，事業者が提出した資料について，モニター数不足やモニターに社員などの利害関係人が含まれていることを理由に統計の客観性と適切性が否定され，排除命令に至ったケースがあり[3)]，モニター数の十分な確保が求められるとともに，従業員をモニターとする場合は，当該実験等の結果が主観的な影響を受けないか，注意が必要である（→第９章⑦⑧）。

⒞　消費者庁「いわゆる健康食品の表示に関する消費者の皆様へのお知らせ」

消費者庁は，平成26年６月13日，「いわゆる健康食品の表示に関する消費者の皆様へのお知らせ」と題する周知を行っているが，その中でも「表示には『合理的な根拠』が必要です」として，内容の客観的実証性，表示と実証内容の適切対応性に言及している。平成15年の不実証広告規定導入後，合理的根拠となる資料を提出することができず，排除命令・措置命令を受ける事業者が後を絶たないことを受けてのものと考えられる。

ケース　カンキョーに対する審判審決（公正取引委員会平成13年９月12日審判審決）

家庭用の空気清浄機について，新聞広告において「電子の力で花粉を強力に捕集するだけでなく，ダニの死骸・カビの胞子・ウィルスなどにも有効な頼もしい味方です。」「有害粒子を集塵」「フィルター式では集塵が難しい微細なウィルスやバクテリア，カビの胞子，ダニの死骸の破片までもホコリと一緒に捕集します」

3）平成19年（排）第20～31号〔77〕，平成20年（排）第１～７号〔93〕。

「適用範囲，最大14畳」等と記載し，あたかも①他のフィルター空気清浄機よりも集塵能力が高く，②室内の空気中のウィルスを有効に捕集する能力を有しているかのように表示した。

審判手続において公正取引委員会の側が，このような効果を持たないことの実験結果を証拠として提出したのに対し，被審人側が，排除命令に先立って根拠データの開示等を要求したのにこれが容れられなかったのは違憲・違法だと主張した。ちなみに被審人側は，この実験を反駁できる証拠は提出できなかった。審決では次のように述べている。

「審判手続の開始の請求は，当該排除命令に係る行為自体についてするものであり，この請求によって開始される審判手続における審判の対象も上記行為の存否等であって，当該排除命令の当否ではないから，排除命令及びこれに先立つ手続の瑕疵の存否につき，審判手続における審判の対象とする余地はない。」

5　有利誤認表示

(1)　景品表示法5条2号で禁止される表示

同号で禁止される表示は，商品又は役務の価格その他の取引条件について，

① 実際のものよりも取引の相手方に著しく有利であると一般消費者に誤認される表示，及び

② 当該事業者と同種若しくは類似の商品若しくは役務を供給している他の事業者に係るものよりも取引の相手方に著しく有利であると一般消費者に誤認される表示，

である。

「価格その他の取引条件」とは，商品又は役務の内容そのものを除いた取引に関わる条件をいい，商品又は役務の価格・料金の額のほか，数量，支払条件，取引に付随して提供される景品類，アフターサービス等種々のものが含まれる[1]。

「有利であると一般消費者に誤認される」とは，当該表示によって販売価格が実際と異なって安いという印象を一般消費者に与えることをいう[2]。また，「著

1）大元編著89頁。

2）公正取引委員会「不当な価格表示についての景品表示法の考え方」(平成12年6月30日)

しく有利」であると誤認される表示か否かは，当該表示が，一般的に許容される誇張の程度を超えて，商品又は役務の選択に影響を与えるような内容か否かにより判断される[3)]。

消費者のエコロジー意識の高まりに伴い，省エネルギー効果が光熱費の節約を伴うものとして２号表示に該当するというケースもある。例えば，三光ホーム㈱に対する措置命令（平成24年10月30日〔198〕）は，太陽光発電による実際の電気代節約効果が表示を大きく下回るものに対する事案であった。

⑵　価格表示ガイドライン

有利誤認表示の典型は不当な二重価格表示に関するものであるが，これについては，公正取引委員会が「不当な価格表示についての景品表示法上の考え方」（価格表示ガイドライン，平成12年６月30日[4)]）を公表してどのような価格表示が景品表示法上問題となるおそれがあるかを明らかにしている。価格表示ガイドラインは，総論部分で，一般的な考え方として，次のような価格表示は不当表示に該当するおそれがあるとしている。

> ①　実際の販売価格よりも安い価格を表示する場合。
> ②　販売価格が，過去の販売価格や競争事業者の販売価格等と比較して安いとの印象を与える表示を行っているが，例えば次のような理由のために実際は安くない場合。
> ア　比較に用いた販売価格が実際と異なっているとき。
> イ　商品又は役務の内容や適用条件が異なるものの販売価格を比較に用いているとき。
> ③　その他，販売価格が安いとの印象を与える表示を行っているが，実際は安くない場合。

3）大元編著70頁。
4）その後，平成14年12月５日と平成18年１月４日に改訂がされている。

⑶　二重価格表示の判断基準

⒜　比較対照価格

価格表示について，しばしば消費者庁の措置命令等の対象となるのが，二重価格表示である。

これについて価格表示ガイドラインは，二重価格表示を「事業者が自己の販売価格に当該販売価格よりも高い他の価格（以下「比較対照価格」という）を併記して表示するもの」と定義し，その内容が適正な場合には，一般消費者の適正な商品選択と事業者間の価格競争の促進に資する面がある，とする一方で，比較対照価格の内容について適正な表示が行われない場合には，不当表示に該当するおそれがあるとしている。

⒝　最近相当期間販売価格

過去の販売価格を比較対照価格とする場合には，同一の商品について最近相当期間にわたって販売されていた価格とはいえない価格を比較対照価格に用いる時は，当該価格がいつの時点でどの程度の期間販売されていた価格であるか等その内容を正確に表示しない限り，不当表示に該当するおそれがあると指摘している。

価格表示ガイドラインは，「最近相当期間にわたって販売されていた価格」か否かの判断基準については，当該価格で販売されていた時期及び期間，対象となっている商品の一般的価格変動の状況，当該店舗における販売形態等を考慮しつつ，個々の事案ごとに検討される，としつつ，一般的には，二重価格表示を行う最近時について，当該価格で販売されていた期間が当該商品が販売されていた期間の過半を占めているときには，「最近相当期間にわたって販売されていた価格」と見てよいものと考えている。

そして，最近時の判断について，セール開始時点からさかのぼる8週間について検討されるものとし，当該商品が販売されていた期間が8週間未満の場合には，当該期間について検討されるものとしている。

ただし，最近時において販売期間の過半を占めている場合であっても，当該価格で販売されていた期間が通算して2週間未満の場合，又は当該価格で販売された最後の日から2週間以上経過している場合においては，「最近相当期間にわたって販売されていた価格」とはいえないものとされている（以上，価格表示ガイドライン第4・2(1)ア(ウ))。

(c) 将来販売価格を比較対照価格とする場合など

なお，価格表示ガイドラインは，将来の販売価格を比較対照価格とする二重価格表示については，将来の価格設定は，将来の不安定な需給状況などに応じて変動するものであることから，将来の価格として表示された価格で販売することが確かな場合以外においては，適切でないとしている（価格表示ガイドライン第4・2(1)イ）。

これに対して，タイムサービスを行う場合(生鮮食品等について売れ残りを回避するために一定の営業時間経過後に価格の引き下げを行ったりする場合など）については，通常は，不当表示に該当するおそれなし，としている（価格表示ガイドライン第4・2(1)ウ）。

(d) 打消し表示を行う場合

なお，有利誤認表示事案において，打消し表示(一般消費者が強調表示からは通常は予期できない事項であって，一般消費者が商品・サービスを選択するに当たって重要な考慮要素となるものの表示)を行ったものの，有効と認められず措置命令を受けるに至ったものもあるので，注意が必要である。例えば，商品役務の安価性を強調する一方，別料金がかかったり，対象商品役務が限定されていることを小さく表示するような場合である（→第9章㉘㉙）。

6　内閣総理大臣が指定する表示（指定告示，景表5条3号）

(1) 指定告示とは

景品表示法5条3号は，内閣総理大臣に不当表示を指定する権限を付与している。現在，公正取引委員会が定めた後述の六つの告示がある。

複雑な経済社会において，優良誤認表示及び有利誤認表示だけでは，消費者の適正な商品選択を妨げる不当表示の防止に十分に対応できない場合があると考えられることから，消費者庁の主任大臣である内閣総理大臣に不当表示を指定する権限が付与されたものである[1]。指定告示の対象商品役務においては，不当表示を回避する努力が必要であることに加え，消極的な情報の表示が求めら

1）大元編著134頁。

れることに注意が必要である。

⑵　六つの指定告示について

⒜　無果汁の清涼飲料水等についての表示（昭和48年公正取引委員会告示第4号，無果汁告示）

①　不当表示とされる表示

無果汁告示は，無果汁飲料水等について，原材料に果汁等が使用されていない旨が明瞭に記載されていないものを不当表示とする（無果汁告示1項）ほか，僅少果汁清涼飲料水等についての不当表示（「僅少な量」とは5％未満の量とされている。無果汁告示運用基準8）も対象としていることに注意が必要である。

無果汁告示は，原材料に果汁や果肉が使用されていない容器又は包装入りの清涼飲料水等（清涼飲料水，乳飲料，発酵乳，乳酸菌飲料，アイスクリーム類，氷菓）について，原材料に果汁等が使用されていない旨を明瞭に記載しないで行う次のような表示等を不当表示としている。

①　容器又は包装に記載されている果実の名称を用いた商品名等の表示 ②　容器又は包装に掲載されている果実の絵，写真又は図案の表示

②　運用基準

運用基準として「『無果汁の清涼飲料水等についての表示』に関する運用基準について」（昭和48年事務局通達第6号）がある。

③　具体例

無果汁告示に関しては，昭和48年の告示以降，摘発事例がなかったが，平成16年2月27日，5社が一斉に排除命令を受けた〔2〕。原料にレモン及びライムの果肉を用いていない清涼飲料水について，果肉・果汁が使われていなかった旨を明確に表示していなかったものである。

(b) 商品の原産国に関する不当な表示（昭和48年公正取引委員会告示第34号，原産国告示）[2]

① 概　要

一般消費者に誤認されるおそれのある商品の原産国についての表示を指定したものである。

運用基準として，「『商品の原産国に関する不当な表示』の運用基準について」（昭和48年事務局長通達第12号）があるほか「『商品の原産国に関する不当な表示』の原産国の定義に関する運用細則」（昭和48年事務局通達第14号），「『商品の原産国に関する不当な表示』の衣料品の表示に関する運用細則」（昭和48年事務局長通達第15号）の運用細則がある。

② 原産国告示

原産国告示は，外国産品についての次の表示であって，その表示がその原産国で生産されたものであることを一般消費者が判別することが困難であると認められるもの等を不当表示としている（原産国告示１項）。

①　その商品の原産国以外の国名，地名，国旗，紋章その他これらに類するものの表示 ②　その商品の原産国以外の事業者又はデザイナーの氏名，名称又は商標の表示 ③　文字による表示の全部又は主要部分が和文で示されている表示

③ 「原産国」とは

なお，ここにいう「原産国」とは「その商品の内容について実質的な変更をもたらす行為が行われた国」をいうとされている（原産国告示備考１項）。「商品にラベルを付け，その他標示を施すこと」「商品を容器に詰め，又は包装をすること」「商品を単に詰合せ，又は組合せること」「簡単な部品の組立をすること」は「商品の内容についての実質的な変更をもたらす行為」に含まれない（原産国告示運用基準10）とされている。

④ 原産国告示違反の具体例

原産国告示違反は，景品表示法５条３号のなかで命令を受けるケースが最も

２）大元編著140頁。

多い[3)]。特に，平成16年11月24日の八木通商㈱他5社に対する排除命令事件〔18〕は，審判事件に移行し，景品表示法上の多くの論点を提起した。

食品事案では，マックスバリュを運営する㈱光洋が，韓国産のサザエを「島根県産他国内産」と表示していたことに対して措置命令がされている（平成22年11月30日〔152〕）。食品以外では，㈱丸井今井・㈱伊勢丹など百貨店業者7社が販売していた中国製家具をイタリア製として表示していたことに対し警告がされた事案（平成19年12月20日〔89〕）がある。また，全日空商事㈱ほか4社が中国製の「大容量ウォレット」を「日本製」と表示していたことについて排除命令がなされた（平成21年1月8日〔119〕）。

⒞　消費者信用の融資費用に関する不当な表示（昭和55年公正取引委員会告示第13号，消費者信用告示）

昭和50年代に入ると，消費者信用の融資費用に関するトラブルが社会問題化したことから，告示指定が行われた[4)]。

①　不当表示とされる表示

「消費者信用」とは，「事業者が一般消費者に対し行う金銭の貸付け及び商品の販売又は役務の提供に係る代金支払の繰延べの許容により供与される信用」をいう（消費者信用告示備考1）。

消費者信用告示は，消費者信用の融資費用に関する，

一　アドオン方式による利息，手数料その他の融資費用の率の表示，
二　日歩，月利等年建て以外による利息，手数料その他の融資費用の率の表示，
三　融資費用の額の表示，
四　返済事例による融資費用の表示，
五　融資費用の一部についての年建てによる率の表示，

であって，実質年率が明瞭に記載されていないものを不当表示としている。

②　運用基準

本告示の運用基準として「『消費者信用の融資費用に関する不当な表示』の運用基準」（昭和55年6月9日事務局長通達第8号）が公表されており，「『実質年率』

3）大元編著143頁。
4）消費者庁表示対策課「景品表示法50年の歩み」公正取引743号7頁（2012年）。

の表示方法について」（上記運用基準2），「『記載されている年建ての利息』について」（上記運用基準3），「『融資費用の内容及びその額又は率が明瞭に記載されている場合』について」（上記運用基準4），「『実質年率』について」（上記運用基準5）が，それぞれ規定されている。

(d)　不動産のおとり広告に関する表示（昭和55年公正取引委員会告示第14号，不動産おとり広告告示）

①　不当表示とされる表示

不動産おとり広告告示は，自己の供給する不動産の取引に顧客を誘引する手段として行う，

一　取引の申出に係る不動産が存在しないため，実際には取引することができない不動産についての表示，

二　取引の申出に係る不動産は存在するが，実際には取引の対象となり得ない不動産についての表示，

三　取引の申出に係る不動産は存在するが，実際には取引する意思がない不動産についての表示，

を不当表示とする旨定めている。

②　不動産おとり広告告示の運用基準における例示

不動産おとり広告告示の運用基準として，「『不動産のおとり広告に関する表示』等の運用基準」（昭和55年6月9日事務局長通達第9号）が公表されており，上記の不当表示として，以下のとおり例示されている。

不動産おとり広告告示1号「取引の申出に係る不動産が存在しない」場合として，

「(1)　広告，ビラ等に表示した物件が広告，ビラ等に表示している所在地に存在しない場合，

(2)　広告，ビラ等に表示している物件が実際に販売しようとする不動産とその内容，形態，取引条件等において同一性を認めがたい場合」が，例示されている。

不動産おとり広告告示2号「実際には取引の対象となり得ない」場合として，

「(1)　表示した物件が売却済の不動産又は処分を委託されていない他人の不動産である場合，

(2)　表示した物件に重大な瑕疵があるため，そのままでは当該物件が取引することができないものであることが明らかな場合（当該物件に瑕疵があること及びその内容が明瞭に記載されている場合を除く。)」が例示されている。

不動産おとり広告告示３号「実際には取引する意思がない」場合として，

「(1)　顧客に対し，広告，ビラ等に表示した物件に合理的な理由がないのに案内することを拒否する場合

(2)　表示した物件に関する難点をことさらに指摘する等して当該物件の取引に応ずることなく顧客に他の物件を勧める場合」が，例示されている。

同告示違反として，㈱エイブルに対する排除命令（平成20年６月18日）がされた事案（〔106〕→第９章⑩）などがある。

(e)　おとり広告に関する表示（平成５年公正取引委員会告示第17号）

①　おとり広告とは

おとり広告とは，商品又は役務を購入できるかのように表示しているが，実際は取引を行うための準備がなされていない，又は供給量が著しく限定されているにもかかわらずその限定の内容の明瞭な記載がない，又は供給期間や一人当たりの供給量が限定されているのにその限定の内容の明瞭な記載がない，又は実際に取引する意思がない場合，不当表示となるものである[5)]。

おとり広告告示においては，

「(1)　取引の申出に係る商品・サービスについて，取引を行うための準備がなされていない場合のその商品・サービスについての表示

(2)　取引の申出に係る商品・サービスの供給量が著しく限定されているにもかかわらず，その限定の内容が明瞭に記載されていない場合のその商品・サービスについての表示

(3)　取引の申出に係る商品・サービスの供給期間，供給の相手方又は顧客一人当たりの供給量が限定されているにもかかわらず，その限定の内容が明瞭に記載されていない場合のその商品・サービスについての表示

(4)　取引の申出に係る商品・サービスについて，合理的理由がないのに取引の成立を妨げる行為が行われる場合その他実際には取引する意思がない場

5）企業法務実務研究会編著『景品表示法の実務の対応』26頁（三協法規出版，2010年）。

合のその商品・サービスについての表示」

が不当表示になるとされている。

②　おとり広告告示運用基準

おとり広告告示に関しては，「『おとり広告に関する表示』等の運用基準」（おとり広告告示運用基準，平成５年４月28日事務局長通達第６号）という運用基準があり，同運用基準においては，おとり広告告示の運用に当たっての留意事項として，「①広告，ビラ等において，通常よりも廉価で取引する旨の記載を伴う商品又は役務についての表示であって，告示各号の規定に該当するものに重点を置くこととする。」「②違反行為の未然防止を図るため告示の普及・啓発に努めるとともに，違反事件については，引き続き，厳正かつ迅速に対処することとする。」「③関係業界において，公正競争規約その他当委員会の承認を受けた自主的な基準が設定されている場合には，その定めるところを参酌するものとする。」の３点が挙げられている。

③　措置命令事案

措置命令事案では，中古車業者が，既に売約済みの中古車について中古車情報誌に掲載する例が目立つ（㈱ハヤシ（岡山県倉敷市）に対する措置命令事件（平成25年３月４日措置命令）〔203〕など）。

おとり広告事案については，不動産の場合も含め，取引の申出に係る商品・サービスについて，取引を行うための準備がなされていない場合のその商品・サービスについての表示の例が目立つように思われる。自社の当該商品役務の取扱件数を多く見せたい，という誘因が働くのかもしれないが，こうした表示がなされないよう，注意が必要である。

(f)　有料老人ホームに関する不当な表示（平成16年公正取引委員会告示第３号）

①　告示と運用基準

有料老人ホームに関する表示のうち，一般消費者に誤認されるおそれのあるものを不当表示として指定したものである[6)]。「『有料老人ホームに関する不当な表示』の運用基準」（平成16年事務総長通達第11号「有料老人ホーム告示運用基準」）が運用基準として規定されている。これは次のような理由からである。

６）大元編著152頁。

継続的な役務供給契約とりわけ老人ホームのような分野では提供する役務について表示の内容と実際に提供される内容とが異なっていることがしばしば見られる。また，有料老人ホームでは，終身にわたって役務の提供を受けられるか否かが重要であるのに，そのような契約となっていなかったり，土地建物の所有権などそれにふさわしい財政基盤を有するか否かについて重要な情報が開示されない場合がある。取引開始時に高額の費用を提供させられるにもかかわらず，将来を見通したサービス内容全体の把握が困難であるという特殊性もある。

②　適用例

当該告示の適用例として，㈱川島コーポレーション，㈱ライフケアサービスに対する排除命令事案（平成18年３月13日〔41〕），㈱原弘産，㈱ディア・レスト三次，㈱ハピネスライフケアに対する排除命令事案（平成19年２月８日〔67〕），㈱ベストライフ，㈱ふとみ総合施設，㈲おいらーくに対する警告事案（平成20年３月28日〔97〕）がある。

有料老人ホームは，高齢者が「終の棲家」として購入する商品であり，購入後も一定期間当該老人ホームへ居住することとなり，表示を誤認して購入した場合の不利益が大きいこと，及び，高齢者は類型的に判断能力が低下しており，不当表示に基づく意思決定をしがちであるという配慮に基づくものと考えられる。景品表示法が消費者保護法としての性格を強めている現在，こうした有料老人ホームの表示については，今後も積極的に調査がされていくものと予想される。

〔コラム■表示を義務付ける規制と不当な表示を禁止する規制〕

表示の規制には，大別すると，一定の事項の表示を義務付ける規制と不当な表示を禁止する規制がある。

一定の事項の表示を義務付ける規制は，事業者の自主性に任せておくだけでは必ずしも表示されないが，消費者にとって商品・役務を選択する上で表示されるべき必要な事項（例えば，原材料，食品添加物，内容量，賞味期限，原産国など）をあらかじめ定め，一定の事業者について，一定の表示媒体にその表示を義務付けるもので，農林物資の規格化及び品質表示の適正化に関する法律（昭和25年法律第175号。以下「JAS 法」という）や，食品表示法による表示の規制はこれに当たる。一定の事項の表示を義務付ける規制の場合，表示を義務付けられる事項，表示義務を遵守すべき事業者，表示すべき媒体等があらかじめ定められている。

一方，不当な表示を禁止する規制は，事業者が顧客に商品等を訴求するために積極的に行う広告・宣伝などの表示は，原則は自由であるが，それが実際と異なり，それによって消費者に誤認を与える場合，すなわち，消費者がその表示から受けた印象・認識とは異なり，実際には，表示されているほどいいものでもお得でもなかったというような，消費者に誤認される表示を禁止するもので，景品表示法による不当な表示の禁止は，これに当たる[7)]。

7)「メニュー・料理等の食品表示に係る景品表示法上の考え方について（抄）」第3　「不当な表示の禁止に関する基本的な考え方」（平成26年3月28日，消費者庁）。

第3章

過大景品の規制

1　規制の概要

景品表示法は，過大な景品類提供についても規定している。

根拠条文は4条であり，運用の大部分がガイドラインに委ねられている。

近年，不当表示に比べて措置命令を受けるケースは圧倒的に少ないものの[1]，事業者が新しい商品役務についてキャンペーンを行う場合などは，注意が必要である。

(1)　規制対象となる景品類

景品表示法2条3項は，景品類の定義について，「顧客を誘引するための手段として，…事業者が自己の供給する商品又は役務の取引…に付随して相手方に提供する物品，金銭その他の経済上の利益であって，内閣総理大臣が指定するもの」と規定している。

すなわち，①顧客誘引性，②取引付随性，③経済的利益性，が景品の要件となる。

(a)　「顧客を誘引するための手段」として（顧客誘引性）について

(1)　提供者の主観的意図やその企画の名目のいかんを問わず，客観的に顧客誘引のための手段になっているかどうかによって判断する。したがって，例え

1）平成25年度において措置命令0件，指導24件，平成24年度において措置命令0件，指導9件となっている。ちなみに，平成元年～5年度の景品に関する排除命令は，順に2件，4件，4件，0件，3件となっており，いわゆるバブル経済期には，現在より過大な景品付き販売が行われていたと推測される。

ば，親ぼく，儀礼，謝恩等のため，自己の供給する商品の容器の回収促進のため又は自己の供給する商品に関する市場調査のアンケート用紙の回収促進のための金品の提供であっても，「顧客を誘引するための手段として」の提供と認められることがある（「景品類等の指定の告示の運用基準」平成26年消費者庁長官決定，以下「指定告示運用基準」1(1)）。

(2)　新たな顧客の誘引に限らず，取引の継続又は取引量の増大を誘引するための手段も，「顧客を誘引するための手段」に含まれる（指定告示運用基準1(2)）。

(b)「取引に付随して」（取引付随性）について（指定告示運用基準4(1)～(7)）

(1)　取引を条件として他の経済上の利益を提供する場合は，「取引に付随」する提供に当たる。

(2)　取引を条件としない場合であっても，経済上の利益の提供が，取引の相手方を主たる対象として行われるときは，「取引に付随」する提供に当たる。

(3)　取引の勧誘に際して，相手方に，金品，招待券等を供与するような場合は，「取引に付随」する提供に当たる。

(4)　正常な商慣習に照らして取引の本来の内容をなすと認められる経済上の利益は，「取引に付随」する提供に当たらない。

(5)　ある取引において二つ以上の商品又は役務が提供される場合であっても，次のアからウまでのいずれかに該当するときは，原則として，「取引に付随」する提供に当たらない。ただし，懸賞により提供する場合（例：「○○が当たる」）及び取引の相手方に景品類であると認識されるような仕方で提供する場合（例：「○○プレゼント」，「××を買えば○○が付いてくる」，「○○無料」）は，「取引に付随」する契約に当たる。

ア　商品又は役務を二つ以上組み合わせて販売していることが明らかな場合（例：「ハンバーガーとドリンクをセットで○○円」，「ゴルフのクラブ，バッグ等の用品一式で○○円」，美容院の「カット（シャンプー，ブロー付き）○○円」，しょうゆとサラダ油の詰め合わせ）。

イ　商品又は役務を二つ以上組み合わせて販売することが商慣習となっている場合（例：乗用車とスペアタイヤ）。

ウ　商品又は役務が二つ以上組み合わされたことにより独自の機能，効用を持つ一つの商品又は役務になっている場合（例：玩菓，パック旅行）。

(6)　広告において一般消費者に対し経済上の利益を申し出る企画が取引に付随するものと認められない場合は，応募者の中にたまたま当該事業者の供給する商品又は役務の購入者が含まれるときであっても，その者に対する提供は，「取引に付随」する提供に当たらない。

(7)　自己の供する商品又は役務の購入者を紹介してくれた人に対する謝礼は，「取引に付随」する提供に当たらない（紹介者を当該商品又は役務の購入者に限定する場合を除く）。

なお，この要件に関連して，インターネットホームページ上で行われる消費者に対する懸賞広告は，「懸賞に応募するものが商取引サイトを見ることを前提としているサイト構造のホームページ上で実施されるものであっても，消費者はホームページ上のサイト間を自由に移動できることから，取引に付随する経済上の利益の提供に該当せず，景品表示法の規制の対象とならない（いわゆるオープン懸賞企画として取り扱われる）」としている（電子商取引準則（平成27年4月版）Ⅰ－8）。

(C)　「経済上の利益」について

告示「不当景品類及び不当表示防止法第二条の規定により表示を指定する件」（昭和37年公正取引委員会告示第3号）により，物品，土地・建物，金銭，有価証券，催物への招待・優待，役務等，広範な経済上の利益が指定されている。

また，同告示は，正常な商慣習に照らして値引又はアフターサービスと認められる経済上の利益及び正常な商慣習に照らして当該取引に係る商品又は役務に附属すると認められる経済上の利益は景品類に含まれないとしている。これを受けて，「景品類等の指定の告示の運用基準」は，その6において，以下のように定めているので紹介する。

「正常な商慣習に照らして値引きと認められる経済上の利益」について（「景品類等の指定の告示の運用基準」6）

(1)　「値引きと認められる経済上の利益」に当たるか否かについては，当該取引の内容，その経済上の利益の内容及び提供の方法等を勘案し，公正な競争秩序の観点から判断する。

(2)　これに関し，公正競争規約が設定されている業種については，当該公正競争規約の定めるところを参酌する。

⑶　次のような場合は，原則として，「正常な商慣習に照らして値引きと認められる経済上の利益」に当たる（執筆者注：「景品」に含まれない）。

ア　取引通念上妥当と認められる基準に従い，取引の相手方に対し，支払うべき対価を減額すること（複数回の取引を条件として対価を減額する場合を含む。）（例「×個以上買う方には，○○円引き」，「背広を買う方には，その場でコート○○％引き」，「×××円お買い上げごとに，次回の買い物で○○円の割引」，「×回御利用していただいたら，次回○○円割引」）。

イ　取引通念上妥当と認められる基準に従い，取引の相手方に対し，支払った代金について割戻しをすること（複数回の取引を条件として割り戻す場合も含む。）（例「レシート合計金額の○％割戻し」，「商品シール○枚ためて送付すれば○○円キャッシュバック」）。

ウ　取引通念上妥当と認められる基準に従い，ある商品又は役務の購入者に対し，同じ対価で，それと同一の商品又は役務を付加して提供すること（実質的に同一の商品又は役務を付加して提供する場合及び複数回の取引を条件として付加して提供する場合を含む。）（例「CD 三枚買ったらもう一枚進呈」,「背広一着買ったらスペアズボン無料」,「コーヒー五回飲んだらコーヒー一杯無料券をサービス」，「クリーニングスタンプ○○個でワイシャツ一枚分をサービス」，「当社便○○マイル搭乗の方に××行航空券進呈」）。）ただし，「コーヒー○回飲んだらジュース一杯無料券をサービス」，「ハンバーガーを買ったらフライドポテト無料」等の場合は実質的な同一商品又は役務の付加には当たらない。

⑷　次のような場合は，「値引きと認められる経済上の利益」に当たらない（執筆者注：「景品」に含まれる）。

ア　対価の減額又は割戻しであっても，懸賞による場合，減額し若しくは割り戻した金銭の使途を制限する場合（例 旅行費用に充当させる場合）又は同一の企画において景品類の提供を併せて行う場合（例 取引の相手方に金銭又は招待旅行のいずれかを選択させる場合）

イ　ある商品又は役務の購入者に対し，同じ対価で，それと同一の商品又は役務を付加して提供する場合であっても，懸賞による場合又は同一の企画において景品類の提供を併せて行う場合（例 A 商品の購入者に対し，A 商品又は B 商品のいずれかを選択させてこれを付加して提供する場合）

⑵　景品規制の趣旨

過大な景品提供は消費者の自主的かつ合理的な選択を阻害するおそれがある一方で，景品は市場への新規参入者等にとって有効な販売促進手段となることもある。企業の行動が自由な意思形成と判断に基づいて行われ，市場における競争を通じ，経済全体としての望ましい状態がもたらされる面では，景品のみを特別視する必要はない。しかし，企業が合理的判断の下に選択した手段であっても，市場機能の発揮を妨げることとなる場合には一定の規制が必要である。市場機能の発揮が妨げられる場合は一般的にはかなり少なくなってきているが，2点問題が生じるおそれがある。

第一に，景品が商品との関係においてウェイトが大きくなると購買心理に影響を与えるが，状況によっては，商品についての競争が有効に働かなくなり，消費者の利益が損なわれるおそれがある。

第二に，懸賞付き販売については，大きな利益が期待できるかもしれないという心理的要因があり，過度になると景品によって商品選択される程度が高まる。

そこで，景品表示法は，景品付き販売自体は禁止せず，過大な景品類の提供等を禁止するという手法をとっている。規制内容は，告示で定められている。

過大な景品類の提供を規制する告示として，現在，次の六つの告示がある。

（業種にかかわらず適用されるもの）
①　懸賞による景品類の提供に関する事項の制限（昭和52年公取委告示第3号，懸賞制限告示）
②　一般消費者に対する景品類の提供に関する事項の制限（昭和52年公取委告示第5号，総付制限告示）
（特定の業種に関するもの）
③　新聞業における景品類の提供に関する事項の制限（平成10年公取委告示第5号）
④　雑誌業における景品類の提供に関する事項の制限（平成4年公取委告示第3号）
⑤　不動産業における一般消費者に対する景品類の提供に関する事項の制限（平成9年公取委告示第37号）
⑥　医療用医薬品業，医療機器業及び衛生検査所業における景品類の提供に関す

る事項の制限（平成９年公取委告示第54号）

①の懸賞制限告示については「『懸賞による景品類の提供による事項の制限』の運用基準」（平成24年６月28日消費者庁長官通達第１号）と，②の総付制限告示については「『一般消費者に対する景品類の提供に関する事項の制限』の運用基準について」（昭和52年４月１日事務局長通達第１号，改正平成８年２月16日事務局長通達第１号）が定められている。

現在まで，景品規制は緩和されてきており，平成18年度には取引に付随せず懸賞により景品を提供するいわゆるオープン懸賞に対する規制が撤廃され，平成19年度には総付景品の制限が緩和された[2)]。

〔コラム■景品規制と競争秩序〕

過大な景品提供は公正な競争秩序の観点からも問題である。提供される景品が過大になると，消費者は商品の価格・品質によってではなく，景品の多寡によって商品を選択するようになる。また，ある事業者が行えば他の事業者が対抗上それを上回る規模で行うことになり，昂進性・波及性によって，市場の競争が価格・品質を中心としたものから景品によるものへと変質していくことになる。このように，過大な景品提供は，消費者の適正な商品選択を歪め，良質・廉価な商品・役務を供給する事業者が必ずしも競争上優位に立たないことになるなど，市場メカニズムの正常な働きを妨げ，公正な競争秩序に悪影響を及ぼすことになる。

つまり，商品の品質・価格による競争は，顧客による各商品の比較が，それらについて正確な情報を得て，冷静で合理的な判断で行われるべきであって，それを射幸心をあおる販売方法，景品で釣ろうとすることは，主たる商品についての判断を意図的に歪め，行為の性格それ自体が公正な競争の前提条件を破壊するおそれがある。景品規制には，こうした顧客に対する直接的な商品選択の機会が阻害されることを防止する狙いがある。

２）こうした規制緩和の流れ及び平成12年度以降景品に関する排除命令（現措置命令）の件数がゼロを続けていることを併せ考えると，景品表示行政の力点が表示行政に移ったとみてよい（向田直範「景品表示法違反事件から見る公取委の消費者行政」公正取引676号10頁（2007年））。

2　懸賞により提供する景品類の制限

懸賞による景品類の提供は，懸賞制限告示で最高額及び総額が規制されている。また，いわゆる「カード合わせ」の方法を用いた懸賞による景品類の提供は禁止されている。

(1)　懸　賞

「懸賞」とは，次の方法によって景品類の提供の相手方又は提供する景品の価額を定めることをいう（懸賞制限告示1項）。

(a)　くじその他偶然性を利用して定める方法

(1)抽せん券を用いる方法，(2)レシート，商品の容器包装等を抽せん券として用いる方法，(3)商品のうち，一部のものにのみ景品類を添付し，購入の際には相手方がいずれに添付されているかを判別できないようにしておく方法，(4)すべての商品に景品類を添付するが，その価額に差等があり，購入の際には相手方がその価額を判別できないようにしておく方法，(5)いわゆる宝探し，じゃんけん等による方法，がこれに該当する（懸賞景品告示運用基準1(1)～(5)）。

(b)　特定の行為の優劣又は正誤によって定める方法

(1)応募の際一般に明らかでない事項(例：その年の十大ニュース)について予想を募集し，その回答の優劣又は正誤によって定める方法，(2)キャッチフレーズ，写真，商品の改良の工夫等を募集し，その優劣によって定める方法，(3)パズル，クイズ等の解答を募集し，その正誤によって定める方法，(4)ボーリング，魚釣り，○○コンテストその他の競技，演技又は遊技等の優劣によって定める方法[1)]等がこれに該当する（懸賞景品告示運用基準2(1)～(4)）。

(2)　景品の制限

懸賞により提供する場合の景品類の制限は，次のとおりである（懸賞制限告示2項～4項）。

1）ただし，相手方事業者の取引高その他取引の状況に関する優劣によって定める方法は含まれない（懸賞景品告示運用基準2(4)）。

	最高額			総額
通常の場合	懸賞に係る取引の価額	5,000円未満	取引の価額の20倍	懸賞に係る取引の予定総額の100分の2
		5,000円以上	10万円	
共同懸賞	懸賞に係る取引の価額にかかわらず30万円			懸賞に係る取引の予定総額の100分の3

共同懸賞とは，次のいずれかに該当する場合である（懸賞制限告示4項）。

① 一定の地域[2)]における小売業者又はサービス業者の相当多数が共同して行う場合。

② 一定の商店街に属する小売業者又はサービス業者の相当多数が共同して行う場合。ただし，中元，年末等の時期において，年3回を限度とし，かつ，年間通算して70日の期間内で行う場合に限る。

③ 一定の地域において一定の種類の事業を行う事業者の相当多数[3)]が共同して行う場合。

「懸賞に係る取引の価額」については，同一の取引に付随して二以上の懸賞による景品類提供が行われる場合，

ア 同一の事業者が行われる場合は，別々の企画によるときであっても，これらを合算した額の景品類を提供したことになる。

イ 他の事業者と共同して行う場合は，別々の企画によるときであっても，それぞれ，共同した事業者がこれらの額を合算した額の景品類を提供したこととなる。

ウ 他の事業者と協働しないで，その懸賞の当選者に対してさらに懸賞によって景品類を追加した場合は，追加した事業者がこれらを合算した額の景品類を提供したことになる（懸賞景品告示運用基準5(2)ア～ウ）。

また，懸賞に係る一つの取引について，同一の企画で数回の景品類獲得の機会を与える場合であっても，その取引について定められている制限額を超

2）「一定の地域」については，その店舗又は営業施設の所在する市町村の区域を「一定の地域」として扱い，一の市町村より狭い地域における小売業者又はサービス業者の相当多数が協働する場合には，その業種及びその地域における競争の状況等を勘案して判断する（懸賞景品告示運用基準8(1)）。

3）共同懸賞の参加者がその地域における「小売業者又はサービス業者」又は「一定の種類の事業を行う事業者」の過半数であり，かつ，通常共同懸賞に参加するものの大部分である場合は，「相当多数」に当たるものとして取り扱う（同運用基準10）。

えて景品類を提供してはならない（たとえば，一枚の抽せん券によって抽せんを行って景品類を提供し，同一の抽せん券によりさらに抽せんを行って景品類を提供する場合にあっては，これらを合算した額が制限額を超えてはならない）（同運用基準6）。

〔㈱丸の内カラー現像所排除命令事件〕（平成5年12月22日，平成5年(排)第16号）

同社は，写真現像・焼き付け業等を営む事業者であるが，富山県・石川県・福井県に所在する16店舗において，平成5年7月21日から同年8月31日まで「夏の同時プリントセール」を開催し，期間中にカラーフィルム1本の現像及び焼き付けを同時注文した者に対し，抽選でビデオカメラ等の景品類を提供することを企画し，実施した。

前記企画の懸賞に係る取引の予定総額は2,043万円と認定されており，同社が懸賞により提供できる景品類の総額は41万円（予定総額の100分の2）までであるから，景品類総額はこれを超えるものであった。また，懸賞に係る取引の価額のうち最低額のものは12枚撮り現像焼き付け料金の906円であり，一等商品69,800円相当はこの約77倍相当のものであった。

本件の特徴として，富山県から過大な景品付き販売について再三指導を受けており，問題となった企画の2ヵ月前にも過大な景品付き販売について指示を受けているにもかかわらず，敢えて本件行為を行ったこと等から，排除命令が相当と判断された事案であることが指摘されている[4)]。

〔ジャパンエンバ㈱排除命令事件〕（平成11年3月，平成11年（排）第3号）

ジャパンエンバ㈱は，毛皮製の衣服及び身の回り品の販売に当たり，①平成10年10月2日から同年11月30日までを期間とし，ダイレクトメールに同封した応募券により各店舗等において応募した者に対し，抽選により，イギリス及びフランスへの6日間のペア旅行（24万6,000円相当，2組4名）等を提供すること，及び②平成10年12月1日から25日までを期間とし，各店舗等において商品

4）目黒征守「過大な景品類提供事件について（㈱丸の内カラーに対する件）」公正取引521号76頁（1994年）。

を購入した者に対し，抽選により，ハワイへの５日間のペア旅行（16万円相当，５組10名）を提供することを企画し，これらを実施した（提供できる景品の最高額10万円）。

〔新聞販売業者による過大な景品類の提供事件〕（平成12年３月15日排除命令，平成12年（排）第２～５号）[5)]

新聞業景品告示は，景品類の提供を，懸賞によらないで提供できる景品類の最高額を取引価額の８％又は３ヵ月分の購読料金の８％のいずれか低い金額としていた。

新聞販売業者４事業者は，和歌山県有田郡の湯浅町，広川町等の地域において，いわゆる新聞の拡張員又は従業員をして家庭を訪問させ，各全国日刊新聞紙の統合版を購読する者に対し，景品類として，購読期間に応じて，新聞業景品告示による制限額を大幅に超える価額の景品を提供し，各紙の統合版の購読の勧誘を行っていた（提供できる景品類の最高額は，３事業者については721円，１事業者については708円であった）。

⑶　いわゆる「カード合わせ」の方法による景品類の提供の禁止（懸賞制限告示５項）

２以上の種類の文字，絵，符号等を表示した符票のうち，異なる種類の符票の特定の組み合わせを提示させる方法を用いた懸賞による景品類の提供は全面的に禁止されている。

これは，例えば菓子の箱の中に１種類のカードが入っていて全種類集めると景品類と引き換えるというものであるが，全種類が同じ確率で入っているとは限らないことからその方法自体に欺瞞性が強く，また子供向けの商品に提供されることが多かったことから子供の射幸心をあおる度合いが強いことから，全面的に禁止されたものである。

景品表示法においては，景品は一律禁止となっておらず，「射幸心の抑制」という観点から上限規制が設けられているのに対し，「カード合わせ」の一律禁止

5）後藤正和「最近の景品表示法違反事件の処理状況」公正取引597号76頁（2000年）。

規制は例外的であり，また，「欺瞞性」を問題にするのは表示規制の発想に近い，という指摘がある[6)]。

〔コンプガチャ事件〕

ガチャとは，オンラインゲーム上にランダムにアイテムが出現する電子くじで，コンプガチャとは，有料ガチャアイテムを含む特定の二つ以上の異なるアイテム等を全部そろえることを条件として，ゲーム内で使用できる，より希少性の高いアイテムを入手できる仕組みのことをいう[7)]。

コンプガチャについては，2011年夏ごろから広まったとされ，プレーヤーがゲームを優位に進めるために，つい有料アイテムを購入し，請求額が高額になるなどの問題が指摘されていた。こうしたオンラインゲームに関する問題は，消費者庁においても議論されるようになり，「インターネット消費者取引連絡会」第4回会合（平成24年2月16日）では，コンプガチャを含むオンラインゲームに関する消費者トラブルに関して集中的に議論が行われた。同年4月23日，ソーシャルゲームプラットフォーム連絡協議会（6社協議会）が第1回会合で自主規制へ向けた連携方針を発表し，翌4月24日には，消費者庁の福島浩彦長官（当時）が，定例記者会見において「考え方を整理して，消費者庁の考え方をまず示すということが必要」等と発言した。

こうした状況下，5月5日に，読売新聞が「アイテム新商法違法　コンプガチャ廃止要請へ」と報じ，5月7日には，GRee, DeNA といったソーシャルゲームの関連銘柄の株価が急落した。5月8日，消費者庁の松原特命担当大臣が，記者会見で「まずさまざまな事業者から調査，聞き取りをしていく」と発言し，5月9日，6社協議会はコンプガチャ廃止を表明した。

消費者庁は，5月18日，「『カード合わせ』に関する景品表示法（景品規制）上

6）白石忠志「コンプガチャと景表法」法学教室383号38頁（2012年）。
7）泉水文雄「コンプガチャ問題をめぐる消費者庁と企業の対応を振り返る」BUSINESS LAW JOURNAL2012年8月号。コンプガチャ問題の主な経緯について同稿及び畑武尊「ネット時代の景品表示法」（公正取引743号28頁（2012年））によった。なお，丸橋透・松嶋隆弘編著『景品・表示の法実務』（三協法規出版，2014年）8頁以下の「カード合わせとコンプガチャ規制」も詳しい記述がされており，参考にした。

の考え方の公表及び景品表示法の運用基準の改正に関するパブリックコメントについて」を発表し，パブコメ募集の手続を経て，懸賞景品告示運用基準を改正する手続が取られ，同基準にコンプガチャの定義が明記され，平成24年７月１日より，景品表示法に基づく消費者庁の規制対象となることが明確化された。

具体的には，懸賞景品告示運用基準の「４　告示第５項（カード合わせ）について」(1)において，「次のような場合は，カード合わせの方法に当たる。」として,「携帯電話端末やパソコン端末などを通じてインターネット上で提供されるゲームの中で，ゲームの利用者に対し，ゲーム上で使用することができるアイテム等を，偶然性を利用して提供するアイテム等の種類が決まる方法によって有料で提供する場合であって，特定の二以上の異なる種類のアイテム等をそろえた利用者に対し，例えばゲーム上で敵と戦うキャラクターや，プレーヤーの分身となるキャラクター（いわゆる「アバター」と呼ばれるもの）が仮想空間上で住む部屋を飾るためのアイテムなど，ゲーム上で使用することができるアイテム等そのほかの経済上の利益を提供するとき。」と明記されることとなった。

3　購入者等の全員に提供する景品の制限

ア　一般消費者に対して懸賞によらないで景品を提供する場合は，景品類の提供に係る取引の価額の10分の２の金額（取引の価額が1,000円未満のときは200円）の範囲内であって，正常な商慣習に照らして適当と認められる限度を超えるものを提供することが禁止されている(総付制限告示１項)。商品の購入者に対し購入額に応じて，あるいは購入額の多寡を問わずにもれなく景品を提供する場合，店舗への入店者に対して商品の購入を条件とせず景品を提供する場合などがこれに該当する。

なお，次のもので正常な商慣習に照らして適当と認められるものは，景品類に該当する場合であっても，上記の制限が適用されない（総付制限告示２項)。

①　商品の販売若しくは使用のため又は役務の提供のため必要な物品又はサービス

②　見本その他宣伝用の物品又はサービス

③　自己の供給する商品又は役務の取引において用いられる割引券等

④　開店披露，創業記念等の行事に際して提供する物品又はサービス

イ　「『一般消費者に対する景品類の提供に関する事項の制限』の運用基準について」(昭和52年４月１日事務局長通達第１号, 改正平成８年２月16日事務局長通達第１号）には，総付制限告示の運用について，以下のように明記されている。

(ア)　告示１項の「景品類の提供に係る取引の価額」について，購入対象者を対象とし，購入額に応じて景品類を提供する場合は，「取引の価額」とし（運用基準１(1)），購入者を対象とするが購入額の多少を問わないで景品類を提供する場合の取引の価格は，原則として100円とし，当該景品類提供の対象商品又は役務の取引の価額のうち最低のものが明らかに100円を下回っていると認められるときは，当該最低のものを「取引の価額」とする（運用基準１(2)）。購入を条件とせずに，店舗の入店者に対して景品類を提供する場合の「取引の価額」は，原則として100円とし，当該店舗において通常行われる取引の価額のうち最低のものが100円を超えると認められるときは，当該最低のものを「取引の価額」とすることができる（運用基準１(3)）。

また，同一の取引に付随して二以上の景品類提供が行われる場合については，同一の事業者が行う場合は，別々の企画によるときであっても，これらを合算した額の景品類を提供したことになる（運用基準１(5)ア）とし，他の業者と共同して行う場合は，別々の企画によるときであっても，共同した事業者が，それぞれ，これらを合算した額の景品類を提供したことになる（運用基準１(5)イ）。他の事業者と協働しないで景品類を追加した場合は，追加した事業者が，これらを合算した額の景品類を提供したことになる（運用基準１(5)ウ）。

(イ)　告示２項１号の「商品の販売若しくは使用のため又は役務の提供のため必要な物品又はサービス」について，当該物品のサービスの特徴，その必要性の程度，当該物品又はサービスが通常別に対価を支払って購入されるものであるか，関連業種におけるその物品又はサービスの提供の実態を勘案し，公正な競争秩序の観点から判断する（運用基準２）。

(ウ)　告示２項２号の「見本その他宣伝用の物品サービス」について，見本等の内容，その提供の方法，その必要性の限度，関連業種における見本等の提供の実態等を勘案し，公正な競争秩序の観点から判断する（運用基準３

(1))。

自己の供給する商品又は役務について，その内容，特徴，風味，品質等を試食，使用等によって知らせ，購買を促すために提供する物品又はサービスで，適当な限度のものは，原則として，告示２項２号に当たる（運用基準３(2))。

事業名を広告するために提供する物品又はサービスで，適当な限度のものは，原則として，告示２項２号に当たる（運用基準３(3))。

(エ)　告示２項３号の「自己の供給する商品又は役務の取引において用いられる割引券その他割引を約する証票」については，証票の提供方法，割引の程度又は方法，関連業種における割引の実態等を勘案し，公正な競争秩序の観点から判断する（運用基準４(1))。

「証票」には，金額を示して取引の対価の支払いに充当される金額証並びに自己の供給する商品又は役務の取引及びほかの事業者の供給する商品又は役務の取引において共通して用いられるものであって，同額の割引を約する証票を含む（運用基準４(2))。

第4章

違反行為に対する措置と公正競争規約

1　措置命令

景品表示法に違反する不当な表示や，過大な景品類の提供が行われている疑いがある場合，消費者庁は，関連資料の収集，事業者への事情聴取などの調査を実施する。調査の結果，違反行為が認められた場合は，消費者庁は，当該行為を行っている事業者に対し，弁明の機会を付与（行政手続法13条１項２号）した上で不当表示等により一般消費者に与えた誤認の排除，再発防止策の実施，今後同様の違反行為を行わないことなどを命ずる「措置命令」を行う（景表７条)。この命令は，違反行為が既になくなっている場合にも，違反行為をした事業者や合併等により違反行為に係る事業を継承した事業者に対して行うことができる。

規制の主体は内閣総理大臣であるが，内閣総理大臣はこの法律による権限を消費者庁長官に委任している（景表33条１項）ので，実務は消費者庁が行う。また，消費者庁長官は，政令で定めるところにより，委任された権限の一部を公正取引委員会に委任できる（同条２項)。消費者庁移管後においては，景品表示法及び政令により，立入検査や報告徴収といった調査権限が公正取引委員会に委任されており，公正取引委員会の地方事務所，支所及び沖縄総合事務局総務部公正取引室においても，景品表示法に関する相談業務，同法違反の疑いに関する情報受付業務，被疑事件の調査業務等が行われている。

措置命令では，一般に，違反行為の差止めのほか，一般消費者の誤認排除のための新聞広告[1)]，再発防止策の策定，今後同様の行為の禁止，排除措置命令に従って採った措置の消費者庁への事後報告などが命じられている。

命令に違反した者は，2年以下の懲役又は300万円以下の罰金に処される（景表36条1項）。

2　都道府県知事による措置（景表33条11項）

景品表示法は，違反行為を迅速，効果的に規制できるよう，都道府県も運用している[2)]。都道府県知事は，措置命令をするため必要があると認めるときは，報告命令，立入検査等を行って必要な調査を行うことができる。調査の結果，違反行為があると認めるときは，都道府県知事は，違反行為を行っている事業者に対し，その行為の取りやめ，その行為が再び行われることを防止するために必要な事項等を命ずることができる。その命令は，違反行為が既になくなっている場合にもすることができる。

3　消費者団体による差止請求（景表30条）

内閣総理大臣が認定した消費者団体は，一般消費者に対して優良誤認表示又は有利誤認表示を現に行い又は行うおそれがある事業者に対し，違反行為の停止又は予防に必要な措置をとることを請求することができる。

なお，平成26年11月改正により，違反行為に関する措置として課徴金制度が導入されることになったが，これについては第6章で詳述する。

4　公正競争規約

業界による自主規制として公正競争規約がある。これは，景品の上限や提供

1）措置命令を受けた事業者は，公示として日刊新聞2紙以上に社告を掲載するのが通常であり，この新聞掲載だけでも数百万円の出費となる，との指摘がある（籔内俊輔「企業法務の観点から見た景表法の運用状況と今後の留意点」公正取引763号14頁（2014年））。

2）昭和47年5月成立，同年10月施行の景品表示法改正により導入された。景品表示法違反は全国各地で発生するおそれがあり，違反行為の波及性・昂進性があるため，広く全国各地で監視する要請があることがその背景にあった。しかし，景品表示法の運用を地方公共団体に委任するには，公正取引委員会という行政委員会が他の独任制の行政機関に権限を委任することが可能かという法制度論上の問題，国が権限委任に伴う予算措置を講ずべきかという問題があった（糸田省吾「景品表示法の執行を完璧にするもの」公正取引743号34頁（2012年））。

方法，表示の基準・方法などに関して業界団体が規約を定め，認定を受けたときは，これに従っている行為には景品表示法違反の手続はとられない。具体的には，事業者又は事業者団体は，景品類又は表示に関する事項について，内閣総理大臣及び公正取引委員会の認定を受けて，不当な顧客の誘引を防止し，一般消費者による自主的かつ合理的な選択及び事業者間の公正な競争を確保するための協定又は規約を締結し，又は設定することができる(景表31条1項)。内閣総理大臣及び公正取引委員会は，次の①から④の要件のすべてに適合する場合でなければこの協定又は規約を認定してはならない（同条2項)。

① 不当な顧客の誘引を防止し，一般消費者による自主的かつ合理的な選択及び事業者間の公正な競争を確保するために適切なものであること
② 一般消費者及び関連事業者の利益を不当に害するおそれがないこと
③ 不当に差別的でないこと
④ 当該協定若しくは規約に参加し，又は当該協定若しくは規約から脱退することを不当に制限しないこと

内閣総理大臣の認定権限は，消費者庁長官に委任されている（景表33条1項)。したがって，実際に規約の認定を行うのは，消費者庁長官と公正取引委員会になる[3)]。

公正競争規約を運用するために個別業種ごとに設定された自主規制機関として公正取引協議会がある。一般消費者による自主的かつ合理的な選択及び事業者間の公正な競争の確保のために，規約の周知徹底，規約遵守のための活動等を行っている。公正競争規約は，景品表示法の規定に基づき公正取引委員会及び消費者庁長官の認定を受けて設定・変更されるものであるが，公正取引委員会は，規約の認定に当たり，主として当該規約が事業者間の公正な競争の確保に適合するかという観点から審査を行っている。

また，公正取引委員会は，規約の運用団体である公正取引協議会の活動実態について，各協議会の事業報告書・事業計画書を入手すること等により把握するとともに，必要に応じて公正取引協議会に対し指導を行っている。

平成25年12月1日時点における公正競争規約の数は，表示関係は67規約(食品

3）野口文雄「景品表示法への公正取引委員会の取組み」公正取引743号4頁（2012年)。

関係37規約，酒類関係７規約，その他23規約），景品関係は37規約（食品関係11規約，酒類関係７規約，その他19規約）である[4)]。

同規約を遵守している限りは，景品表示法に違反することはない[5)]。公正競争規約により，業界の公正な競争が確保されるとともに，消費者が適正な商品選択を行うことができるようになることが期待されている[6)]。

4）金子晃・山口由紀子「景品表示法移管５年の評価と課題」公正取引763号６頁（2014年）。

5）糸田省吾「景品表示法の執行を完璧にするもの」公正取引743号36頁（2012年）。同論稿は，「その意味で，公正競争規約は景品表示法に関するコンプライアンスの最強の方策である」等と，公正競争規約の意義を高く評価している。その一方で，平成18年３月23日に排除命令が行われた食品のり販売業者の中には，食品のり公正取引協議会の会員が含まれていた（栗洲宣之･光井徳子「食品のり販売業者９名に対する排除命令について」公正取引670号61頁（2006年））。また，㈳自動車公正取引協議会は，平成15年10月，「二輪自動車業における表示に関する公正競争規約」を定めているが，平成18年10月18日に㈱アイビー（大阪市）に排除命令がされるなど，中古車業界の命令事案は絶たれていない状況にある。

6）下津秀幸・立石裕則・黒木理恵・平中隆司「表示・広告をめぐる法規制」（現代消費者法６号６頁（2010年））。

第5章

コンプライアンス体制の確立 ―平成26年6月改正

景品表示法の改正法（不当景品類及び不当表示防止法等の一部を改正する等の法律（平成26年法律第71号））は，平成26年6月6日に成立し，同月13日に公布された。景品表示法に関しては，その後，平成26年11月にも改正がなされた（同じ年に2回の改正がなされたので，本書では，平成26年6月の改正については「平成26年6月改正」，同年11月改正（法律第118号）については「平成26年11月改正」と略する）。

以下，景品表示法の改正に至る経緯と平成26年6月改正の内容について説明する。

1　改正に至る経緯

そもそも景品表示法の改正の契機となったのは，平成25年秋に大きな社会問題となった食品偽装事件である。同事件に関しては，同年12月19日に近畿日本鉄道株式会社，株式会社阪急阪神ホテルズ，株式会社阪神ホテルシステムズが，景品表示法の優良誤認等に該当する行為をしたものとして，消費者庁より措置命令を受けている。具体的には，旅館やホテルで提供された料理について，例えば，地鶏の定義に該当しない肉を「大和地鶏」と表示したこと，生鮮食品に該当しない加工食品を「牛フィレ肉のステーキ」と表示したこと，ブラックタイガーを使用した料理を「車海老のチリソース煮」と表示したこと，といったものが違反行為の対象となっている。

食品偽装事件では，同年10月ごろより，事業者がメニューを洗い直したところ適切な表示を行っていなかったとして自主申告し，謝罪会見や返金に応じる等の対応をしたのであるが，謝罪会見で「故意に行ったものではない（偽装ではない)」といった発言や，他の事業者から新たな偽装の申告が次々となされたため，連日のようにマスコミにおいて報道された。このような事態を受け，官房長官は消費者庁に対して，景品表示法の規制を強化するように指示し，今回の改正法となったものである[1)]。

このように今回の二度にわたる景品表示法の改正は，食品偽装事件に端を発したものであり，規制の強化の当初の狙いは「課徴金の導入」であったようであるが，改正法案作成までの期間があまりに短すぎたため，平成26年６月改正での導入は見送られた。

2　改正の概要

平成26年６月改正は，「事業者のコンプライアンス体制の確立」「情報提供・連携の確保」「監視指導態勢の強化」及び「課徴金制度の検討等」の四つから構成されている。ただ，「課徴金制度の検討等」については，平成26年11月改正によって課徴金制度が導入されたので，実質的な法案の中身は三つと考えてよいであろう（課徴金制度の導入については，平成26年11月改正で解説する）。

(1)「事業者のコンプライアンス体制の確立」について

平成26年６月改正は，事業者に対して景品表示法に関するコンプライアンス体制の確立義務を課すこととし，７条（平成26年11月改正で現26条）で，

1）菅官房長官（当時）は，平成25年11月22日，与党からの緊急提言を重く受け止め，消費者庁に事業者の表示に対する意識改革や表示の監視指導体制の強化などについて，法的措置を含めた実効性のある対応策を速やかにまとめるように指示したことを明らかにした。食品等問題関係省庁等会議が平成25年12月９日に開催され，食品表示等適正化政策を決定し，同日に，内閣総理大臣から消費者委員会に対し，景品表示法における課徴金制度の導入等の違反行為に対する措置の在り方について諮問をし，この諮問を受け，委員会では12月17日に専門調査会を立ち上げ，平成26年６月10日，同委員会がこれに対する答申をした，という経緯がある（黒田岳士・加納克利・松本博明編著『逐条解説　平成26年11月改正　景品表示法　課徴金制度の解説』８頁（商事法務，2015年），加納克利「消費者法制の動向－消費者裁判手続特例法・景品表示法・消費者契約法」NBL1041号40頁（2015年），河上正二・黒田岳士「改正景品表示法の狙い－課徴金制度導入を中心に」NBL1043号６頁（2015年））。

「第7条　事業者は，自己の供給する商品又は役務の取引について，景品類の提供又は表示により不当に顧客を誘引し，一般消費者による自主的かつ合理的な選択を阻害することのないよう，景品類の価額の最高額，総額その他の景品類の提供に関する事項及び商品又は役務の品質，規格その他の内容に係る表示に関する事項を適正に管理するために必要な体制の整備その他の必要な措置を講じなければならない。」

と規定した。そして，同条2項において，

「2　内閣総理大臣は，前項の規定に基づき事業者が講ずべき措置に関して，その適切かつ有効な実施を図るために必要な指針（以下この条において単に「指針」という。）を定めるものとする。」

として，事業者が講ずべき具体的な措置に関しては，内閣総理大臣が指針を示すものとし，その前提として，「事業者の事業を所管する大臣」や「公正取引委員会」と協議すること，及び「消費者委員会」の意見を聴かなければならないとされた（同条3項）。この指針については，平成26年8月8日，「事業者が講ずべき景品類の提供及び表示の管理上の措置についての指針(案)」が公表され，パブリックコメント手続に付され，同年11月14日，成案として告示された。

指針は，「公表する」とされているが（同条4項），指針の公表後，内閣総理大臣は指針に沿って適切かつ有効な実施を図るため必要があるときは，事業者に対して「指導及び助言をすることができる。」ものとした（8条，現27条）。そして，事業者が必要な措置を講じていない場合の措置として，

「第8条の2　内閣総理大臣は，事業者が正当な理由がなくて第7条第1項〔現26条1項〕の規定に基づき事業者が講ずべき措置を講じていないと認めるときは，当該事業者に対し，景品類の提供又は表示の管理上必要な措置を講ずべき旨の勧告をすることができる。」

とした。なお，勧告がなされた場合，当該事業者が勧告に「従わないとき」は，公表されることがある（同条2項。「公表することができる。」との規定であり，従わない場合であっても必ず公表されるわけではない）。この点は，勧告がなされた時点で，勧告に従うか否かにかかわらず，必ず公表される消費税特別措置法（6条2項）とは異なっている。

事業者に対してコンプライアンス体制の確立を法律上義務付けた点は，事業

者にとって重要な意義を有すると思われるが，法律を見てもその要求されるコンプライアンス体制の中身を把握することはできず，指針が重要な意義を有することになる。

⑵ 「情報提供・連携の確保」について

情報提供・連携の確保については，まず，適格消費者団体への情報提供がある。すなわち，平成26年６月改正により景品表示法10条２項として，

「２　消費者安全法（平成21年法律第50号）第11条の７第１項に規定する消費生活協力団体及び消費生活協力員は，事業者が不特定かつ多数の一般消費者に対して前項各号に掲げる行為を現に行い又は行うおそれがある旨の情報を得たときは，適格消費者団体が同項の規定による請求をする権利を適切に行使するために必要な限度において，当該適格消費者団体に対し，当該情報を提供することができる。」（現30条２項）

とした。これは，民間による問題事案への対処の支援といえ，当局だけでは把握しきれない不当表示事案についても幅広く，景品表示法の規制の対象とするための方策であるといえよう。また，関係者相互に対して，

「第15条　内閣総理大臣，関係行政機関の長（当該行政機関が合議制の機関である場合にあつては，当該行政機関），関係地方公共団体の長，独立行政法人国民生活センターの長その他の関係者は，不当な景品類及び表示による顧客の誘引を防止して一般消費者の利益を保護するため，必要な情報交換を行うことその他相互の密接な連携の確保に努めるものとする。」（現35条）

として，相互の密接な連携の確保を行うよう定めた。

このように民間からの情報提供，不当表示を防止する関係者相互の連携の確保による体制の構築により景品表示法による規制の実効性を高めるものとした。

⑶ 「監視指導態勢の強化」について

改正法における監視指導態勢の強化の内容は，他の機関への権限の委任である。すなわち，平成26年６月改正により景品表示法12条２項の後に３項として，

「３　消費者庁長官は，緊急かつ重点的に不当な景品類及び表示に対処する必要があることその他の政令で定める事情があるため，事業者に対し，第６

条の規定による命令又は第８条の２第１項の規定による勧告を効果的に行う上で必要があると認めるときは，政令で定めるところにより，第１項の規定により委任された権限（第９条第１項の規定による権限に限る。）を当該事業者の事業を所管する大臣又は金融庁長官に委任することができる。」（現33条。下線部分に改正あり）

として，消費者庁長官の権限である９条（現29条）１項の調査権限に限り，事業所管大臣等に委任できるものとした。緊急性等の要件を具備する事案については，事業所管大臣等に調査権限を委任することで，当該事業の実情を踏まえた調査を行い，迅速かつ的確な法執行を行えるようにした。また，同条11項に，

「11　第１項の規定により消費者庁長官に委任された権限に属する事務の一部は，政令で定めるところにより，都道府県知事が行うこととすることができる。」

として，消費者庁長官の権限の一部（措置命令権限，合理的根拠提出要求権限等）を都道府県知事に付与することで，国と地方との密接な連携を確保し，地方に委ねるのが適切な事案について，迅速かつ的確な法執行を行えるようにした。

このように監視指導態勢の強化は，消費者庁長官の権限の委任という形で実現させていくこととなった。

3　「指針」について

前記のとおり７条で事業者に対して景品表示法に関するコンプライアンス体制の確立義務を課すこととし，事業者が講ずべき具体的な措置に関しては，内閣総理大臣が指針を示すものとし，平成26年11月14日，「事業者が講ずべき景品類の提供及び表示の管理上の措置についての指針」（平成26年11月14日内閣府告示第276号）が公表された（以下「指針」という）。

その内容は，次のとおりである。

(1)　景品表示法の考え方の周知・啓発（指針第４－１）

指針では，「事業者は，不当表示等の防止のため，景品表示法の考え方について，表示等に関係している役員及び従業員（以下「関係従業員等」という。）にその職務に応じた周知・啓発を行うこと。」とし，周知・啓発の意義について，

「周知･啓発を行うに当たっては，例えば，一般消費者にとって，表示等が商品又は役務を購入するかどうかを判断する重要な要素となること，その商品又は役務について最も多くの情報・知識を有している事業者が正しい表示を行うことが，一般消費者の利益を保護することになるばかりか，最終的にはその事業者や業界全体の利益となることを十分理解する必要がある。」との考えを示した。

また，景品表示法の考え方の周知・啓発の具体例として，次のようなものを例示する（指針別添１）。

〔景品表示法の考え方の周知・啓発の例〕

① 朝礼・終礼において，関係従業員等に対し，表示等に関する社内外からの問合せに備えるため，景品表示法の考え方を周知すること。

② 適時，関係従業員等に対し，表示等に関する社内外からの問合せに備えるため，景品表示法の考え方をメール等によって配信し，周知・啓発すること。

③ 社内報，社内メールマガジン，社内ポータルサイト等において，景品表示法を含む法令の遵守に係る事業者の方針，景品表示法を含む自社に関わる法令の内容，自社の取り扱っている商品・役務と類似する景品表示法の違反事例等を掲載し，周知・啓発すること。

④ 関係従業員等が景品表示法に関する都道府県，事業者団体，消費者団体等が主催する社外講習会等に参加すること。

⑤ 関係従業員等に対し，景品表示法に関して一定の知識等を獲得することができるよう構成した社内の教育・研修等を行うこと。

⑥ 景品表示法に関する勉強会を定期的に開催すること。

⑦ 調達・生産・製造・加工部門と，営業部門との間での商品知識及び景品表示法上の理解に関する相互研修を行い，認識の共有化を図ること。

⑧ 社内資格制度を設け，景品表示法等の表示関連法令について一定の知識を有すると認められた者でなければ，表示等の作成や決定をすることができないこととすること。

⑨ 適正表示等のための定例的な広告審査会（複数部署が参加して表示等を相互に批評する会合）を開催すること。

これらの具体例は，あくまで例示であり，各事業者が具体的に行う措置は，事業者の規模や業態，取り扱う商品又は役務の内容等に応じて個別に異なる。

したがって，これらの例示に該当しないものを行うことで足りる場合もあり得る。また，これらの例示のうちの一つを行うことで，景品表示法の考え方の周知･啓発を行ったと認められる場合もあり得る一方，事業者の規模や業態によっては，これらの例示のうちの一つを行うだけでは足りず，複数を行うことで，景品表示法の考え方の周知・啓発を行ったと認められる場合もあり得ることに注意すべきである。

⑵　法令遵守の方針等の明確化（指針第４－２）

指針では，「事業者は，不当表示等の防止のため，景品表示法を含む法令遵守のためにとるべき手段等を明確化すること。」を求めた。

法令遵守の方針等の明確化の例として次のものを例示する（指針別添２）。

〔法令遵守の方針等の明確化の例〕
①　法令遵守の方針等を社内規程，行動規範等として定めること。
②　パンフレット，ウェブサイト，メールマガジン等の広報資料等に法令遵守に係る事業者の方針を記載すること。
③　法令違反があった場合に，役員に対しても厳正に対処する方針及び対処の内容を役員規程に定めること。
④　法令違反があった場合に，懲戒処分の対象となる旨を就業規則その他の社内規則等において明記すること。
⑤　禁止される表示等の内容，表示等を行う際の手順等を定めたマニュアルを作成すること。
⑥　社内規程において，不当表示等が発生した場合に係る連絡体制，具体的な回収等の方法，関係行政機関への報告の手順等を規定すること。

指針で示された具体例の中には，実際に実行するとなると困難を伴うと思われるものもあるが（例えば④），⑤にあるように禁止される表示等を定めたマニュアルを作成することなどは，不当表示の防止に効果的かつ作成内容によっては有用なものとなり得るであろう。

⑶　表示等に関する情報の確認（指針第４－３）

指針では，「事業者は⑴景品類を提供しようとする場合，違法とならない景品類の価格の最高額・総額・種類・提供の方法等を，(2)とりわけ，商品又は役務の長所や要点を一般消費者に訴求するために，その内容等について積極的に表示を行う場合には，当該表示の根拠となる情報を確認すること。」とした。確認方法については，個別具体的に判断されることとなるが，指針では，具体例として次のものをあげる（指針別添３）。

〔表示等に関する情報の確認の例〕

①　企画・設計段階における確認等

- 企画・設計段階で特定の表示等を行うことを想定している場合には，当該表示等が実現可能か（例えば，原材料の安定供給が可能か，取引の予定総額が実現可能か）検討すること。
- 景品表示法の各種運用基準，過去の不当表示等事案の先例等を参考にして，どのような景品類の提供や表示が可能なのか，又は当該表示等をするためにはどのような根拠が必要なのか検討すること。
- 最終的な商品・役務についてどのような表示が可能なのか，又は当該表示をするためにはどのような根拠が必要なのか検討すること。
- 企画・設計段階で特定の表示を行うことを想定している場合には，どのような仕様であれば当該表示が可能か検討すること。
- 景品類を提供しようとする場合，商品・役務の販売価格や売上総額を試算し，景品関係の告示等に照らし，違法とならない景品類の価額の最高額・総額・種類・提供の方法等を確認すること。

②　調達段階における確認等

- 調達する原材料等の仕様，規格，表示内容を確認し，最終的な表示の内容に与える影響を検討すること。
- 地理的表示等の保護ルール等が存在する場合には，それらの制度を利用して原産地等を確認すること。
- 規格・基準等の認証制度が存在する場合（ブランド食材の認証マーク等）には，それらの制度を利用して品質や呼称を確認すること。
- 無作為に抽出したサンプルの成分検査を実施すること。

③　生産・製造・加工段階における確認等

- 生産・製造・加工が仕様書・企画書と整合しているかどうか確認すること。
- 特定の表示を行うことが予定されている場合，生産・製造・加工の過程が表示に与える影響（「オーガニック」等の表示の可否，再加工等による原産地の変更等）を確認すること。
- 生産・製造・加工の過程における誤りが表示に影響を与え得る場合，そのような誤りを防止するために必要な措置を講じること（誤混入の防止のため，保管場所の施設を区画し，帳簿等で在庫を管理する等）。
- 流通に用いるこん包材の表示が一般消費者に訴求する表示につながる可能性がある場合，こん包材の表示についても確認すること。
- 定期的に原料配合表に基づいた成分検査等を実施すること。

④　提供段階における確認等
- 景品表示法の各種運用基準，過去の不当表示等事案の先例等を参照し，表示等を検証すること。
- 企画・設計・調達・生産・製造・加工の各段階における確認事項を集約し，表示の根拠を確認して，最終的な表示を検証すること。
- 企画・設計・調達・生産・製造・加工・営業の各部門の間で表示しようとする内容と実際の商品・役務とを照合すること。
- 他の法令（農林物資の規格化及び品質表示の適正化に関する法律（JAS法），食品衛生法，酒税法等）が定める規格･表示基準との整合性を確認すること。
- 社内外に依頼したモニター等の一般消費者の視点を活用することにより，一般消費者が誤認する可能性があるかどうかを検証すること。
- 景品類を提供する場合, 景品関係の告示等に照らし, 景品類の価額の最高額･総額・種類・提供の方法等を確認すること。

指針で示された具体例は，商品等の提供の時系列に応じた詳細なものである。具体例では，食品の提供に関連すると思われる事項が多数あり，これは景品表示法改正の発端となった食品偽装事件が影響している可能性がある。

(4)　表示等に関する情報の共有（指針第４－４）

事業者は，その規模等に応じ，前出(3)の「表示等に関する情報の確認」を，当該表示等に関係する各組織部門が不当表示等を防止する上で必要に応じて共有し確認できるようにすること，とされている。その上で，表示等に関する情報の共有に関して，指針では次のような具体例を示している（指針別添４）。

〔表示等に関する情報の共有の例〕

①　社内イントラネットや共有電子ファイル等を利用して，関係従業員等が表示等の根拠となる情報を閲覧できるようにしておくこと。

②　企画・設計・調達・生産・製造・加工・営業等の各部門の間で，表示等の内

容と実際の商品若しくは役務又は提供する景品類等とを照合すること。
③　企画・設計・調達・生産・製造・加工・営業等の各部門の間で，表示等の根拠となる情報を，証票（仕様書等）をもって伝達すること（紙，電子媒体を問わない。）。
④　表示等に影響を与え得る商品又は役務の内容の変更を行う場合，担当部門が速やかに表示等担当部門に当該情報を伝達すること。
⑤　表示等の変更を行う場合，企画・設計部門及び品質管理部門の確認を得ること。
⑥　関係従業員等に対し，朝礼等において，表示等の根拠となる情報（その日の原材料・原産地等，景品類の提供の方法等）を共有しておくこと。
⑦　表示等の根拠となる情報（その日の原材料・原産地等，景品類の提供の方法等）を共有スペースに掲示しておくこと。
⑧　生産・製造・加工の過程が表示に影響を与える可能性があり（食肉への脂の注入等），その有無をその後の過程で判断することが難しい場合には，その有無をその後の過程において認識できるようにしておくこと。
⑨　表示物の最終チェックを品質管理部門が運用する申請・承認システムで行い，合格した表示物の内容をデータベースにて関係従業員等に公開すること。

表示等に関する情報の共有は，誤った表示を防止するための手段である。具体例では①，⑦のように，比較的導入が容易と思われる例もあるので参考にすべきであろう。

⑸　表示等を管理するための担当者等を定めること（指針第4－5）

今回の指針では，コンプライアンス体制確立のための目玉の一つとして，表示等を管理するための担当者等（表示等管理担当者）を定めることが求められている。表示等管理担当者を定めるについては，次の事項を満たす必要があるとされている。

- 表示等管理担当者が自社の表示等に関して監視・監督権限を有すること。
- 表示等管理担当者が複数存在する場合，それぞれの権限又は所轄が明確であること。
- 表示等管理担当者となる者が，例えば，景品表示法の研修を受けるなど，景品表示法に関する一定の知識の習得に努めていること。

- 表示等管理担当者を社内において周知する方法が確立していること。

表示等を管理するための担当者等を定めることの具体例として，次のようなものが示されている（指針別添5）。

① 担当者又は担当部門を指定し，その者が表示等の内容を確認する例
- 代表者自身が表示等を管理している場合に，その代表者を表示等管理担当者と定め，代表者が表示等の内容を確認すること。
- 既存の品質管理部門・法務部門・コンプライアンス部門を表示等管理部門と定め，当該部門において表示等の内容を確認すること。
- 店舗ごとに表示等を策定している場合において，店長を表示等管理担当者と定め，店長が表示等の内容を確認すること。
- 売り場ごとに表示等を策定している場合において，売り場責任者を表示等管理担当者と定め，その者が表示等の内容を確認すること。

② 表示等の内容や商品カテゴリごとに表示等を確認する者を指定し，その者が表示等内容を確認する例
- 商品カテゴリごとに異なる部門が表示等を策定している場合，各部門の長を表示等管理担当者と定め，部門長が表示等の内容を確認すること。
- チラシ等の販売促進に関する表示等については営業部門の長を表示等管理担当者と定め，商品ラベルに関する表示等については品質管理部門の長を表示等管理担当者と定め，それぞれが担当する表示等の内容を確認すること。
- 社内資格制度を設け，表示等管理担当者となるためには，景品表示法等の表示等関連法令についての試験に合格することを要件とすること。

表示等管理担当者を定めることが義務付けられている以上，表示等管理担当者を定めていないという事実があれば，原則として，事業者が講ずべき景品類の提供及び表示の管理上の措置を，講じていないと判断されることになろう。表示等管理担当者を定めるについては，前記のとおり一定の要件があり，特に「自社の表示等に関して監視･監督権限を有すること」が表示等管理担当者となる前提（資格要件）となっているので，この点を十分に注意する必要がある。

⑹　表示等の根拠となる情報を事後的に確認するために必要な措置を採ること（指針第４－６）

事業者は，確認した表示等に関する情報を，表示等の対象となる商品又は役務が一般消費者に供給され得ると合理的に考えられる期間，事後的に確認するために，資料の保管等必要な措置を採ることが求められる。

表示等の根拠となる情報を事後的に確認するために必要な措置を採ることの具体例として，次のようなものを示している（指針別添６）。

- 表示等の根拠となる情報を記録し，保存しておくこと（注１及び２）。
- 製造業者等に問い合わせれば足りる事項について，製造業者等に問合せができる体制を構築しておくこと。
- 調達先業者との間で，品質・規格・原産地等に変更があった場合には，その旨の伝達を行うことをあらかじめ申し合わせておくこと。
- トレーサビリティ制度に基づく情報により原産地等を確認できる場合には，同制度を利用して原産地等を確認できるようにしておくこと。

さらに，表示等の根拠となる情報についての資料の例として，

- 原材料，原産地，品質，成分等に関する表示であれば，企画書，仕様書，契約書等の取引上の書類，原材料調達時の伝票，生産者の証明書，製造工程表，原材料配合表，帳簿，商品そのもの等
- 効果，性能に関する表示であれば，検査データや専門機関による鑑定結果等
- 価格に関する表示であれば，必要とされる期間の売上伝票，帳簿類，製造業者による希望小売価格・参考小売価格の記載のあるカタログ等
- 景品類の提供であれば，景品類の購入伝票，提供期間中の当該商品又は役務に関する売上伝票等
- その他，商談記録，会議議事録，決裁文書，試算結果，統計資料等

が，また，合理的と考えられる資料の保存期間の例としては，

- 即時に消費される場合又は消費期限が定められている場合には販売を開始した日から３ヵ月の期間
- 賞味期限，保証期間，流通期間，耐用年数等に応じて定められた期間

- 他法令に基づく保存期間が定められている場合（法人税法，所得税法，米穀等の取引等に係る情報の記録及び産地情報の伝達に関する法律（米トレサ法）等）の当該期間

が挙げられている（指針別添6（注1）（注2））。

具体例を見ると手間がかかるようにも思われるが，通常は，自社の商品又は役務が一般消費者に供給され得ると合理的に考えられる期間であれば，表示等の根拠となる情報を保有しているものと思われる。仮に不当表示が疑われ，表示等の根拠となる情報を示せなかった場合，不実証広告となる蓋然性が高いものである以上，事業者としては，多少の手間がかかっても保有しておくべきであろう。

(7) 不当な表示等が明らかになった場合における迅速かつ適切な対応（指針第4－7）

事業者は，特定の商品又は役務に景品表示法違反又はそのおそれがある事案が発生した場合，その事案に対処するため次のような対応をする必要があるとされる（指針別添7(1)～(4)）。

① 事実関係を迅速かつ正確に確認すること，及びその具体例
- 表示等管理担当者，事業者の代表者又は専門の委員会等が，表示物・景品類及び表示等の根拠となった情報を確認し，関係従業員等から事実関係を聴取するなどして事実関係を確認すること。
- 事案に係る情報を入手した者から法務部門・コンプライアンス部門に速やかに連絡する体制を整備すること。

② 不当表示等による一般消費者の誤認排除を迅速かつ適正に行う必要性とその具体例
- 速やかに当該違反を是正すること。
- 一般消費者に対する誤認を取り除くために必要がある場合には，速やかに一般消費者に対する周知（例えば，新聞，自社ウェブサイト，店頭での貼り紙）及び回収を行うこと。
- 当該事案に係る事実関係を関係行政機関へ速やかに報告すること。

③ 再発防止に向けた措置の例
- 関係従業員等に対して必要な教育・研修等を改めて行うこと。

・当該事案を関係従業員等で共有し，表示等の改善のための施策を講じること。
④　その他採るべき具体例
・内部通報制度を整備し，内部通報窓口担当者が適切に対応すること。
・第三者が所掌する法令遵守調査室や第三者委員会を設置すること。
・就業規則その他の職務規律を定めた文書において，関係従業員等が景品表示法違反に関し，情報を提供したこと又は事実関係の確認に協力したこと等を理由として，不利益な扱いを行ってはならない旨を定め，従業員に周知すること。

示された具体例は，仮に自社で不当な表示等が明らかになった場合，採るべき対応として参考になるものであるといえよう。なお，一般消費者の誤認排除を迅速かつ適正に行う必要性とその具体例の「当該事案に係る事実関係を関係行政機関へ速やかに報告すること」については，当該表示の不当性の程度や影響の程度を考えて，個別具体的に判断すべきものであるといえる。

⑻　その他

前記⑴から⑺まで以外の措置の具体例として次のようなものが示されている。

・景品表示法違反の未然防止又は被害の拡大の防止の観点から，速やかに景品表示法違反を発見する監視体制の整備及び関係従業員等が報復のおそれなく報告できる報告体制を設け，実施すること。
・表示等が適正かどうかの検討に際し，疑義のある事項について関係行政機関や公正取引協議会に事前に問い合わせること。
・表示等が適正かどうかの検討に際し，当該業界の自主ルール又は公正競争規約を参考にすること。

第６章

課徴金制度
－平成26年11月改正

1　課徴金制度の導入

⑴　概　要

最近における商品又は役務の取引に関する表示をめぐる状況に照らして，不当な表示による顧客の誘引を防止するため，不当な表示を行った事業者に対する課徴金制度を導入するとともに，併せて課徴金対象行為による一般消費者の被害の回復を促進する観点から返金措置を実施した事業者に対する課徴金の額の減額等の措置を講ずることとされた。

⑵　経　緯

第170回臨時国会（平成20年，2008年）に提出された消費者庁関連三法案において，景品表示法を公正取引委員会から消費者庁に移管し，同法を独占禁止法の特例法から消費者法に位置付けを変えることとされたが，そのときには，課徴金制度導入は見送られた（審議未了廃案）。見送られた理由としては大きく分けて次の２点であった。

第一に，課徴金制度については，事業者に対し国庫への金銭納付を命じるのみであり，違反行為を抑止する効果があるものの，被害を被った消費者の直接的な救済につながる制度ではないこと，

第二に，今後，消費者庁が運用することとなる多数の表示規制関連法の中で業種・業態を問わず一般的に適用される景品表示法のみに課徴金制度が置かれることは法的に不整合であること，であった。

その後，景品表示法の所管官庁となった消費者庁において引き続き検討課題

とされていた。その後，2013年秋ごろに，食品偽装表示が相次いで発覚し，それを契機に，不当表示に対するサンクションの重要性が認識され，あらためて課徴金制度を検討するため，消費者委員会内に「景品表示法における不当表示に係る課徴金制度等に関する専門調査会」が設置された。その後，消費者委員会は，2014年６月10日に，同専門調査会における検討結果に基づいて，「不当景品類及び不当表示防止法上の不当表示規制の実効性を確保するための課徴金制度の導入等の違反行為に対する措置の在り方について（答申）」を公表した。この答申に基づいて，立案化がなされたのである。

2　制度の骨子

⑴　対象行為

ア　景品表示法において既に定められている不当表示の類型のうち告示によって指定される不当表示の類型を除き，課徴金を賦課するものとする。具体的には，優良誤認表示行為，有利誤認表示行為を対象とする。

イ　不実証広告規制に係る表示行為について，課徴金賦課処分との関係においても，一定の期間内に当該表示の裏付けとなる合理的な根拠を示す資料の提出がない場合には，当該表示を不当表示と推定する規定を設けるものとする。

⑵　賦課金額の算定

ア　対象商品又は役務の売上額に一定の率を乗じるという算定式により，一律に算定する。算定率は３パーセントとする。

イ　課徴金算定の対象期間は，違反行為をやめた日（①違反行為をやめた後そのやめた日から６ヵ月を経過する日，又は，②当該事業者が違反行為により惹起した一般消費者の誤認のおそれを解消するための措置をとった日，のいずれか早い日までの間に，当該事業者が当該課徴金対象行為に係る商品又は役務の取引をしたときは，最後に当該取引をした日）から遡って３年間を上限とする。

⑶　主観的要素

違反行為者が，違反行為であることを知らないことにつき相当の注意を怠った者でないと認められるときは，課徴金賦課の対象から除外するものとする。

⑷　規模基準

⑵アで算定した課徴金額が150万円未満の場合（すなわち，対象商品・役務の売上額が5,000万円未満の場合）には課徴金の納付を命ずることができないものとする。

⑸　賦課手続

違反行為を行った事業者に対する手続保障として弁明の機会を付与するものとする。

⑹　除斥期間

違反行為をやめた日から５年を経過したときには，課徴金の納付を命じることができないものとする。

⑺　自主申告

違反行為について自主申告した事業者に対し，課徴金額の２分の１を減額する。

⑻　被害回復

商品及び役務の取引に関する不当な表示によって受けた一般消費者の被害の回復を促進するため，違反行為者が，①個別に特定できる返金対象者に対する返金措置の実施に関する計画を作成して認定を受け，②同計画に沿って返金を実施し，③報告した場合に，返金相当額（①の計画認定前の返金相当額を含む）を，⑵ア又は⑺により計算した課徴金額から減額する。

(I)　下記(i)の記載事項を記載した計画を作成した上で消費者庁に提出し，下記(ii)の認定要件に適合するとして認定を受けること（消費者庁は，当該認定時から計画実施に係る報告期限までの間は，課徴金の納付を命じない。）。

(i)　必要的記載事項：①実施予定返金措置の内容及び実施期間，②返金措置の内容についての周知方法，③返金措置の実施に必要な資金の額及びその調達方法。

（任意的記載事項：(I)の計画提出前に実施した返金措置の内容）

（報告義務事項：(I)の計画提出後認定を受けるまでの間に実施した返金措置の内容は，別途報告すべきこととする。）

(ii)　認定要件：①返金措置が円滑かつ確実に実施されることが見込まれること，②返金措置の対象となる者のうち特定の者について不当に差別的でないこと，③実施期間が相当の期間内に終了するものであること。

(II)　認定を受けた計画に従って，次のとおり適正に返金を実施したこと。

(a)　返金を受けるのに必要な情報を周知すること。

(b)　金銭の交付のみを返金の手段とすること。

(c)　各返金対象者に対し，各人に係る購入額に100分の３を乗じた金額以上の金額を返金すること。

(III)　返金措置の実施期間経過後１週間以内に，返金措置を実施した旨を報告したこと。

(9)　その他

公布の日（平成26年11月27日）から１年６月以内に施行する（平成27年政令第422号により平成28年４月１日から施行）。経過措置その他所要の規定の整備を行うものとする。

3　主な論点

(1)　指定告示に係る表示は課徴金対象行為とはされなかったこと

独占禁止法で不公正な取引方法を課徴金の対象にするに当たって，「公正取引委員会が指定するもの」（告示）をそのまま同対象にすることはできないため，対象行為を独占禁止法で明確に規定したのと同様に，景品表示法も「内閣総理大臣が指定するもの」である指定告示をそのまま課徴金の対象にすることはできないと考えられた。

そうすると，指定告示に当たる表示，又はその一部を景品表示法に明確に規定して，それらを課徴金の対象とすればよかったのではないかとの疑問が生じる。この点について，消費者庁移管後の平成21年９月から平成26年10月までの措置命令事案全146件中のうち指定告示に係る表示が問題となった事案は８件のみであり，課徴金を賦課して違反行為の抑止力を強化するに足りる立法事実が認められないと考えられた。そのため，指定告示に係る表示は課徴金対象行為とはされなかった。

⑵　不実証広告規制について，改正法は「推定」規定とし「みなし」規定としなかった点

措置命令との関係における不実証広告規制は，事業者が合理的な根拠を示す資料を提出しないときに優良誤認表示と「みなす」ものであるが（景表7条2項），同命令は将来にわたって当該資料なく表示することを規制し，事後的に当該資料が備わった場合には当該資料に基づく表示は許容される。

他方，課徴金納付命令は，事業者の過去の行為をとらえて命令をした時点で処分が完了する（事後的に当該資料が備わった場合でも，納付された課徴金が事業者に戻ることはない）ため，同命令との関係においては，資料提出期間経過後であっても，仮に合理的な根拠を示す新しい資料が備わった場合には優良誤認表示該当性を争えるようにした。このため，「みなす」のではなく「推定する」と規定された。

⑶　当初の寄附案がなくなったこと

これについては，事業者団体から，寄附という仕組みへの強い批判があった。例えば，日本経団連は，「徴収した課徴金を消費者団体などに配賦することについては，違反行為の抑止という課徴金制度の目的を踏まえると不適切である。消費者団体等への経済的支援のあり方については，別途，消費者政策の予算配分の中でその適否を論ずるべきである。」[1)]としていた。

また，消費者委員会でのヒアリングの場においても，「消費者団体に分けるという発想は，私どもは全くございません。あくまでも国が一旦徴収した上で，これを直接被害に遭われた消費者の方への弁済に充てるのか，あるいは何らかの形で消費者全体の利益のために使えるかということについては，これは私ども，前段で申し上げました自主的な返金等の対応に対する課徴金の算定の考慮

1）一般社団法人日本経済団体連合会「景品表示法への課徴金制度導入に対する意見」（2014年4月15日）。

とセットで考えさせていただければと思います。」と述べていた[2)]。このような意見等を踏まえ，①所定の要件が満たされている場合は原則として課徴金を賦課することで不当表示規制の抑止力を高めるという課徴金制度の趣旨に鑑みて，さらには，②寄附は直接の被害回復ではないことから，今回の制度設計から削除することとされた。

⑷　返　金

返金控除といっても，消費者は領収書などをなくして申し出られない事例が多く，結果として被害救済に不十分ではないかという批判ないし疑問がある。

この点について，事業者は，不当表示を行った後に，信頼回復のために行う消費者への対応として，課徴金納付命令の対象となる商品・役務に限らず，より広く対象にして返金をすることに何ら制限はない。

ただし，課徴金は，課徴金対象行為に係る商品又は役務の売上額を基礎に算定され，本来国庫に納付されるべきものであるから，課徴金の減額対象となる返金措置は，当該商品又は役務について取引をした一般消費者に対して行われたものに限る必要がある。

課徴金の減額の対象となる返金措置について，事業者がこれを実施する場合には，課徴金納付命令の対象である商品・役務の取引を行った消費者であって政令で定めるところにより特定されている者からの申出があった場合には，返金をしなければならない（景表10条１項）。仮に，当該申出があったにもかかわらず，そのうち一部の者に対して返金をする一方，その余の者に対し返金をしない場合には，「実施予定返金措置の対象となる者のうち特定の者について不当に差別的」であるとして，全体として減額は認められないこととなる（同条５項２号・８項）。

具体的な特定の方法は，政令（不当景品類及び不当表示防止法施行令（平成21年政令第218号））で定められている。その方法としては，例えば，①違反事業者が

2）消費者委員会本会議（第156回）・景品表示法における不当表示に係る課徴金制度等に関する専門調査会（第10回）合同会議（平成26年５月１日）「日本経済団体連合会からのヒアリング」。

通信販売を行った事案や一般消費者がいわゆるポイントカードを使用して購入した事案において，取引履歴等の違反事業者が保有する資料のみによって特定する方法のほか，②一般消費者が当該商品又は役務の取引に関するレシートを持参した際に，当該レシートの確認及び本人確認を行って特定する方法も考えられる（具体的な内容については，今後，不当表示による一般消費者の被害回復を促進する観点も踏まえ，適切な制度設計となるよう検討されるであろう）。

また，そもそも返金措置をとる事業者は，当該事業のレピュテーション回復のために返金措置を行うのであることから，今後返金措置をとる事業者も同様の措置をとるものと考えられる。

以上のように考えられること，かつまた，課徴金算定率が３％であることも併せ考えると，事業者が返金措置を実施する場合には，課徴金納付命令を行わないことになることが多いと予想されるが，そのようになることは，被害回復の観点からみて，望ましい。

なお，課徴金については，損金に算入されない（独占禁止法や金融商品取引法における課徴金も現行法上損金に算入されない（法人税法55条４項３号・４号））。

(5)　主観的要素

独占禁止法の課徴金制度では，主観的要素は問わないのに，なぜ不当表示ではそれを問題にするのか[3)]。

この点については，事業者が自ら注意義務を尽くしたことの証明があったときに，課徴金を賦課しない（「違反事業者が自らが注意義務を尽くしたことの証明が

3）森田多恵子「景表法違反への課徴金制度導入の法的論点」NBL1062号（2014年）21頁では，「主観的要素（違反行為者の故意・（重）過失）については，基本的には主観的要素が必要だが，不当表示がなされた場合は原則として主観的要素を充たしているものとし，例外的に主観的要素を欠くことが証明された場合は課徴金対象から除外する，という意見が多くみられた。」とする。また，消費者委員会・景品表示法における不当表示に係る課徴金制度等に関する専門調査会「中間整理（案）」（2014年４月）では，「事業者が注意を尽くしていたにもかかわらず表示と異なる原材料が納入業者から納品されていたというような事案においては，主観的要素が一切考慮されないとすると，当該事業者には「やり得」は残っていないばかりかブランドや信用の段損を受けるにもかかわらず，例外なく課徴金の対象とされることになってしまうことになり，妥当性に疑問があるとの指摘もあった。これに対しては，たとえそのような事案であっても，損害発生のリスクを消費者側に課する結果になるのは不適切であるとの再反論もあった」とする。

あったときは，課徴金を賦課しない」）という当初の案から，「違反行為者が相当の注意を怠った者でないと認められるときは，課徴金を賦課しない」としたのは，以下の点を踏まえたものであるとされる[4)]。

当初の案では，違反行為を行っていない事業者が必要以上に警戒することによって，問題のない表示であっても避けるようになるといった過度の萎縮効果が生じてしまうことになりかねないとの指摘もあった。

第一に，一般に，行政が不利益処分を行う場合，処分すべき要件に該当するかどうかは，行政が立証責任を負うのが原則である。

第二に，不当表示事案における主観的要素が争点となるのは，事業者側から一定の主張があった場合であり，その主張に合理性が認められるかどうかが問題となるため，「相当の注意を怠った者でないと認められるとき」と規定しても，消費者庁が立証すべきことが実務上大きく変わるものではない。

すなわち，事業者の故意・過失という主観的要素の立証責任を誰が負担するかにかかわらず，実務上，主観的要素について問題となるのは，事業者から，表示をするに当たり不当表示を防止するための注意として，具体的にどういうことを行ったか主張があった場合である。その場合，事業者が行ったことが「相当の注意を怠った者でないと認められるとき」に該当するかどうかが争点となり，証拠に基づいて認定すべきこととなるが，これについての主張と反論は，立証責任を誰が負うかにかかわらず行われるものであることから，消費者庁が主観的要素の立証責任を負うことによって，執行に支障を来たすことになるとは考えにくい。加えて，実際の措置命令を考えると，相当の注意を行った者であるかどうかが明確ではないような事案に同命令を出すということも考えにくい。

4）なお，当初の案に対しては，事業者団体から強い反対があった。例えば日本経団連は，「故意や重過失の存否を含め，課徴金を課すべき違法行為があったことの立証責任は，原則どおり不利益処分を課す行政の側が負うべきである。課徴金を課される事業者は，処分を下されたことに対する事後の不服申し立て手続の段階に至るまでは，違反行為の不存在や過失がなかったことなどにつき中立的な対審構造のある場で十分に主張・立証する機会を与えられない。故意や過失がなかったことを事業者が立証できなければ課徴金を課すという制度設計は一方的であり，事業者の正当な防御権を確保する観点から大きな問題があることから，強く反対する。」（経団連の意見書「景品表示法への課徴金制度導入に対する意見2014年４月15日一般社団法人日本経済団体連合会」）としていた。

景品表示法の課徴金の要件に主観的要素を入れたことの独占禁止法への影響については，独占禁止法違反行為であるカルテル・入札談合等は，そのような行為を行うこと自体が意図的なものであり，故意・過失がないということは通常ない（独占禁止法25条に関連する議論）。これに対して，景品表示法に違反する不当表示の場合，例えば，小売業者がある商品の広告を行うに当たって，その商品の仕入先事業者に対して当該商品の情報を十分に確認したものの，仕入先事業者が意図的に間違った情報を提供したために，小売業者に過失がないにもかかわらず不当表示となったということがあり得る。このため，表示に当たりどのような注意を払ったかにかかわらず課徴金が課される制度とすれば，事業者が表示内容の真正性について確認を行う（注意を払う）インセンティブが損なわれ，課徴金制度導入による不当表示防止の目的を果たせないおそれがあるため，主観的要素を課徴金制度の要件としたものである。したがって，景品表示法の課徴金に関して主観的要素を要件に入れたことが独占禁止法に影響することはない。

⑹　優良誤認と有利誤認が同時に認定された場合の処理

優良誤認表示と有利誤認表示を同時に行った場合の課徴金は，それぞれ計算し，２件として扱うのか，それとも売上額は同じなので１件と扱うのか。

この点については，平成26年11月改正後の８条１項で，「事業者が，第５条の規定に違反する行為（同条第３号に該当する表示に係るものを除く。以下「課徴金対象行為」という。）をしたときは，内閣総理大臣は，当該事業者に対し，当該課徴金対象行為に係る課徴金対象期間に取引をした当該課徴金対象行為に係る商品又は役務の…売上額に100分の３を乗じて得た額に相当する額の課徴金を国庫に納付することを命じなければならない。」とあるように，５条に違反する行為をさらに号で分解することにはならない。すなわち，ある商品・役務に関する表示について，優良誤認表示であろうが有利誤認表示であろうが，課徴金対象期間は，「課徴金対象行為をした期間」＋「６か月又は誤認排除日までの期間」であり，その期間に取引をした当該商品・役務の売上高を算定することになる。

4　改正法の解説

⑴　課徴金納付命令の対象行為（「課徴金対象行為」）

以下の①又は②のいずれかの表示を行う行為とされている（景表８条１項)。

①　優良誤認表示（景表５条１号）

自己の供給する商品又は役務の内容について，実際のものや競合する他の事業者のものよりも「著しく優良」であると一般消費者に対し示す表示

②　有利誤認表示（景表５条２号）

自己の供給する商品又は役務の取引条件について，実際のものや競合する他の事業者のものよりも「著しく有利」であると一般消費者に誤認される表示

⑵　課徴金納付命令に関する不実証広告規制

消費者庁長官は，課徴金納付命令に関し，例えばダイエット効果を標ぼうする商品や器具等の効果や性能に関する表示が優良誤認表示に該当するか否かを判断するため必要があるときは，当該表示を行った事業者に対し，期間を定めて，当該表示の裏付けとなる合理的な根拠を示す資料の提出を求めることができる。当該事業者が当該資料を提出しないときは，消費者庁長官が当該表示について実際のものとは異なるものであること等の具体的な立証を行うまでもなく，当該表示を優良誤認表示と推定し(景表８条３項)，課徴金を課すことができる。

⑶　課徴金額の算定方法

課徴金額は，㈠「課徴金対象期間」に取引をした㈡「課徴金対象行為に係る商品又は役務」の㈢「政令で定める方法により算定した売上額」に，３％を乗じて得た額である（景表８条１項本文)。事業者が課徴金対象行為をした場合であっても，当該事業者が，「課徴金対象行為をした期間を通じて」，自らが行った表示が景品表示法８条１項１号又は２号に該当することを「知らず，かつ，知らないことにつき相当の注意を怠った者で，ないと認められるとき」は，消費者庁長官は，課徴金の納付を命ずることができない（景表８条１項ただし書)。いずれもガイドラインにおける説明事項のため，改めて後述する。

⑷　課徴金額の算定方法等：規模基準

景品表示法8条1項の規定により算定した課徴金額が150万円未満（課徴金対象行為に係る商品又は役務の売上額が5,000万円未満）であるときは，課徴金の納付を命ずることができない（同項ただし書）。なお，同項により算定した課徴金額（「課徴金対象期間に取引をした当該課徴金対象行為に係る商品又は役務の政令の定める方法により算定した売上額」に3％を乗じて得た額）が150万円以上である場合は，課徴金対象行為に該当する事実の報告や返金措置の実施による課徴金額の減額の結果，減額後の金額が150万円未満になったとしても，当該減額後の金額について，課徴金の納付を命ずることとなる。

⑸　課徴金対象行為該当事実の報告による課徴金額の減額

事業者が，課徴金対象行為に該当する事実を内閣府令で定めるところにより報告したときは，景品表示法8条1項により算定した課徴金額から50％相当額を減額する（景表9条本文）。その趣旨は，不当表示の早期発見・防止及び事業者のコンプライアンス体制構築の促進を図ることにある。ただし，当該報告が，「当該課徴金対象行為についての調査」があったことにより「当該課徴金対象行為について課徴金納付命令があるべきことを予知してされたとき」は減額しない（同条ただし書）。

⑹　返金措置の実施（景表10条・11条）

事業者が所定の手続に沿って返金措置を実施した場合は，課徴金を命じない又は減額する。これは，一般消費者の被害回復を促進する観点から導入されたものである。課徴金制度を有する他法には見られず，消費者法体系にある景品表示法として特徴的なものである。ここで「返金措置」とは，課徴金対象期間において課徴金対象行為に係る商品又は役務の取引を行った一般消費者（政令で，定めるところにより特定されているもの）のうち申出をした者に対し，当該申出者の購入額（政令で定める方法により算定）の3％以上の額の金銭を交付する措置のことである。

返金実施のプロセスは以下のとおりである。返金措置の実施により課徴金の減額を受けようとする事業者は，返金措置の実施に関する実施予定返金措置計画を作成し，消費者庁長官の認定を受け，同計画に沿って，適正な返金手続を適切に履行することが求められる。実施予定返金措置計画の記載内容は，①返金対象者，返金実施期間，返金額の計算方法，②返金措置の内容についての周知方法，③返金措置の実施に必要な資金の額及び調達方法，④実施予定返金措置計画申請前の返金措置に関する事項等，である。実際の返金措置の実施としては，実施予定返金措置計画に沿って適正に返金を実施することが求められる（４ヵ月以内である）。具体的には，①必要な情報を周知，②返金措置の手段は金銭の交付のみ，③各返金対象者に，各人に係る購入額に課徴金算定率を乗じた金額以上の金額を返金すること，である。最後に，返金措置の実施期間経過後１週間以内に消費者庁に報告する。返金合計額が課徴金額未満の場合は，返金合計額を課徴金額から減額し，逆に返金合計額が課徴金額以上の場合は，課徴金の納付を命じないこととなる。

⑺　返金措置の実施による課徴金額の減額（景表10条・11条）

①　ステップ１：実施予定返金措置計画の作成・認定

事業者は，返金措置を実施しようとするときは，内閣府令で定めるところにより，所定の事項を記載した上でその返金措置に関する計画を作成して申請し，消費者庁長官の認定を受けることができる（景表10条１項。認定を受けた計画を「認定実施予定返金措置計画」という）。

なお，申請前に既に実施した返金措置も当該計画に記載でき（同条３項），申請後認定前に実施した返金措置は，消費者庁長官に報告しなければならない（同条４項）。

②　ステップ２：返金措置の実施

消費者庁長官は，認定時から認定実施予定返金措置計画に係る報告期限（実施期間の経過後１週間以内。景表11条１項）までの間は，課徴金の納付を命じない（景表10条10項）。この前提として，認定の申請を受けた日から認定時までの間も，課徴金の納付を命じることはない。

③　ステップ３：返金措置の実施期間経過後１週間以内に報告

認定を受けた事業者が，認定実施予定返金措置計画について，内閣府令で定めるところにより報告し，当該報告に基づき，認定後に実施された返金措置が認定実施予定返金措置計画に適合して実施されたと認めるときは，当該返金措置により交付された金銭の額（内閣府令で定めるところにより計算）を，課徴金額から減額する。当該減額の結果，課徴金額が１万円未満となったときは，課徴金の納付は命じない（景表11条１項～３項）。

5　政令の解説

不当景品類及び不当表示防止法施行令（以下「政令」）は，①課徴金の対象となる商品又は役務の売上額の算定方法，②返金措置の対象となる一般消費者を特定するための要件等について定める。

⑴　売上額の算定方法（１）：総売上額の算定

「売上額」は，〔総売上額－控除項目の合計額〕で決められる（政令１条・２条）。総売上額の算定について，その算定方法は，次の①又は②によるとされる。

①　引渡基準（原則）

事業者が，課徴金対象期間において引き渡した（提供した）課徴金対象行為に係る商品（役務）の対価の額を合計する。

②　契約基準（例外）

事業者が課徴金対象期間において引き渡した（提供した）商品（役務）の対価の額の合計と，課徴金対象期間において締結した契約に定められた対価の額の合計との間に著しい差異を生ずる事情があると認められるときは，課徴金対象期間において締結した契約の目的物となったものの対価の額を合計する。課徴金対象行為に係る商品が新築戸建分譲住宅であるときのように契約から引渡しまでに長期間を要するような場合には，契約基準を用いることがあると考えられる。

⑵　売上額の算定方法（２）：総売上額からの控除項目

①　総売上額を引渡基準により算定する場合の控除項目

ア　値引き額（政令１条１号）

課徴金対象期間において商品の量目不足，品質不良又は破損，役務の不足又は不良その他の事由により対価の額の全部又は一部が控除された場合における

控除額

イ　返品額（政令１条２号）

課徴金対象期間に商品が返品された場合における返品商品の対価相当額

ウ　割戻金額（政令１条３号）

商品の引渡し又は役務の提供の実績に応じて割戻金を支払うべき旨が書面によって明らかな契約があった場合に，当該契約に基づき課徴金対象期間におけるその実績により算定した割戻金額

②　総売上額を契約基準により算定する場合の控除項目：割戻金額（政令２条２項）

引渡基準により算定する場合に総売上額からの控除項目となる上記値引き額と返品額は，契約基準により算定する場合には契約の修正という形で行われ，修正された契約額が総売上額となる。

⑶　景品表示法10条１項に規定する一般消費者の特定等

①　景品表示法10条１項に規定する一般消費者の特定

(a)課徴金対象期間内に課徴金対象行為に係る商品の引渡し又は役務の提供を受けたこと（「売上額」を契約基準により算定する場合は，契約を締結したこと）が，(b)当該商品の購入又は役務の提供の対価の支払に充てた金銭に係る領収書，当該商品の購入又は役務の提供に係る契約に係る契約書その他の当該事実（上記(a)の事実）を証する資料により特定された者とする（政令３条）。

②　景品表示法10条１項に規定する政令で定める「購入額」の算定方法

「売上額」の算定方法と同じ方法とする（政令４条・５条）。購入額の算定方法について，売上額を引渡基準により算定する場合は引渡基準を用い，売上額を契約基準により算定する場合は契約基準を用いる。

⑷　景品表示法12条３項又は４項の場合における同法８条２項等の規定の適用

景品表示法12条３項及び４項は，課徴金対象行為をした事業者（法人）が，合併等に伴い消滅した場合，当該消滅した法人が行った課徴金対象行為を，当該課徴金対象行為に係る事業を承継した法人が行った課徴金対象行為とみなし

て，同法8条2項等を適用すると定める。これを受けて政令では，(ア)同法8条2項（課徴金対象期間）の規定の適用，(イ)同法8条3項（不実証広告規制）の規定の適用，(ウ)同法9条（課徴金対象行為に該当する事実の報告）の規定の適用，(エ)同法10条及び11条（返金措置の実施による課徴金額の減額等）の規定の適用，について規定する。

6　内閣府令の解説

不当景品類及び不当表示防止法施行規則（以下「景品表示法施行規則」又はたんに「規則」）は，①課徴金対象行為に該当する事実の報告書の様式，②返金措置に関する計画の認定申請書の様式等について定める。

(1)　報告や申請等の様式の整備

景品表示法施行規則は，以下の様式を整備する。

①　課徴金対象行為に該当する事実の報告書（様式第1）（景表9条関係）

②　実施予定返金措置計画（申請前の返金措置に関する事項も含む）の認定申請書（様式第2）（景表10条1項・3項関係）

③　申請後認定前の返金措置に関する事項の報告書（様式第3）（景表10条4項関係）

④　認定実施予定返金措置の変更認定申請書（様式第4）（景表10条6項関係）

⑤　認定実施予定返金措置計画の実施結果報告書（様式第5）（景表11条1項）

ちなみに，課徴金対象行為に該当する事実の報告書（様式第1）の記載事項は以下のとおりである。(i)報告する課徴金対象行為に該当する事実の概要（当該課徴金対象行為に係る商品又は役務，当該課徴金対象行為に係る表示，当該課徴金対象行為をした期間），(ii)その他参考となるべき事項，(iii)添付資料である。

また，実施予定返金措置計画の認定申請書（様式第2）の記載事項は以下のとおりである。(a)実施予定返金措置の内容及び実施期間，(b)実施予定返金措置の対象となる者が当該実施予定返金措置の内容を把握するための周知に関する事項，(c)実施予定返金措置の実施に必要な資金の額及びその調達方法，(d)その他，(e)添付資料，である。なお，認定申請前の返金措置に関する事項がある場合は，上記(a)から(e)に加えて，(f)認定申請前の返金措置に関する事項も記載する。

⑵　景品表示法８条２項の内閣府令で定める措置（一般消費者の誤認のおそれの解消措置）

課徴金対象行為をした事業者が，当該課徴金対象行為に係る表示が同法８条１項ただし書各号のいずれかに該当することを時事に関する事項を掲載する日刊新聞紙に掲載する方法その他の不当に顧客を誘引し，一般消費者による自主的かつ合理的な選択を阻害するおそれを解消する相当な方法により一般消費者に周知する措置とする（規則８条）。

⑶　景品表示法８条３項（不実証広告規制）の規定による資料の提出要求の手続等

表示の裏付けとなる合理的な根拠を示す資料の提出要求は文書を交付して行う（規則７条１項）。資料提出期間は原則として15日間とする（規則７条２項）。

これは，措置命令に関する不実証広告規制と同様である。

実施予定返金措置の実施期間，課徴金額から減額する額の計算方法は，次のとおりである。

（ア）　実施予定返金措置の実施期間（規則13条）

実施予定返金措置の実施期間は，実施予定返金措置計画を提出した日から４ヵ月経過日までの期間とする。実施期間について変更認定申請をする場合，変更後の終期は，当初の実施予定返金措置計画の申請書に記載した実施期間の末日から１ヵ月経過日までとする。

（イ）　課徴金額から減額する額の計算方法（規則16条）

次の①・②の額を合計した額とする。①事業者が返金措置において交付した金銭の額，②返金措置の対象者の取引に係る商品又は役務の購入額を上回る金銭を交付した場合は当該購入額に相当する額とする。

⑷　送達書類関係等

①　送達書類関係

課徴金がその納付期限までに納付されない場合の督促状及び（課徴金納付命令の）執行の命令書の謄本は，事業者に送達する（規則18条・20条）。

②　延滞金の徴収

延滞金を徴収する場合において，事業者の納付額が課徴金額に達しないときは，納付額は，まずその課徴金（元本）に充てられたものとする（規則19条）。

7　ガイドラインの解説

「不当景品類及び不当表示防止法第８条（課徴金納付命令の基本的要件）に関する考え方」（以下「ガイドライン」）は，①課徴金額の算定方法，②「相当の注意を怠った者でないと認められる」か否か等について説明している。ガイドラインの構成は以下のとおりである。

第１　はじめに
　１　本考え方の目的
　２　本考え方の構成
第２　優良・有利誤認表示
　１　本法上の「表示」
　２　優良・有利誤認表示
第３　課徴金対象行為
第４　課徴金額の算定方法
　１「課徴金対象期間」
　２「課徴金対象行為に係る商品又は役務」
　３「政令で定める方法で算定した売上額」（算定方法）
第５「相当の注意を怠った者でないと認められる」か否か
　１「相当の注意を怠った者でないと認められる」
　２「課徴金対象行為をした期間を通じて」
　３　想定例
第６　規模基準
第７　課徴金納付命令に関する不実証広告規制

以下では，これらのうち，「第３　課徴金対象行為」，「第４　課徴金額の算定方法」及び「第５『相当の注意を怠った者でないと認められる』か否か」の概要について解説する[1]。

１）本項については，原山康彦・古川晶平・染谷隆明編著『詳説　景品表示法の課徴金制度』（商事法務，2016年）の第２部（20頁以下）を参照。

⑴　課徴金対象行為，課徴金額の算定方法

①　課徴金対象行為（ガイドライン第3）

課徴金対象行為とは，優良・有利誤認表示をする行為である（景表8条1項）。例えば，事業者が，公正競争規約に沿った表示など，優良・有利誤認表示に該当しない表示をした場合には，課徴金対象行為は成立しない。その場合，課徴金の納付を命ずることはない。

②　課徴金額の算定方法（ガイドライン第4）

課徴金額は，㋐「課徴金対象期間」に取引をした㋑「課徴金対象行為に係る商品又は役務」の㋒「政令で定める方法により算定した売上額」に，3％を乗じて得た額である（景表8条1項本文）。

⑵　課徴金対象期間（1）：総説

「課徴金対象期間」は，次の①＋②である（景表8条2項）。

①課徴金対象行為（不当表示行為）をした期間，②「課徴金対象行為をやめた日」から，(a)6ヵ月を経過する日，又は，(b)「一般消費者による自主的かつ合理的な選択を阻害するおそれを解消するための措置」をとった日のいずれか早い日までの間に，当該「課徴金対象行為に係る商品又は役務の取引をした」場合における最後の当該取引をした日までの期間，である。すなわち，①の期間（課徴金対象行為をした期間）に，当該「課徴金対象行為をやめてから最後に当該取引をした日までの期間」を加えた期間である（下図参照）。

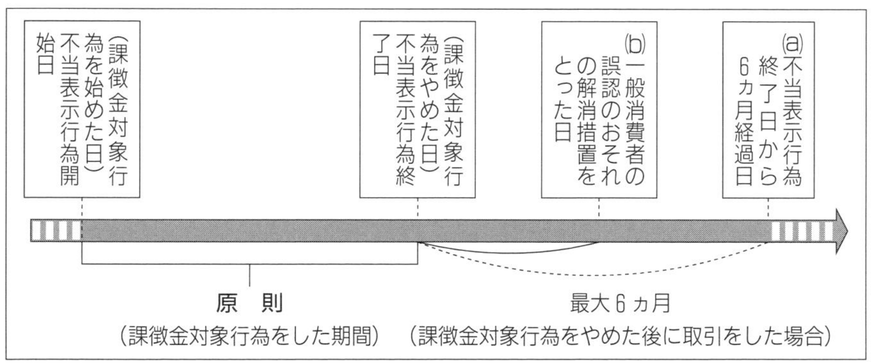

課徴金対象行為を「やめた日」に該当する日の例としては，事業者が，特定の商品の内容について著しく優良であると示す表示を内容とするウェブサイトを公開し続けた場合の当該公開行為終了日が挙げられる。また，当該行為を終了していない場合であっても，当該事業者が，課徴金対象行為に係る商品の内容を変更することにより，表示内容と一致させたと認められる場合には，当該変更日が課徴金対象行為を「やめた日」に該当する。

⑶　課徴金対象期間（２）：一般消費者の誤認のおそれの解消措置

一般消費者の誤認のおそれの解消措置とは，事業者が，課徴金対象行為に係る表示が景品表示法８条１項１号又は２号に該当する表示であることを，時事に関する事項を掲載する日刊新聞紙に掲載する方法その他の不当に顧客を誘引し，一般消費者による自主的かつ合理的な選択を阻害するおそれを解消するため相当な方法により一般消費者に周知する措置をいう（規則８条）。

①　想定例（１）

製造業者Ａが，商品ａについて優良誤認表示を内容とする包装をし，その包装がされた商品ａを，平成Ｘ年４月１日から同年９月30日までの間，毎日小売業者に対し販売して引き渡した。この場合，課徴金対象行為をした期間は，平成Ｘ年４月１日から同年９月30日まで，であり，課徴金対象期間は，平成Ｘ年４月１日から同年９月30日までである。

②　想定例（２）

事業者Ｂが，商品ｂの取引に際して，商品ｂについて有利誤認表示を内容とするチラシを，自ら平成Ｘ年10月１日から翌平成Ｙ年３月31日までの間配布した（平成Ｙ年４月１日以降は商品ｂの取引をしなかった）という場合，課徴金対象行為をした期間は，平成Ｘ年10月１日から平成Ｙ年３月31日までであり，課徴金対象期間は，平成Ｘ年10月１日から平成Ｙ年３月31日までである。

③　想定例（３）

事業者Ｃが，商品ｃの取引に際して，商品ｃについて優良誤認表示を内容とするポスターを，平成Ｙ年４月１日から同年９月30日までの間自己の店舗内及び店頭に掲示した。平成Ｙ年10月１日以降，一般消費者の誤認のおそれの解消措置をとらないまま，商品ｃの取引を継続し，最後に取引をした日が平成Ｙ年

12月31日であったという場合，課徴金対象行為をした期間は，平成Ｙ年４月１日から同年９月30日までであり，課徴金対象期間は，平成Ｙ年４月１日から同年12月31日までである。

④　想定例（４）

事業者Ｄが，商品ｄの取引に際して，商品ｄについて優良誤認表示を内容とするテレビコマーシャルを平成Ｙ年10月１日から同月31日までの間，テレビ放送局に放送させた。平成Ｙ年11月１日以降，一般消費者の誤認のおそれの解消措置をとらないまま，商品ｄの取引を継続し，翌平成Ｚ年４月30日に取引をした上で，最後に取引をした日が平成Ｚ年８月31日であった，という場合，課徴金対象行為をした期間は，平成Ｙ年10月１日から同月31日までであり，課徴金対象期間は，平成Ｙ年10月１日から翌平成Ｚ年４月30日までである。課徴金対象期間は課徴金対象行為をやめてから６ヵ月経過日までの最後の取引日だからである。

⑤　想定例（５）

事業者Ｅが，商品ｅの取引に際して，商品ｅについて有利誤認表示を内容とするウェブサイトを平成Ｙ年11月１日から翌平成Ｚ年４月30日までの間公開した。平成Ｚ年５月１日以降も商品ｅの取引を継続し（同年７月31日にも取引をしていた），最後に取引をした日が平成○年９月30日であった。ただし，平成Ｚ年７月31日に一般消費者の誤認のおそれの解消措置をとっていた。このような場合，課徴金対象行為をした期間は平成Ｙ年11月１日から翌平成Ｚ年４月30日までであり，課徴金対象期間は，平成Ｙ年11月１日から平成Ｚ年７月31日までである。平成Ｚ年７月31日に一般消費者の誤認のおそれの解消措置をとっているからである。

⑷　「課徴金対象行為に係る商品又は役務」とは

「課徴金対象行為に係る商品又は役務」は，優良･有利誤認表示をする行為の対象となった商品又は役務である。その「商品又は役務」は，課徴金対象行為に係る表示内容や当該行為態様等に応じて個別事案ごとに異なるが，以下，考え方の例を記載する（後記①から③）。

①　全国（又は特定地域）において供給する商品又は役務であっても，具体的な表示の内容や実際に優良・有利誤認表示をした地域といった事情から，一部の地域や店舗において供給した当該商品又は役務が「課徴金対象行為に係る商品又は役務」となることがある。

ア　想定例〔1〕

事業者Ａが，(i)自ら全国において運営する複数の店舗においてうなぎ加工食品ａを一般消費者に販売しているところ，(ii)北海道内で配布した「北海道版」と明記したチラシにおいて，当該うなぎ加工食品について「国産うなぎ」等と記載することにより，あたかも，当該うなぎ加工食品に国産うなぎを使用しているかのような表示をしていた。実際には，外国産のうなぎを使用していた。この場合，「課徴金対象行為に係る商品」は「事業者Ａが北海道内の店舗において販売する当該うなぎ加工食品」である。

イ　想定例〔2〕

事業者Ｂが，(i)自ら東京都内で運営する10店舗において振袖ｂを一般消費者に販売しているところ，(ii)東京都内で配布したチラシにおいて，当該振袖について，「○○店，××店，△△店限定セール実施！　通常価格50万円がセール価格20万円！」（○○店，××店，△△店は東京都内にある店舗）等と記載することにより，あたかも，実売価格が「通常価格」と記載した価格に比して安いかのように表示をしていた。しかし実際には，「通常価格」と記載した価格は，事業者Ｂが任意に設定した架空の価格であって，○○店，××店，△△店において販売された実績のないものであった。この場合，「課徴金対象行為に係る商品」は，「事業者Ｂが東京都内の○○店，××店，△△店において販売する当該振袖」である。

②　自己の供給する商品又は役務を構成する一部分の内容や取引条件について問題となる表示をした場合，当該商品又は役務の一部分が別の商品又は役務として独立の選択〔取引〕対象となるか否かにかかわらず，その問題となる表示が，商品又は役務の一部分ではなく商品又は役務そのものの選択に影響を与えるとき，（当該商品又は役務の一部分でなく）当該商品又は役務が，「課徴金対象行為に係る商品又は役務」となる。

ア　想定例〔１〕

事業者Ｃが，(i)自ら運営するレストラン１店舗においてコース料理ｃを一般消費者に提供するに当たり，(ii)当該料理について，「松阪牛ステーキを堪能できるコース料理」等との記載があるウェブサイトを公開することにより，あたかも，当該コース料理中のステーキに松阪牛を使用しているかのように表示をしていた。しかし実際には，同期間を通じ，松阪牛ではない国産の牛肉を使用していた。この場合，「課徴金対象行為に係る商品又は役務」は，「松阪牛ステーキを堪能できるコース料理」と示して提供した当該コース料理である。当該ウェブサイトでの表示は，一般消費者による当該コース料理の選択に影響を与えることとなるからである。

イ　想定例〔２〕

事業者Ｄが，(i)自ら運営する旅館１軒において宿泊役務ｄを一般消費者に提供するに当たり，(ii)当該宿泊役務について，「一番人気！肉食系集合！松阪牛ステーキ宿泊プラン」等との記載があるウェブサイトを公開することにより，あたかも，当該宿泊役務の利用者に提供する料理に松阪牛を使用しているかのように示す表示をしていた。しかし実際には，同期間を通じ，松阪牛ではない国産の牛肉を使用していた。このような場合，課徴金対象行為に係る商品又は役務は，「『松阪牛ステーキ』と示して提供した料理を含む当該宿泊役務」である。なんとなれば，当該ウェブサイトでの表示は，一般消費者による当該宿泊役務の選択に影響を与えることとなるからである。

③　「課徴金対象行為に係る商品又は役務」は，具体的に「著しく優良」と示された（「著しく有利」と誤認される）商品又は役務に限られる。

ア　想定例〔１〕

事業者Ｅが，(i)自ら運営するレストラン１店舗において料理ｅを一般消費者に提供するに当たり，(i)平成Ｘ年７月１日から翌平成Ｙ年12月31日までの間，当該料理について，同店舗内に設置したメニューにおいて「松阪牛すき焼き」等と記載することにより，あたかも，記載された料理に松阪牛を使用しているかのように表示をしていた。しかし，実際には，平成Ｘ年７月14日から平成Ｙ年12月31日までの間，松阪牛ではない国産の牛肉を使用していた。このような場合，課徴金対象行為に係る役務（料理）は，松阪牛を使用していないにもかかわらず松阪牛すき焼きと示して提供した当該すき焼き料理であり，平成X年7月1日から同月13日までの間に実際に松阪牛を使用して提供したすき焼き料理は，対象外である。

イ　想定例〔2〕

事業者Fが，(i)自ら全国において運営する複数の店舗においてスーツを一般消費者に販売するに当たり，(ii)テレビコマーシャルにおいて，当該スーツについて，「スーツ全品半額」等との文字を使用した映像，「スーツ全品半額」等との音声をテレビ放送局に放送させることにより，あたかも，事業者Fが全店舗において販売するスーツのすべてが表示価格の半額で販売されているかのように表示をしていた。しかし実際には，表示価格2万円未満のスーツは半額対象外であった。この場合，課徴金対象行為に係る商品は，事業者Fが全店舗において販売するスーツのうち，半額対象外であるにもかかわらず半額と示した表示価格2万円未満のスーツであり，実際に半額対象であった表示価格2万円以上のスーツは，対象外である。

⑸　「政令で定める方法で算定した売上額」（算定方法）

ここでいう「売上額」とは，事業者の事業活動から生ずる収益から費用を差し引く前の数値（消費税相当額も含む）である。この「売上額」は，事業者の直接の取引先に対する売上額のことであり，必ずしも事業者の一般消費者に対する直接の売上額のみに限られるものではない。詳しくは政令の項の説明（前記5⑴⑵）を参照されたい。「役務」の売上額の例としては，①住宅建築請負工事や住宅リフォーム工事の場合，工事役務の対価である工事代金，②電気通信役務の場合，通信役務の対価である通信料金，③不動産仲介の場合，仲介役務の対価である仲介手数料，④物品運送の場合，運送役務の対価である運賃，⑤保険の場合，保険の引受けの対価である保険料，である。

⑹　「相当の注意を怠った者でないと認められる」か否か（ガイドライン第5）

事業者が課徴金対象行為をした場合であっても，当該事業者が，「課徴金対象行為をした期間を通じて」，自らが行った表示が景品表示法８条１項１号又は２号に該当することを「知らず，かつ，知らないことにつき相当の注意を怠った者でないと認められるとき」は，消費者庁長官は，課徴金の納付を命ずることができない（景表８条１項ただし書）。

「知らず，かつ，知らないことにつき相当の注意を怠った者でないと認められる」か否かは，事業者が課徴金対象行為をした場合に判断する必要がある。例えば，事業者が，公正競争規約に沿った表示のように優良・有利誤認表示に該当しない表示をした場合等，課徴金対象行為が成立しないときは，当該事業者について，「相当の注意を怠った者でないと認められる」か否かを判断するまでもなく，課徴金の納付を命ずることはない。

①　「相当の注意を怠った者でないと認められる」について

課徴金対象行為をした事業者が，当該課徴金対象行為をした期間を通じて自らが行った表示が景品表示法８条１項１号又は２号に該当することを「知らないことにつき相当の注意を怠った者でないと認められる」か否かは，当該事業者が課徴金対象行為に係る表示をする際に，当該表示の根拠となる情報を確認するなど，正常な商慣習に照らし必要とされる注意をしていたか否かにより，個別事案ごとに判断される。ここでいう正常な商慣習とは，一般消費者の利益の保護の見地から是認されるものをいう。仮に，例えば自己の供給する商品の内容について一切確認することなく表示をするといった一定の商慣習が現に存在し，それには反していなかったとしても，そのことによって直ちに「知らないことにつき相当の注意を怠った者でないと認められる」わけではない。当該判断に当たって勘案する事情としては，当該事業者の①業態や②規模，③課徴金対象行為に係る商品又は役務の内容，④課徴金対象行為に係る表示内容，⑤課徴金対象行為の態様等，が挙げられる。事業者が，必要かつ適切な範囲で，「事業者が講ずべき景品類の提供及び表示の管理上の措置についての指針」（平成26年内閣府告示第276号）に沿うような具体的な措置を講じていた場合には，「相当の注意を怠った者でない」と認められると考えられる。

②　「課徴金対象行為をした期間を通じて」の意味

消費者庁長官が課徴金の納付を命ずることができないのは，課徴金対象行為をした事業者が，課徴金対象行為をした期間を通じて，自らが行った表示が法

8条1項1号又は2号に該当することを「知らず，かつ，知らないことにつき相当の注意を怠った者でないと認められるとき」である。当該事業者が，当該課徴金対象行為を始めた日から当該課徴金対象行為に係る表示が景品表示法8条1項1号又は2号に該当することを知るまでの期間を通じて当該事実を知らないことにつき相当の注意を怠った者でない場合であって，当該事実を知った後に速やかに課徴金対象行為をやめたときは，当該事業者が当該「課徴金対象行為をした期間を通じて」当該課徴金対象行為に係る表示が景品表示法8条1項1号又は2号に該当することを知らず，かつ，知らないことにつき相当の注意を怠った者でないと「認められる」と考えられる。

(7)　「相当の注意を怠った者でないと認められる」場合の具体例

①　想定例(1)

製造業者Aが，(i)自ら製造するシャツを，小売業者を通じて一般消費者に販売するに当たり，(ii)当該シャツについて，「通気性が従来製品の10倍」等との記載があるウェブサイトを公開することにより，あたかも，当該シャツの通気性が自社の従来製品の10倍であるかのように示す表示をしていた。しかし，実際には，そのような通気性を有さなかった。

当該事案において，製造業者Aが，上記表示をする際に，実績がある等信頼できる検査機関に通気性試験を依頼し，通気性が自社の従来製品の10倍であるという試験結果報告を受けて当該報告内容を確認していたところ，当該検査機関による再試験の結果，実際には，上記表示をする際に依頼した試験結果に誤りがあったことが明らかとなり，速やかに当該表示に係る課徴金対象行為をやめた場合は，「知らず，かつ，知らないことにつき相当の注意を怠った者でないと認められる」と考えられる。

②　想定例(2)

小売業者Bが，(i)卸売業者から仕入れた鶏肉を用いて自ら製造したおにぎりを一般消費者に供給するに当たり，(ii)当該おにぎりについて，当該おにぎりの包装袋に貼付したシールにおいて，「国産鶏肉使用」等と記載することにより，あたかも，当該商品の原材料に我が国で肥育された鶏の肉を用いているかのように示す表示をしていた。しかし実際には，当該商品の原材料は外国で肥育された鶏の肉を用いていた。

当該事案において，小売業者Bが，上記表示をする際に，卸売業者から交付された生産者作成に係る証明書に「国産鶏」と記載されていることを確認していたところ，当該卸売業者から鶏肉の仕入れをしていた別の小売業者の指摘を契機として，実際には，当該証明書の記載は当該生産者による虚偽の記載であったことが明らかになり，速やかに当該表示に係る課徴金対象行為をやめた場合も，「知らず，かつ，知らないことにつき相当の注意を怠った者でないと認められる」と考えられる。

③　想定例（3）

小売業者Cが，(i)卸売業者から仕入れた健康食品を，自ら運営するドラッグストアにおいて一般消費者に販売するに当たり，(ii)当該健康食品について，店舗の店頭ポップにおいて，「アセロラ由来のビタミンC含有の健康食品です。」等と記載することにより，あたかも，当該健康食品に含有されているビタミンCがアセロラ果実から得られたものであるかのように示す表示をしていた。しかし実際には，当該健康食品に含有されているビタミンCは化学合成により製造されたものであった。

当該事案において，小売業者Cが，上記表示をする際に，卸売業者から仕入れた当該健康食品のパッケージに「アセロラ由来のビタミンC含有」との記載があることを確認していたところ，消費者庁から当該健康食品の表示に関する質問を受け，この後に速やかに当該健康食品の製造業者に問い質したところ，実際には，当該健康食品に含有されているビタミンCはアセロラ果実から得られたものではなく化学合成により製造されたものであったことが明らかとなり，速やかに当該表示に係る課徴金対象行為をやめた場合も，「知らず，かつ，知らないことにつき相当の注意を怠った者でないと認められる」と考えられる。

④　想定例（4）

小売業者Dが，(i)製造業者から仕入れた布団を通信販売の方法により一般消費者に販売するに当たり，(ii)当該布団について，テレビショッピング番組において，「カシミヤ80％」との文字を使用した映像及び「ぜいたくにカシミヤを80％使いました」等の音声をテレビ放送局に放送させることにより，あたかも，当該布団の詰め物の原材料としてカシミヤが80％用いられているかのように示す表示をしていた。しかし実際には，当該布団の詰め物の原材料にカシミヤは用いられていなかった。

当該事案において，小売業者Dが，上記表示をする際に，当該布団を製造した事業者からカシミヤを80％含んでいる旨の混合率に関する検査結果報告を提出させ，当該報告を確認していたところ，当該布団を含め自社で取り扱っている全商品について実施した抜き打ち検査により，実際には，当該布団にはカシミヤが用いられていないことが明らかとなり，速やかに当該表示に係る課徴金対象行為をやめた場合も，「知らず，かつ，知らないことにつき相当の注意を怠った者でないと認められる」と考えられる。

⑤　想定例（5）

旅行業者Eが，(i)募集型企画旅行（パックツアー）を，自ら運営する複数の店舗において一般消費者に提供するに当たり，(i)当該旅行について，店舗に設置したパンフレットにおいて，「豪華松阪牛のすき焼きを食す旅」等と記載することにより，あたかも，当該旅行の行程中に提供される料理（すき焼き）が松阪牛を使用したものであるかのような表示をしていた。しかし実際には，松阪牛ではない外国産の牛肉を使用したすき焼きが提供されていた。

当該事案において，旅行業者Eが，上記表示をする際に，当該旅行の行程における宿泊先であるホテルで提供されるすき焼きの食材について，ホテル運営事業者との間で当該旅行の宿泊客に対して松阪牛を使用したすき焼きを提供することを合意し，当該ホテル運営事業者を通じて松阪牛を納入する事業者から松阪牛の納入に関する証明書の提出を受けて確認していたところ，当該ホテル運営事業者の従業員からの申告を契機として，実際には，当該ホテル運営事業者の独断ですき焼きに松阪牛以外の外国産の牛肉を使用したすき焼きが提供されていたことが明らかとなり，速やかに当該表示に係る課徴金対象行為をやめた場合も，「知らず，かつ，知らないことにつき相当の注意を怠った者でないと認められる」と考えられる。

第７章

インターネット上の表示と景品表示法

インターネット上のサービスは多様化し，インターネット上の取引量も増大しているとともに，インターネット広告費は，2016年において前年比13％増の１兆3,100億円に達し[1]，拡大の一途を辿っている。

本章では，インターネット上の表示に関するガイドラインを紹介した上で，いくつかの問題点について論じる。

1　3つのガイドライン

インターネット上の表示における景品表示法の問題を考えるには，公正取引委員会「消費者向け電子商取引における表示についての景品表示法上の問題点と留意事項」，経済産業省「電子商取引及び情報財取引等に関する準則」，消費者庁「インターネット消費者取引に係る広告表示に関する景品表示法上の問題点及び留意事項」の３つのガイドラインで示された考え方を理解しておくことが重要である。以下，順に紹介する。

2　平成14年公正取引委員会ガイドラインについて

(1)　概　要

公正取引委員会は，平成14年６月５日，「消費者向け電子商取引における表示についての景品表示法上の問題点と留意事項」（以下「平成14年公正取引委員会ガイドライン」という）を策定している（平成15年８月29日一部改定）。

1）電通報「「2016年日本の広告費」解説」（北原利行氏の解説）掲載の資料より（http://dentsu-ho.com/articles/4923?0223）。

公正取引委員会は，「BtoC 取引（消費者向け電子取引）をめぐる環境の変化，インターネットに関する苦情・相談の傾向等を踏まえ，BtoC 取引の健全な発展と消費者取引の適正化を図るとの観点から，BtoC 取引における表示について景品表示法上の問題点を整理し，事業者に求められる表示上の留意事項を公表することとした」としている（同ガイドライン「はじめに」）。

同ガイドラインは，「BtoC 取引では，コンピュータを利用して表示画面が設定され，また，通信回線を利用して取引が行われることから，次のような特徴がみられる」として，

① ウェブページ上の指示に従ってクリックをしていけば契約が成立してしまう場合があるなど，契約の申込みが容易である。

② 画面上の制約があるため，スクロールしなければ表示内容全体を見ることができない場合がある。

③ 技術的な特徴として，多くの情報を提供できるようにするため，ハイパーリンクなどの手法が用いられる場合が多い。

という3つの特徴を挙げ，「このようなことから，BtoC 取引には，従来からみられる表示上の問題だけでなく，商品選択や注文等における消費者の誤認を招き，その結果，消費者被害が拡大しやすいという特徴がある」と指摘している（同ガイドライン「はじめに」）。

⑵ インターネットを利用して行われる商品・サービスの取引における表示（平成14年公正取引委員会ガイドライン第1）

① 商品・サービスの内容又は取引条件に係る表示について

（ア） 景品表示法上の問題点（同ガイドライン第1・1⑴）

同ガイドラインは，景品表示法上の問題点として「BtoC 取引においては，商品選択や注文等における消費者の誤認を招き，その結果，消費者被害が拡大しやすいという特徴があることから，既存の店舗を中心とした取引以上に，商品・サービスの内容又は取引条件についての重要な情報が消費者に適切に提供される必要がある。」と指摘した上で，「これらの商品・サービスの内容又は取引条件について，実際のもの又は競争事業者に係るものよりも著しく優良又は有利であると一般消費者に誤認される場合には，景品表示法上の不当表示として問

題となる。」「また，商品選択上の重要な情報について，事業者にとって有利な点を強調し不利な点を隠すような表示や，表示しないことあるいは見づらくすることによって，商品・サービスの内容又は取引条件の重要な部分に関して一般消費者に誤認されるような場合についても，他の表示とあいまって景品表示法上の不当表示として問題となることがある」と，景品表示法上の問題点を挙げている。

（イ）　表示上の留意事項（同ガイドライン第1・1(3)）

同ガイドラインは，インターネットを利用して行われる商品・サービスの取引における表示上の留意事項として，以下のとおり指摘している。

（商品・サービスの内容についての表示）

- 商品・サービスの内容については，客観的事実に基づき正確かつ明瞭に表示する必要がある。
- 商品・サービスの効能・効果を標ぼうする場合には，十分な根拠なく効能・効果があるかのように一般消費者に誤認される表示を行ってはならない。また，このような表示を行う場合には，その根拠となる実験結果，データ等を用意しておく必要があり，BtoC 取引においては消費者にとってウェブページ上の表示が唯一の情報源となるものであるという特徴を踏まえれば，これを表示することが望ましい。
- 商品・サービスの効能・効果を強調するために，利用者の体験談，専門家等の推薦，実験データ等の商品・サービスの信用・推奨についての表示を行う場合には，これらが具体的にどのような条件で実施されたものなのかを表示する必要がある。

（商品・サービスの取引条件についての表示）

- 販売価格，送料，代金の支払時期・方法，引渡し時期，返品の可否・条件等の取引条件については，その具体的内容を正確かつ明瞭に表示する必要がある。
- 二重価格表示を行う場合には，最近相当期間に販売された実績のある価格等事実に基づく比較対照価格を用いるとともに，その根拠を正確かつ明瞭に表示する必要がある。

②　表示方法について

（ア）　景品表示法上の問題点（同ガイドライン第1・2(1)）

同ガイドラインは，「BtoC 取引においては，表示内容がパソコン等のディスプレイ上に表示されることから表示内容全体を見ることができない場合があり，このためスクロール，ハイパーリンクなどの手法が用いられるという特徴がある。特に，ハイパーリンクは，パソコン等の狭いディスプレイ上において，多くの情報を提供するための有効な手段となっている。」とした上で，「①ハイパーリンクの文字列を明瞭に表示しないこと等により，リンク先に移動して商品・サービスの内容又は取引条件についての重要な情報を得られないことによって，又は②情報の更新日を表示しないこと等により，表示内容がいつの時点のものであるのかが分かりづらくなることによって，商品・サービスの内容又は取引条件について，実際のもの又は競争事業者に係るものよりも著しく優良又は有利であると一般消費者に誤認される場合には，景品表示法上の不当表示として問題となることがある。」と，景品表示法上の問題点を指摘している。

(イ)　表示上の留意事項（同ガイドライン第１・２(3)）

同ガイドラインは，こうした景品表示法上の問題点を踏まえて，表示上の留意事項として，以下のとおり指摘している。

（ハイパーリンクを用いる場合）

- リンク先に，商品・サービスの内容又は取引条件についての重要な情報を表示する場合，ハイパーリンクの文字列については，消費者がクリックする必要性を認識できるようにするため，「追加情報」などの抽象的な表現ではなく，リンク先に何が表示されているのかが明確に分かる「返品条件」などの具体的な表現を用いる必要がある。
- リンク先に，商品・サービスの内容又は取引条件についての重要な情報を表示する場合，ハイパーリンクの文字列については，消費者が見落とさないようにするため，文字の大きさ，配色などに配慮し，明瞭に表示する必要がある。
- リンク先に，商品・サービスの内容又は取引条件についての重要な情報を表示する場合，ハイパーリンクの文字列については，消費者が見落とさないようにするため，関連情報の近くに配置する必要がある。

（情報の更新日）

- 情報の更新日については，表示内容を変更した都度，最新の更新時点及び変更箇所を正確かつ明瞭に表示する必要がある。
- 既に「新製品」でない商品等，表示内容が過去のものであって現在の事実と異なっているものについては，直ちにウェブページの内容を修正する必要がある。

その他，同ガイドラインは，「第２」で「インターネット情報提供サービスの取引における表示」について，「第３」で「インターネット接続サービスの取引における表示」について景品表示法上の問題点，問題となる事例，表示上の留意事項を言及している。

同ガイドラインが出されてから10年以上が経過しているが，同ガイドラインは，最新版の「電子商取引及び情報財取引等に関する準則」でもその内容が敷衍されており，インターネット上の表示についての基本的な留意事項を示したものとして，現在でも重要な意味を有している。

3　電子商取引及び情報財取引等に関する準則

(1)　電子商取引準則

経済産業省は，「電子商取引及び情報財取引等に関する準則」（以下「電子商取引準則」という）を策定している。

電子商取引準則は，平成14年３月，「電子商取引等に関する準則」として策定されて以降，改訂を重ね，平成19年３月の改訂の際，「電子商取引及び情報財取引等に関する準則」とされた。

電子商取引準則は，毎年のように改訂がされており，アップツーデートな論点にも言及されている。最新改訂は，平成28年６月である。以下，平成28年６月版の電子商取引準則について言及する。

(2)　電子商取引準則II－４－１「景品表示法による規制」

電子商取引準則は，「II　インターネット上の情報の掲示･利用等に関する論点」の「II－４－１　景品表示法による規制」において，インターネット上の広告についての論点をまとめている。

２．(1)①「インターネットを利用して行われる商品・サービスの取引における表示」同②「インターネット情報提供サービスの取引における表示」同③「インターネット接続サービスの取引における表示」の記述は，先述の平成14年公正取引委員会ガイドラインをさらにまとめている。

その他，平成14年公正取引委員会ガイドライン及び後述**4**の平成23年消費者庁ガイドラインが紹介されている。

⑶　その他の論点

電子商取引準則は，上記⑵II－4－1の他にも，I－7－5「売主に対する業規制」，I－8「インターネット上で行われる懸賞企画の取扱い」，I－9「共同購入クーポンを巡る法律問題について」，において，景品表示法上の論点について言及している。

I－7－6（当時），I－8が平成22年10月に，I－9が平成24年10月にそれぞれ追加されているように，電子商取引準則は新たな論点をフォローしているので，インターネット上の表示に関わる者は常に最新版をチェックしておくべきである。

4　平成23年消費者庁ガイドライン

消費者庁は，平成23年10月，「インターネット消費者取引に係る広告表示に関する景品表示法上の問題点及び留意事項」を公表し（平成24年5月改訂），インターネット上の各サービス類型について，景品表示法上の留意事項を示している。

上記ガイドラインにおいては，フリーミアム，口コミサイト，フラッシュマーケティング，アフィリエイトプログラム，ドロップシッピングの5類型について，景品表示法上の問題点及び留意事項が挙げられている。

⑴　フリーミアム

①　定義及び景品表示法上の問題点

フリーミアムとは，Free（「無料」の意）に Premium（「上質な」の意）を組み合わせた造語で，基本的なサービスを無料で提供し，付加的なサービスを有料で提供して収益を得るビジネスモデルをいう。

景品表示上の問題点として，事業者が，顧客誘引手段として，サービスが無料で利用できることをことさらに強調する表示を行うことが考えられ，そのような表示により，例えば，実際には付加的なサービスを利用するためには利用料の支払が必要であるにもかかわらず，付加的なサービスも含めて無料で利用できるとの誤認を一般消費者に与える場合には，景品表示法上の不当表示として問題となる，としている。

②　問題となる事例

- ゲームをプレイできるサービスにおいて，実際にはゲーム上で使用するアイテムを購入しないとゲームを一定のレベルから先に進めることができないにもかかわらず，「完全無料でプレイ可能」と表示すること。
- 動画を視聴できるサービスにおいて，実際には動画をあらゆる時間帯にわたって視聴するためには月額使用料を支払う必要があるにもかかわらず，「完全無料で動画が見放題」と表示すること。
- インターネット上に文書ファイルや写真などの電子データを保存できるストレージサービスと称するサービスにおいて，実際には無料で保存できるデータ量やデータの種類が限られているにもかかわらず，「無料で全てのデータを保存して，どこからでもアクセスできます。」と表示すること。

③　景品表示法上の留意事項

フリーミアムのビジネスモデルを採用する場合には，事業者は，無料で利用できるサービスの具体的内容・範囲を正確かつ明瞭に表示する必要がある。

④　フリーミアムとガチャ問題

近時のオンラインゲームは，ゲームアプリケーションをスマートフォン等の通信端末に無料でダウンロードして楽しむことができるが，ゲーム内で必要な経験値や，ゲームを優位に進めるために必要なアイテムの入手等に課金して利益を上げる形式のものが増加している。しかし，事業者がアイテム等の優位性を強調したにもかかわらず，ユーザーにとって期待したほどの優位性が感じられない場合，あるいはアイテムの入手確率が極端に低い場合などにおいて，ユーザーから苦情が殺到し，返金問題に発展したりすることがある。

平成28年に入って，特定の人気ゲームにおけるアイテムの出現確率が低いことからユーザー間の不満が募り，「炎上」に至ったケースがあった。こうした動きを受け，日本オンラインゲーム協会が「ランダム型アイテム提供方式を利用したアイテム販売における表示および運営ガイドライン」を策定するなど，業界内の自主規制が進んでいる。同ガイドラインでは，「有料ガチャの利用条件やガチャアイテムの内容に関して，事実に相違する表示，実際のものよりも著しく優良，有利，その他利用者に誤認されるおそれのある表示をしてはならない」と規定している（「５．禁止事項(1)」）。

(2) 口コミサイト

① 定義と景品表示法上の問題点

口コミサイトとは，人物，企業，商品・サービス等に関する評判や噂といった，いわゆる「口コミ」情報を掲載するインターネット上のサイトのことをいう。

消費者にとっては，実際の商品役務の購入者・利用者の感想や体験，評価を参考にすることができる点，事業者と関係のない一般消費者の忌憚のない意見評価に触れることができる点が口コミサイトの利点であろう。

しかし，商品・サービスを提供する事業者が，顧客を誘引する手段として，口コミサイトに口コミ情報を自ら掲載し，又は第三者に依頼して掲載させ，当該「口コミ」情報が，当該事業者の商品・サービスの内容又は取引条件について，実際のもの又は競争事業者に係るものよりも著しく優良又は有利であると一般消費者に誤認されるものである場合には，景品表示法上の不当表示として問題となるとされている。

② ステルスマーケティング

近時，ステルスマーケティングという手法について問題となっているので付言する。

ステルスマーケティングとは，広告でありながら広告であることを明示せず，あたかも記事や個人の感想という体裁で，商品をアピールするという広告手法である。

最近では一部のブログ運営会社も，運営会社の公認マークを付するなどして過剰なステルスマーケティングが行われないよう配慮している。

また，景品表示法の措置命令の調査の端緒となる事情はさまざまであるが，消費者が当該商品役務の効果等についてインターネット上で情報を収集する際，ステルスマーケティングを疑わせるインターネット上の表示に多く接すれば，当該商品役務を提供する事業者に対する不信感や反発を抱き，関係機関への通報を行う危険性が増大すると思われる。

例えば，平成26年に措置命令の対象となったダイエット食品については，複数名のモデル女性がブログに当該ダイエット食品の記事を掲載しており，同じく平成26年に措置命令の対象となった別のダイエット食品については，当該商品を紹介するサイトにおいて「過去，多数の自作自演があったため，投稿欄を閉鎖させていただきます。」という記載が確認されている。

③　問題となる事例

- グルメサイトの口コミ情報コーナーにおいて，飲食店を経営する事業者が，自らの飲食店で提供している料理について，実際には地鶏を使用していないにもかかわらず，「このお店は△□地鶏を使っているとか。さすが△□地鶏，とても美味でした。オススメです!!」と，自らの飲食店についての「口コミ」情報として，料理にあたかも地鶏を使用しているかのように表示すること。
- 商品・サービスを提供する店舗を経営する事業者が，口コミ投稿の代行を行う事業者に依頼し，自己の供給する商品・サービスに関するサイトの口コミ情報コーナーに口コミを多数書き込ませ，口コミサイト上の評価自体を変動させて，もともと口コミサイト上で当該商品・サービスに対する好意的な評価はさほど多くなかったにもかかわらず，提供する商品・サービスの品質その他の内容について，あたかも一般消費者の多数から好意的評価を受けているかのように表示させること。
- 広告主が，（ブログ事業者を通じて）ブロガーに広告主が供給する商品･サービスを宣伝するブログ記事を執筆するように依頼し，依頼を受けたブロガーをして，十分な根拠がないにもかかわらず，「△□，ついにゲットしました～。しみ，そばかすを予防して，ぷるぷるお肌になっちゃいます！　気になる方はコチラ」と表示させること。

④　景品表示法上の留意事項

商品・サービスを供給する事業者が，口コミサイトに口コミ情報を自ら掲載し，又は第三者に依頼して掲載させる場合には，当該事業者は，当該口コミ情報の対象となった商品・サービスの内容又は取引条件について，実際のもの又は当該商品・サービスを供給する事業者の競争事業者に係るものよりも著しく優良又は有利であると一般消費者に誤認されることのないようにする必要がある。

⑶　フラッシュマーケティング

①　定義と景品表示上の問題点

フラッシュマーケティングとは，商品・サービスの価格を割り引くなどの特典付きのクーポンを，一定数量，期間限定で販売するビジネスモデルをいう。

クーポンサイトにおいて，「通常価格」と「割引価格」の二重価格表示が行われている場合，例えば，比較対照価格である「通常価格」での販売実績が全くないことがある。その場合は，一般消費者に「割引価格」が実際のものよりも著しく有利との誤認を与え，景品表示法上の不当表示として問題となる。また，多数のクーポンが発行されている中で，限られた期間内に顧客に訴求するために，実際と異なる表示を行う場合があり，一般消費者に当該商品が実際のものよりも著しく優良であるとの誤認を与え，景品表示法上の不当表示として問題となり得る。

②　問題となる事例

- クーポンの適用対象となる商品が「通常価格」で販売した実績のない商品であるにもかかわらず，クーポン適用後の「割引価格」を「1,600円」と表示するとともに，「通常価格5,730円，割引率72％OFF，割引額4,130円」と表示すること。
- クーポンの適用対象となる商品について，実際には養殖の鮎を材料とした甘露煮であるにもかかわらず，「天然鮎を使った高級甘露煮です。」と表示すること。

③　景品表示法上の留意事項

- 店舗等は，クーポンサイトにおいて，クーポンの対象となる商品・サービスに係る二重価格表示を行う場合には，最近相当期間に販売された実績のある同一商品・サービスの価格を比較対照価格に用いるか，比較対照価格がどのような価格であるかを具体的に表示する必要がある。
- 店舗等は，クーポンサイトにおいて，クーポンの対象となる商品・サービスの品質，規格等に係る表示を行う場合には，当該商品・サービスの内容について，実際のもの又は当該商品・サービスを供給する事業者の競争事業者に係るものよりも著しく優良であると一般消費者に誤認されることのないようにする必要がある。

- クーポン発行会社は，自らのクーポンサイトに店舗等の商品・サービスを掲載するに際して当該商品・サービスの自らのクーポンサイト以外における販売の有無等を確認し，販売されていないなどの場合には掲載を取りやめるなど，景品表示法違反を惹起する二重価格表示が行われないようにすることが求められる。

(4)　アフィリエイトプログラム

①　定義と景品表示法上の問題点

ブログその他のウェブサイトの運営者が当該サイトに当該運営者以外の者が供給する商品・サービスのバナー広告等を掲載し，当該サイトを閲覧した者がバナー広告等をクリックしたり，バナー広告等を通じて広告主のサイトにアクセスして広告主の商品・サービスを購入したり，購入の申込みを行ったりした場合など，あらかじめ定められた条件に従って，アフィリエイターに対して，広告主から成功報酬が支払われるものである。

バナー広告に記載された商品・サービスの内容又は取引条件について，著しく優良又は有利であると一般消費者に誤認される場合には，景品表示法上の不当表示として問題となる。

広告主のサイトへのリンク（バナー広告等）をクリックさせるために行われる，アフィリエイターによるアフィリエイトサイト上の表示に関しては，アフィリエイターはアフィリエイトプログラムの対象となる商品・サービスを自ら供給する者ではないので，景品表示法で定義される「表示」には該当せず，したがって，景品表示法上の問題が生じることはない。

②　問題となる事例

- アフィリエイトプログラムで使用されるバナー広告において，実際には当該バナー広告の対象となる商品は普段から1,980円で販売されていたものであるにもかかわらず，「今だけ！　通常価格10,000円が　なんと！1,980円!!　早い者勝ち！今すぐクリック!!」と表示すること。
- アフィリエイトプログラムで使用されるバナー広告において，十分な根拠がないにもかかわらず，「食事制限なし！　気になる部分に貼るだけで簡単ダイエット!!　詳しくはこちら」と表示すること。

③　景品表示法上の留意事項

- アフィリエイトプログラムで使用されるバナー広告において，二重価格表示を行う場合には，広告主は，最近相当期間に販売された実績のある同一商品・サービスの価格を比較対照価格に用いるか，比較対照価格がどのような価格であるかを具体的に表示する必要がある。
- アフィリエイトプログラムで使用されるバナー広告において，商品・サービスの効能・効果を標ぼうする場合には，広告主は，十分な根拠なく効能・効果があるかのように一般消費者に誤認される表示を行わないようにする必要がある。

(5)　ドロップシッピング

①　定義及び景品表示法上の問題点

ドロップシッピングとは，インターネット上に開設された電子商取引サイトを通じて消費者が商品を購入するビジネスモデルの一形態である。

ドロップシッパーは，景品表示法に定める事業者に当たると考えられるため，販売される商品の内容又は取引条件について，著しく優良又は有利と一般消費者に誤認される場合には，景品表示法上の不当表示として問題となり，事業者として責任を負う。

②　問題となる事例

- ドロップシッピングショップにおいて，十分な根拠がないにもかかわらず，「血液サラサラ」，「記憶力アップ」，「免疫力アップ」，「老化を防止する」と効能・効果を強調して表示すること。
- ドロップシッピングサイトにおいて，最近相当期間に販売された実績のある価格でないにもかかわらず，「通常価格」と称する比較対照価格を用いて，「~~通常7,140円~~ →特別価格3,129円」と表示すること。

③　景品表示法上の留意事項

- ドロップシッパーは，ドロップシッピングショップで商品を供給するに際しては，当該商品の内容について，客観的事実に基づき正確かつ明瞭に表示する必要がある。
- ドロップシッパーは，ドロップシッピングショップで商品の効能・効果を標ぼうする場合には，十分な根拠なく効能・効果があるかのように一般消費者に誤認される表示を行ってはならない。

- ドロップシッパーは，ドロップシッピングショップで二重価格表示を行う場合には，最近相当期間に販売された実績のある同一商品・サービスの価格を比較対照価格に用いるか，比較対照価格がどのような価格であるかを具体的に表示する必要がある。
- 製造元・卸元，又はDSPのうち製造元・卸元の機能を兼ねる者は，ドロップシッパーに対して商品を供給する場合であって，販売促進のためのノウハウ等の情報を提供すること等により，ドロップシッパーが一般消費者に示す表示内容の決定に関与するときには，十分な根拠無く効能・効果があるかのように一般消費者に誤認される表示など，景品表示法に違反する表示が行われないようにしなければならない。

5　インターネット広告事業者やインターネットモール事業者の責任について

他社の広告を配信するインターネット広告事業者や，インターネットモールを運営する事業者にも，自社メディア上の表示について注意すべきリスクがあるので指摘する。

上記事業者は，いわば，広告や表示の「場」を提供している者である。景品表示法の規制対象となる「表示」は，「事業者が自己の供給する商品又は役務の内容又は取引条件その他これらの取引に関する事項について行う広告その他の表示」(景表2条4項)であり，こうした事業者が広告主やモールでの販売事業者の行った表示について，原則として責任を負うことはない。

しかし，こうしたメディア(インフラ)事業者が，売上を求めて表示に対する意識の低い事業者に広告・表示の場を提供し，その結果当該メディアにおいて不当表示事例が発生してしまった場合，自社のレピュテーション保全の観点から，景品表示法上明らかに問題のある取引先については，警告や取引停止などの措置を行う必要がある場合もあり得ると考える。

また，こうした事業者が，顧客や，モールでの販売事業者に対して，表示の作出について積極的なアドバイスやコンサルタント業務を行った場合，そのことが問題視される場合もあると考える。

実際には，消費者庁が，平成26年4月30日，「楽天市場における表示の適正化について」として，楽天株式会社に対し景品表示法違反とならないための必要な措置を講じるよう要請したケースが挙げられる。

これは，平成25年11月，東北楽天ゴールデンイーグルス（楽天を親会社とするプロ野球球団）の日本シリーズ優勝を記念したセールにおいて，複数事業者が通常価格を2倍以上に吊り上げて半額以下のセールを偽装したことが問題となったが，平成26年3月20日，上記表示に楽天社員が関係したとの報道を受け，楽天自身による調査が行われ，調査結果と再発防止策について報告がされたものである。

同社は，社員の具体的違反行為は認められない旨報告したが，消費者庁は，同要請において，役員及び従業員に対し，今般の調査結果について万全の周知徹底と景品表示法についての理解の深化及び遵守の徹底を図り，景品表示法違反とならないための必要な措置を講じることを求めている[1)]。

今後も，特定事業者の提供するプラットフォームが不当表示の温床となるような事態が生じれば，当該事業者に対して厳しい目が向けられ，行政の指導対象となることは十分に考えられる。こうした事態によるレピュテーション低下等のリスクは，決して軽視すべきではない。

6　インターネット上の新規サービスと景品表示法について

インターネット上の新規サービスモデルにおける表示が景品表示法上問題となった近時のケースについて述べ，ネイティブアドと言われる広告手法について述べる。

(1)　フラッシュマーケティング

先述したフラッシュマーケティングについて，平成23年2月22日，株式会社外食文化研究所に対して措置命令がされるとともに（消表対第125号），同日，グ

1）消費者庁表示対策課「楽天市場における表示の適正化について」（消表対第227号（平成26年4月30日））。

ルーポン・ジャパン株式会社に対して「クーポン共同購入ウェブサイトにおける表示の適正化について」という要請がされた〔156〕〔157〕。具体的には，おせち料理について，表示されたメニュー内容と異なる食材が用いられていたり，（おせち料理は正月限定の物であるにもかかわらず）「通常価格」として販売価格の倍額の架空価格が表示されていた，というものであった。

当該措置命令及び要請は，フラッシュマーケティングの手法自体を問題としたものではなく，あくまでその中でなされた優良誤認表示や二重価格表示の不当性を問題としたものだったが，一時新しいサービス形態として注目を集めていたフラッシュマーケティングが本件発生を機に消費者の不信感を高める結果となってしまったのは記憶に新しい。

⑵　ペニーオークション

ペニーオークションとは，入札するたびに入札手数料が必要となるインターネットオークションのことをいう。入札のたびごとに入札手数料がかかるため，落札できたとしても落札価格に加えて多額の入札手数料を支払うことになったり，多数回入札した上に結局落札できないという事態が生じ得るものである。

消費者庁は，平成23年３月31日，ペニーオークションを運営していた事業者３社に対して，優良誤認表示及び有利誤認表示に当たるとして，措置命令を行った〔166〕。前述のように，複数の芸能人が，実際には落札していない商品を安価で落札したかのような記載を自身のブログに行ったことから「炎上」したという経緯があり，ステルスマーケティングが失敗した事案であるともいえる。

フラッシュマーケティングやペニーオークションといった新しいサービス形態に対しては，消費者は期待とともに不安を持ってこれを見ているのであって，そこで適正な表示が厳守され，消費者が十分に保護されていることは消費者の不安を払拭する有効な手段である。それにもかかわらず，不当表示によってサービス形態自体に対する不安を高める結果となってしまった。

法務担当者としては，新しいサービス形態の提案がされた時こそ，当該サービス形態において景品表示法の基本的な要請が守られているかをチェックする必要性が高まるといえる。

(3) ネイティブアド（ネイティブ広告）[1]

近時，ネイティブアド（ネイティブ広告）という広告手法が，企業とユーザーとのエンゲージメントを強化し，ブランド価値を高めるのに有効な手段として注目を集めている。ネイティブアドとは，「ページの内容やデザイン，プラットフォームの動作と合致することでユーザーがサイトの一部として違和感がないと感じる広告」[2]をいうが，いまだ明確な定義は固まっておらず，このことが混乱の原因にもなっている。Twitter や Facebook のタイムラインに広告が表示されたり（インフォード型），検索サイトで飲食店等を検索した際に，自然検索結果の上部に同様のフォーマットで広告表示がされるもの（ペイドサーチ型）など，その形式も多様である。

ネイティブアドにおいて最も重要なことは，当該ネイティブアドが広告であることをユーザーに対して明示することである。具体的には，ユーザーが広告であることを認知できるよう，十分な視認性と大きさを有することが必要であろう[3]。

しかし，たとえ広告であることが明示されていても，ネイティブアドにおいて，虚偽の事実を交えて当該商品役務の優良性を強調するような優良誤認表示や，実際に当該価格で販売されたことのない比較対照価格を表示するなどの有利誤認表示などの不当表示があれば，当然に措置命令等の対象となり得る。ネイティブアドについては，その活用への期待が高まる一方で，「騙された気分になる」と感じるユーザーが多数に達した，というリサーチ結果もあるとのことであり[4]，この分野で迂闊な不当表示事例が発生すれば，ネイティブアドという広告形態に対する消費者の信頼が失墜する危険もある。各事業者は，景品表示法上の問題をクリアした上でネイティブアド戦略を展開することが望まれる。

一般社団法人日本インタラクティブ広告協会は，平成27年３月18日，「ネイティブ広告に関するガイドラインを策定」というプレスリリースを出しており，

1）ネイティブアドについては，「宣伝会議」2014年12月号所収の各記事がわかりやすい。
2）IAB ネイティブアドプレイブック（日本語版）（http://www.dac.co.jp/press/pdf/20140619_iab_nativead.pdf）の定義による。
3）前掲注１）25頁。
4）前掲注１）44頁。

業界内の自主規制についての取り組みも進んでいるようである。

7　最後に

インターネット上の広告表示は，顧客に訴求する好個の手段であるが，担当者に景品表示法をはじめとする法令の知識が乏しく，表示前にこれをチェックする社内の体制も不備であることが少なくない。

たとえ小規模事業者であっても，表示についての責任者を設置した上で社内のチェック体制を整備し，景品表示法違反となる表示がインターネット上においてなされないよう注意することが不可欠である。

第8章

裁判例に表れた景品表示法の論点

1　景品表示法に規定する「景品類」の意義（東京高判昭和56年4月2日）

(1) 事　例

原告（栄光時計㈱）は，輸入時計「ロンジン」を販売している，時計・宝石及び貴金属の卸売業を営む事業者であるが，昭和50年2月ころ，販売先時計小売業者を対象として，ヨーロッパ旅行を企画し，右小売業者に対して，右旅行に参加するに当たっては参加費用金40万円を支払うが，参加小売業者の昭和50年1年間の「ロンジン」仕入高が金240万円に達した場合には，その1月後に現金20万円を返済する（つまり原告が旅行費用の半額を負担することとなる）旨記載した案内状を配布し，同年4月19日から同月28日までの間右旅行を実施したこと，そして，原告が，右企画に従って右旅行参加小売業者のうち昭和50年中の「ロンジン」の仕入高が金240万円に達した者に対し，1名につき金20万円を提供したこと，以上の事実を認定し，原告の金20万円の提供行為が景品表示法第3条規定に基づく「事業者に対する景品類の提供に関する事項の制限」（昭和42年公正取引委員会告示第17号。以下「告示第17号」という）第1項の規定に違反するとして，排除命令を受けた（昭和51年（判）第7号）。

これを不服として原告は公正取引委員会に審決を求めたが，昭和52年10月24日審決は原告の主張を認めなかったため，審決取消しを求めたのが本件である。

(2) 判　旨

景品表示法2条及びこれに基づく告示第3号1項本文によれば，同法に規定する「景品類」は，顧客を誘引するための手段として，取引に附随して提供される物品，金銭その他の経済上の利益であり，いわゆる顧客誘引性及び取引附随性のあることを要件としているものということができる。（中略）

よって案ずるに，値引は，取引の対価の一部を減額することであって，当該取引の本来の内容自体をなすものであり，取引に附随して提供されるものとはいえないから，前記2要件の1たる取引附随性を欠き，この点においてそもそも景品表示法2条，告示第3号1項本文にいう「景品類」とは認められないものである。しかしながら，現実の取引社会においては，形式的にはひとしく値引と呼ばれるものであっても，様々の態様のものがあり，「景品類」とまぎらわしい態様のものもあり得るところであって，「景品類」とこれに含まれないものとされる値引との区別は必ずしも一見して明確であるとはいえない。そこで，告示第3号1項但書は，値引が「景品類」に含まれない旨を確認的に規定するとともに，当該経済上の利益が「景品類」に含まれないものとされる値引にあたるか否かは，正常な商慣習に照らしてこれを判断すべきものとする趣旨を規定したものと解される。そして，右の判断は，当該経済上の利益の内容，提供の条件，方法，当該業界における慣行等を勘案し，公正な競争秩序維持の観点から，右利益が当該業界において取引の本来の内容をなす値引であると認められるか否かについてすべきものであり，したがって，右判断にあたっては，過去に同様の態様の前例が当該業界ないし当該事業者において行われたことがあるか否かの観点のみから判断すべきでないことは原告主張のとおりである一方，原告主張のように当該経済上の利益の取引高に占める金額的割合のみを問題とすべきものでもないというべきである。

2　制限・禁止の対象となる景品類の具体的特定を公正取引委員会に委任することなどの違憲性（東京高判昭和56年4月2日）

景品表示法は，その3条（旧条文）において，「公正取引委員会は，不当な顧客の誘引を防止するため必要があると認めるときは，景品類の価額の最高額若しくは総額，種類若しくは提供の方法その他景品類の提供に関する事項を制限し，又は景品類の提供を禁止することができる。」と規定し，制限すべき景品類の提供に関する事項及び禁止すべき景品類の提供の具体的特定を公正取引委員会に委任しているが，その特定が，公正な競争を確保し，もって一般消費者の利益を保護することを目的とし（同法1条），この目的達成のために必要かつ相当と合理的に認められるものに限られるべきことは明らかであり，また，同法2条は，「景品類」についての定義規定を設けており，同法3条の委任は右のような限定のもとになされたものと解することができる。

また，経済社会における取引方法，競争手段等の複雑性，多様性，変転性等にかんがみるときは，景品類の提供を現実に即して規制するためには，公正な競争秩序維持についての専門的行政機関である公正取引委員会をして具体的に右規制の内容を定めさせることに合理性が認められるのみならず，同委員会が同法3条の規定による制限若しくは禁止等をするときには，公聴会を開き，関係事業者及び一般の意見を求めるべきものとされ（同法5条），同委員会が権限を濫用することに対する防止措置が講じられているのである。

以上の諸点を合わせ考えると，同法3条に基づく具体的特定を告示に委任することは，憲法に違反するものとはいえず，したがって，右委任に基づき定められた告示第17号は，憲法に違反するものとはいえない。

3　不当表示をした事業者とは（1）（東京高判平成19年10月12日㈱ビームスに対する件））

不当な表示や過大な景品類の提供による不当顧客誘因行為が行われると，消費者が商品・サービスを選択する際に悪影響を与えることはもちろん，後続の事業者が同様の不当顧客誘因行為を行うという波及的，昂進的な誘因効果をもたらすことなどにより，公正な競争が阻害されることになることから，独占禁止法の特例法として，不当表示や過大な景品類の提供を規制し，公正な競争を確保し，もって一般消費者の利益を保護することを目的として制定されたのが景品表示法である（同法1条）。そして，景品表示法4条1項3号，同法6条1項によれば，公正取引委員会は，「商品又は役務の取引に関する事項について一般消費者に誤認されるおそれがある表示であって，不当に顧客を誘引し，公正な競争を阻害するおそれがあると認めて公正取引委員会が指定する」表示をした事業者に対し，その行為の差止め若しくはその行為が再び行われることを防止するために必要な事項又はこれらの実施に関連する公示その他必要な事項を命ずることができるとされている。

このような景品表示法の立法趣旨並びに条文の内容及び趣旨からすると，不当表示をした事業者とは，公正な競争を確保し，一般消費者の利益を保護する観点から，メーカー，卸売業者，小売事業者等いかなる生産・流通段階にある事業者かを問わず，一般消費者に伝達された表示内容を主体的に決定した事業者はもとより，当該表示内容を認識・認容し，自己の表示として使用することによって利益を得る事業者も，表示内容を間接的に決定した者として，これに含まれると解するのが相当である。

4　不当表示をした事業者とは（２）（東京高判平成20年５月23日〔㈱ベイクルーズに対する件〕）

景品表示法の目的は，商品及び役務の取引に関連する不当な景品類及び表示による顧客の誘引を防止することにより，公正な競争を確保し，もって一般消費者の利益を保護することにあり（同法１条），このような目的を達成するために，景品表示法は，「事業者は，自己の供給する商品又は役務の取引について，次の各号に掲げる表示をしてはならない。」と規定して（同法４条１項柱書），事業者に対し，不当に顧客を誘引し公正な競争を阻害するおそれがある表示をすることを禁じており，そして，その違反行為があった場合には，公正取引委員会は「当該事業者に対し，その行為の差止め若しくはその行為が再び行われることを防止するために必要な事項又はこれらの実施に関連する公示その他必要な事項を命ずることができる。その命令は，当該違反行為が既になくなっている場合においても，することができる。」と規定して（同法６条１項），一般消費者の誤認を排除する措置及び再発を防止する措置をとるよう命じる排除命令を事業者に対して発することができることとしている。

以上のような法の趣旨に照らし，また，同法４条１項は不当表示を行った違反者に対して民事的・刑事的な非難を加えてその責任を問うたり刑罰を科したりするものではないことをも考慮して，同法４条１項３号に該当する不当な表示を行った事業者（不当表示を行った者）の範囲について検討すると，商品を購入しようとする一般消費者にとっては，通常は，商品に付された表示という外形のみを信頼して情報を入手するしか方法はないのであるから，そうとすれば，そのような一般消費者の信頼を保護するためには,「表示内容の決定に関与した事業者」が同法４条１項の「事業者」（不当表示を行った者）に当たるものと解すべきであり，そして，「表示内容の決定に関与した事業者」とは，「自ら若しくは他の者と共同して積極的に表示の内容を決定した事業者」のみならず，「他の者の表示内容に関する説明に基づきその内容を定めた事業者」や「他の事業者にその決定を委ねた事業者」も含まれるものと解するのが相当である。そして，上記の「他の者の表示内容に関する説明に基づきその内容を定めた事業者」とは，他の事業者が決定したあるいは決定する表示内容についてその事業者から説明を受けてこれを了承しその表示を自己の表示とすることを了承した事業者をいい，また，上記の「他の事業者にその決定を委ねた事業者」とは，自己が表示内容を決定することができるにもかかわらず他の事業者に表示内容の決定を任せた事業者をいうものと解せられる。

5　不当な表示をした事業者の過失の有無（1）（東京高判平成19年10月12日〔㈱ビームスに対する件〕）

景品表示法は，商品及び役務の取引に関する不当な景品類及び表示による顧客の誘引を防止するため，独占禁止法の特例を定めることにより，公正な競争を確保し，もって一般消費者の利益を保護することを目的としており（景品表示法１条），かかる同法の目的を達成するため，不当な表示を禁止し（景品表示法４条１項），かつ，不当な表示をした者に対して，被告が，当該表示行為の差止め，再発防止措置等必要な事項を命じることができるものとしている（景品表示法６条１項）。

かかる立法趣旨並びに条文の内容及び趣旨に照らすと，現に不当な表示がなされ，公正な競争が阻害されるおそれが生じている状態においては，一般消費者を保護する観点から，公正取引委員会が表示者に対し，当該表示を排除し，公正な競争を回復するために必要な措置を命じ，また，不当な表示が既に撤回されていたとしても，誤認排除ないし再発防止などの観点から必要な措置を命じる必要があるというべきであって，上記措置の必要性は，当該表示を行った者の故意や過失の有無に左右されないものと解される。

したがって，景品表示法４条１項に規定する不当な表示であることについて，事業者の過失は必要がないと考えられる。

この点，原告は，独占禁止法90条３号違反の罪は故意犯であることから，原告が本件原産国表示の作成について過失がない以上，排除措置命令が出されるべきではないと主張する。

しかし，独占禁止法90条３号は，排除措置を命じる審決が確定した後これに従わない者を処罰する規定であり，景品表示法４条１項で規制する不当表示をすることとは全く別の段階を問題にするものである。

したがって，景品表示法４条１項３号の不当表示に対する排除措置命令について，独占禁止法90条３号の規定をもって，表示者の過失の有無を論ずる原告の主張は失当というべきである。

6　不当な表示をした事業者の過失の有無（２）（東京高判平成20年５月23日〔㈱ベイクルーズに対する件〕）

景品表示法の目的は，商品及び役務の取引に関連する不当な景品類及び表示による顧客の誘引を防止することにより，公正な競争を確保し，もって一般消費者の利益を保護することにあり（同法１条），排除命令は，このような法の趣旨・目的に従い，不当表示行為があった場合すなわち違反行為があった場合に，不当な顧客の誘引を防止し，不公正な競争状態を公正な競争状態に復し，もって一般消費者の利益を保護するために被告に与えられた権限であり（同法６条１項），その内容は，当該違法行為を取りやめること（差止め），同様の行為の再発を防止するための措置をとること，当該違法行為によって生じた一般消費者の誤認を排除するための措置（公示）をとること，を命じることである。そして，行政処分たる排除命令が，対象事業者に対する非難可能性を基礎とする民事上・刑事上の制裁とはその性質を異にするものであることを考慮すると，景品表示法４条１項に違反する不当表示行為すなわち違反行為については，不当表示行為すなわち違反行為があれば足り，それ以上に，そのことについて「不当表示を行った者」の故意・過失は要しないものというべきであり，故意・過失が存在しない場合であっても排除命令を発し得るものというべきである。

したがって，景品表示法６条１項による排除命令を発するためには不当表示行為すなわち違反行為を行った者の故意・過失が必要であるとする原告の上記主張は採用することができない（景品表示法４条１項の不当表示についての故意・過失とは別個に同法６条１項の排除命令の発令要件としての故意・過失を観念することは相当でない）。

もっとも，被告が原告に対して再発防止のための必要な措置を講じるよう命じるについては，その要否や内容を判断する上において，不当表示行為すなわち違法行為がなされるに至った経緯，原告のこれに対する認識，原産国調査確認義務についての原告の違反態様，同様の不当表示行為すなわち違法行為が再発するおそれがあるか否か，等を総合考慮して判断すべきであるが，これと景品表示法４条１項に違反する不当表示行為すなわち違反行為の成否・存否とは別個の問題である（原告に原産国調査義務違反があったことは後記で認定するとおりである）。

7　景品表示法４条１号の「著しく」の意義（東京高判平成14年６月７日〔㈱カンキョーに対する件〕）

およそ広告であって自己の商品等について大なり小なり賛辞を語らないものはほとんどなく，広告にある程度の誇張・誇大が含まれることはやむを得ないと社会一般に受け止められていて，一般消費者の側も商品選択の上でそのことを考慮に入れているが，その誇張・誇大の程度が一般に許容されている限度を超え，一般消費者に誤認を与える程度に至ると，不当に顧客を誘引し，公正な競争を阻害するおそれが生ずる。そこで，景品表示法４条１号は，「著しく優良であると一般消費者に誤認されるため，不当に顧客を誘引し，公正な競争を阻害するおそれがあると認められる表示」を禁止したもので，ここにいう「著しく」とは，誇張・誇大の程度が社会一般に許容されている程度を超えていることを指しているものであり，誇張・誇大が社会一般に許容される程度を超えるものであるかどうかは，当該表示を誤認して顧客が誘引されるかどうかで判断され，その誤認がなければ顧客が誘引されることは通常ないであろうと認められる程度に達する誇大表示であれば「著しく優良であると一般消費者に誤認される」表示に当たると解される。

そして，当該表示を誤認して顧客が誘引されるかどうかは，商品の性質，一般消費者の知識水準，取引の実態，表示の方法，表示の対象となる内容などにより判断される。

8　立証の範囲（東京高判平成19年10月12日〔㈱ビームスに対する件〕）

消費者は，より質の良いもの，価格の安いものを求め，他方，事業者は消費者の期待に応えるために，商品・サービスの質を向上させ，また，より安く販売するように努力することがあるべき健全な市場の姿であるところ，不当な表示や過大な景品類の提供による不当顧客誘因行為が行われると，消費者が商品・サービスを選択する際に悪影響を与えることなどにより，公正な競争が阻害されることになることから，公正な競争を確保し，もって一般消費者の利益を保護することを目的として制定されたのが景品表示法である（景品表示法1条)。上記のような，一般消費者の利益保護という景品表示法の立法趣旨からすると，景品表示法4条1項3号にいう，「不当に顧客を誘引し，公正な競争を阻害するおそれがある」場合とは，不当表示等により，実際に公正な競争を阻害したことまでは必要なく，公正な競争を阻害する抽象的な危険が存することで足りると解されるところ，被告が，それ自体不当に顧客を誘引し公正な競争を阻害する蓋然性が高いと認め，景品表示法4条1項3号に該当するものとして原産国告示において指定した不当な表示は，類型的に，一般消費者の正しい商品選択を妨げるだけでなく，正しい表示をしている事業者の顧客を奪うことによりその利益を奪うものであって，公正な競争を阻害する抽象的な危険性を常に有しているものと解される。

そうすると，原産国告示・運用基準・運用細則の内容は合理的かつ相当なものであるから，「不当に顧客を誘引し，公正な競争を阻害するおそれ」の存在を定量的に証明することは極めて困難であることにも照らせば，本件において，被告は，本件原産国表示が原産国告示の表示に該当することを立証すればよく，当該表示が個別具体的に不当に顧客を誘因し公正な競争を阻害するおそれがあることまで認定する必要はないのであって，本件審決の判断は正当というべきである。

9 「原産国」の定義と「実質的な変更をもたらす行為」の正当性の意義（東京高判平成19年10月12日〔㈱ビームスに対する件〕）

一件記録によれば，原産国告示，運用細則等の策定の経緯について，景品表示法４条１項３号（４条３号）は，「一般消費者に誤認されるおそれがある表示であって，不当に顧客を誘引し，公正な競争を阻害するおそれがあると認めて公正取引委員会が指定するもの」と規定していることから，被告は，その指定に当たって，規則（昭和37年公正取引委員会規則第２号）で定めるところにより，公聴会を開き，関係事業者，一般消費者，学識経験者等の意見を求め，これらの意見を参酌した上で，告示による指定を行い，同号の規定に基づく指定告示として，「『原産国』とは，その商品の内容について実質的な変更をもたらす行為が行われた国をいう」との内容の原産国告示を規定し（原産国告示備考１項），さらに，原産国告示の運用基準を定め，運用基準11項の「本告示の運用に関し，必要がある場合は，品目又は業種ごとに細則を定める」との規定に従い，運用細則に，「商品の内容について実質的な変更をもたらす行為」に関し，衣料品のうち「外衣」については「縫製」がこれに該当するものと規定したこと，原産国告示の規制目的は，一般消費者が原産国に関する不当表示により不当に誘因されるおそれを排除することにあるから，被告において，一般消費者が商品の原産国といった場合にいかなる行為が行われた国を連想するかという観点から検討し，例えば，外国のブランド会社によって外国で考案されたデザインにより日本で製造された衣服について，日本の一般消費者がこれを外国産でなく，国産品と判断することは明らかであるから，最終的には原産国告示においても，我が国の関税の取扱い，すなわち，関税法基本通達において，税率の適用に当たっての輸入物品の原産地について，「当該物品の生産が二国以上にわたる場合には，実質的な変更をもたらし，新しい特性を与える行為を最後に行った国」をいうものとされ，「実質的な変更をもたらし，新しい特性を与える行為」の例として「繊維，糸又は織物からの衣類その他の製品の製造」が挙げられていること（関税基本通達68－３－５）も参考にして，実質的変更基準，すなわち，大きな変更をもたらす生産・加工工程を基準とする考え方を採用したことが認められる。

以上のとおり，一般消費者が外衣を選択するに際して，「縫製」の善し悪しは重要な商品選択要素であるから，外衣について縫製地をもって原産国を定めるについての基準とすることは，合理的かつ相当なものであるということができ，また，この取扱いは，前記の関税における輸入物品の原産地についての考え方とも平仄が合うのみならず，規制基準としての一義的明確性の観点からも優れているものと評価することができるものというべきである。

したがって，本件審決が原産国告示に基づいて，「『原産国』とは，その商品の内容について実質的な変更をもたらす行為が行われた国をいう。」とし，また，運用基準11項の規定を受けた運用細則に基づいて，ズボンを含む「外衣」について，「縫製」を実質的な変更をもたらす行為としたことは正当というべきである。

10　原産国表示は，景品表示法4条1項3号の「表示」に該当するか（東京高判平成20年5月23日〔㈱ベイクルーズに対する件〕）

景品表示法4条1項3号（当時）は，「商品又は役務の取引に関する事項について「一般消費者に誤認されるおそれがある表示であって，不当に顧客を誘引し，公正な競争を阻害するおそれがあると認めて公正取引委員会が指定するもの」と規定し，このような表示をなすことを禁止しているところ，この規定を受けて被告が定めた原産国告示は，2項柱書で，「外国で生産された商品についての次の各号の一に掲げる表示であって，その商品がその原産国で生産されたものであることを一般消費者が判別することが困難であると認められるもの」と規定し，同項2号において，「その商品の原産国以外の国の国名，地名，国旗，紋章その他これらに類するものの表示」と規定し，さらに，備考2において，「この告示で「原産国」とは，その商品の内容について実質的な変更をもたらす行為が行なわれた国をいう。」と規定している。そうとすれば，上記の「原産国」以外の国の国名の表示は定型的に不当に顧客を誘引し公正な競争を阻害するおそれがある表示と被告が認めたものということができ，そして，この判断は合理性を有するものである。なお，この原産国告示は，景品表示法5条の規定により，公聴会を開いて関係事業者及び一般の意見を聴取した上で，被告において定めたものである。

11　原告に原産国調査確認義務違反があったか（東京高判平成20年5月23日〔㈱ベイクルーズに対する件〕）

原告には，原産国調査確認義務として，輸入業者である八木通商に対して，本件商品の原産国がどこであるかを尋ねるほかに，原産国をイタリアと説明したことについて具体的な根拠を尋ね，返答いかんによっては，その説明の根拠資料の提出を求め，さらには，GTA社からの送り状等によって原産国を今一度確認するよう求めるなど，小売業者としてなすべき義務があったにもかかわらず（これらの義務は容易に履行できるものであって，原告に困難を強いるものではなく，また，時間や費用がかかるものでもない。），そして，これらの義務が履行されていれば，八木通商は改めて原産国はどこかという観点から本件商品を調査し，GTA社から八木通商に対する送り状には原産地が「ルーマニア」と記載されていたのであるから（査第9号証），八木通商は本件商品の原産国がルーマニアであることに気付いたはずであったのに（仮に気付かなかったとしても，原告の上記原産国調査確認義務が履行されていることに変わりはない。原産国調査確認義務は八木通商をして実際に気付かせることまでを要求してはいないからである。），原告は，上記のとおり，八木通商の説明を信用し，八木通商が原産国をイタリアと説明したことについて具体的な根拠を尋ねておらず，その根拠資料の提出を求めたりしてもおらず，さらには，GTA社からの送り状等によって原産国を確認するよう求めることなどもしていないのであるから，そうとすれば，原告に上記の原産国調査確認義務を怠った義務違反があったことは明らかであるというべきである。

12　景品表示法6条にいう必要な措置等の判断（1）（東京高判平成19年10月12日〔㈱ビームスに対する件〕）

「景品表示法6条1項は，『公正取引委員会は，…第4条の規定に違反する行為があるときは，当該事業者に対し，その行為の差止め若しくはその行為が再び行われることを防止するために必要な事項又はこれらの実施に関連する公示その他必要な事項を命ずることができる。その命令は，当該違反行為が既になくなっている場合においても，することができる。』と規定し，独占禁止法54条

２項は，『公正取引委員会は，審判手続を経た後，第３条，第８条第１項第１号，第４号若しくは第５号又は第19条の規定に違反する行為が既になくなっていると認める場合において，特に必要があると認めるときは，審決をもって，被審人に対し，第７条２項（第８条の２第２項及び第20条第２項において準用する場合を含む。）に規定する措置を命じなければならない。』と規定しているところ，これら必要な措置等の判断については，我が国における独占禁止法の運用機関として競争政策について専門的な知見を有する被告の専門的な裁量が認められるものというべきであ」る。

13　景品表示法６条にいう必要な措置等の判断（２）（東京高判平成20年５月23日〔㈱ベイクルーズに対する件〕）

「景品表示法６条１項（当時）は，被告に対して，同法４条１項（当時）に違反する不当表示行為すなわち違反行為があるときは，一般消費者の誤認を排除する措置及び再発を防止する措置をとるよう命じる排除命令を事業者に対して発することができるとしており，排除命令は，不当な顧客の誘引を防止し，不公正な競争状態を公正な競争状態に復し，もって一般消費者の利益を保護するために被告に与えられた権限である。そして，被告がこの権限を行使して排除措置をとることを違反者に命じるか否か，命じる場合にどのような内容の排除措置をとるよう命じるか，については，被告に広範な裁量権が与えられているものである。（中略）

もっとも，原告に対して再発防止のための措置を講ずるよう命じるについては，前記のとおり，不当表示行為すなわち違法行為がなされるに至った経緯，原告のこれに対する認識，原産国調査確認義務についての原告の違反態様，同様の不当表示行為すなわち違法行為が再発するおそれがあるか否か，等を総合考慮して判断すべき」である。

14　選別的執行と平等原則（東京高判平成８年３月29日〔東京もち㈱に対する件〕）

景品表示法４条１号の規定に違反する同種・同様・同程度の行為をした事業者が多数ある場合に，公正取引委員会が，そのうちの少数の事業者を選別し，これらに対してのみ排除命令をし，又は排除措置を命じるという法の選別的執行をしたときであっても，これによって，爾後，同号の規定に違反する行為を抑止する等の効果があり得るのであるから，公正取引委員会が，右違反行為をした事業者に対して一般的に規制権限を行使して行政処分をする意思を有している限り，そのうちの少数の事業者を選別してした前記行政処分をもって直ちに平等原則に違背する違法なものとはいえないものというべきである。そして，当該行政処分が右原則に違背する違法なものとなるのは，公正取引委員会が，右処分の相手方である事業者以外の違反行為をした事業者に対しては行政処分をする意思がなく，右処分の相手方である事業者に対してのみ，差別的意図をもって当該行政処分をしたような場合に限られるものと解すべきである。

15　平等原則の違反（東京高判平成20年５月23日〔㈱ベイクルーズに対する件〕）

「景品表示法６条１項（当時）は，同法４条１項（現５条）に違反する不当表示行為すなわち違反行為があるときは，被告が事業者に対して排除命令を発することができるとしており，被告がこの権限を行使して排除命令を発するか否か，発する場合にどのような内容の排除命令を発するか，については，被告に広範な裁量権が与えられているものである。したがって，個々の排除命令が他の事業者との関係で平等原則違背として違法となるのは，『被告が，処分の相手方である事業者以外の違反行為をした事業者に対しては当初から行政処分をする意思がなく，処分の相手方である事業者に対してのみ差別的意図をもって当該行政処分をしたような場合などに限られる。』と解される。（中略）排除措置をとるよう命じるにあたっては，違反行為の態様のみならず，違反事業者の規模，違反行為によって公正な競争が阻害された市場の地域，違反行為が一般消費者に対して与えた影響の大きさ，等を総合的に考慮して判断すべき」である。

16　公正競争規約の認定に対する不服申立資格の有無（最判昭和53年３月14日〔主婦連合会ほか１名に対する件〕）

不当景品類及び不当表示防止法（以下「景表法」という。）10条１項により公正取引委員会がした公正競争規約の認定に対する行政上の不服申立は，これにつき行政不服申立審査法（以下「行審法」という。）の適用が排除され（景表法11条），専ら景表法10条6項の定める不服申立手続によるべきこととされている（行審法1条2項）が，行政上の不服申立の一種にほかならないのであるから，景表法の右条項にいう「第1項…の規定による公正取引委員会の処分について不服があるもの」とは，一般の行政処分についての不服申立の場合と同様に，当該処分について不服申立をする法律上の利益がある者，すなわち，当該処分により自己の権利若しくは法律上保護された利益を侵害され又は必然的に侵害されるおそれのある者をいう，と解すべきである。けだし，現行法制のもとにおける行政上の不服申立制度は，原則として，国民の権利・利益の救済を図ることを主眼としたものであり，行政の適正な運営を確保することは行政上の不服申立に基づく国民の権利・利益の救済を通じて達成される間接的な効果にすぎないものと解すべく，したがって，行政庁の処分に対し不服申立をすることができる者は，法律に特別の定めがない限り，当該処分により自己の権利若しくは法律上保護された利益を侵害され又は必然的に侵害されるおそれがあり，その取消等によってこれを回復すべき法律上の利益をもつ者に限られるべきであり，そして，景表法の右規定が自己の法律上の利益にかかわりなく不服申立をすることができる旨を特に定めたもの，すなわち，いわゆる民衆争訟を認めたものと解しがたいことは，規定の体裁に照らし，明らかなところであるからである。

ところで，右にいう法律上保護された利益とは，行政法規が私人等権利主体の個人的利益を保護することを目的として行政権の行使に制約を課していることにより保障されている利益であって，それは，行政法規が他の目的，特に公益の実現を目的として行政権の行使に制約を課している結果たまたま一定の者が受けることとなる反射的利益とは区別されるべきものである。この点を公正競争規約の認定に対する不服申立についてみると，景表法は，私的独占の禁止及び公正取引の確保に関する法律（以下「独禁法」という。）が禁止する不公正な取引方法の一類型である不当顧客誘引行為のうち不当な景品及び表示によるものを適切かつ迅速に規制するために，独禁法に定める規制手続の特例を定めた法律であって，景表法1条は，「一般消費者の利益を保護すること」をその目的として掲げている。

ところが，まず，独禁法は，「公正且つ自由な競争を促進し…一般消費者の利益を確保するとともに，国民経済の民主的で健全な発達を促進することを目的とする。」と規定し（１条），公正な競争秩序の維持，すなわち公共の利益の実現を目的としているものであることが明らかである。したがって，その特例を定める景表法も，本来，同様の目的をもつものと解するのが相当である。さらに，景表法の規定を通覧すれば，同法は，３条において公正取引委員会は景品類の提供に関する事項を制限し又は景品類の提供を禁止することができることを，４条において事業者に対し自己の供給する商品又は役務の取引について不当な表示をしてはならないことを定めるとともに，６条において公正取引委員会は３条の規定による制限若しくは禁止又は４条の規定に違反する行為があるときは事業者に対し排除命令を発することができることを，９条１項，独禁法90条３号において排除命令の違反に対しては罰則の適用をもってのぞむことを，それぞれ定め，また，景表法10条１項において事業者又は事業者団体が公正取引委員会の認定を受けて公正競争規約を締結し又は設定することができることを定め，同条２項において公正取引委員会が公正競争規約の認定をする場合の制約について定めている。これらは，同法が，事業者又は事業団体の権利ないし自由を制限する規定を設け，しかも，その実効性は公正取引委員会による右規定の適正な運用によって確保されるべきであるとの見地から公正取引委員会に前記のような権限を与えるとともにその権限行使の要件を定める規定を設け，これにより公益の実現を図ろうとしていることを示すものと解すべきであって，このように，景表法の目的とするところは公益の実現にあり，同法１条にいう一般消費者の利益の保護もそれが直接的な目的であるか間接的な目的であるかは別として，公益保護の一環としてのそれであるというべきである。してみると，同法の規定にいう一般消費者も国民を消費者としての側面からとらえたものというべきであり，景表法の規定により一般消費者が受ける利益は，公正取引委員会による同法の適正な運用によって実現されるべき公益の保護を通じ国民一般が共通してもつにいたる抽象的，平均的，一般的な利益，換言すれば，同法の規定の目的である公益の保護の結果として生ずる反射的な利益ないし事実上の利益であって，本来私人等権利主体の個人的な利益を保護することを目的とする法規により保障される法律上保護された利益とはいえないものである。

もとより，一般消費者といっても，個々の消費者を離れて存在するものではないが，景表法上かかる個々の消費者の利益は，同法の規定が目的とする公益の側護を通じその結果として保護されるべきもの，換言すれば，公益に完全に包摂されるような性質のものにすぎないと解すべきである。したがって，仮に，公正取引委員会による公正競争規約の認定が正当にされなかったとしても，一般消費者としては，景表法の規定の適正な運用によって得られるべき反射的な利益ないし事実上の利益が得られなかったにとどまり，その本来有する法律上の地位には，なんら消長はないといわなければならない。そこで，単に一般消費者であるというだけでは，公正取引委員会による公正競争規約の認定につき景表法10条6項による不服申立をする法律上の利益をもつ者であるということはできないのであり，これをさらに，「果汁等を飲用するという点において，他の一般の消費者と区別された特定範囲の者」と限定してみても，それは，単に反射的な利益をもつにすぎない一般消費者の範囲を一部相対的に限定したにとどまり，反射的な利益をもつにすぎない者であるという点において何ら変わりはないのであるから，これをもって不服申立をする法律上の利益をもつ者と認めることはできないものといわなければならない。

また，上告人らの主張する商品を正しく特定させる権利，よりよい取引条件で果汁を購入する利益，果汁の内容について容易に理解することができる利益ないし表示により内容を知って果汁を選択する権利等は，ひっきょう，景表法の規定又はその適正な運用による公益保護の結果生ずる反射的利益にすぎないものと解すべきであって，これらの侵害があることをもって不服申立をするについて法律上の利益があるものということはできず，上告人らは，本件公正競争規約の認定につき景表法10条6項に基づく不服申立をすることはできないものというべきである。

17　景品表示法11条2項2号の「関連事業者」の意義（不服申立適格）（東京高判昭和57年11月19日〔㈱三燿及びジャパンヘルス㈱に対する件〕）

景品表示法10条2項2号に掲げる「一般消費者及び関連事業者の利益を不当に害するおそれがないこと。」とは，公正競争規約を認定するに際して考慮すべき要件の１として定められたものであり，この規定にいわゆる「一般消費者及び関連事業者の利益」とは法律上保護された利益に該当しない事実上の利益ないし一般的利益をも含むものであるから，この規定があることによって「一般消費者」や「関連事業者」が公正競争規約認定処分により侵害され又は侵害されるおそれのある権利又は法律上保護された利益を有するとすることはできない。したがって，原告ジャパンヘルスが同号にいう関連事業者に該当するというだけでは，同原告が本件規約の認定に対し不服申立の資格を有すると認めることはできない。

この点に関連して，原告ジャパンヘルスは，被告が本件規約を認定したことは，それによる表示基準を当該業界の正常な商慣習と認めたことになり，それが当然景品表示法の解釈，運用にも影響を及ぼし，同法４条１，２号の規定の解釈基準とされ，また，同条第３号に基づく指定の内容に取り入れられることになるのであって，その結果，例えば，同原告がローヤルゼリー商品の外箱に健康食品シールを貼付して販売した場合には，同法４条の規定に違反するとして，同法６条１項の排除命令が発せられることになるのであるから，同原告は本件規約の認定により法律上の利益を害されることになると主張する。しかし，本件規約は同規約所定の「事業者」であってこれに加入したものに対してのみ一定の義務を課するものであるから，仮に同規約に参加する資格を有しない関連事業者が本件規約に違反する行為，特に，同原告が主張するように「健康食品」の表示をしたとしても，それが本件規約に違反することになるものでないことはもちろん，被告が本件規約を認定したとの一事によって本件規約の表示基準が直ちに当該業界の正常な商慣習となるものではないから，少なくとも右行為が本件規約に違反するというだけの理由ではその行為が当然同法４条に違反するものとして同法６条１項の排除命令の対象となるということはできない。

18　景品表示法７条２項の立法趣旨（東京高判平成22年11月26日〔ミュー㈱審決取消請求事件〕）

景品表示法４条２項（現７条２項）が新設されたのは，従前は，公正取引委員会が，表示が実際のものよりも著しく優良であると示すものかどうかを調査して実証しなければならず，判断が下されるまで多大な時間を要していたことについて，表示に対する消費者意識の高まりを受け，立証責任を事業者に転換し，表示が実際のものよりも著しく優良であることを示すものでないことを事業者が立証しなければならないとしたのである。

すなわち，当該商品に付された表示に沿った効果・性能を有しない商品が販売されると，公正な競争を阻害し，一般消費者の利益を損なうおそれが強いが，他方，公正取引委員会が表示に沿った効果・性能を立証するためには，専門機関による調査，鑑定等に多大な時間を要し，その間も当該商品が販売され続け，一般消費者の被害が拡大するおそれがあることに鑑み，迅速・適正な審査を行い，速やかに処分を行うことにより公正な競争を確保し，これにより一般消費者の被害の拡大を防いで，一般消費者の表示に対する信頼を保護し，その利益を保護しようとするものである。

19　景品表示法7条2項で提出する資料の意義（東京高判平成22年11月26日〔ミュー㈱審決取消請求事件〕）

当該表示の裏付けとなる合理的な根拠を示す資料とは，商品が表示に沿った効果・性能を有することを客観的に実証する資料であり，具体的には，結果の妥当性を担保できる適切な方法で実施された試験・調査によって得られた結果又は当該商品が当該効果・性能を有することを示した専門家等の見解等であって，当該専門分野で一般的に認められているものということになる。

第9章

重要な命令・警告35

景品表示法は，特定の業種の事業者を規制する法律ではないので，過去の命令事案・警告事案においては，多業種が対象となっている。

実務担当者には，自社と同種あるいは類似業種の事例が参考になると思われるが，他業種の事業者の命令・警告事案も，業種を超えて参考になると思われるものが存在する。

本章では，過去の景品表示法の措置命令・排除命令・警告事案のうち，実務上の参考となると思われる35事案について，いくつかの類型に分類して紹介する。

1　不当表示か微妙な事案

景品表示法における過去の警告事案・命令事案においては，当該事業者が故意に不当表示を行ったとは必ずしもいえないように思われる事案も多く見られる。すなわち，関連事業者との連絡が不十分であったり，景品表示法以外の法律に対する誤解に基づいて，不当表示を継続してしまったような事案である。

①　平成16年11月19日　㈱山田鶏卵・㈲米の野田屋警告事件〔17〕

〔事案の概要〕

「電子米」（山田鶏卵），「イオンチャージ米」（野田屋）と称する精米について，「お米に電子（イオン）を供給する事によって米の中に含まれている農薬や化学物質を中和する事ができます。」（野田屋）等と，精米にマイナスイオンが供給されることにより，残留農薬の影響が除去される旨の表示を行っていたが，実際にはそのような効果は認められなかったという事案。

〔解説〕

２社は，電子を供給するための電子発生装置（電極に100ボルトの電圧をかけて空気中にマイナス電荷を帯びた粒子を発生させるもの）をメーカーから購入し，精米の過程で電子（イオン）を供給したものを販売していた。当該装置メーカーは，当該装置により，米の農薬・化学物質が除去できるとの説明を行っていた。その後，メーカー自身が上記の根拠を有していないことを購入業者に説明し，農薬や化学物質の影響が取り除かれているものであるかのように表示することを中止するよう求めていたが，要請が十分に伝わらず，２社の表示が是正されなかった経緯がある，との指摘がある[1)]。

上記事情に徴すると，警告を受けた２社に同情すべき点もあるように思われるが，平成11年度において，36名の事業者に対して，残留農薬除去米の不当表示について警告が発せられたことがあり[2)]，業界内で自浄作用が発揮されなかった例ということもできる。

②　平成17年７月11日　奥順㈱ほか９社警告事件〔27〕

〔事案の概要〕

商品本体に，「重要無形文化財指定」と記載された品質表示ラベルを貼付することにより，あたかも，当該結城紬が重要無形文化財の指定要件を満たすものであるかのように表示していた事例であるが，実際は「結城紬」の３要件（①使用する糸はすべて真綿より手つむぎしたものとし，強撚糸を使用しないこと，②絣（かすり）模様を付ける場合は，手くびりによること，③地機（じはた）で織ること），を満たしていなかった事案である。

〔解説〕

「重要無形文化財」指定がされた「結城紬」という絹織物についての警告事案である。

「重要無形文化財」（文化財保護法に基づいて，文部科学大臣が指定）という，民間団体ではなく国が定めた基準は，消費者からの信頼が厚く，消費者に対する

１）岡田孝央・石澤由里子「株式会社山田鶏卵及び有限会社米の野田屋に対する警告について」公正取引658号57～58頁（2005年）。
２）前掲注１）及び後藤正和「最近の景品表示法違反事件の処理状況」公正取引597号74頁（2000年）。

吸引力が一層強く働くため，これを売りとして顧客を招く表示行為は厳しくチェックされるのが望ましい。また，本件は，昭和38年から当該不当表示が続いていた，非常に長期にわたる事例である。特定地域における特産品については，業界内での自浄作用が働きにくく，負の同調圧力が働き，不当表示が漫然と継続しやすい状況があるものと推測される。

また，本件で警告を受けた事業者は，3つの指定要件のうち，1つを満たせば重要無形文化財の指定を受けられるという誤った認識を有しており，ここに不当表示が続いた原因があったものと思われる[3)]。また，3つすべてを満たさないものについての不当表示を行った事業者はなく，このことが警告にとどまった背景としてあるとみられるという指摘がある[4)]。

③　平成17年12月7日　㈱ベルーナに対する警告事件〔35〕

〔事案の概要〕

通信販売事業者である同社が，カタログ等において，「マーメイドパール」と称する宝飾品について，「南洋オーストラリア産　マーメイドパール」と記載するとともに，「稀少性が増す大粒12mm真珠の逸品。和珠本真珠を超えたテリと輝き。」と記載することにより，あたかも，当該商品が，南洋のオーストラリア産の真珠であるかのように表示していたが，実際は人工の真珠であった事案。

〔解説〕

本件を利害関係者に伝える同社のIRニュースによれば，商品には「貝パール」であることを明記しており，貝パールが人造パールないし模造パールの俗称であることは公刊されている宝石辞典等の図書類においても明白で，景品表示法違反とは全く考えていなかった，としている[5)]。これによれば，業界内標準には一応従っていたという事案のようである。しかし，一般的に当該呼称が確立しているような商品であれば格別，一般の消費者からみて著しく優良と誤認し得る表示であれば，摘発の対象となるという好例である。また，特定の書籍

3）岡田哲也・長澤隆「結城紬の販売業者に対する警告等について」公正取引661号55頁（2005年）。

4）前掲注3）56頁。

5）「不当景品類及び不当表示防止法に基づく公正取引委員会の警告について」（平成17年12月8日付）http://ir.belluna.co.jp/ir/pdf/J/20051208pearlJ.pdf

に記載がある表現であっても，一般消費者から見て不当表示となる事があるのであり，仮に当該業界に属する事業者にのみ配布される書籍にしか記載のないような場合であれば，表示の正当性を主張することは一層困難になると思われる。

業界標準・慣行と一般消費者の認知との乖離が生じている場合には，消費者保護の観点からどう調和させるかという問題があるが，消費者保護という景品表示法の趣旨からは，一般消費者の認知を基準に当該表示が妥当か否かを判断すべきであろう。しかし，事業者の一員である表示等担当者が，一歩引いて消費者の視線に立って当該表示の適否を判断することは，極めて困難である。本件のような，業界内での慣行が確立している表現をリストアップして，弁護士など第三者のチェックを受けることも，不当表示防止のためには有用であろう。

④　平成18年２月28日　㈱ドン・キホーテに対する警告事件〔40〕

〔事案の概要〕

北海道内で頒布した新聞折り込みチラシ22万通において，GUCCI ブランドの鞄につき，販売のために準備していた数量は，13種類は各店舗１点，１種類は各店舗２点のみであり，販売数量が著しく限定されているにもかかわらず，その限定の内容が明瞭に記載されているとはいえないおそれのある表示を行っていた（「ドンキのグッチは並行輸入店最大級の品揃えです！」など）事案。

〔解説〕

多数の商品広告が掲載されたチラシ上の表示であり,「最大級の品揃え」は「種類が豊富」との意味と，「数量が豊富」との意味のどちらにも読める。仮に，各店舗１～２点の販売数量が，並行輸入店の同業他社と比して「最大級」であっても(すなわち，同業他社でも１～２点の販売数量にとどまるものであっても)，一般の消費者を基準にすれば，多数の在庫があるものと認識されてもやむをえないであろう。

本件は，22万通という多数の新聞折り込みチラシにおける表示であり，表示を目にし得る消費者の数からみても，各商品１～２点の品揃えをもって「最大級」と称するのは，所謂パフィングとして許される限度を超えるものと解される。仮に，頒布数がもっと小さければ，例えば，小規模商店街のごく狭い商圏において頒布したチラシにおける「○○町商店街最大級の品揃え」といった表

現であれば，別の考慮が可能であるだろう。

⑤　平成18年5月15日　㈱ユナイテッドアローズ審決事件（公正取引委員会審決）〔45〕

〔事案の概要〕

紳士服，婦人服及び雑貨等の企画販売を行う㈱ユナイテッドアローズは，輸入卸売業者八木通商㈱からイタリアの衣料品製造業社製のズボンを購入し，平成12年8月から平成16年7月ごろまで2,200着販売したこのズボンには「イタリア製」及び「MADE IN ITALY」と記載されたタグと，「イタリア製」と記載された下げ札が取り付けられていたが，実際にはルーマニアで縫製されたものであったという事案。

〔解説〕

平成16年11月24日付排除命令（平成16年（排）第23号〔18〕）に対する審決事件である。

ユナイテッドアローズ社は，原産国誤認及び不当表示が輸入業者である八木通商によるものであって，自社がそれらの表示主体の責任を負わないこと等を争ったが，審判は，ユナイテッドアローズが「本件商品の表示内容の決定に関与した者に該当することは明らかというべきであり，ユナイテッドアローズが八木通商の説明を信じて本件商品をイタリア製と誤認したことはその判断を左右しない」とした[6)]。

ユナイテッドアローズは，担当者が本件商品の取引開始時，原産国について確認した際，八木通商の担当者からイタリアに所在する工場に確認したとの回答を得たようである。ユナイテッドアローズは，「取引先の回答を信頼して表示を行ったにもかかわらず」表示主体としての責任を負担するものであるから，事業者にとっては，非常に厳しい判断とも思われる。ブランド洋品や，地域の特産物となっている食品の取引を行う際は，取引先担当者に漫然と口頭で質問するのみならず，資料付きの書面等の交付を求めるなどの工夫が必要になると思われる。

⑥　平成19年3月22日　㈱フェリシモに対する排除命令事件（平成19年（排）第9号）〔69〕

〔事案の概要〕

バッグ・プレート・サンダル・カバーを販売する通信事業者が，通信販売用カタログにおいて，合計4回にわたり，商品のコーティング又は素材に，環境や安全に配慮して塩素系樹脂を使用していないかのように表示していたが，実際には，塩素系樹脂を使用していた事案。

〔解説〕

環境や安全に配慮した旨表示する商品の不当表示に対し，排除命令を初めて行った事案，と指摘されている[7)]。1回当たりのカタログの発行部数も約121万～134万部と多数であり，このことも，消費者への影響が無視できないと判断されたものと推察される。

商品の製造を委託した国内の業者が，さらに中国の業者に製造委託しているところ，再委託先に「塩素系樹脂を使用しない」旨の指示が徹底されていなかったことが背景にある，とされている[8)]。一般に，中国など人件費が安価な海外に

6）馬場文「原産国誤認表示の行為者につき，「表示に関与」した販売業者をも含むとした事件」公正取引675号59頁（2007年）。

7）田邊陽一・大野貴也「株式会社フェリシモに対する排除命令について」公正取引680号38頁（2007年）。

8）前掲注7）。

生産拠点を移したり，孫請け業者が海外の業者であったりする企業は増加しているものと思われる。委託先の十全なコントロールは困難であることが多いが，再委託先となればさらに困難さは増す。このように，特定素材の使用あるいは不使用を当該商品のセールスポイントとして消費者に訴求する場合，商品開発計画の段階から，委託先等との意思疎通及びこれに対する統制が効くようにしておかねばならないと思われる。正当な表示が守られるには，全社及び関係他企業を通じての取り組みが必要である。

⑦　平成19年6月29日　㈱三恵精機ほか12社排除命令事件（平成19年（排）第20～31号）〔77〕

〔事案の概要〕

浴室用洗桶･台所用洗桶（イオン桶）などの商品について，「銀イオンの飛散･拡散効果でカビ・ヌメリの発生を抑制しいつもきれいな浴室を保ちます」と，同裏面に「『銀イオンの効果』により浴室に繁殖する『雑菌とカビ』を抑制する商品です」(㈱三恵精機の表示)等と，当該商品から発生する銀イオンにより浴室内のカビや細菌の発生を抑制するかのように示す表示をしていたが，各社が期限内に提出した資料はいずれも表示の合理的根拠を示すものとは認められず，優良誤認表示とされた事案である。

〔解説〕

不実証広告事案において，提出された資料の統計的合理性が否定された事例である。

本件では，いずれも浴室用の洗桶等を使用するだけあるいは置いておくだけで,カビや細菌の抑制効果があることをうたっていたものであったが,実験データは「①置くだけ②使うだけ（又は使うことによって）③汲んだ水をかけることによって」のいずれかの方法により，浴室又は台所シンクのカビや細菌の発生を抑制する効果を実証したものは皆無であった[9)]。また，提出されたアンケート・モニター調査結果は，対象の人数が少ない，社員などの利害関係人が含まれている，使用環境が統一されていない，使用方法が不明などの問題があり，

9）光井徳子「浴室用洗桶及び台所用洗桶の製造販売業者及び通信販売業者13社に対する排除命令について」公正取引686号69頁（2007年）。

統計的合理性が認められないものであった[10]。

合理的な根拠の判断基準としての二つの要件である「提出資料が客観的に実証された内容のものであること」と「表示された効果，性能と提出資料によって実証された内容が適切に対応していること」について，その「客観性」と「適切性」はどう決められるのかを分析する必要があるが，統計的合理性を確保できるよう，一定以上の対象人数を確保すべきである。また，社員などの利害関係人が含まれている場合，統計の客観性に疑問が生ずることとなるので，社員以外のモニターの協力を仰げる体制が必要となる。

⑧　平成20年２月６日　エヌアンドエス㈱ほか６社（平成20年（排）第１～７号）〔93〕

〔事案の概要〕

納豆菌の効用により，防カビ効果があることを標榜した表示をした家庭用品について，提出した資料が合理的根拠を示すものとは認められなかった不実証広告の事案である。

〔解説〕

７社から提出された資料には，表示された効果が発現するために十分な量の納豆菌同属菌が本件商品から飛散することを実証するものはなかったとのことである。

また，７社のうち一部の事業者からアンケート・モニター調査結果等の資料が提出されたが，これらは，社員などの利害関係人が含まれている，使用環境が統一されていない等の問題があり，「統計的に客観性が十分に確保されている」ものとは認められないものであった[11]。カビの付着防止については，社員によるモニター調査よりも，（外部の実験実施業者などにおいての）客観的な実験の施行結果を得る方が，表示の合理的根拠としての適性があったように思われる。

10）前掲注９）。

11）吉留宏樹「カビの防止等を標榜する商品の製造販売業者７社に対する排除命令について」公正取引691号63頁（2008年）。

⑨　平成20年6月17日　ハウス食品㈱に対する排除命令事件（平成20年（排）第40号）〔105〕

〔事案の概要〕

「六甲のおいしい水」と称する容量2リットルのミネラルウォーター商品について，「花崗岩に磨かれたおいしい水　六甲山系は花崗岩質で，そこに降った雨は，地中深くしみ込み，幾層にも分かれた地質の割れ目を通っていく間に花崗岩内のミネラル分を溶かし込み，長い時を経て，口当たりの良い，自然なまろやかさが生きている良質の水になります。」と記載していた事案。

〔解説〕

同社は，六甲山系の地下水を取水している認識を有していたものであるが，同社の六甲工場は，六甲山系の花崗岩層から西に7キロ離れており，花崗岩層との間に水を通しにくい層があることから，六甲山系の花崗岩に触れた地下水が同工場に流れ込んでいるとは考えられないと判断したようである，との指摘がある[12)]。取水地が六甲山系であり，六甲山系が花崗岩質であるのは事実であ

12）伊従寛・矢部丈太郎編『広告表示規制法』（青林書院，2009年）492頁。

るが，当該飲料水が「花崗岩の割れ目を通った当該花崗岩のミネラル水が溶けこんだ水」であることの証明は困難であると思われる。

ただ，記載された表示部分はペットボトルの側面で，また，表示された文字のポイントも小さいものであり，実際，一般消費者の購買に影響を与えたかは疑問が残るところである。

⑩　平成20年６月18日　㈱エイブル排除命令事件（平成20年（排）第41号）〔106〕

〔事案の概要〕

賃貸媒介事業者が，優良誤認表示（例：駅から徒歩26分を要する場所に所在する物件を「徒歩16分」と表示，1979年築造の物件を1996年築造であるかのように表示など）及びおとり広告（存在しない物件を表示，及び既に賃貸借契約成立済みの物件を表示）を行っていたという事案である。

〔解説〕

「不動産のおとり広告に関する表示」及び「『不動産のおとり広告に関する表示』等の運用基準」は，いずれも30年前に制定されたものなので，新形態の商取引（例えば，不動産業者のサイト上のサーチ機能による消費者の誘引）に対応できるのか疑問がある。こうした運用基準は，改訂されるものも多いが，近年の電子商取引の発達などに徴して，漫然と運用基準にしたがうのみならず，消費者からの苦情や意見を参考にしつつ，常に見直しを行うことが必要であろう。

⑪　平成20年12月５日　㈱ポッカコーポレーション排除命令事件（平成20年（排）第48号）〔115〕

〔事案の概要〕

「ポッカレモン100」，「ポッカ焼酎用レモン」と称する飲料の容器に，「レモンを収穫後すぐに搾汁するので，収穫後防カビ剤（ポストハーベスト）は使用しておりません。」と記載していたが，実際には，原材料のレモン果実はポストハーベストが使用されているものであったという事案である。

〔解説〕

ポッカコーポレーションは，本件表示を開始した平成11年３月以降，概ね年に１回程度ポッカレモン100など又は当該原料について外部検査を行っていたが，平成18年にはイマザリル（注：イマザリル＝防カビ等を目的に収穫後の農産物に使用する農薬（ポストハーベスト）の一つとされる農薬）が微量検出され，平成19

年の検査においても同様にイマザリルが検出されていたにもかかわらず，検出量が食品衛生法において認められる基準内であったため，当該商品の安全性に特段の問題はないと考え，本件表示を継続していた，という指摘がある[13]。

しかし，食品の安全性や健康等に対する消費者の関心が高まっている今般において，実際に検査で微量ながらもポストハーベストが検出されていたにもかかわらず，「使用しておりません」という，ポストハーベストを一切使用していないとの表示を行った以上，不当表示とされるのはやむを得ないと思われる。

⑫　平成21年8月7日　西日本旅客鉄道㈱排除命令事件（平成21年（排）第29号）〔137〕

〔事案の概要〕

「西日本パス」という割引きっぷに関する事案。モデルコースとして記載された鳥取～大阪間を特急乗車する場合，途中智頭急行（JRとは別会社の第三セクターの鉄道路線）通過部分の料金が別にかかること等を明確に表示していなかった等の事案である。

〔解説〕

本件は，鉄道事業者による割引乗車券の表示に関する初めての排除命令事案である。

対象商品は2日間用12,000円，3日間用18,000円という非常に割安な乗車券であり，このような割引乗車券については，定められた路線内を別途の費用を負担することなく自由に乗降できることが利用者にとって大きなメリットであると考えられ，そのような割引乗車券と認識される西日本パスについて，パンフレットに記載された路線に使用する場合であっても，別途の費用を負担することが必要となるものであったことから，有利誤認規定が適用されたと考えられる[14]。

また，本件においては，一般消費者の誤認排除のための措置及び再発防止措置が十分に講じられていなかった，と指摘されている[15]。表示された当該モデ

13）池内裕司・種田涼子「株式会社ポッカコーポレーションに対する排除命令について」公正取引702号65頁（2009年）。

14）田邊陽一・東宗志「西日本旅客鉄道株式会社に対する排除命令について」公正取引712号68頁（2010年）。

15）前掲注14）68頁。

ルコース（大阪～鳥取間）を特急乗車する場合，西日本旅客鉄道㈱とは別会社が運営する会社の路線上を通過する（なお，特に乗換等の手続は要しない）。したがって，別会社の路線を通過する際，別途料金（運賃1,260円及び指定席料金510円）の徴収は当然であり，このことを別段表示しなくても良い，と事業者は判断したものと推察される。

しかし，事業者にとっては当然であっても，料金体系等についての知識が必ずしも十分ではない一般消費者には，当然とまでは感じられないのであり，追加料金が必要であることを記載しなかったことは妥当でない。特に，広範なエリアを自由に乗り降りできる当該商品の案内パンフレットにおいて，あえて「モデルコース」の一つとして挙げた区間について，当該商品以外の追加料金が必要である旨の記載をしなかったのは不当表示とされてもやむを得ないであろう。

⑬　平成22年３月25日　㈱ボンシック措置命令事件（消表対第82号）〔144〕

〔事案の概要〕

「NYX」の商標を付した化粧品及び化粧雑貨21品目について，商品の貼付したラベルにおいて「アメリカ製」という表示をしていたが，実際には，当該商品の原産国又は原産地は，中国・台湾・フランス・ドイツ・韓国であった，という事案。

〔解説〕

対象となった21品目のうち，18品目は韓国・中国・台湾製であったが，原産国・原産地がフランス・ドイツなどの商品についても「アメリカ製」という表示をしていたことをもって，措置命令を受けた事案である。原産地表示を偽れば，ほぼ確実に不当表示となるのであって，それがどの国のものであるかは問わないことを示す事案であるといえる。

ちなみに，「NYX」との商標は，古代ギリシアの女神「ニュクス」に由来するものである。ラベルにおけるアメリカ製との記載は目立たないものであったが，「NYX」との商標と「アメリカ製」との表示とあいまって，消費者にはアメリカのニューヨーク市発のブランドを連想させ得るものでもあり，不当表示とされるのはやむを得ないであろう。

⑭　平成23年３月24日　㈱ユナイテッドアローズ措置命令事件（消表対第157号）〔163〕

〔事案の概要〕

衣料品等の小売事業者が，Ｔシャツ・バングル・ブックマーカー・バッグ・ジャケットなど合計38商品のうち37商品について実際の原産国と異なる表示を行い，１商品については原産国が判別できない表示を行っていたという事案。

〔解説〕

命令の対象となった衣類には，日本製を中国製と表記したものもある。一般の消費者の感覚として，中国製よりも日本製の商品の方が，生産管理等の面で信頼を置くことができ，喜ばれる傾向に「あるとも言い得る」が，その逆の表示を行っても，命令の対象となっているものであり，原産国告示事案については，事実と異なる表示が行われないよう，注意が必要である。

2　大規模事業者・小規模事業者の事案

小規模事業者に対しても命令・警告を行った事案は少なくない。消費者庁は，告発のあった事業者について，積極的に調査を行っていると推察される。

その一方で，有名な大企業が命令・警告を受けた事案も多く見られる。こうした企業が，表示上のコンプライアンスを軽視していたとは思われないが，多数の商品役務を扱う大企業が，自社のすべての表示についてチェックすることは必ずしも容易でないことを示していると考えられる。適正な表示を確保するための統制の難しさがうかがわれる。

⑮　平成18年７月13日　㈱やずやに対する排除命令事件（平成18年（排）第22号）〔51〕

〔事案の概要〕

カプセル状食品「熟成やずやの香醋」についての新聞折り込みチラシにおいて，「中国の『香醋（こうず）』には，日本の一般的な米酢の約10倍ものアミノ酸が含まれています。」「『熟成やずやの香醋』は，この香醋を約20倍に濃縮して，飲みやすいカプセルにしています」と記載していたが，カプセルの内容分は表示の５分の１程度にとどまるものであったという事案。

〔解説〕

当該商品にはやずやの主力商品であるとの指摘，やずやは同様の健康食品についての先発業者であるとの指摘，及び，健康食品の通信販売業者として売上高が上位に位置する事業者による不当表示事件であり，影響は極めて大きい，との指摘がされている[1]。

⑯　平成18年12月14日　㈱笹乃屋ほか排除命令事件（平成18年（排）第33～36号）〔62〕

〔事案の概要〕

有名温泉地である草津温泉にて販売されていた入浴剤の包装袋に，同温泉の「湯の花」を成分に含む旨表示されていたが，実際には草津温泉で採取された湯の花は原材料に用いられていなかったという事案。

〔解説〕

観光土産品についての表示を対象とした排除命令事案であり，各事業者の規模はそれほど大きくないものと推測される。しかし，湯の花は，温泉地における土産品の定番であるが，実際に湯の花は全く使用されず誤認の程度が高く，草津は年間観光客数300万人と多くの観光客が訪れ影響が大きい，との指摘がされている[2]。命令の対象となるか否かにおいて，消費者への影響の大小が大きな要素となっていることが推測される。

地域産品については，翌年に沖縄県のガラス工芸品について排除命令がなされているが(平成19年６月18日排除命令)，地域ブランドとして，地域の産品に注目が集まっており，このような状況の下，本件のように，表示に対する信頼を損なう行為は，沖縄県の観光土産品全体の信頼低下につながるものであるとの指摘がなされている[3]。

１）鶴成昌昭・牟田名月「株式会社やずやに対する排除命令について」公正取引673号81頁(2006年)。

２）栗洲宣之「草津温泉地区における入浴剤販売業者４社に対する排除命令について」公正取引677号62頁（2007年)。

３）昼間政行・石橋毅「琉球ガラス工芸協業組合他２名に対する排除命令について」公正取引685号78頁（2007年)。

⑰　平成19年1月25日　日本郵政公社排除命令事件（平成19年（排）第1号）〔64〕

〔事案の概要〕

一般小包郵便物（「ゆうパック」）の配達役務に関して，コンビニエンスストア店頭で配布したリーフレットにおいて，「ゆうパックは，翌日配達!!」，「人口カバー率84.5%」，「明日届けたい！に応えます。広いエリアへ翌日配達。もっと，あなたに！」等々と，あたかも，北海道内で引き受けたゆうパックが，全国の大部分の地域に引受けの翌日に配達できるかのように示す表示をしていたが，実際には，翌日に配達できる地域はごくわずかな地域に限られるものであった。

〔解説〕

公社を対象とした初めての排除命令事案である。

本件は，主に北海道における配送に関するものであるが，全国展開している事業者の場合，特定の地域の役務（あるいは商品）に関する表示について，合理的根拠があるか本社管理部門が直接確認を行うには困難が伴うことが考えられる。事業者が講ずべき景品類の提供及び表示の管理上の措置についての指針（平成26年11月14日内閣府告示第276号）は，事業者は，表示等に関する事項を適正に管理するため，表示等管理担当者をあらかじめ定めることを事業者に求めているが，このような場合に備え，各地方支社・営業所に表示等担当者を設置するか，問題となる各地方支社や営業所の表示に関して本社の表示等担当者が合理的根拠となる資料を求める体制にしておくかは，重要な検討課題になると思われる。

⑱　平成19年3月28日　㈱新生銀行排除命令事件（平成19年（排）第11号）〔71〕

〔事案の概要〕

「パワード定期プラス」と称する定期預金の取引に関して当該預金については，例えば年3.19%（税引前）という一つの金利のみが適用されるかのように表示していたが，実際には，表示された金利より低い金利が適用される場合もあったという事案。

〔解説〕

銀行に対する初めての排除命令事案である。警告は過去3件（平成16年5月28日に2社，平成18年8月8日に1社）あった。金融機関（保険含む）に対しては日本生命保険相互会社（平成15年５月９日）以来２件目の事案である。

金融業は，規制緩和により金融商品が多様化する等の事情を背景に，消費者の関心が高まっている一方で，いまだ金融商品の広告や説明書の内容がわかりづらく，消費者トラブルも増加する傾向にあり，こうした現状を受け，公正取引委員会（当時）は金融業についても積極的に監視を行っていると指摘されている[4)]。

金融機関に関しては，金融商品取引法や，銀行法などの事業法が厳しく規制しているが，そうした規制事業においても，景品表示法に基づく命令事案が発生することを示している。

各種事業法を順守する一方で，景品表示法の規制に抵触してしまうというのが，不当表示事例においてしばしば目につくパターンである。表示等担当者には，規制する側（各担当官庁，利益団体）ではなく，規制によって守られる一般消費者の立場に立って，各表示の適正を検討する姿勢が求められる。

⑲　平成20年４月25日　王子製紙㈱ほか７社排除命令事件（平成20年（排）第28～36号）〔99〕

〔事案の概要〕

各社が製造販売していたコピー紙について，「古紙100％」及び「古紙100％再生紙」（王子製紙の表示）等と，あたかも，当該商品の原材料に古紙パルプが100％（一部事業者は70％）用いられているかのように示す表示をしていたが，実際には，原材料に用いられた古紙パルプの割合は表示を下回るものであったという事案。

〔解説〕

「再生紙偽装問題」として世間の耳目を集めた事案であり，８社は，いずれも製紙業界では最大手から中堅に位置付けられる企業であった。

商品のスペックのうち，白色度や強度などはユーザーにも判別が比較的容易であり，クレームの対象になりやすいのに対して，古紙配合率は実際にどの程度の古紙パルプが用いられているかの検証が一般消費者には事実上不可能であ

４）香城尚子「株式会社新生銀行に対する排除命令について」公正取引680号59頁以下（2007年）。

り，表示の真実性を判別することが困難であることも，本件の発生原因の一つとして指摘されている[5]。

⑳　平成20年10月15日　九州電力㈱排除命令事件（平成20年（排）第47号）〔114〕

〔事案の概要〕

「電化 de ナイト」と称する電気料金を適用する電気の取引に関して，「オール電化総合パンフレット」と題するパンフレットに挟み込んだリーフレットにおいて，あたかも，ガスを使用する住宅と比較して，「オール電化住宅」と称するすべての熱源を電気で賄う住宅の方が1年間で最大で約10万円得になるかのように，「オール電化住宅ローン」と称する融資制度を利用する場合には，30年間で約350万円得に，同融資を利用しない場合には，30年間で約300万円得になるかのように表示していた。しかし，実際には，オール電化住宅とするためには，自然冷媒ヒートポンプ式電気給湯器等及び電磁調理器といった他器具の購入費用や工事費用を別に要し，かつ，長期間にわたりオール電化住宅を使用するためには，これらの機器の買換えに伴う費用が必要であることを考慮すると，オール電化住宅の方が1年間で最大で約10万円又は30年間で約350万円若しくは約300万円得になるとはいえないものであった。

〔解説〕

電力会社に対する初めての排除命令である。一般電気事業は公益性が高く，九州地方における有力事業者である九州電力による不当表示は，一般消費者に対する影響力が大きいという指摘がある[6]。また，九州電力は，積極的に営業活動を行うことにより，オール電化住宅の普及を促進しており，本件排除命令前の平成19年度では，九州地域における新規着工住宅のオール電化採用率が5割を超えるなど，オール電化を採用する住宅が増加していた状況にあり，九州地区の全世帯に占めるオール電化住宅の割合は約7％と，全国平均の5％を上回っていた[7]。本件は，こうした状況を背景に，一般消費者が表示から正確な情

5）守本洋明・川本秀昭「製紙会社8社に対する排除命令について」公正取引695号62頁（2008年）。

6）齋藤隆明・藤吉尚樹「九州電力株式会社に対する排除命令について」公正取引702号62頁（2009年）。

7）前掲注6）62頁。

報を得てオール電化住宅の購入を決定できるよう，命令がされたものと推察される。

㉑　平成21年４月20日　日立アプライアンス㈱排除命令事件（平成21年（排）第24号）〔128〕

〔事案の概要〕

製造販売する電気冷蔵庫について，原材料に廃棄された電気冷蔵庫の棚などからリサイクルした樹脂を使用しており，また，心材の原材料に当該樹脂を使用することにより，リサイクルした樹脂を使用しない場合に比べて製造工程における排出する二酸化炭素の量を約48％削減しているかのように示す表示をしていたが，ほとんどの商品でリサイクル材を全く使用していなかった。また，中には，リサイクル材の採用により，製造工程で排出される二酸化炭素が約48％削減されたと表示した商品もあったが，実際には10数％であった。

〔解説〕

大型電気冷蔵庫市場の規模は2,000億円以上に上るといわれ（平成20年度），同市場でトップクラスのシェアを占める企業が行った不当表示事案である。

本件の背景として，日立アプライアンスは，当該断熱材を開発する部署，電気冷蔵庫９型式の企画をする部署及び本件表示を作製した部署の間の連絡が十分でなかったとしている[8)]。

大企業における商品開発，製造，販売には多くの部署及び従業員が関わることとなるが，複数関連部署間の連絡連携を密に行い，正しい表示に反映することが不可欠である。特に，本件は近年のエコロジー意識の高まりを受けて，リサイクル素材使用や二酸化炭素排出量減量を消費者に訴求する製品の事案であり，こうした訴求点については，くれぐれも不当表示が行われないよう，綿密な確認が実施されなければならない。

８）多田修・田中修・鈴村達矢「日立アプライアンス株式会社に対する排除命令について」公正取引705号71頁以下（2009年）。

㉒　平成21年11月10日　㈱ファミリーマート措置命令事件（消表対第47号）〔139〕

〔事案の概要〕

コンビニエンスストアで販売していた「カリーチキン南蛮」と称するおにぎりについて，「国産鶏肉使用」と記載することにより，あたかも，当該おにぎりの原材料に我が国で肥育された鶏の肉を用いているかのように示す表示をしていたが，実際には原材料にブラジル連邦共和国で肥育された鶏の肉を用いていた事案。

〔解説〕

我が国最大級のコンビニエンスストアチェーンの商品が措置命令の対象となったものである。対象商品であるおにぎりは，㈱ファミリーマートが独自に企画開発した，いわゆるプライベートブランドの商品であった。本件不当表示の経緯として，ファミリーマートは，当初は国産の鶏肉を用いた試作品を作るなどして開発を進めていたものの，開発過程でブラジル産の鶏肉に変更していた。しかし，当該鶏肉の原産地確認を怠り，ブラジル産の鶏肉に変更されたことに気付くことなく，当該おにぎりのレシピ，原材料，国産鶏肉使用を訴求した本件表示内容を決定し，供給していたものであり，本件不当表示は，ファミリーマートの不注意に起因していたと厳しく指摘されている[9]。

日立アプライアンス事件と同様に，プライベートブランド商品の企画･開発･販売等の過程には，多くの部署及び関係者がかかわることとなるため，各部署の間での正確な情報共有が正当な表示には不可欠であると思われる。

㉓　平成25年５月21日　ＫＤＤＩ㈱措置命令事件（消表対第253号）〔206〕

〔事案の概要〕

「au 4g LTE」と称する移動体通信サービスについて，ウェブサイト及びカタログにおいて，「受信時最大75Mbps，送信時最大25Mbpsの光ファイバーなみのスピードで快適データ通信!!」，「サービス開始時より全国主要都市をカバー。2012年度末には実人口カバー率約96％に一気にエリア拡大。広いエリアで使え

9）川木秀昭・岡田朋幸「株式会社ファミリーマートに対する措置命令について」公正取引713号64頁（2010年）。

る。」等々と，あたかも広範囲において高速通信サービスの提供が受けられるかのように表示していたが，実際には，対象役務の提供を開始した時点において，そのようなサービスを受けられるエリアは限定されていた。

〔解説〕

KDDI㈱は，平成24年11月16日にも措置命令（優良誤認）を受けているが，それに引き続いて発生したのが本件である。一般消費者が移動体通信事業者を選択する上で，通信速度及びサービス提供エリアは，極めて重要な要素になっているにもかかわらず，それに関する不当表示が続いているという指摘がある[10]。通信業界のような業界の専門用語が一般消費者にとっては難解な分野においては，一般消費者に誤認される可能性が高く，事業者は注意が必要である。

また，電気通信事業分野においては，電気通信4団体で構成する電気通信サービス向上推進委員会の自主基準が設けられているにもかかわらず，景品表示法に基づく措置命令が続いている状況に鑑みれば，通信事業者各社の自主的な取り組みだけでは必ずしも十分とはいえず，公正競争規約制度を活用するのも一案であろうとの指摘もある[11]。

通信事業者に対しては，平成18年12月12日に，ソフトバンクモバイル㈱，KDDI㈱，㈱エヌ・ティ・ティ・ドコモの大手3社が料金表示について注意・警告を受けている。その際も，携帯電話事業者間の競争が活発化しており，携帯電話役務の広告が頻繁に行われるようになっている背景の下，携帯電話役務の料金体系は複雑でわかりにくいという消費者からの意見が多く見受けられるとの指摘[12]，国民の必需品ともいえる携帯電話について国民の関心は高く，警告等を契機として景品表示法上の公正競争規約制度の活用も含め，表示の適正化に向けた取り組みが期待される，との提言がなされている[13]。それにもかかわらず，平成19年11月には2社に警告（料金表示），平成20年3月には2社に排除命令（接続手数料に係る表示），平成20年7月には2社に排除命令（IPネットワー

10）関口岳文「KDDI株式会社に対する措置命令について」公正取引761号57頁（2014年）。

11）前掲注10）57頁。

12）金子智門・藤原久士・鈴木一弘「携帯電話事業者3社に対する警告等について」公正取引676号64頁以下（2007年）。

13）前掲注12）64頁。

ク技術を利用した音声電話の通話料表示），平成20年９月には１社に警告（携帯電話の料金表示），と命令事例が相次いでいる。

3　打消し表示とは認められなかった事例

打消し表示とは，一般消費者が強調表示からは通常は予期できない事項であって，一般消費者が商品・サービスを選択するに当たって重要な考慮要素となるものの表示をいう。過去の命令事案では，事業者としては打消し表示を伴う表示を行っているとの意図を有していると思われる事案も存在するので，それらを紹介する。

㉔　平成16年10月４日　㈱タカチホ及び㈱札幌グルメフーズ排除命令事件（平成16年（排）第17号）〔15〕

〔事案の概要〕

「さくらんぼグミ」と称する菓子の包装箱に，「さくらんぼ果汁100％」と表示していたが，実際にはりんご果汁を用いていたという事案。

〔解説〕

遅くとも平成15年２月ころから平成16年１月ころまでの間，さくらんぼグミの包装箱の右側面に加工食品品質表示基準に基づく一括表示事項として記載する原材料名として「濃縮りんご果汁」と記載されていたが，当該表示は，前記「山形特産　さくらんぼ　果汁100％グミ」の表示と同一視野に入る箇所にされたものではなく，かつ，同表示と比して小さな文字によるものであって，見やすく記載されたものではなかった。

「山形特産さくらんぼ果汁100％グミ」の表示が，容器前面等にさくらんぼの

写真とともに大きく強調されて表示されているのに対して，一括表示は包装箱の右面に小さなポイントで記載されているにすぎない。また，さくらんぼの銘柄である佐藤錦を連想させる「サトウニシキ果汁使用」との表示は，りんご果汁しか用いていない実際とは両立せず，矛盾する表示がなされている。

こうした事情からは，一括表示事項にりんご果汁使用の旨の表示がされていても，不当表示とせざるを得ないであろう。

㉕　平成18年５月19日　㈱サンマークライフクリエーション・㈱オーエムエムジーに対する排除命令（平成18年（排）第17～18号）〔46〕

〔事案の概要〕

（㈱サンマークライフクリエーション）

①「会員数38,015人　全国ネットワーク「明るい幸せな家庭環境づくりに奉仕する」サンマリエです。」②「2005年１月から９月実績」として「成婚者数3,478人」などと表示していたが，実際の会員数・成婚者数は表示より僅少なものであった。

（㈱オーエムエムジー）

「あなたと結婚したい人がいます。」，「13万人ものしあわせの声は，オーネットが選ばれる理由です。」，「オーネットで成婚された方は延べ133,076人※１」，「ひとり一人の真剣な思いをつないで，たくさんのしあわせが生まれました。これは，私たちがあなたへ語ることのできる信頼の証です。」と記載するとともに，「※１：オーネット会員の成婚退会者数（1989年～2004年/会員外成婚者含む）」等と新聞広告・雑誌広告に記載していたが，成婚者数として表示した133,076人又は13万人は，会員との結婚又は婚約を理由に退会した会員65,238人に，当該サービスを通じて成婚したものとはいえない会員外の者との結婚又は婚約を理由に退会した会員67,838人を加えていたものだった。

〔解説〕

結婚相手紹介サービスについての初めての排除命令事案である。

㈱サンマークライフクリエーション社の「（外部成婚含む）」との記載では，表示された「成婚者数3,478人」にサンマリエ会員外の者との結婚又は婚約を理由に退会したサンマリエ会員が約1,600人も含まれていることを認識するのは困難である。㈱オーエムエムジーも，「会員外成婚者含む」と表示はしていた

	㈱サンマークライフクリエーション	㈱オーエムエムジー
表　示	「2005年１月から９月実績」として「成婚者数3,478人」	オーネットで成婚された方は延べ133,076人
注　記	「(外部成婚含む)」	「オーネット会員の成婚退会者数(1989年〜2004年/会員外成婚者含む)」
実　際	上記3,478人には，会員外の者との結婚又は婚約を理由に退会した会員約1,600人も含まれていた。	会員との結婚又は婚約を理由に退会した会員は65,238人であった。会員外の者との結婚又は婚約を理由に退会した会員は67,838人であった。

が，当該サービスを通じて成婚したとはいえないものの方が，会員との結婚又は婚約を理由に退会した者よりも多かった。「外部成婚含む」「会員外成婚者含む」と付記しておきながら排除命令の対象となってしまったのは同社に酷なようにも思われるが，3,478人，133,076人という具体的成婚者数を表示して顧客を誘引しているのだから，単なる「外部成婚含む」「会員外成婚者含む」という表示では，打消し表示としては足りないと判断されたのではないかと推察される。

また，サンマーク社は同時に実際には20,538人だった会員数を38,015人とも表示しており，自社の事業の規模を実際より大きく表示しようという意図が全体的に強く見られた事案でもあった。こうした事案で，表示した数字を誤表示等と抗弁することは困難であると思われる。

さらに，２社が会員から徴収する費用は，標準的コースで２年間30万円以上と高額であり，会員はこのような費用を負担して結婚相手を真剣に探そうとしている人であるとの指摘がある[1)]。こうした商品役務の対価や，表示から情報を得る者の属性も，不当表示の違法性の重要な判断ファクターといえるだろう。

1）岩堀吉一・西上達也「結婚相手紹介サービスを営む事業者に対する排除命令について」公正取引674号61頁（2006年）。

㉖　平成19年3月26日　㈱ろすまりん排除命令事件（平成19年（排）第10号）〔70〕

〔事案の概要〕

「りんごの森のチョコレート」及び「ブルーベリー畑のチョコレート」と称する食品について，「大地の恵みで真っ赤に育った天然果汁が美味しいりんごのチョコレートです」あるいは「大地の恵みで豊かに実った天然果汁が美味しいブルーベリーのチョコレートです」等々と記載することにより，あたかも，当該商品の原材料として，ブルーベリーやりんごの果肉又は果汁を使用しているかのように表示していたが，実際には，りんごやブルーベリーの香料を使用していたにすぎないものであった。

〔解説〕

当該商品の包装箱の裏面には，JAS法に基づく農林水産省告示により加工食品について表示すべき事項等を定めた「加工食品品質表示基準」に基づき，一括表示事項として「原材料名」欄に「香料（りんご）」「香料（ブルーベリー）」と記載されていたが[2)]，打消し表示とまでは認定されず，排除命令の対象となったものである。

このように他業法等の規定やガイドライン等を遵守している場合に，一般消費者の視点から不当表示に当たると社内で判断することには困難を伴う。表示等担当者は，細心の注意とともに，一般的消費者の視点で当該表示を検討することが求められる。

㉗　平成22年10月13日　㈱大藤措置命令事件（消表対第379号）〔151〕

〔事案の概要〕

対象商品の焼き菓子に「あきたこまち米使用純米クッキー」「コシヒカリ純米クッキー」と表示していたが，主原料は小麦粉であり，米については，「あきたこまち」と称する品種の米穀の粉末及び「こしひかり」と称する品種の米穀の粉末が極めて少量しか使用されていないものであった。

2）後藤正和・山本浩志「株式会社ろすまりんに対する排除命令について」公正取引681号73頁（2007年）。

「りんごの森のチョコレート」の包装箱の表示（㉖事件）

表面

裏面

一括表示事項拡大

名称	チョコレート		
品名	りんごの森のチョコレート		
原材料名	砂糖、全粉乳(乳由来)、ココアバター、植物性油脂(大豆由来)、乳糖(乳由来)、乳化剤(大豆由来)、香料(りんご)、着色料(ビートレッド)		
内容量	8個	賞味期限	欄外右下記載
保存方法	直射日光、高温多湿をおさけください		
販売者	欄外右下記載		

（←部分に「香料（りんご）」とある）

〔解説〕

一括表示欄には，あきたこまちの粉末及びコシヒカリの粉末は食塩の次に記載されており，微量しか使用されていないことが認識できるが，商品表面に強調された「純米」という表示を打ち消しているとはいえない，という指摘がある[3)]。

この事案も，食品において，一応の成分表示がされていた事案であるが，本件商品の包装においては「純米クッキー」との表示がひときわ大きく，田で見られるかかしのイラストがプリントされており，米を原材料とする商品であるかのような印象を強く与えるものであり，目立たない成分の一括表示では打消し表示として足りないとされたものと解される。

また，本件は，東京都荒川区所在の事業者である㈱大藤が，秋田県・新潟県の「御当地品」として売り出すために，菓子製造業者にコメを使用した商品の

商品包装紙の表面の表示（㉗事件）

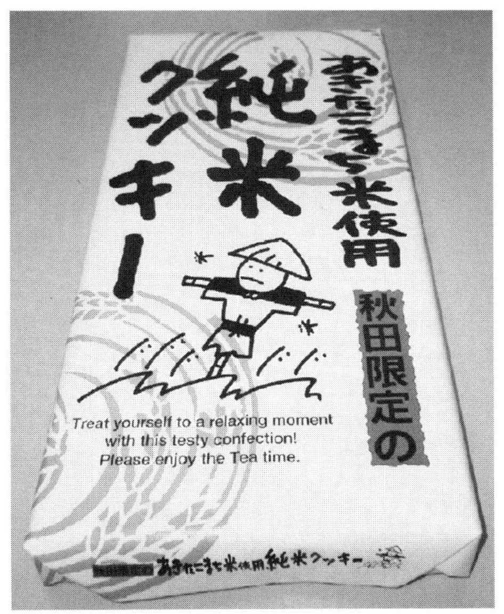

3）曾田奈津・武田晃司「株式会社大藤に対する措置命令について」公正取引724号111頁（2011年）。

製造を委託し，商品名に「純米」という名称を付けることを企画し，（商品の一括表示欄に販売者として記載されていた）Ａ社及びＢ社に販売を提案していたことが判明している[4)]。「あきたこまち」及び「コシヒカリ」は，いわゆる地域ブランド米として消費者から高評価を得ているものであるが，このような地域ブランド商品には，景品表示法の厳正な運用が重要な政策課題である旨の指摘もなされており[5)]，今後もこのような領域については一層慎重な確認が求められよう。

㉘　平成23年７月26日　㈱AOKIほか措置命令事件（消表対第388～392号）〔173〕

〔事案の概要〕

紳士服ショップ５社（㈱AOKI，青山商事㈱，㈱コナカ，はるやま商事㈱，㈱フタタ）が，主に「全品半額」を強調した表示を行っていたが，いずれも実際は特定の価格帯以上の商品が半額の対象となっていたり，チラシの裏面に印刷されている「割引券」の持参が必要になるなど，正確には全品半額といえないものであった。

（㈱AOKIの例）

「「スーツ・コート・ジャケット　全品半額」との文字を強調した映像とともに，「●スーツ・コートは31,500円以上，ジャケットは16,800円以上が対象商品になります。●一部ブランド品，パーソナルオーダー，レディス及び特別割引商品は除きます。」との文字を放送していたが，当該文字は「スーツ・コート・ジャケット　全品半額」と強調した映像，音声等に鑑みて，前記の表示に接した一般消費者に認識されるものとは認められない。」とされた。

「『メンズ　税込29,400円以上スーツ　税込16,800円以上ジャケット　税込5,990円以上スラックス　税込5,990円以上カジュアルパンツ』，『割引券ご利用で』，『●ギラロッシュなど一部ブランド品，及びレディス商品は除きます』，『●メンズパーソナルオーダーには，１着税込61,950円以上から税込10,500円の割引券として，ご利用いただけます』等と記載していたが，当該記載は，『開店１

４）前掲注３）110頁。
５）前掲注２）74頁。

㈱AOKIのテレビコマーシャルでの映像表示

周年全品半額』と強調した記載に鑑みて，前記の表示に接した一般消費者に認識されるものとは認められない」とされた。

〔解説〕

紳士服業界においては，競争が活発に行われているところ，広告宣伝の内容は，同業他社の企画と類似あるいはそれを上回るものとなる傾向があり，波及性・亢進性が認められる，との指摘がある[6)]。

本件で排除命令を受けた㈱コナカの事例では「なお，チラシの表面において，『割引券（裏面）をご持参下さい。シャワークリーンスーツ・Xスーツは対象外となります』及び『夏物スーツ　ジャケット』と，また，裏面において，『Xスーツ，シャワークリーンスーツ，メンズパターンオーダー・イージーオーダーは対象外とさせて頂きます。』及び『値下げ前価格36,750円以上のスーツ・16,000円以上のジャケット』と記載していたが，当該記載は，『本日より全品半額以下』と強調した記載に鑑みて，前記の表示に接した一般消費者に認識されるものとは認められない。」とされるなど，一定の注意書きがされていても，あまりに強

6）佐藤政康「紳士服販売業者5社に対する措置命令について」公正取引747号73頁以下（2013年）。

調された「全品半額」に比して打消し表示とは認められなかったものである。

「全品」と銘打てば，一般の消費者は全商品が割引の対象となっているととらえるであろうし，たとえ除外品があるとしても，極めて少数の例外にとどまるものでなければ，「全品半額」という表示が不当表示とされてもやむを得ないであろう。

本件5社においては，同業他社との競争の中で，「他社もやっているから」等と安易に考えず，一般消費者がその内容を容易に理解できるような適切な広告を行うことが望まれる，とも指摘されている[7)]。

また，こうした紳士服販売業者を頻繁に利用している消費者は，必ずしも「全品半額」の表示が現実と一致していないことを知悉していた可能性もあるが，実際の表示を考慮する際には，自社のリピーター等は「これくらいわかってくれるだろう」と安易に考えることなく，自社を初めて利用する消費者が表示を見ても誤認しないかを考慮する必要があると思われる。

㉙　平成24年2月9日　㈲モアナエモーション（スクーバスクールの受講料）措置命令事件（消表対第28号）〔180〕

〔事案の概要〕

同社が運営しているスクーバダイビングスクールにおいて,「ダイビングライセンス取得！各月先着5名¥10000ポッキリ」と記載した上で，「【費用】入なし 受¥10000　込学科，教材，海洋実習，申請料，保険料，お店から海までの送迎費　他器材貸出代」と小さく記載していた。

また，「今ならPADIライセンスが1万円（税込）ポッキリで取得できる!!」と記載し，その下に，「※別途，機材のレンタル代金はかかります。」と小さく記載していた事例である。

〔解説〕

上記表示は，1万円という価格を強調する表示に対して，目立たなかったり，近接しているがフォントが小さいものであり，打消し表示として有効なものとは言い難い。また，対象役務の提供を受けるためには，1万円の教育コース料金を支払うほか，約2万円のダイビング器材のレンタル料金を支払い，さらに，

7）前掲注6）73頁以下。

㉙の広告の表示

約16万円のドライスーツを購入する必要があるものであった。１万円ポッキリ，という強調している価格に比して，２万円のレンタル料金，さらに16万円という道具にかかる費用は高価に過ぎるといえるだろう。１万円という受講料が業界平均に比して安価なのか，16万円というドライスーツ購入費が不合理なものかは不明であるが，「ライセンスが１万円ポッキリで取得できる」と，価格の安さを強調する一方で，その20倍近い追加出費を余儀なくされる顧客にとっては，表示が妥当なものとはいえないととられてもやむを得ないであろう。

なお，消費者庁は，本件措置命令に先立つ平成23年11月11日に，「スクーバダイビングショップにおける料金等の表示の適正化について」を発表しており，本件の後，スクーバダイビング関連事業者の措置命令事案はない(平成28年３月31日現在)。

㉚　平成24年11月28日　シャープ㈱措置命令事件（消表対第518号）〔200〕

〔事案の概要〕

「プラズマクラスター」と称する，イオンを放出する機器を搭載した電気掃除機について，カタログや自社ウェブサイトにおいて，「掃除機内部で浄化したクリーン排気にのせて高濃度7000『プラズマクラスター』を室内に放出。床と一緒にお部屋の空気まできれいにします。」，「ダニのふん・死がいの浮遊アレル物質のタンパク質を分解・除去」及び「約15分で91％作用を低減します。（１m³ボックス内での実験結果)」と記載するなどと，表示していたが，実際の性能として，その排気口付近から放出されるイオンによって本件掃除機を使用した室内の空気中に浮遊するダニ由来のアレルギーの原因となる物質を，アレルギーの原因とならない物質に分解又は除去するものではなかった。

〔解説〕

景品表示法上，著しく優良であると示す表示かどうかは，個々の文言ではなく，当該文言を含む表示内容全体から一般消費者が持つ認識・印象を基準に判断される。「上記効果は技術実験のものであり，それぞれ実際の除菌・浄化効果は，お部屋の状況や使い方によって異なります」等の記載はあるものの，表示内容からは，本件掃除機から放出されるイオンによって室内に浮遊するアレルギーの原因となる物質を分解・除去し，室内全体の空気がきれいになるかのような印象を一般消費者に与える表示である，という指摘がある[8)]。本件表示は，吸引力等の主機能ではなく，製品の付加価値的な面に関するものであるが，こうした付加価値的な面も商品選択には大きな影響を及ぼすため[9)]，表示が実際の性能・効果と乖離せず，消費者の誤認を招かないよう注意が必要である。

4　表示形態・新しいビジネス形態についての事案

景品表示法は，広く「表示」を規制する法律であり，「表示」には，商品，容器又は包装，見本，チラシ，パンフレットなどさまざまな形態のものが含まれる[1)]。以下，インターネット上の新しい形態のビジネスを含め，「表示」について特徴的なものを紹介する。

㉛　平成23年3月31日　㈱DMM.comほか2社措置命令事件（いわゆるペニーオークション事件）（消表対第207～209号）〔166〕

〔事案の概要〕

本件は，ペニーオークションに関する措置命令として，近年の措置命令の中

8）石塚杏奈「シャープ株式会社に対する措置命令について」公正取引754号68頁（2013年）。

9）前掲注11)68頁。

1）不当景品類及び不当表示防止法第二条の規定により景品類及び表示を指定する件（昭和37年6月30日公正取引委員会告示第3号）。

では比較的有名な事案である。

ペニーオークションとは，入札するたびに入札手数料（50～75円程度）が必要となるインターネットオークションのことをいう。一般に，入札開始価格が低額（通常0円）で，1回の入札金額の単価（1～15円程度）も低額で固定されている。また，一定の条件（入札の実施等）が満たされるたびに入札することが可能な期間が延長される。そのため，入札者が競り合っている場合には，際限なく入札が行われることとなり，最終的に落札できたとしても，落札金額の他多額の入札手数料を支払うこととなるなど必ずしも商品の価格が安価ではなかったり，結果的に落札できない場合にも，多額の入札手数料を支払うことになる場合もある[2)]。

〔解説〕

ペニーオークションについては，国民生活センターにも多くの相談が寄せられ，またマスコミでも消費者の被害が報道されていたものであり，インターネットを用いた新手の悪質商法といえるものである，との指摘がある[3)]。

近年の電子商取引の著しい進展を背景に，新たな消費者問題が頻発しているが，本件もその一つに数えられよう。

電子商取引は著しい進展を続けているが，反面，電子商取引を利用した新たな悪徳商法も現れている。消費者庁は，平成23年10月「インターネット消費者取引に係る広告表示に関する景品表示法上の問題点及び留意事項」を，経済産業省は，「電子商取引及び情報財取引に関する準則」（最新改訂平成28年6月）をそれぞれ策定している。

なお，本件は，複数の芸能人が，ブログなどでペニーオークションを利用して希望の商品を安価で入手できた等との記事を書いたことが問題となった，いわゆるステルスマーケティング（広告でありながら広告であることを明示せず，あたかも記事や個人の感想という体裁で，商品をアピールするという広告手法）関連の事案でもある。

2）以上，消費者庁ウェブサイト（http://www.caa.go.jp/representation/pdf/110331premiums_1.pdf）。

3）小畑徳彦「景品表示法実務講座第8回　有利誤認表示」公正取引729号82頁（2011年）。

㉜　平成23年11月25日　㈱リアル措置命令事件（消表対第529号）〔178〕

〔事案の概要〕

「黒痩減粒」「ピュアスルー」と称するいわゆるダイエット食品について，過剰な痩身効果をうたっていたが，提出した資料は表示の裏付けとなる合理的な根拠を示すものであるとは認められないとされた事案。また，当該販売価格を上回る価額の「通常販売価格」と称する比較対照価格を併記していた点については，有利誤認表示とされている。

〔解説〕

本件は，ドロップシッパーのウェブサイト上での不当表示事案である。ドロップシッピングとは，商品等をウェブサイトの閲覧者が購入した場合に商品の発送を販売したウェブサイトの提供者・広告者ではなく製造元・卸元が直接行う取引方法のことをいう。消費者庁は，平成23年10月28日に，「インターネット消費者取引に係る広告表示に関する景品表示法上の問題点及び留意事項」を発表し(平成24年5月9日改訂)，ドロップシッピングショップにおいて事業者が不当表示を行う危険について警鐘を鳴らしていたが，上記発表から1ヵ月も経過しないうちに本件命令がされている。

㉝　平成25年10月17日　㈱ヘルス措置命令事件（消表対第462号）〔213〕

〔事案の概要〕

医療製品の製造販売を行っていた同社の営業員が，家庭用電位治療器の無料体験会場において行った「高血圧はパワーヘルスの生体電子で必ず治ります。軽い方だったらばパワーヘルスに続けて1週間かかっていただくと，血圧が少しずつ下がり始めます。で，重い方で大体10日間ぐらいから高血圧が少しずつ下がってきます。パワーヘルスに続けてかかっていただくと，この高血圧は芯から治ります。絶対治りますからね。」等の口頭説明について，同社は期間内に合理的な根拠となる資料を提出せず，不実証広告とされた事案。

〔解説〕

本件は，営業員が行ったセールストーク，すなわち，目には見えない口頭表示を対象として措置命令を行った点に特徴がある，と指摘されている[4)]。口頭で

4）大泉尚子・新井直樹「株式会社ヘルスに対する措置命令について」公正取引765号76頁以下（2014年）。

の表示を違反としたのは，消費者庁では初めてである（公正取引委員会所轄時代の昭和45年に２件あるのみ）とのことである[5]。

「景品表示法第２条の規定により景品類及び表示を指定する件」(いわゆる定義告示）によると，「実演による広告」「演劇による広告」も「広告その他の表示」とされている。しかし，体験会場に配置された営業員による口頭説明が景品表示法に基づく表示規制の対象となっていることは，おそらく事業者及び消費者に広くは知られていないため，どこまで景品表示法で規制される「表示」に当たるか分析する上で価値のある事例であると考える。

また，表示等担当者は，広告チラシや，ウェブ上の表示については精力的にチェックを行うと考えられるが，実演販売のシナリオ等にまで注意が回らない可能性もある。本件を参考として，実演や演劇による広告を行う場合，その内容にまで注意するよう求められる。

5　その他

㉞　平成20年10月６日　㈱光雲堂警告事件〔113〕

〔事案の概要〕

仏壇について，駅貼りポスター及び車両内広告において行った比較対照広告が，有利誤認表示とされた事案である。

〔解説〕

一般消費者にとって，仏壇の購入機会は多くないことから，価格面でのメリットを訴求することが営業に当たって重要となっている，との指摘がある[1]。葬儀業者に対する措置命令事案（平成24年９月７日　消表対第366号事件〔194〕）においても，一般消費者が日常的に葬儀に携わることはなく，葬儀においてどのようなサービスが必要となるかを正確に把握することは極めて困難であるとの指摘がされており[2]，購買機会の乏しい商品役務については，消費者に商品役務の品

5）菅久修一「消費者庁所管法の執行を巡る本年の課題」公正取引759号43頁（2014年）。

1）中村徹・岡田朋幸「株式会社光雲堂に対する警告について」公正取引699号46頁（2009年）。

2）高畑徹也「株式会社やまとセレモニーに対する措置命令について」公正取引756号77頁（2013年）。

質に関する知識が育ちにくく，いきおい価格が購入における重要な基準となり，価格に関する不当表示が行われやすいともいえるであろう。

なお，その後平成24年4月に，「仏壇の表示に関する公正競争規約」(仏壇表示規約)が規定された。同規約は，平成21年9月に消費者庁が設立して以降，初めての公正競争規約である。規約成立の背景として，近年の仏壇販売に関して一般消費者から消費者生活センター及び消費者庁に寄せられ，仏壇業界における販売の適正化や表示基準の明確化が急務となっていた事情が指摘されている[3)]。

仏壇表示規約は，必要表示事項(同規約4条～10条)，二重価格表示の制限(同11条)，特定用語の使用基準(同12条)，特定事項の表示基準(同13条)，不当表示の禁止(同14条)，おとり広告に関する表示の禁止(同15条)を規定している。

不当表示規定や，二重価格表示の制限，おとり広告に関する禁止は，景品表示法の優良誤認表示，有利誤認表示，指定告示のおとり広告表示に対応するものであるが，同規約は，特定用語の使用基準(第12条)では，①完全を意味する用語，②優位性，最上級等を意味する用語，③認定，推奨を意味する用語の使用基準を定めている。例えば，「完全」「完ぺき」等全く欠けるところのない意味の用語は，計測可能な条件を100％満足させる場合に，その限りにおいて使用することができる，というようにである。また，同規約13条(特定事項の表示基準)では，「写真と販売価格の併用」「競合製品との比較表示」をする場合の表示基準を具体的に定めている[4)]。

このように，公正競争規約は，景品表示法を遵守するため，各業界の実情を反映した具体的な基準が定められており，参加事業者にとっては基準として具体性が高く，理解しやすいものとなっていると思われる。

平成26年6月改正のガイドラインである「事業者が講ずべき景品類の提供及び表示の管理上の措置についての指針」(平成26年11月14日内閣府告示第276号)においても，「第4　事業者が講ずべき表示等の管理上の措置の内容」として，「8　前記1から7まで以外の措置の例」において，「表示等が適正かどうかの検討に

---

3) 片桐一幸「『仏壇の表示に関する公正競争規約』の認定について」公正取引741号46頁(2012年)。

4) 前掲注3)46頁。

際し，当該業界の自主ルール又は公正競争規約を参考にすること」とされているように，公正競争規約への参加及びその遵守は，事業者が表示等の管理上の措置を遂行するに当たって，実効性の高い手段であるといえよう。

㉟　平成29年1月27日　三菱自動車工業㈱措置命令及び課徴金納付命令事件〔264〕

〔事案の概要〕

三菱自動車工業㈱が，製造販売する普通自動車等および軽自動車について優良誤認表示を理由とする措置命令を受けると共に，普通自動車等について4億8,507万円の課徴金納付命令が行われた事案である。

〔解説〕

平成26年の景品表示法改正後，初めてとなる課徴金納付命令事件である。

三菱自動車工業㈱の普通自動車等29商品，同社の軽自動車38商品，日産自動車㈱の軽自動車27商品に措置命令（景表法7条1項）が行われ，三菱自動車工業㈱の普通自動車等26商品に課徴金納付命令が行われた。

消費者庁は，各商品について売上額及び課徴金額を計算しており，対象となった26商品のうち，パジェロ LYUV1 GR（平成27年7月発売）の売上額に対する課徴金額1,670,000円が最少となっており，対象とならなかった3商品は，売上額の3％が150万円に満たず，いわゆる「すそ切り」が行われたものと推察される。

三菱自動車工業㈱は，課徴金対象行為に該当する事実を，消費者庁長官に報告したが（景表法9条及び同法施行規則9条），当該報告がなされたのは，消費者庁が同社に対して課徴金対象行為についての調査の開始を通知したときである平成28年5月27日又は同年8月31日午前より後である同日午後であり，当該報告は，当該課徴金対象行為についての調査があったことにより当該課徴金対象行為について課徴金納付命令があるべきことを予知してされたものであったとして，課徴金の減額を受けられなかった。4億8,507万円という課徴金額を考えると，自主報告は速やかに行われた場合の減免の効果は決して小さくなく，今後，自主報告を企図する事業者には，速やかな自主報告の遂行が求められよう。

また，三菱自動車工業㈱は，不当表示がされた普通自動車等の購入者に対して損害の補填等を行ったものの，このような措置は課徴金納付命令で言及されていない[5)]。

三菱自動車工業㈱は，平成28年8月25日から平成29年4月7日まで，軽自動車8商品について，日産自動車㈱は，平成28年12月26日から平成29年4月25日まで，軽自動車20商品について，返金措置を実施しており，「認定された返金措置一覧」として，消費者庁ウェブサイトにも記載されている。上記返金措置が，2社の軽自動車商品に関する課徴金納付命令についてどのような影響を与えるかも注目されている。

なお，本件不当表示の背景には，エコカーに対する減税措置（「環境性能に優れた自動車に対する自動車重量税・自動車取得税の特例措置」。いわゆる「エコカー減税」）を受けての，事業者間の競争の激化があったと推察される。初の課徴金納付命令事案，ということに目を奪われがちであるが，競争が激化している商品役務においては表示が過剰になりがちとなり不当表示に至るという，多くの不当表示事案の共通点が認められる事案でもある。競争が激化している商品役務に関する表示については，一層の慎重さが求められよう。

5）染谷隆明「三菱・日産の燃費不正事例からひもとく景品表示法の課徴金制度」（NBL1092号51頁以下）は，その理由を，三菱自動車工業㈱が一部の購入者（残価クレジットによる購入者等）を返金対象外としたことが，実施予定返金措置計画の認定基準である，対象者のうち特定の者について不当に差別的でないものであること（景表法10条5項2号）の要件に適合しないとしたからと推測している。今後の対象企業の返金措置計画の立案の参考となろう。

第10章 景品表示法審決集

1　審決（景品表示法４条（現５条）関連）

①　㈱宇多商会事件（平成11年10月１日・審決集46巻42頁）

〔内容〕

「リデックス」と称する電磁界変換方式のネズミ撃退器について，当該商品の広告に，あたかもネズミを撃退・駆除する性能・効果があるかのように表示していた。

〔主文の要旨〕

①　将来の不作為

②　１年間，広告物の提出

②　更生会社㈱カンキョー事件（平成13年９月12日・審決集48巻69頁）

〔内容〕

「クリアベール」と称する家庭用空気清浄機の性能について，著しく優良であると誤認される不当な表示を行っていた。

〔主文の要旨〕

①　誤認の排除及び誤認される表示であることの公示

②　将来の不作為

③　１年間の広告物の提出

※本審決に対する取消訴訟判決が２②（東京高裁平成14年６月７日）である。

③　㈱ユナイテッドアローズに対する件（平成18年５月15日・審決集53巻173頁）

〔内容〕

1　事実の概要

ジー・ティー・アー　モーダ社製ズボンの販売に当たり，当該ズボンの原産国がルーマニアであるにもかかわらず，品質表示タッグ及び下げ札に「イタリア製」と，それぞれ記載することにより，あたかも，当該商品の原産国がイタリア共和国であるかのように表示していた。

2　争点

①　被審人が景品表示法上の表示を行った者（表示の主体）に該当するか。

②　排除措置を命じる必要性。

③　排除措置を命じることが裁量権の逸脱に当たるか。

〔主文の要旨〕

①　一般消費者に誤認される表示を行っていた旨の公示

②　再発防止策を自社の役員及び従業員に周知徹底

③　将来の不作為

※審判開始決定平成17年１月27日（審決集51巻718頁）

④　ルートインジャパン㈱に対する件（平成18年11月７日・審決集53巻457頁）

〔内容〕

1　事実の概要

「ルートイン」との名称を付したホテルにおいて提供する役務の内容について，当該ホテルに設置した浴場の浴槽の温水が，水道水を加温した上で医薬部外品である温浴剤を溶かしたものであったにもかかわらず,「ラジウムイオン鉱泉大浴場」等の記載により，あたかも鉱泉又は温泉を使用したものであるかのように表示していた。

2　争点

①　「ラジウムイオン鉱泉大浴場」等の本件ガイドブック，本件パンフレット及び本件ウェブサイトの各表示内容が，一般消費者に対し，実際のものよりも著しく優良であると示すものといえるか。

②　本件各表示内容が不当に顧客を誘引するものであるか。

③　排除措置を命ずる必要性。排除措置を命ずることが裁量権の濫用に当たるか。

〔主文の要旨〕

①　一般消費者に誤認される表示を行っていた旨の公示

②　将来の不作為

※審判開始決定平成17年12月20日（審決集52巻532頁）

⑤　㈱ビームスに対する件（平成19年1月30日・審決集53巻551頁）

〔内容〕

1　事実の概要

ジー・ティー・アー　モーダ社製ズボンの販売に当たり，当該ズボンの原産国がルーマニアであるにもかかわらず，品質表示タッグ及び下げ札に「イタリア製」と，それぞれ記載することにより，あたかも，当該商品の原産国がイタリア共和国であるかのように表示していた。

2　争点

①　被審人が景品表示法上の表示を行った者（表示の主体）に該当するか。

②　排除措置を命じる必要性。

③　排除措置を命じることが裁量権の逸脱に当たるか。

〔主文の要旨〕

一般消費者に誤認される表示を行っていた旨の公示

※審判開始決定平成17年1月27日（審決集51巻710頁），直接陳述の聴取平成19年1月11日

※これに対する審決取消請求事件の判決が東京高裁平成19年10月12日（2④）である。

⑥　㈱ベイクルーズに対する件（平成19年1月30日・審決集53巻562頁）

〔内容〕

1　事実の概要

ジー・ティー・アー　モーダ社製ズボンの販売に当たり，当該ズボンの原産国がルーマニアであるにもかかわらず，品質表示タッグ及び下げ札に「イタリ

ア製」と，それぞれ記載することにより，あたかも，当該商品の原産国がイタリア共和国であるかのように表示していた。

２　争点

①　被審人が景品表示法上の表示を行った者（表示の主体）に該当するか。

②　排除措置を命じる必要性。

③　排除措置を命じることが裁量権の逸脱に当たるか。

〔主文の要旨〕

①　一般消費者に誤認される表示を行っていた旨の公示

②　再発防止策を自社の役員及び従業員に周知徹底

③　将来の不作為

※これに対する審決取消請求事件の判決が東京高裁平成20年５月23日（２⑤）である。

⑦　㈱トゥモローランドに対する件（平成19年12月４日・審決集54巻357頁）

〔内容〕

１　事実の概要

被審人は，平成12年２月ころから平成16年７月ころまでの間，被審人の小売店舗において，被審人の社名とともに原産国がイタリアである旨（「イタリア製」等）が記載された品質表示タッグ及び被審人の商標とともに原産国がイタリアである旨が記載された下げ札を付したジー・ティー・アー　モーダ社製のズボンを，それぞれ，一般消費者向けに販売したが，実際には本件商品の原産国はルーマニアと認められるものであった。

２　争点

①　商品の原産国はどこか。

②　被審人は本件表示の主体か否か。

③　景品表示法違反成立における過失の要否。

④　本件表示における顧客誘引性の有無。

⑤　排除措置を命じる必要性。

⑥　裁量権の逸脱・濫用の有無。

〔主文の要旨〕

① 被審人は，本件商品にかかる表示が，その原産国について一般消費者に誤認される表示である旨を公示しなければならない。

② 被審人は，今後，輸入されたズボンを販売するに当たり，当該商品の原産国について一般消費者に誤認される表示をしてはならない。

※審判開始決定平成17年１月27日（審決集51巻712頁），直接陳述の聴取平成19年11月19日

⑧ ㈱ワールドに対する件（平成19年12月４日・審決集54巻375頁）

〔内容〕

１　事実の概要

被審人は，平成12年２月ころから平成16年７月ころまでの間，被審人の小売店舗において，被審人の社名とともに原産国がイタリアである旨（「イタリア製」等）が記載された品質表示タッグ及び被審人の商標とともに原産国がイタリアである旨が記載された下げ札を付したジー・ティー・アー　モーダ社製のズボンを，それぞれ，一般消費者向けに販売したが，実際には本件商品の原産国はルーマニアと認められるものであった。

２　争点

① 商品の原産国がルーマニアか否か。

② 被審人は本件表示の主体か否か。

③ 排除措置を命じる必要性。

④ 裁量権の濫用・逸脱の有無。

〔主文の要旨〕

被審人は，今後，輸入されたズボンを販売するに当たり，当該商品の原産国について一般消費者に誤認される表示をしてはならない。

※審判開始決定平成17年１月27日（審決集51巻716頁），直接陳述の聴取平成19年11月19日

※この他に，景品表示法９条２項（当時）に基づき審判開始請求を却下された事案として，銀座薬品工業事件（平成14年11月28日却下審決・審決集49巻351頁），

㈱フジアートグループ事件（平成16年１月27日却下審決・審決集50巻433頁）がある。

2　審決取消訴訟判決

①　東京もち㈱審決取消請求事件（東京高裁平成８年３月29日（平成６年(行ケ)第232号）・審決集42巻457頁）

※平成６年６月29日審決（審決集41巻103頁）に対する審決取消請求事件である。
※本件については，**第８章14**においても取り上げている。

〔事例〕

原告企業は，当該商品の包装袋に「純もち米一〇〇パーセント使用」，「原材料名　水稲もち米」及び「本品は厳選したもち米が原料の『きねつき』による本格製法の生もちです。」と記載し，あたかも当該商品がもち米のみを原材料として製造されたもちであるかのような表示をしていた。

しかし，実際には，本件商品は，原材料として，もちとうもろこしでん粉(ワキシスターチ，もちとうもろこしを原材料としたでん粉をいう)が約15％の割合で使用されていたものであり，もち米のみを原材料として製造されたものではなかった。

公正取引委員会は，平成４年５月21日，原告に対し聴聞を行った（以下「本件聴聞手続」という）上，平成５年２月25日，原告に，景品表示法４条１号（現５条１号。優良誤認表示）に違反する行為があるとして，同法６条１項に基づき，原告に対し，排除命令をした。

公正取引委員会は，原告の請求により審判手続を開始し，平成６年９月29日，景品表示法は公正取引委員会に裁量権を与えており，公正取引委員会が排除命令をするについての裁量権行使の基準を定めないまま個々の事案ごとに事件処理をしたとしても違法ではなく，原告に裁量基準を示さなかったことにも違法はない旨説示する審決をした（本件審決)。

原告は，本件審決につき，独占禁止法82条１号，２号に該当する事由があるとして，①景品表示法６条２項(当時)所定の聴聞手続において，処分の軽重を左右する不利益な事情及び証拠について告知しなかった手続的違法がある，②公正取引委員会は，排除命令を下す裁量権行使に当たり，あらかじめ裁量基準を定立しなかった手続的違法がある，③本件審決には裁量権の濫用，範囲逸脱を裏付ける事実についての主張・立証責任の分配を誤った等の違法がある，④公正取引委員会の裁量権の濫用，その範囲逸脱をうかがわせる事実として原告が主張した点についての本件審決の認定は，実質的証拠を欠き，理由不備の違法がある，と主張して，本件審決の取消しを求めた。

〔結論〕

請求棄却。

〔判決の要旨〕

① 改正前の景品表示法6条2項の聴聞手続において，構成要件事実のほかに原則に不利益に斟酌される事情についても告知を要するか。また，聴聞手続に瑕疵があることが審決の違法を来すか。

ア 審判手続における審判対象は当該排除命令に係る行為の存否等であって，当該排除命令の当否ではないから，聴聞手続及びこれに基づく排除命令に瑕疵があったとしても，当該行為について開始された審判手続に基づく審決の違法を来すものではなく，また，審決取消訴訟において取消事由となるものでもない。

イ また，景品表示法違反事件について，審判開始決定書に記載すべき事件の要旨とは，同法3条の規定による制限若しくは禁止又は4条の規定に違反する行為の主体，違反行為の日時・場所，違反行為の内容・態様等の具体的事実と適用すべき法令を意味するものと解すべきであり，被審人に不利益な情状まで含むものではない。

② 公正取引委員会は，裁量権を行使するに当たり，あらかじめ裁量基準を定立し，その基準に基づいて個々の事件を処理すべき条理上の義務を負うか。

景品表示法は，規制対象である不当な表示行為等が，複雑多様であって絶えず変化する企業活動に関わるものであり，同法の趣旨・目的を効果的に達成するため，公正取引委員会に対し，不当な表示行為の実態に即応して，機動的，迅速に規制権限を行使することができるように，広範な裁量権を付与しており，公正取引委員会は，同法4条1号違反事件について規制権限を行使するに当たり，準則又は裁量基準をあらかじめ定立するか又はこれを定立しないで個々の事案ごとに右規制権限を行使するか若しくはいかなる内容の措置を講ずるか等をその裁量権に基づいて定めることができる。

③　審決に，裁量権の濫用，範囲逸脱を裏付ける事実についての主張・立証責任の分配を誤った等の違法があるか否か。

審判手続において，公正取引委員会は違反行為の存在を主張・立証すれば足り，被審人が当該違反行為につき排除命令を命ずることは裁量権を濫用し又はその範囲を逸脱する違法なものである旨主張するときには，被審人は単にその旨を主張するのみでは足りず，それを裏付ける具体的事実の主張・立証責任を負うものと解すべきである。また，本件審決は，右説示と同様な見解の下に，原告が本件排除命令に対し違法である理由として主張した事由について，後記④認定のとおり，いずれもこれらの自由を認めることができないと説示しているのであるから，本件審決に理由不備の違法はない。

④　審決において，原告が，裁量権の濫用，逸脱をうかがわせるものとして主張した以下の事実について，それらが存在しないとした認定が，実質的証拠に基づくものか否か。

ア　事実誤認に基づく他事考慮であることについて

法人代表者の不当表示行為についての認識の有無は，排除命令をし又は排除措置を命じることの当否に影響のある事由とはいえず，たとえ代表者にその認識がなかったとしても，排除措置を命じたことには裁量権の濫用，範囲逸脱の違法があるとはいえず，また，原告の不当表示行為や，改善の約束をしながら継続反復して不当表示をしていたことの認識についての代表者の自白の有無及びその真偽は，右裁量権の濫用，範囲逸脱の違法についての判断を左右する事由ではない。

イ　動機が不正であることについて

原告の主張に沿う証拠によっても，被告が本件申告者の不正な動機に加担する目的で排除措置を命ずるに至ったと認めることはできず，また，本件全証拠によっても，本件審決が他の不正な目的をもって排除措置を命じたものとは認めることができない。

ウ　平等原則違背について

同種・同様・同程度の違反行為者が多数ある場合に，公正取引委員会が，そのうちの少数の事業者を選別し，これらに対してのみ排除命令等をするという法の選別的執行をしたときであっても，これによって爾後の抑止等の効果があり得るのであるから，公正取引委員会が，右違反行為をした事業者に対して一般的に規制権限を行使して行政処分をする意思を有している限り，そのうちの少数の事業者を選別してした前記処分をもって直ちに平等原則に違背する違法なものとはいえない。

エ　うるち米混入について合理的な根拠がないまま不問に付したことについて

景品表示法が公正取引委員会に広範な裁量権を付与した趣旨・目的（前記②参照）に照らすと，うるち米混入の点を不問に付した事実があったとしても，直ちに裁量権の濫用，範囲逸脱の違法があるとはいえない。

②　㈱カンキョー審決取消請求事件（東京高裁平成14年6月7日（平成13年（行ケ）454号事件）・審決集49巻579頁）

※平成13年9月12日審決（審決集48巻69頁）に対する審決取消請求事件である。

※本件については，**第8章7**においても取り上げている。

〔事例〕

株式会社カンキョーは，家庭用空気清浄機（以下「空気清浄機」という）等の製造販売等を営む者であり，原告は，平成11年3月1日に同社の更生手続が開始された事に伴い選任された管財人である。

カンキョーは，同社の製造販売するイオン式空気清浄機及びフィルター式空気清浄機について店頭配布用のパンフレットを各機種2～5万部配布し，そのパンフレットにおいて,「クリアベールは電子の力で花粉を強力に捕集するだけでなく，ダニの死骸・カビの胞子・ウイルスなどにも有効な頼もしい味方です。」,「有害微粒子を集塵」,「フィルター式では集塵が難しい微細なウイルスやバクテリア，カビの胞子，ダニの死骸の砕片までもホコリと一緒に捕集します。」,「●適用範囲/最大14畳まで」,「一見，きれいそうな室内の空気。でも実際は，アレルギーを引き起こすと言われるダニやカビ，ウイルス，バクテリアなどがうようよ。このような目に見えない有害物質を確実に集塵するのが，クリアベールです。」,「有害微粒子を集塵」,「フィルター式では集塵が難しい微細なウイルスやバクテリア，カビの胞子，ダニの死骸の砕片までもホコリと一緒に捕集します。」,「驚異の集塵力」,「適用範囲　最大14畳まで」等々と記載をすることにより，広告された本件空気清浄機は，あたかも，〈1〉他のフィルター式空気清浄機よりも集塵能力が高く，また，〈2〉室内の空気中のウイルスを実用的な意味で有効に捕集する能力を有しているかのような表示をしているが，実際には，そのような性能を有するものではなかった。

カンキョーは，平成11年1月26日，上記広告表示について景品表示法4条1号（現5条1号）違反として排除命令を受けたが，これに不服を申し立て，公正取引委員会は審判手続による審理の結果，平成13年9月12日，審決により排除措置を命じた。

原告は，①本件広告は，本件空気清浄機がフィルター式空気清浄機よりも即効性があるなどとは何も言及しておらず，本件審決は，本件広告の意味を誤ってとらえている，②実質的証拠を欠き，合理性のないものである，③審判官の，本件鑑定の申出の却下は，公平の理念に反し，適正手続を保障した憲法31条の規定に違反する，④本件広告の表示は社会通念上許される程度内のものであり，景品表示法4条1号（当時）所定の「著しく」の要件に該当しない，等と主張して審判取消しを求めた。

〔結論〕

請求棄却。

〔判決の要旨〕

① 本件広告は，他のフィルター式空気清浄機よりも集塵能力が高く，室内の空気中のウイルスを実用的な意味で有効に捕集する能力を有していることを表示しているという本件審決の認定判断は正当であり，この点の違法をいう原告の主張は採用できない。

② 本件空気清浄機が，フィルター式空気清浄機よりも集塵能力が劣り，また，室内の空気中のウイルスを実用的な意味で有効に捕集する能力を有するものではない，との本件審決の認定は，実質的証拠を備えた合理的なものというべきであるから，この点の違法をいう原告の主張は採用できない。

③ 本件審判においては，カンキョーが審査手続で提出し，あるいは原告が審判手続で直接提出した実験結果等が証拠として取り調べられ，さらに本件空気清浄機の考案者である者の審訊も行われているが，それによっても上記認定が覆らない以上，審判官において，本件鑑定の申出を採用しても，上記認

定を覆すべき結果が出るとは考えられないとして，これを却下したことは合理的な判断というべきである。

④　法４条１号は，「著しく優良であると一般消費者に誤認されるため，不当に顧客を誘引し，公正な競争を阻害するおそれがあると認められる表示」を禁止したもので，ここにいう「著しく」とは，誇張・誇大の程度が社会一般に許容される程度を超えていることを指しているものであり，そのような程度を超えているものであるかどうかは，当該表示を誤認して顧客が誘引されるかどうかで判断され，その誤認がなければ顧客が誘引されることは通常ないであろうと認められる程度に達する誇大表示であれば「著しく優良であると一般消費者に誤認される」表示に当たると解される。そして，当該表示を誤認して顧客が誘引されるかどうかは，商品の性質，一般消費者の知識水準，取引の実態，表示の方法，表示の対象となる内容などにより判断される。

本件広告の表示は，本件空気清浄機がフィルター式空気清浄機よりも集塵能力が高く，室内の空気中のウイルスを実用的な意味で有効に捕集する能力があると一般消費者に誤認される表示であり，一般消費者において，本件空気清浄機が，集塵能力においてフィルター式空気清浄機よりも劣るものであり，また，ウイルスを捕集する能力においても実用的な意味を有していないものであることを知っていれば，通常は本件空気清浄機の取引に誘引されることはないであろうと認められるから，本件広告の表示は「著しく優良であると一般消費者に誤認される」表示に当たるというべきである。

③　㈱カンキョー審決取消請求上告事件（最高裁平成14年11月22日（平成14年（行ツ）第200号・平成14年（行ヒ）第233号事件）・審決集49巻622頁）

※②の上告審である。

〔結論〕

上告棄却。

〔判決の要旨〕

①　民事事件について最高裁判所に上告をすることが許されるのは，民事訴訟法312条１項又は２項所定の場合に限られるところ，本件上告理由は，違憲及び理由の不備をいうが，その実質は事実誤認又は単なる法令違反を主張する

ものであって，明らかに上記各項に規定する事由に該当しない。

② 本件申立ての理由によれば，本件は，民事訴訟法318条１項により受理すべきものとは認められない。

④ ㈱ビームス審決取消請求事件（東京高裁平成19年10月12日（平成19年(行ケ)第４号事件)・審決集54巻661頁・経済法判例・審決百選270頁)

※平成19年１月30日審決（審決集53巻551頁）に対する審決取消請求事件である。

※本件については，第８章５・８・９・12においても取り上げている。

〔事例〕

原告（㈱ビームス）は，衣料品販売業を営む事業者であるが，イタリアに所在するＢ社製とされ訴外Ｃが輸入したズボン（以下「本件商品」）を八木通商㈱から購入し，販売していた。

原告の社名とともに「イタリア製」及び「MADE IN ITALY」と記載された品質表示タッグ並びに原告の商標とともに「イタリア製」と記載された下げ札が取り付けられていたが，本件商品は，実際にはルーマニアで縫製されたものであった。

原告は，平成16年11月24日，景品表示法４条１項３号（現５条３号）違反として他小売業者らと同時に排除命令を受け，不服として審判を請求したが，平成19年１月30日，排除命令と同内容の審決が下されたため，①公正取引委員会は，縫製地に一般消費者が最も関心を示すことの証明をしておらず，また，原告の行為に対して不当景品表示法違反として排除措置命令を出すには，個別具体的に公正競争阻害性が証明されなければならない，②原告は，本件品質表示タッグ，本件下げ札について表示の内容を決定していないし，作成にも関与しておらず，表示の内容をコントロールすることは不能であり「表示の内容を決定した者」でないため，「表示」をした事業者に該当しない，③刑事罰に等しい重大な不利益処分である排除措置命令を受けるには，刑事罰と同様に故意が必要であると解されるが，原告には，故意はもちろん，過失すらないのであるから，原告に排除措置命令は出されるべきではない，④原告は商品回収・代金返還に努めており，八木通商㈱に公示が命じられているため，排除措置の必要性は低い，等と主張し，東京高裁に審決取消訴訟を提起した。

〔結論〕

請求棄却。

〔判決の要旨〕

① 本件において，被告は，本件原産国表示が原産国告示の表示に該当することを立証すればよく，当該表示が個別具体的に不当に顧客を誘引し公正な競争を阻害するおそれがあることまで認定する必要はない。

② 不当表示をした事業者とは，いかなる生産・流通段階にある事業者かを問わず，一般消費者に伝達された表示内容を主体的に決定した事業者はもとより，当該表示内容を認識・認容し，自己の表示として使用することによって利益を得る事業者も，表示内容を間接的に決定した者として，これに含まれる。

③ 景品表示法４条１項（現５条）に規定する不当な表示であることについて，事業者の過失は必要がない。

④ 排除措置の必要性の判断については，我が国における独占禁止法の運用機関として競争政策について専門的な知見を有する被告の専門的な裁量が認められるものというべきであり，被告があらかじめ承認した公示方法による誤認排除の措置を命ずる必要性があるとの被告の判断について，合理性を欠くものであるということはできず，被告の裁量権の範囲を超え又はその濫用があったものということはできない。

⑤ ㈱ベイクルーズ審決取消請求事件（東京高裁平成20年５月23日（平成19年（行ケ）第５号事件）・審決集54巻681頁）

※平成18年４月12日審決（審決集53巻３頁）に対する審決取消請求事件である。

※本判決については，第８章４・６・10・11・13・15においても取り上げている。

〔事例〕

前記ビームス事件と共通する。原告（㈱ベイクルーズ）も，八木通商㈱が輸入したルーマニアで縫製されたイタリア製とされるズボンを小売販売しており，品質表示タッグ及び下げ札には「イタリア製」と表示されていた。原告は平成16年11月24日に排除命令を受け，不服を申し立てたが，平成19年１月30日，排除命令と同内容の審決がされたため，東京高裁に審決取消訴訟を提起した。原告は，①「表示内容の決定に実質的に関与した者」とは，自ら表示内容を決定したわけではないが，総合的に勘案して，実質的に自ら決定したのと同様と判断される者と解すべきである，②排除命令を発するには，責任主義の原則から，対象事業者において不当表示について過失が必要である，③本件においては，既に原告において十分な誤認排除措置及び再発防止措置をとっているから，原告に対してさらに本件排除措置を命じる必要性がない，と主張した。

判旨は，以下のとおりである（なお，原産国表示が景品表示法4条1項3号の「表示」に該当するかの論点については**第8章10**を参照されたい）。

〔結論〕

請求棄却。

〔判決の要旨〕

① 原告は，八木通商㈱から本件商品の原産国はイタリアであるとの説明を受けてこれを信用し，八木通商㈱に作成及び取付けを依頼した本件品質表示タッグ及び本件下げ札に本件商品の原産国がイタリアであると記載されることを了解していたこと，原告はこのような本件品質表示タッグ及び本件下げ札が取り付けられた本件商品を自己の経営するセレクトショップにおいて販売していたことが認められ，これによれば，原告が景品表示法4条1項3号（現5条3号）に該当する不当な表示を行った事業者に当たること，すなわち，「表示内容の決定に関与した事業者」に当たることは明らかである。

② 景品表示法4条1項（現5条）に違反する不当表示行為すなわち違反行為については，違反行為があれば足り，それ以上に，そのことについて「不当表示を行った者」の故意・過失は要しないものというべきであり，故意・過失が存在しない場合であっても排除命令を発し得るものというべきである。

③ 原告のウェブサイトでの告知及び店頭の告知ではいまだ一般消費者の誤認を排除するための措置としては不十分というべきであって，被告が原告に対して日刊新聞紙等による公示を前提とした更なる誤認排除のための措置（公示）を命じたことは，被告に与えられた裁量権を逸脱するものではないというべきである。

ベイクルーズは，上告したが，平成21年6月23日，上告棄却となっている。

⑥　㈱カクダイ審決取消請求事件（東京高裁平成22年７月16日（平成22年(行ケ)第２号事件）・審決集57巻第２分冊152頁）

※平成22年１月20日審決（審決集56巻第１分冊512頁）に対する審決取消請求事件である。

〔事例〕

原告（㈱カクダイ）は，「バリ５」と称する商品を大阪市所在の業者又は福岡市所在の業者に委託して製造させ，販売業者を通じて一般消費者に販売していた。

本件商品は，銅板に鉱石の粉末を塗布したものであり，原告は，雑誌や自社ウェブサイトにて「携帯電話・PHSの電池パックに入れるだけで受信状態が大幅にUP!!　さらに，電池の寿命も大幅にUP!!」等の表示を行った。

公正取引委員会は，景品表示法４条２項に基づき，原告に対して表示の裏付けとなる合理的な根拠を示す資料の提出を求め，原告は，複数の文書を根拠資料として提出したが，公正取引委員会は，平成21年３月９日，原告に対して，景品表示法４条１項１号に該当する不当表示として排除命令を行った。

原告は，排除命令取消しを求めたが，公正取引委員会は，平成22年１月20日，原告の請求を棄却する審決を行った。

原告は，これに対して，①本件表示は景品表示法４条１項１号の不当表示に当たらない，②本件排除命令は，平成17年の調査において公正取引委員会九州事務所が㈱ナスカの本件賞品と同種の商品について注意処分にとどめた判断を覆すものである等の不当性がある，と主張して審決の取消しを求めて訴訟を提起した。

判旨は，以下のとおりである。

〔結論〕

請求棄却。

〔判決の要旨〕

本件各資料は，本件表示の裏付けとなる合理的な根拠を示すものであるとはいえない旨判示している。

①　景品表示法４条１項１号該当性について

原告提出資料は，電波受信状況の向上を客観的に実証するものではない。

原告は，非科学的理論を基に製品化され販売されている製品は多い旨主張するが，そうであるからといって，原告が景品表示法４条１項１号(現５条１号）に定める表示の禁止を免れる理由となるものではない。

原告提出資料が広告媒体等による審査において有効な資料と認められたからとしても，そのことから景品表示法４条２項（現７条２項）に定める合理的根拠資料に該当することとなるわけではない。

②　排除命令の不当性について

平成17年の調査は㈱ナスカの商品である「復活くん」の表示についてのものであって，本件表示を対象としたものではないから，同調査の結果，公正取引委員会が㈱ナスカに対して注意にとどめたからといって，原告に対し排除命令をすることが許されないものではない。

本件排除命令が，一般消費者の申告によるものでなく，公正取引委員会の担当者が本件商品を購入し，使用したことが事件調査の端緒となったとしても，不当であるとはいえないし，そのことが本件排除命令の違法事由となることもない。

⑦　㈱オーシロ審決取消請求事件（東京高裁平成22年10月29日（平成21年(行ケ)第44号事件)・審決集57巻第２分冊162頁）

平成21年10月28日審決（審決集56巻第１分冊316頁）に対する審決取消請求事件である。

〔事例〕

原告は，「タバクール」と称する本件商品を製造し，取引販売業者を通じて一般消費者に販売してきた。

原告は，遅くとも平成15年12月ごろ以降，本件商品の包装紙に，「◆使用方法○煙草を軽く回しながら，たばこの先端（葉の部分）にタバクールを少量つけ，火をつけて喫煙してください」，「◆特徴○タバクール使用により煙害をなくし，喫煙時の違和感がありません。」と記載の上，「ニコチンをビタミンに変える」と大きく記載することにより，タバクールをたばこの先端に付着させ喫煙すれば，たばこの煙に含まれるニコチンがビタミンに変化することによりニコチンが減少し，喫煙による害がなくなるかのように表示していた。

公正取引委員会は，平成18年５月19日，景品表示法４条２項に基づき，同年

6月5日までに本件表示の裏付けとなる資料の提出を求めた。原告は，期限内に当該表示の裏付けとする資料を提出したが，当該資料は当該表示の裏付けとなる合理的な根拠を示すものであるとは認められないものとして，同年10月19日，排除措置命令を受けた。

原告が，処分の取消しを求めて審判を請求したところ，公正取引委員会は，平成21年10月28日，請求棄却の審決を行った。

原告は，これに対して，

①景品表示法4条2項が適用されて排除命令が発令された場合においても，当該排除命令に係る審決取消訴訟においては，公正取引委員会は，商品等に表示どおりの効果，性能がなく，当該表示が一般消費者に対し実際のものよりも著しく優良と示すものであったことを積極的に立証しなければならないこと，②一般消費者の被る不利益が回復可能であり，事業者から第三者機関による真正の報告書が提出されている場合には，4条2項を適用することなく，4条1項1号該当性を判断すべきこと，③運用指針における基準自体不明確であり，「合理的な根拠」の判断基準が不明確であること，④「当該表示の裏付けとなる合理的な根拠を示す資料」について，事業者に科学的証明と同程度の証明力を有するものを求めると，特に中小規模の事業者は，表示が事実上困難となること，⑤公正取引委員会に提出された資料だけでなく，当該商品販売の経緯や被害発生の有無，当該商品の性質を総合的に判断すべきであること，⑥4条2項の独占禁止法59条1項，憲法31条に違反，⑦4条2項の憲法22条1項，21条1項違反，⑧原処分が禁反言に反し，信義則にもとること，⑨手続保障違反，⑩比例原則違反，⑪平等原則違反，を主張して，審判の取消しを求めて訴訟を提起した。

判旨は，以下のとおりである。

〔結論〕

請求棄却。

〔判決の要旨〕

① 景品表示法4条2項は，被告が事業者に対し当該表示の裏付けとなる合理的な根拠を示す資料を求め，事業者がこれを提出しない場合には，当該表示を同条1項1号に該当する表示とみなすという法的効果を与えることによっ

て，公正取引委員会が迅速，適正な審査を行い，速やかに処分を行うことを可能にして，公正な競争を確保し，もって一般消費者の利益を保護するという景品表示法の目的（1条）を達成するために設けられた規定である。

事業者は，訴訟を提起しさえすれば，当該訴訟においては，景品表示法4条2項の適用がないことになり，公正取引委員会が4条1項1号に当たることを主張立証しない限り，原処分が取り消されることになるのであるから，公正取引委員会は取り消されることのない原処分をするためには，結局，当該表示が4条1項1号に該当するか否かまで検討せざるを得ないことになって，4条2項の立法趣旨に反する結果となる。

したがって，訴訟について定める独占禁止法9条について景品表示法4条2項の適用を排除する趣旨を定めたものと解することはできない。

② 4条2項には，原告の主張するように，一般消費者の被る不利益が回復可能性があり，事業者から第三者機関による申請の報告書等の資料が提出されている場合には，景品表示法4条2項を適用すべきでないと，適用範囲を限定して原処分の要件を制限する文言はない上，一般消費者の不利益が回復可能か否かを要件とすることは，迅速，適正な審査を行い，速やかに処分を可能とすることで景品表示法の目的達成を図る同項の立法趣旨に反する。その上，事業者が「当該表示を裏付ける合理的な根拠を示す資料」を前記期間内に提出できないような表示をした場合には，公正競争性が阻害されるのは明らかであり，かかる意味において一般消費者の利益が些少なものであるとは到底いえない。

③ 当該表示の裏付けとなる合理的な根拠を示す資料に当たるか否かについて，運用指針は，(1)提出資料が客観的に実証された内容のものであること，具体的には，㋐表示された商品等の効果，性能に関する学術界，産業界において一般的に認められた方法若しくは関連分野の専門家多数が認める方法による試験・調査によって得られた結果又は㋑専門家，専門団体若しくは専門機関の見解若しくは学術文献であって，当該専門分野において一般的に認められているもののいずれかに該当するものであること，(2)表示された効果，性能と提出資料によって実証された内容が適切に対応していることを満たす必要があると定めている。

運用指針には具体的な例示も挙げられており，事業者にとってはいかなる資料を提出すべきか十分予測が可能であり，不明確であるということはできない。

④　事業者は当該商品等について一般消費者と比べて多くの情報を有している上，自ら表示を行っている以上，当該表示が優良誤認表示に該当しないことを証明する程度の資料の提出を求めても衡平の観念に反しない上，科学的証明が必要となるのは，当該表示において科学的事項について表示している場合であることに照らせば，景品表示法の目的を達成するためには，科学的証明を求められることがあったとしても不合理とはいえない。

⑤　４条２項の適用は制限的になされるべきで，公正取引委員会に提出された資料だけでなく，当該商品販売の経緯や被害発生の有無，当該商品の性質を総合的に判断すべきとすることは，同項の文理に反する上，その適用要件を不明確にするものであり，同項の立法趣旨に反する。

⑥　本件資料及び提出期間経過後に提出された資料は，いずれも前記の運用指針の基準を満たさず，特段の事情も認められないのであるから，本件表示を裏付ける合理的な根拠を示す資料には該当しない。

提出期限経過後に提出された資料は，本件資料が本件表示を裏付ける合理的な根拠を示すものであるか否かを判断するために参酌されるにとどまる。

また，４条２項から期限経過後に当該表示を裏付ける合理的な根拠を示す資料を提出することができないと解することは，同項の立法趣旨に照らして，合理性があり，独占禁止法59条１項，憲法31条に反するものでないことは明らかである。

⑦　景品表示法４条２項は，公正な競争を確保し，一般消費者の利益を保護するという目的を達成するため，迅速，適正な審査を行い，速やかに処分を行うことを可能とすべく設けられた規定であり，その規制目的は正当である。そして，同項は，事業者に対し，当該表示を裏付ける合理的な根拠を示す資料の提出機会を与えた上で，これが提出されない場合に初めて，排除命令の発令を可能とするものであって，発令される命令の内容（景品表示法６条１項）も，規制目的を達成するために合理的で必要な限度にとどまる。

原処分における具体的な排除命令の内容をみても，商品の販売自体を禁ずるものではなく，合理的な根拠を具備した上で同様の表示の下で本件商品を再び販売することも可能であるから，規制態様が目的のために合理的で必要やむを得ない限度にとどまるものというべきである。

また，景品表示法４条２項の文理自体が不明瞭とはいえないし，また，詳細な運用指針も示され，事業者にとってはどのような資料が必要であるかは相当程度予測が可能であるから，基準が不明確であるともいえない。

したがって，景品表示法４条２項の規制が，憲法22条１項，21条１項に違反するものではない。

⑧　原告が主張するのは，訴外ミュー㈱が，平成17年２月14日，公正取引委員会事務総局経済取引部消費者取引課を訪問し，本件商品に係る広告表示に問題がないか確認したところ，同課担当者は，「データがあれば問題ない」と応え，訴外ミューが持参した資料に一切目を通すことなく，何の助言もしなかったという対応等であって，公正取引委員会が原告に対し，本件資料が当該表示の裏付けとなる合理的根拠を示す資料に該当する旨の見解を示したものとは認められないのであるから，原処分が禁反言又は信義則に反するとは到底いえない。

⑨　景品表示法４条２項は，期間内に資料の提出を求めて，事業者に対し提出までに当該資料を準備，検討する機会を与えている上，前記の規制の内容に照らしてみても，過度な規制にわたるものとは認められず，事前に確認の機会を与えなければ，手続保障にかけるとは認められない。

⑩　原告は，長期間にわたり本件表示を使用して本件商品を販売している事実及び本件表示の内容に照らすならば，本件表示が一般消費者の商品の選択に影響を及ぼしており，その影響は軽微とはいえないことは優に推認することができ，原処分が比例原則に反するものではないとした本件審決の認定判断は合理的なものであるというべきである。

⑪　異なる商品等に係る公正取引委員会の対応の違いをもって不合理な差別がされているということはできない。そして，公正取引委員会が差別的意図を持って原処分をしたような事情も認めるに足りる証拠はない。

⑧　㈱オーシロ審決取消請求上告事件（最高裁平成23年３月４日・審決集57巻第２分冊267頁）

※⑦の上告事件である（上告棄却）。

〔結論〕

上告棄却。

〔判決の要旨〕

①　民事事件について最高裁判所に上告をすることが許されるのは，民事訴訟法312条１項又は２項所定の場合に限られるところ，本件上告理由は，違憲及び理由の不備をいうが，その実質は事実誤認又は単なる法令違反を主張するものであって，明らかに上記各項に規定する事由に該当しない。

②　本件申立ての理由によれば，本件は，民事訴訟法318条１項により受理すべきものとは認められない。

⑨　㈱カクダイ審決取消請求上告事件（最高裁平成23年３月10日・審決集57巻第２分冊267頁）

※⑥の上告事件である。

〔結論〕

上告棄却。

〔判決の要旨〕

①　民事事件について最高裁判所に上告をすることが許されるのは，民事訴訟法312条１項又は２項所定の場合に限られるところ，本件上告理由は，違憲及び理由の不備をいうが，その実質は事実誤認又は単なる法令違反を主張するものであって，明らかに上記各項に規定する事由に該当しない。

②　本件申立ての理由によれば，本件は，民事訴訟法318条１項により受理すべきものとは認められない。

⑩　ミュー㈱審決取消請求事件（東京高裁平成22年11月26日・審決集57巻第２分冊181頁）

※本件の判旨については，第８章18・19においても取り上げている。

〔事例〕

ミュー㈱は，日用雑貨品等の販売業を営む事業者であるが，「ビタクール」と称するアスコルビン酸等の粉末がプラスチック製の容器に5グラム入ったもの及び同5グラム入ったものが3本つめあわされている商品（以下「本件商品」という）を販売していた。

ミュー㈱は，本件商品について，商品の包装箱やホームページにおいて，「ニコチンをビタミンに変える」，「ニコチンの80％をビタミンに転化させる」，主流煙について，「ニコチンの約80％がビタミンに変わる！」等と，本件商品をたばこの先端に付着させ喫煙すれば，

(i)　喫煙者が体内に吸い込むたばこの煙について，その煙に含まれるニコチンがビタミンに変化することによりニコチンが減少し，又は体内のビタミンCの破壊を抑制する，

(ii)　当該たばこの点火部から立ち昇るたばこの煙について，その煙に含まれるニコチン及びタールが減少することにより，喫煙による害が軽減されるかのように表示していた。

公正取引委員会は，上記表示の裏付けとなる資料の提出を求め，ミュー㈱は，12点の資料を提出したが，合理的な根拠を示すものではないとして，平成18年10月19日付で排除命令を受けた（平成18年（排）第25号）。

ミュー㈱は，これを不服として，排除命令取消しを求める旨の審判請求をしたが，公正取引委員会は，平成21年10月28日，請求棄却の審決をした。

ミュー㈱は，審判の取消しを求めて，訴えを提起した。ミュー㈱の主張は，①景品表示法4条2項の適用範囲は限定的に解せられるべきである，②本件表示は合理的な根拠がある，③本件排除命令に裁量権の逸脱濫用がある，といったものである。

〔結論〕

請求棄却。

〔判決の要旨〕

①　景品表示法4条2項の適用範囲について

景品表示法4条2項が新設されたのは，従前は，公正取引委員会が，表示が実際のものよりも著しく優良であると示すものかどうかを調査して実証し

なければならず，判断が下されるまで多大な時間を要していたことについて，表示に対する消費者意識の高まりを受け，立証責任を事業者に転換し，表示が実際のものよりも著しく優良であることを示すものでないことを事業者が立証しなければならないとしたのである。

事業者が当該表示をするに至った理由，表示に係る商品の性格等の事情が考慮される余地はなく，事業者から被告の定めた期間内に表示の裏付けとなる合理的な根拠を示す資料の提出がないときは，直ちに，当該表示は景品表示法4条1項1号に該当する表示とみなされるのである。

また，同条2項によって保護される一般消費者の利益は，国民一般が共通して持つ，抽象的，平均的，一般的利益であるから，同項の適用において，一般消費者が受けた具体的な利益や不利益が考慮されるものではない。

さらに，当該表示の裏付けとなる合理的な根拠を示す資料とは，商品が表示に沿った効果，性能を有することを客観的に実証する資料であり，具体的には，結果の妥当性を担保できる適切な方法で実施された試験・調査によって得られた結果又は当該商品が当該効果・性能を有することを示した専門家等の見解等であって，当該専門分野で一般的に認められているものということになる。

一般消費者の被る不利益が可塑的であり，事業者から第三者機関による神聖な報告書等の資料が提出されているようなときは，景品表示法4条2項を適用せず，優良誤認表示該当性を判断すべきである等のミュー㈱の主張は，独自の見解であり，採用できない。

② 本件資料（ペルー国立工業大学による試験報告書，千葉県薬剤師会検査センターによる試験検査報告書など）は，いずれも本件表示の合理的な根拠を示す資料と認めることはできない。

③ 排除命令に裁量権の逸脱・濫用があるか

景品表示法上，排除命令の前に行政指導を行うことが必要とされているものではない。

㈱ミューが，平成16年12月ごろから平成18年2月ごろまでの長期間にわたり，本件表示を使用して本件商品を販売しており，本件表示が一般消費者の商品の選択に影響を及ぼしていたことは明らかであって，一般消費者に対する影響は軽微とはいえず，本件排除命令を発する必要があったといえる。したがって，比例原則違反との主張は，採用することができない。

公正取引委員会には排除命令の発令について裁量権を付与されている。本件表示の一般消費者に対する影響が軽微といえない。また，公正取引委員会が何らかの差別的意図をもって本件排除命令を発したような事情は何らうかがわれない。

3　行政事件判決

豊田商法国家賠償請求大阪訴訟（大阪高裁平成10年１月29日・審決集44巻555頁）

〔事例〕（景品表示法関連部分）

「豊田商法」とは豊田商事株式会社の悪徳商法のことであり，昭和50年代に高齢者を中心に数千億円の被害を出し，当時大きな社会問題となった事件である。

公正取引委員会は，昭和58年９月末に悪徳商法被害対策委員会会長の訪問を受け，同人が担当者に対応をただしたのに対して，豊田商事問題は第一義的に警察の問題であり，独占禁止法等の規制には馴染まないと回答し，その後もこの問題について調査等を行うことはなかった。

本件訴訟は，公正取引委員会が独占禁止法の排除措置命令や景品表示法の排除命令を発しなかった不作為についての国家賠償請求事件である（その他の国の機関が問題を放置したことの責任を追及して全国の被害者1,486人が総額約25億円の国家賠償を請求した）。景品表示法の排除命令を発しなかったことに関する国家賠償請求事件であり，非常に珍しい事件であるが，紹介する。

〔結論〕

控訴棄却。

〔判決の要旨〕

①　総論部分

公務員の権限不行使が著しく合理性を欠くか否かは，行政権限の行使に裁量権を付与した法の趣旨，目的，当該法規の定める裁量の幅の大小，規制ないし監督の相手方及び方法等を前提として，危険の切迫性，危険の認識又は予見可能性，回避可能性といった事情や，補充性，国民の期待といった権限行使の不行使が違法と判断されることについて積極的に作用する事情のみならず，権限行為に支障となる事情の存否，従前の同種事例において行政庁の採った措置との均衡，当該事案において行政権限を行使しない代わりに，その前後にわたり具体的に採られた行政措置の有無とその内容といった，右判断に消極に作用する事情，さらには，直接の加害者，被害者側の個別具体的な事情等諸般の事情を総合考慮して決すべきである。

②　公正取引委員会の責任に関する裁判所の判断

豊田商事は独占禁止法19条の「事業者」に該当し，危険の切迫，予見可能性，補充性が存在したことは認められ，豊田商法による被害の発生を回避するためには，公正取引委員会による豊田商法の規制が必要であったこと，国民も公正取引委員会の規制権限の行使を期待し得る状況にあったことも認められる。しかし，公正取引委員会の担当者が右当時，得ていた資料や情報からは，豊田商事の営業実態が十分把握できず，悪質業者と判断できるものではなかったから，右担当者が契約内容について拘泥した判断をしたのもやむを得ないというべきであり，また，仮に，右担当者が金地金の現物の存在を前提とした取引の安全性，有利性に関する表示について，ぎまん的顧客誘引ないしは不当表示に該当する旨正しい判断をしたとしても，豊田商事に契約高に見合う金地金の現物が存在していないことについては，ある程度推測できたものの，客観的な裏付けがなく，右担当者が右時点はもとより，その後においても，右時点で取得した以上に，右事実を認定できる的確な証拠を入手していたことを認めるに足りる証拠もないのであって，結局，公正取引委員会は，控訴人らを含む本件訴訟の第一審原告らの最終損害発生の日である昭和60年６月14日までの時点において，独占禁止法の排除措置命令や景品表示法の排除命令を発することはできなかった。

4　民事事件判決

大正製薬㈱損害賠償請求事件（東京地裁平成14年２月５日・審決集48巻823頁）

〔事例〕（関連部分）

原告は，医薬品等の製造販売等を業とする株式会社であり，被告は，いずれも，ドラッグストア等の店舗において，医薬品，化粧品等の販売を行うこと等を業とする株式会社又は有限会社である。

原被告間には，医薬品の卸売に係る取引基本契約，サポートVAN契約(付加価値通信網）システムの貸与契約が存在していた。

被告らは，原告からの仕入れ価格を明示して「原価セール」と称する安売りセールスを少なくとも13回実施し，原告は，被告らとのサポートVAN契約を即時解約する旨を通知し，①原告から被告への仕入価格は営業秘密であり，これを開示した「原価セール」は不正競争防止法に違反すること，②「原価セール」はおとり廉売ないし不当廉売に当たり，独占禁止法・景品表示法に違反する不法行為として損害賠償及び仕入価格開示行為の差止等を求めた。

〔結論〕

請求棄却。

〔判決の要旨〕

（主文）

原告の請求をいずれも棄却する。

（判決の要旨）

① 原価セールが，不正競争防止法２条１項７号の不正競争行為を構成するか。

本件において原告から被告ダイコクへの原告商品の卸売価格（仕入価格）は，被告ダイコクが原価セールにおいて開示するまでは公然と知られていないものであったが，被告ダイコクは原告と共に原告商品の売買の当事者となっている者であり，原告商品の仕入価格(卸売価格)は，被告ダイコクが売買契約の当事者たる買主としての地位に基づき，原始的に取得し，被告ダイコク自身の固有の情報として保有していたものであって，原告商品の仕入価格(卸売価格)を原価セールにおいて広く消費者に開示したとしても，不正競争防止法上の不正競争行為に該当しないと解するのが相当である。仮に売買価格につき買主が売主との間で秘密保持の合意をしたとしても，それは買主が，自己の地位に基づいて原始的に取得して保有する固有の情報につき本来的に有する自己の開示権限を，自主的に制限することを約したというにとどまるから，そのような合意に反して売買価格を開示したとしても，売主との間で契約上の義務違反の問題を生ずることはあっても，不正競争行為に該当することにはならないというべきである。

② 原価セールが，おとり廉売や不当廉売に当たり，あるいは景品表示法に違

反するか。

ア　おとり廉売に当たるか。

事業者による一般消費者に対する虚偽・誇大広告の規制は，景品表示法に委ねられており，独占禁止法が対象としているのは，事業者に対する表示等の行為に限られるものというべきであり，一般小売業については，「おとり広告に関する表示」(平成５年４月28日公正取引委員会告示第17号)がこれを類型化しているが，被告ダイコクが仕入価格を開示する行為は，上記告示の掲げるいずれにも該当せず，景品表示法及び独占禁止法により規制されるおとり表示に該当しない。被告ダイコクは，顧客に対し何ら「取引に関する事項について…有利であると誤認させ」ていないので，一般指定８項（ぎまん的顧客誘引）に該当しないというべきであり，また，一般指定９項（不当な利益による顧客誘引）の「不当な利益」とは，顧客の射幸心を煽り，顧客を釣ろうとする行為を指すものであり，廉価販売のような，売買契約の本質的要素である価格によって顧客に利益を供与することは，不当な利益供与には当たらないというべきである。

イ　不当廉売に当たるか。

一般指定６項にいう「供給に要する費用を著しく下回る対価」については，「不当廉売に関する独占禁止法上の考え方」(昭和59年11月20日公正取引委員会事務局)において，仕入価格を下回るかどうかを一つの基準とするものとされており，ここにいう仕入価格は，名目上の仕入価格ではなく，実際の取引で値引き等を考慮に入れた実質的な仕入価格であるとされている。本件についていえば，被告ダイコクが販売した価格が，名目上の仕入価格と一致することは，弁論の全趣旨から明らかであり，本件において，原告商品の実質的な仕入価格がこれよりも低額であったかどうかは，証拠上確定できないが，いずれにしても，被告ダイコクの原告商品の販売価格が実質的な仕入価格を下回っていたとは認められないから，上記基準に該当せず，被告ダイコクの行為は，不当廉売に当たらない。また，被告ダイコクの行った原価セール程度のものを継続的な廉価販売行為ということもできない。

ウ　景品表示法に違反するか。

原告は，被告ダイコクが，販売チラシにおいて，原告の協力の下で被告ダイコクが原告商品を仕入価格で販売する旨をうたったことが，原告が全く関与していないから虚偽の広告であり，原告商品の希望小売価格について「定価」と表示したことが，原告が定価販売制（再販売価格維持制度）を採用していることから被告ダイコクの競業者は定価販売を行っているのに対して被告ダイコクのみが定価によらず仕入価格による安売りをしているとの誤認を一般消費者に与えるもので，景品表示法４条２号に違反する，と主張するが，前者については，被告ダイコクは顧客に対し何ら「有利であると誤認させ」ておらず，後者についても，これが原告の主張するような誤認を一般消費者に与えるとは直ちに認められない。さらに，被告ダイコクの表示は，いずれも社会通念上許容される限度を著しく超えるものとは認められないので，景品表示法４条２号に違反するとは認められない。

第2部　審決・命令・警告一覧

【第2部凡例】

第2版＝笠原宏編著『景品表示法（第2版）』（商事法務，2010年）
第3版＝片桐一幸編著『景品表示法（第3版）』（商事法務，2014年）
第4版＝真渕博編著『景品表示法（第4版）』（商事法務，2016年）
第5版＝大元慎二編著『景品表示法（第5版）』（商事法務，2017年）
公正取引＝月刊誌「公正取引」（公益財団法人公正取引協会）
H18年重判＝ジュリスト臨時増刊「平成18年度重要判例解説」（有斐閣，2007年）
H21年重判＝ジュリスト臨時増刊「平成21年度重要判例解説」（有斐閣，2010年）
H22年重判＝ジュリスト臨時増刊「平成22年度重要判例解説」（有斐閣，2011年）
経済法百選＝別冊ジュリスト「経済法判例・審決百選」（有斐閣，2010年）

§5①＝景品表示法5条1号
§7 II＝　同法　7条2項

日付	事業者名	業種他	概要	条項
〔1〕 2004/1/28 排除命令 (H16(排)1)	㈱日本通信教育連合会	通信教育及び通信販売(伸長法講座) 公正取引646号77頁	(1)対象商品役務 「伸長法講座」と称する通信教育講座 (2)表示の概要 (a)時期 平成14年4月ころ～平成15年5月ころ (b)媒体 ア　「月刊 BiDaN」平成14年12月号掲載広告　イ　日刊紙折り込みチラシ (c)表示内容 ア　「脚の関節部の骨端軟骨を刺激し，『成長ホルモン』の分泌を活性化させ，直接骨を伸ばしていく。」,「成長期を過ぎても背が伸びる方法を特別大公開！」などと記載した上で「受講生はすでに50万人を突破！　その内約8割が5cm以上も背を伸ばすことに成功しているのだ。」と記載し，かつ，「受講生が芸能界で大活躍!!」と記載した上で，「歌のレッスンの合間に実行できるほど簡単なのに，これほど伸びるとは驚きました。」及び「順風満帆の芸能生活も伸長法あってこそだと思います。」と歌手及び女優の体験談を記載し， イ　「背はまだまだ伸びるこれぞ『身長革命』だ!!」と大きく記載した上で「脚の関節部の骨端軟骨を刺激し，直接骨を伸ばしていく。」,「日本をはじめ世界各国で数多くプロ・スポーツチームで採用されている」などと記載しあたかも，伸長法講座を受講したほとんどの者が身長を著しく伸ばすことに成功したかのように表示し，かつ，掲載された歌手及び女優の体験談はこれらの者が伸長法講座を実際に受講した上で作成したものであるかのように表示し，また，伸長法講座が多くのプロスポーツチームで採用されているかのように表示していた。 (3)実際 伸長法講座の受講生のうち約8割の者が5センチメートル以上も身長を伸ばすことに成功したという事実はなく，かつ，歌手及び女優の体験談とされるものは実際のものではなく，また，プロスポーツチームが伸長法講座を採用したという事実はない。	§5①
			【国分㈱の表示】 (1)対象商品役務 ①原材料にレモン及びライムの果汁又は果肉が使用されていないレモンライム	

			②原材料にレモン及びライムの果汁又は果肉が使用されていないレモンライム1.5L ③原材料にオレンジの果汁又は果肉が使用されていないオレンジソーダ ④原材料にぶどうの果汁又は果肉が使用されていないグレープソーダ (2)表示の概要 (a)時期 ①平成元年4月ころ～平成15年12月ころ ②平成5年11月ころ～平成9年12月ころ及び平成13年4月ころ～平成15年11月ころ ③平成9年4月ころ～平成15年12月ころ ④平成9年4月ころ～平成15年12月ころ (b)媒体 容器 (c)表示内容 ①②「California Lemon Lime」とレモン及びライムの名称を用いた商品名を記載し，また，レモン及びライムの図案を掲載し，さらに，内容物にレモン及びライムと類似の着香をし，かつ，容器にレモン及びライムと類似の着色をすることにより，原材料にレモン及びライムの果汁又は果肉が使用されているかのような印象を与える表示をしていた。 ③「California Orange SODA」とオレンジの名称を用いた商品名を記載し，また，オレンジの図案を掲載し，さらに，内容物にオレンジと類似の着香及び着色をし，かつ，容器にオレンジと類似の着色をすることにより，原材料にオレンジの果汁又は果肉が使用されているかのような印象を与える表示をしていた。 ④「California Grape SODA」とぶどうの名称を用いた商品名を記載し，また，ぶどうの図案を掲載し，さらに，内容物にぶどうと類似の着香及び着色をし，かつ，容器にぶどうと類似の着色をすることにより，原材料にぶどうの果汁又は果肉が使用されているかのような印象を与える表示をしていた。 (3)実際 それぞれ，容器に清涼飲料の原材料に果汁又は果肉が使用されていない旨を明瞭に記載していなかった。 ※無果汁告示制定来初の適用事例。商品名のロゴがひときわ大きい。	
〔2〕 2004/2/27 排除命令 （H16(排) 2～6）	国分㈱ 加藤産業㈱ ㈱ジャパン ㈱マニトバ ㈱パナパック	食品・飲料の卸売 第5版 140頁 公正取引 647号68頁		§5③
			(1)対象商品役務	

〔3〕 2004/3/29 警告	(有)マックコーポレーション	販売（中古自動車） 公正取引 646号79頁	中古自動車8台 (2)表示の概要 (a)時期 平成16年1月ころ (b)媒体 中古車情報誌「カッチャオ東北版」「Goo 東北版」 (c)表示内容 中古車の走行距離数を過少に表示していた。 (3)実際 中古車の走行距離数を過少に表示したもの。 ※走行距離計そのものが巻き戻し・交換により過少表示されていたものではなく，中古車情報誌という広告媒体において走行距離を過少に表示したことが問題となった。	§5①
〔4〕 2004/4/8 警告	(株)バッファロー	製造販売（デジタル家電・コンピュータ周辺機器） 公正取引 647号71頁	(1)対象商品役務 「MO-CH640U2」と称する光磁気記録装置 (2)表示の概要 (a)時期 不明 (b)媒体 製品パッケージ (c)表示内容 「MO-CH640U2」と称する光磁気記録装置（MOドライブ）のパッケージにおいて，「超高速5倍速MO！USB2.0対応」及び「※5倍速はUSB1.1接続に対して読み込み転送速度の比較です。」と記載することにより，あたかも，当該商品によるMOディスクに記録されているデータの読み込みが，USB1.1接続時に比し，USB2.0接続時では常に5倍の速度で行うことができるかのように表示していた。 (3)実際 当該速度を得ることができるのは，極めて限定された記録状態にあるデータについてであり，常に5倍の速度でデータを読み込むことができるものではなかった。 ※パソコン周辺機器に関する不当表示事件について公正取引委員会が法的措置又は警告・	§5①

			公表の措置を採った初めての事例（公正取引647号72頁）。平成16年4月8日付で「公正取引委員会からの当社に対する警告について」をリリース。同年2月で出荷を打ち切っているとのこと。	
〔5〕 2004/4/13 排除命令 (H16(排)7)	㈱丸久	小売（加工食品・日用雑貨） 第5版104頁 公正取引648号63頁	⑴対象商品役務 「マルキュウ」と称する34店舗及び「アルク」と称する16店舗において売り出した加工食品・日用雑貨品 ⑵表示の概要 (a)時期 平成15年11月25日 (b)媒体 新聞折り込みチラシ (c)表示内容 ア　マルキュウ33店舗における加工食品7品目及び日用雑貨品12品目について，「♥はマルキュウ平日価格です。」と記載の上，例えば，「一般食品97円均一コーナーでは　お1人様いずれか1本限り　イカリ　ウスターソース」として「500ml　♥278円を」と表示していた。 イ　アルク16店舗及びマルキュウ由宇店における加工食品7品目及び日用雑貨品2品目について，「♥はアルク平日価格です。」と記載の上，例えば，「〈明治乳業〉・コーンソフト450g ♥268円を125円」と表示していた。 ⑶実際 「平日価格」と称する価格は，いずれの店舗においても，最近相当期間にわたって販売された実績のない価格であって，実際の販売価格が著しく安いかのように表示していた。 ※実際の販売価格よりも著しく高い価格を「平日価格」として表示し，これを比較対照価格に用いたもの（第4版104頁）。	§5②
			【㈱植木の表示】 ⑴対象商品役務 排水口に流すタイプの食用油処理剤等 ⑵表示の概要 (a)時期	

〔6〕 2004/4/21 警告	㈱植木 エヌアンドエス㈱ ㈱日新メディコ 東邦テック㈱ ㈱トップアイ	日用雑貨（台所用品・食用油処理剤） 公正取引 648号65頁	不明 (b)媒体 容器，リーフレット又はインターネット上の広告 (c)表示内容 （トップアイ），乳化剤（「オイル乳化エース」）の容器正面に，「天ぷら油が水に!?」と記載し，食用油にオイル乳化エースと水を加えて混ぜ，これを天ぷら鍋から下水道に流している図を掲載するとともに，当該図の説明書き部分に「流せます!!」等と，当該商品により，使用済み食用油の環境に与える影響が著しく低下するかのように表示していた。 (3)実際 有機物による水質汚濁という観点からは，環境負荷が低下するとはいえないものであった。 ※㈶国民生活センターに対して試験を依頼，今後も同センターと連携を図っていくとされている（公正取引648号67頁）。	§5①
〔7〕 2004/5/28 警告	㈱シティバンク・エヌ・エイ（日本支店） ㈱新生銀行	金融（外貨定期預金） 第5版 131頁 公正取引 650号71頁	【シティバンク，エヌ・エイ（日本支店）に関する表示】 (1)対象商品役務 外貨定期預金 (2)表示の概要 (a)時期 平成14年12月～平成16年4月 (b)媒体 新聞広告 (c)表示内容 外貨定期預金に1,000万円を1年間預ければ，為替変動がない場合に約35万円の利息をそのまま受け取れるように記載した。 (3)実際 実際には為替手数料が差し引かれるため，受け取れる利息相当額は約12万円と，預金者が実際に受け取れる実質的利息相当額は，表示金額を下回る額に過ぎなかったもの。 ※支払条件（手数料）に関するものが「その他の取引条件」に係る有利誤認表示とされたもの（第4版131頁）。 ※少子高齢化が進む中，金融商品に対する一般消費者の関心がより一層高まると指摘（公	§5②

			正取引650号73頁）。	
〔8〕 2004/6/30 排除命令 （H16（排）8～10）	㈱そごう ㈱カウボーイ ㈲清野クラフト	百貨店（生鮮食品） 第5版61頁 公正取引649号49頁，724号96頁	【㈱そごうの表示】 ⑴対象商品役務 生鮮食品（カニ等） ⑵表示の概要 (a)時期 平成16年4月27日 (b)媒体 新聞折り込みチラシ（広島店近辺・約39万枚） (c)表示内容 「日替りご奉仕品」として「●オホーツク海産浜ゆでたらばカニ（冷凍）200杯限定（1杯約700g）…税込1,001円（本体価格953円）」と記載し，また，同月28日，催事場の陳列棚に掲示した下札に「オホーツク海産浜ゆでたらばカニ（冷凍）200杯限定（1杯約700g）…税込1,001円（本体価格953円）」と記載することにより，あたかも，当該商品がタラバガニであるかのように表示していた。 ⑶実際 アブラガニであった。 ※納入業者が当該商品をタラバガニであると説明したのを受けて，そのような内容のチラシの作成・配布を行っていたところ，不当表示の主体であるとして排除命令を受けた（第4版61頁）。 ※「流通段階における取引価格はタラバガニの方がアブラガニよりも高い状況にある。」，「タラバガニは，アブラガニに比べ一般消費者における知名度が高く，一般に，高級なものとして認知されている。」と認定されている。	§5①
			【実績不当表示型・ダイエット食品】 ⑴対象商品役務 ダイエット食品：「エス・スタイル　アクティブ」と称する錠剤型の食品及び「エス・スタイル　スリープ」と称するカプセル剤型の食品 ⑵表示の概要 (a)時期	

〔9〕 2004/7/2 排除命令 (H16(排) 11)	㈲イデアル製薬	通信販売 (健康食品 (ダイエット食品)) 公正取引 650号74頁	平成15年11月25日～12月17日 (b)媒体 全国各地の新聞販売店を通じて配布した新聞折り込みチラシ (c)表示内容 「1秒だってムダにしない，忙しい私は24時間フルタイムダイエット。」と大きく記載した上で，当該商品を使用すれば 1 「生活を変えずに理想の体型になりました！」,「自分に甘い私にも，簡単にダイエットできました！」等と容易に著しい痩身効果を得た体験をした 2 「『生活を変えず確実に綺麗に痩せた』を93%以上の方が実感しています!!」等と表示し，ほとんどの者が痩身効果を実感したという調査結果がある 3 「エス・スタイルは，国内外で信頼・実績のある監修者・研究機関に依頼し，マウスによる動物実験から始め，ヒトへの臨床試験も終了しています。」等と表示し，痩身効果が臨床試験等によって実証されている 4 「“コロソリン酸”が脂肪を作らない」,「エス・スタイルSLEEPで代謝UP。脂肪を燃やす。」等と表示し，代謝を促進させ，蓄積した脂肪を燃焼させる かのように表示していた。 (3)実際 公正取引委員会からの上記表示の裏付けとなる合理的な根拠を示す資料の提出要求に対して，㈲イデアル製薬からは，期限内に当該資料の提出はなく，期限後に提出された資料も当該表示の裏付けとなる合理的な根拠を示す資料とは認められないものであった。 ※平成14年9月に痩身効果を標榜する食品を販売していた通信販売業者2社に対して排除命令を行っているにもかかわらず，当該業界においてはその教訓が生かされていない（公正取引650号76頁)。 ※期間後に提出された資料は確認の意味で調査したとのこと（公正取引650号75頁)。 ※平成15（2003）年11月の景表法改正で，事業者が広告内容の合理的根拠を示さなかった場合，公取委が立証しなくても不当表示とみなせるようになった(現7条2項)。この規定が初めて適用された事例である。	§5① 7II	
			【㈱ベルーナの表示】 (1)対象商品役務		

<table>
<tr>
<td>〔10〕
2004/7/13
排除命令
（H16（排）
12・13）</td>
<td>㈱ベルーナ
㈱セシール</td>
<td>食品（レトルトパウチ食品）

第５版68頁</td>
<td>「カレーなる旅」と称するレトルトパウチ食品
(2)表示の概要
(a)時期
ア　平成15年１月ころ～平成16年２月ころ
イ　平成13年６月ころ～平成16年２月ころ
(b)媒体
ア　通信販売用カタログ
イ　ホームページに掲載した広告
(c)表示内容
ア　(i)「北海道オホーツクのカレー　１月　厳寒の海で育った新鮮な幸を，贅沢に使い尽くしたシーフードカレーです。」等と記載し，かつ，カレーの名称として「活きホタテカレー」等と，
(ii)「南国九州のカレー　３月　まだ肌寒いこの季節，身も心も暖まるカレーはいかが。南国九州から届いた素材が自慢です。」と記載し，かつ，カレーの名称として「鹿児島ポークカレー」等と，
(iii)「伊豆の海の幸カレー　６月　優れた海産物が自慢の伊豆は，国内有数のリゾート地。」と記載し，かつ，カレーの名称として「伊豆の海老カレー」等と，
(iv)「信州長野の新鮮カレー　12月　食材のアレンジの絶妙さは，長野のお家芸。」と記載し，かつ，カレーの名称として「赤倉トマトカレー」等と
１月，３月，６月及び12月に配送されるカレーの主たる具材に，広告記載の地方の名産品又は特産品が用いられているかのように表示していた。
イ　有名レストランで修業し，テレビ番組に出演したなどとする料理人の経歴を紹介するとともに，「料理人の知識とアイデア，そして時間を惜しみなく注いで，お店でもご家庭でも決して味わえないカレーメニューの数々を生み出して頂きました。」等と記載し，かつ，同料理人のコメントとして，「スパイスの調合を考えるだけで，かなり時間を使いましたね」，「肉，魚，野菜など素材に合わせてソースの濃度から変えるんです。野菜なら素材のおいしさを引き出すために薄味に仕上げるとか」，「カレーとの相性ということを一番に考えて選びました」等と具材の選定，スパイスの調合等，当該商品の調理法が，有名レストランで修業し，テレビ番組に出演したなどの経歴を有する料理人によって考案されたかのように表示していた。</td>
<td>§５①</td>
</tr>
</table>

			(3)実際 当該商品は，食品加工業者が，任意に調達した具材を用いるなどして，自ら考案して製造していたものであって， ア 「鹿児島ポークカレー」と表示したが当該商品に使われた豚肉はデンマーク産であった等一部を除き，広告記載の地方の名産品又は特産品が主たる具材に用いられているものではなかった。 イ 調理法は同料理人によって考案されたものではなかった。 ※食品偽装事例 ※商品または役務の「内容」には，品質，規格のように商品または役務そのものに限られず，品質，規格に間接的に影響を及ぼすものも含まれると指摘されている（第4版68頁）。	
〔11〕 2004/7/21 警告等	㈱青い海 赤穂あらなみ塩㈱ ㈲海洋創建 ㈱鎌商 コーラルバイオテック㈱ ㈱津梁 伯方塩業㈱ ㈲ヨネマース ローストビーフ鎌倉山食品㈱	食品（食塩） 公正取引653号62頁	【㈱青い海の表示】 (1)対象商品役務 食塩 (2)表示の概要 (a)時期 不明 (b)媒体 当該商品容器と思われる。 (c)表示内容 ア 表面に商品名である「珊瑚礁の華シェフの塩」に併記して，「沖縄の天然海塩」，「海からの贈り物」と大きく記載した上，説明文中に「ミネラル豊富な沖縄の蒼く澄んだ海水を昔ながらの平釜と薪炊き仕込みで丁寧に仕上げた本物の塩です。」と，裏面に商品名である「珊瑚礁の華シェフの塩」に併記して，「沖縄の天然海塩」，「海からの贈り物」と記載した上，「特徴」として「生命の息吹に満ちあふれた南国の島，コバルトブルーの海の国，沖縄からの贈り物です。」等と記載し，沖縄で採取された海水のみを用いたものであるかのように表示していた。 イ 表面の説明文中に「昔ながらの平釜と薪炊き仕込みで丁寧に仕上げた本物の塩です。」と，裏面に「特徴」として「沖縄の天然海塩は，薪を焚いてゆっくりと時間をかけて煮詰めた昔ながらの塩です。」，「また，薪の生きているかのような力強い炎によって煮詰められ	§5①

			た沖縄の天然海塩は味にコクがあり，口当たりがまろやかで塩辛さが目立ちません。」等と記載し，古くからの製法である，燃料として薪を用い海水を平釜で時間をかけ煮詰めた製法を用いたものであるかのように表示していた。 ⑶実際 ①外国産の天日塩を沖縄で採取した海水に溶解して再生加工したものであった。 ②平釜で煮詰める際，燃料として重油を用いているものであった。 ※ローストビーフ鎌倉山食品㈱は㈱鎌倉山フーズが平成15年7月23日に，㈱鎌商は㈱ローストビーフ鎌倉山が同年10月10日に，それぞれ商号を変更したものである。	
〔12〕 2004/7/29 排除命令 (H16(排)14～15)	㈱アサヒフードアンドヘルスケア セガミメディクス㈱ ㈱アサヒフードアンドヘルスケア	製造販売：美容・健康（健康食品（ダイエット食品）） 第5版71頁 公正取引724号98頁	【㈱アサヒフードサービスヘルスケアの表示】 ⑴対象商品役務 「アクティオ アセロラC」と称するビタミンCを主成分とする錠剤型の食品 ⑵表示の概要 (a)時期 ア　平成13年10月ころ～平成16年4月ころ イ　平成15年7月ころ～平成16年4月ころ ウ　平成13年10月ころ～平成16年4月ころ (b)媒体 ア　容器を包装した箱の前面 イ　包装袋の前面 ウ　ホームページ (c)表示内容 ア　「アセロラ由来の天然ビタミンC」と記載するとともにアセロラ果実の絵を掲載し，また，当該包装箱の右側面にアセロラC 3粒中に含まれるビタミンCが200ミリグラムである旨及び「アセロラ果実エキス800mg（内ビタミンC200mg含有）」と，さらに，左側面に原材料として「アセロラ果実エキス」と， イ　「アセロラ由来の天然ビタミンC」と，また，包装袋の裏面に原材料として「アセロラ果実エキス」と記載するとともに，アセロラC 3粒中に含まれるビタミンCが200ミリグラムである旨及び「アセロラ果実エキス800mg【内ビタミンC：200mg含有】」と， ウ　「100％！天然のアセロラ由来のビタミンC」，「本品に含まれるビタミンCは，100％天	§5①

			然アセロラ由来です。」と， それぞれ記載することにより，あたかも，アセロラＣに含まれているビタミンＣのすべてがアセロラ果実から得られたものであるかのように表示していた。 (3)実際 アセロラＣに含まれているビタミンＣの大部分がアセロラ果実から得られたものではなかった。	
〔13〕 2004/7/30 排除命令 (H16(排)16)	㈱ネビオス	通信販売（ダイエット食品） 公正取引652号53頁	(1)対象商品役務 「ウエイトダウン」と称する細粒状の食品 (2)表示の概要 (a)時期 平成15年11月25日～平成16年２月16日 (b)媒体 新聞折り込みチラシ（合計235万枚） (c)表示内容 (i)表面の上部に「食べても食べてもドンドンやせる！　安全にやせる！」，同中央部に「カロリーを90%以上カット!!」とそれぞれ大きく表示するとともに同右下部に「今までのダイエットものでは除去しきれなかったカロリーまでも強力ブロック！」と表示し，また，裏面の上部に「「食事制限なしでヤセる」とTV・雑誌で証明!!」と記載し，食物の写真を用いるなどした上で「ウエイトダウンを飲む！▶1,100kcal脂肪分タップリ！ステーキセットを食べても…余分なカロリーを90%カット!!→牛乳１杯分！110kcalわずか牛乳１杯分しか食べていないということに！」と表示し (ii)表面の右部に「たったの１ヵ月で大幅ダイエットに成功!!」と記載した上で，１名について，ウエイトダウンの使用前後とする写真を掲載するとともにウエイトダウンを使用したことにより得られたとする痩身効果を示すデータを表示し，また，裏面の中央部に「好きなモノを好きなだけ食べてもヤセました!!」と大きく記載した上で，３名について，「ダイエットマニアが認めたダイエット法！」等と記載するとともにウエイトダウンを使用したことにより得られたとする痩身効果を示すデータ及びこれらの者の体験談を表示し，さらに，「１ヵ月でおなかと太ももがこんなにほっそり!!」と記載した上で，１名について，ウエイトダウンの使用前後とする写真を掲載するとともにウエイトダウンを使用したこと	§５① ７II

			により得られたとする痩身効果を示すデータを表示しあたかも，ウエイトダウンを使用することにより，摂取した食物から体内に吸収されるカロリーの量が大幅に減少し，食事制限をすることなく容易に著しい痩身効果が得られるかのように，また，ウエイトダウンを使用したとする者が実際に容易に著しい痩身効果を得た体験をしたかのように，それぞれ表示していた。 (3)実際 公正取引委員会が㈱ネビオスに対し上記表示の裏付けとなる合理的な根拠を示す資料の提出を求めたところ，㈱ネビオスが提出した資料は，当該表示の裏付けとなる合理的な根拠を示す資料とは認められないものであった。 ※教訓が全く当該業界内（痩身効果を標榜する食品等）で生かされていない，との指摘がある（公正取引652号55頁）。全体として，食事制限なく痩身効果を実現することを強調した広告となっている。	
〔14〕 2004/8/9 警告	㈱天然の温泉村	温泉施設（公衆浴場の温泉） 第5版41頁 公正取引651号61頁	(1)対象商品役務 公衆浴場施設運営 (2)表示の概要 (a)時期 特定なし (b)媒体 公衆浴場の周辺に設置した看板，浴場内の掲示板及び浴場内で配布したチラシ (c)表示内容 「天然の温泉村」，「天然温泉」，「泉質 単純硫黄泉」等と記載し，あたかも，当該公衆浴場の浴槽の温水に温泉を用いているかのように表示していた。 (3)実際 当該公衆浴場の浴槽の温水は，温泉ではなく井戸水を加温しているものであった。 ※平成16年11月22日，公正取引委員会は「温泉表示問題に対する公正取引委員会の取組」を発表した。 ※企業名自体が景品表示法上問題とされたものである（第4版41頁）。	§5①
			【㈱タカチホの表示】 (1)対象商品役務	

〔15〕 2004/10/4 排除命令 (H16(排)17)	㈱タカチホ ㈱札幌グルメフーズ	製造販売（食品（菓子）） 第5版66頁 公正取引653号60頁，656号56頁	「さくらんぼグミ」 (2)表示の概要 (a)時期 遅くとも平成15年2月ころ～平成16年5月ころ (b)媒体 包装箱 (c)表示内容 表面，裏面，天面，地面及び左側面に「山形特産 さくらんぼ 果汁100%グミ」と記載するとともに，表面及び裏面には「サトウニシキ果汁使用」と記載した上でさくらんぼの写真を掲載することにより，あたかも，さくらんぼグミの原材料の果汁としてさくらんぼ果汁を100パーセント用いているかのように表示していた。 (3)実際 りんご果汁のみを用いており，さくらんぼ果汁を全く用いていないものであった。 遅くとも平成15年2月ころから平成16年1月ころまでの間，さくらんぼグミの包装箱の右側面に加工食品品質表示基準に基づく一括表示事項として記載する原材料名として「濃縮りんご果汁」と記載していたが，当該表示は，前記「山形特産 さくらんぼ 果汁100%グミ」の表示と同一視野に入る箇所にされたものではなく，かつ，同表示と比して小さな文字によるものであって，見やすく記載されたものではなかった。 ※観光土産品はその土地の名産品や特産品が原材料に用いられている商品が選好される傾向にある，と指摘されている（公正取引653号61頁)。発売元として名目上記載されていた者は㈱タカチホの子会社であり，㈱タカチホ自体ではなかったが，当該子会社は実体のないものであることから，㈱タカチホが表示の主体と認定されたもの。平成16年5月14日以降さくらんぼグミの販売を終了するとともに，流通している当該商品を同月27日までに回収している。	§5①
			(1)対象商品役務 有料老人ホーム「ケアファースト彦根」 (2)表示の概要 (a)時期 ア 遅くとも平成15年2月ころ～平成16年5月ころ イ 遅くとも平成14年11月ころ～平	

〔16〕 2004/10/18 排除命令 (H16(排)18)	㈱クリスタル介護施設センター	施設（有料老人ホーム） 公正取引656号56頁	成16年６月ころ　ウ　平成15年10月31日付け及び平成16年４月１日付け (b)媒体 ア　パンフレット「介護付有料老人ホーム ケアファースト彦根 INFORMATION ご案内」 イ　ホームページ　ウ　重要事項説明書 (c)表示内容 ①介護サービス 「入・退院時の対応」と大きく記載した上で，その下に「●入院中の訪問」と題して，「施設の看護婦が交代で，食事介助・身体の清拭・洗濯物の取り替え・消耗品等のお届けの援助を，ご家族の方に代わって積極的に提供します。」と記載することにより，あたかも，入居者が医療機関に入院している間には，ケアファースト彦根の職員が，入居者に対して食事介助及び身体の清拭を行うかのように表示していた（ア・イ）。 ②夜間の看護体制 A　「医務室」と記載した上で，その下に「24時間常勤の看護婦が，随時，血圧を測定し，日常の健康管理，医療相談など，ご入居者様の健康維持をお手伝いいたします。」と記載し，また，「医療・看護《健やかなる日々》」と大きく記載した上で，「「まさかの時にも安心」な看護婦，介護職員の専門スタッフが24時間，365日万全の体制を整えて，皆様の健康を継続的かつ専門的に生涯にわたって看護いたします。」と記載し，さらに，その下に「●一時看護室での対応」と題して，「ケガや発熱時，退院の後，一時的に体調がすぐれない際に，昼夜を通じて看護婦が看護にあたります。ケアステーション前に設けられているので，常時状態が観察出来ますので，安心してお過ごし頂けます。」と記載し（ア・イ）， B　中段に大きく「〈ケアファースト彦根はご入居者様の「安心の介護」と「ゆとりある暮らし」を全力でサポートさせて頂きます。〉」と記載した上で，「☆介護・看護の24時間体制の充実サービス」と記載し（アに添付して入居希望者に配布した「ケアファースト彦根」入居費用のご案内（個室）」と題する文書及び「「ケアファースト彦根」入居費用のご案内（夫婦部屋）」と題する文書）， C　「２．施設概要」と題して，「ナースコール等緊急連絡・安否確認」の項に「夜間は，夜勤介護・看護スタッフが常駐・巡回」と記載（ウ）また，「３．主な設備等の概要」と題して，「ナースコール等の緊急連絡・安否確認」の項に「夜間は，夜勤介護・看護スタッフが常駐・巡回」（平成16年４月ころ～同年６月ころまでに入居希望者に配布した特定施設入所者生活介護重要事項説明書）と記載することにより，	§５①

			あたかも，ケアファースト彦根において，常時，24時間の看護体制を採っているかのように表示していた。 ③健康管理体制 「医療・看護《健やかなる日々》」と大きく記載した上で，その下に「●健康診断実施」と題して，「継続的に管理チェック行います。」と記載（ア・イ）。また，「第４章サービスの内容」と題して「第16条 健康管理サービス 入居者の日常の健康管理を行う上で，定期健康診断を年２回行います。」と，「健康管理サービスの内容」と題して「１．健康診断 (1)年２回実施します。(2)健康診断の内容は，次のようになります。血液検査，尿検査，レントゲン，心電図，感染症検査」（平成13年４月ころ～平成16年６月ころまでに入居希望者に配布した管理規定）と，それぞれ記載することにより，あたかも，入居者に対する健康診断を定期的に実施するかのように表示していた。 (3)実際 ①ケアファースト彦根の職員は，医療機関に入院中の入居者に対して食事介助及び身体の清拭のいずれも行っていない。 ②平成15年５月１日～平成16年４月30日までの間において，ケアファースト彦根の看護職員が夜間勤務していない日が108日あり，ケアファースト彦根において，常時，24時間の看護体制を採っていなかった。 ③協力医療機関の医師による問診，聴診及び触診を月に１回実施しているにすぎず，健康診断を実施していなかった。 ※平成16年８月ころ以降，ケアファースト彦根における夜間の看護体制，健康管理体制等について，改善措置を講じている。	
			【㈱山田鶏卵の表示】 (1)対象商品役務 「電子米」と称する精米 (2)表示の概要 (a)時期 不明 (b)媒体 米袋	

〔17〕 2004/11/19 警告	㈱山田鶏卵 ㈲米の野田屋	販売（精米） 公正取引 656号58頁，658号57頁	(c)表示内容 『電子米』として「お米に電子（イオン）を供給する事によって米の中に含まれている農薬や化学物質を中和する事ができます。」と表示して，精米にマイナスイオンが供給されたことにより，残留する農薬の影響が取り除かれているかのように表示していた。 (3)実際 マイナスイオンが供給されたことによって，当該影響が取り除かれているとは認められないものであった。 ※２社は，電子を供給するための電子発生装置（電極に100ボルトの電圧をかけて空気中にマイナス電荷を帯びた粒子を発生させるもの）をメーカーから購入し，精米の過程で電子（イオン）を供給したものを販売していた。当該装置メーカーは，当該装置により，米の農薬・化学物質が除去できるとの説明を行っていた。その後，メーカー自身が上記の根拠を有していないことを購入業者に説明し，農薬や化学物質の影響が取り除かれているものであるかのように表示することを中止するよう求めていたが，要請が十分に伝わらず，２社の表示が是正されなかった経緯がある（公正取引658号57頁～58頁）。２社が販売していた対象商品は，もともと食品衛生法に基づく残農薬基準を満たしており，当該基準を満たしている米を一生摂取しても健康に影響を与えることはないとされる（公正取引658号58頁）。	§５①
〔18〕 2004/11/24 排除命令（H16（排）19～23）	八木通商㈱ ㈱ビームス ㈱トゥモローランド ㈱ベイクルーズ ㈱ワールド ㈱ユナイテッドアローズ	八木通商：輸入卸売（衣料） ビームス：卸売（衣料） 第５版63頁 公正取引 656号56頁	【八木通商㈱の表示】 (1)対象商品役務 イタリア共和国に所在するジー・ティー・アー　モーダ社が製造したズボン (2)表示の概要 (a)時期 平成12年２月ころ～平成16年７月ころ (b)媒体 品質表示タッグ及び下げ札 (c)表示内容 「イタリア製」と表示していた。 (3)実際 ルーマニアにおいて縫製されたものであり，原産国がイタリアであると認められるものではなかった。	§５③

			※小売業者に対して，製造元からの情報に基づいて当該ズボンの原産国がイタリアであると説明し，小売業者の指示に従って，イタリア製であることを示すタッグを作成して商品に付して納品していた輸入卸売業者も表示主体として，小売業者と連名で排除命令の名宛人となっていたもの	
〔19〕 2005/2/10 排除命令 （H17(排)1）	㈱東京リーガルマインド	教育（資格教育） 公正取引656号56頁 経済法百選274頁	(1)対象商品役務 司法試験受験対策用各種講座 (2)表示の概要 (a)時期 ア　平成15年12月ころ～平成16年12月ころ イ　平成16年3月ころ～8月ころ (b)媒体 ア　パンフレット イ　自社 HP (c)表示内容 ア　「LEC is No. 1　94％　司法試験合格占有率」，「2003年度司法試験合格者1,170名中，1,099名が LEC 会員，376名が LEC 入門講座を受講」と表示していた。 イ　15年度合格者の94％，平成に入ってからの15年間で司法試験に合格したのべ12,059名のうち10,991名が同社の司法試験対策講座を利用した旨の表示をしていた。 (3)実際 遅くとも平成12年以降については，口述試験会場までの送迎バスを利用した者，二次試験の解答などの資料の提供を受けた者など，司法試験対策講座を受講していない者を含めて算出していた。 ※役務取引については，役務提供が長期間にわたり，契約段階でその内容を十分把握しにくく，また，高額な費用を要する役務について，特別の規制が行われている（経済法百選274頁）。	§5①
			【㈻石川学園の表示】 (1)対象商品役務 公務員採用試験対策講座 (2)表示の概要	

〔20〕 2005/2/25 排除命令 （H17(排) 2～4）	㈻石川学園 ㈻フジ学園 ㈲サンライズ学院	教育（資格教育（公務員試験）） 公正取引 656号57頁	(a)時期 平成16年3月17日 (b)媒体 新聞（沖縄タイムス及び同日付け琉球新報）に掲載した広告 (c)表示内容 平成15年度において，大育公務員養成学校の公務員採用試験対策講座を受講した者のうち88パーセントの者が公務員採用試験の第一次試験に合格したかのように表示し，また，広告に氏名を記載された延べ51名の者すべてが当該講座を受講して公務員採用試験の第一次試験に合格したかのように表示していた。 (3)実際 当該講座を受講した者のうち，その3分の1程度の者が公務員採用試験の第一次試験に合格したにすぎず，また，氏名を記載された者の中には，当該講座を受講して公務員採用試験の第一次試験に合格したとはいえない者が延べ9名含まれていた。 ※沖縄県の事業者が命令を受けた事件であるが，同県では民間企業への就職難が続く一方で，公務員志望率が高いことから，合格者水増しの背景には業者間の激しい競争もあるようである，と指摘されている（伊従＝矢部『広告表示規制法』577頁）。	§5①
〔21〕 2005/3/2 警告	水の素㈱	施設（温泉） 公正取引 656号57頁	(1)対象商品役務 自社が経営する二股らぢうむ温泉と称する旅館に付帯する温泉利用施設 (2)表示の概要 (a)時期 ア　平成15年9月ころ～平成16年3月ころ イ　平成16年3月ころ～8月ころ (b)媒体 広告宣伝用ポケットティッシュ（東京都に所在する消費者向け貸金業を営む事業者が一般消費者に配布するもの） (c)表示内容 ア　「ヘルニアは100％必ず…治ります。」と記載するとともに「絶大な効果を得られたお客様の体験談」として「椎間板ヘルニアで歩くのもやっとだったのが，湯治で階段の昇り降りがだいぶ楽になった。また自然とよく眠れるようになった（岡山県／男性58才）」と記載	

			していた。 イ　「心電図異常，ヘルニアは100％治ります」，「脳溢血による言語障害，半身不随も殆ど治ります」，「効能 循環，呼吸系，胃腸，肝臓，腎臓，糖尿，癌，婦人病，アトピー，湿疹，神経痛，腰，膝，関節痛，リウマチ，ムチウチ，自律神経失調症，肥満眼病，蓄膿，水虫，痔等の全ての病気に良い効果が出ます」と記載するとともに「絶大な効果を得られたお客様の体験談」として「椎間板ヘルニアで歩くのもやっとだったのが，湯治で階段の昇り降りがだいぶ楽になった。また自然とよく眠れるようになった（岡山県／男性58才）」，「神経痛リウマチで治療費が何百万とかかっても治らなかったのが９日間で治ってしまった。（北海道／女性69才）」，「アトピーだったのが，毎日８時間の入浴と３Ｌの炭酸水飲用で，嘘のように肌がツルツルになった。（東京／女性23才）」と記載していた。 (3)実際 ア　ヘルニアが完全に治癒するとは認められないものであり，また，体験談は，当該温泉を利用した者の椎間板ヘルニアに対する効果等について著しく誇張したものであった。 イ　ヘルニア及び心電図異常を伴う疾病が完全に治癒し，脳いっ血による言語障害及び半身不随が生じた者の症状のほとんどが解消し並びに当該広告に例示された疾病を始めとするすべての疾病の症状が改善するとは認められないものであり，また，体験談は，当該温泉を利用した者の椎間板ヘルニア等の疾病又はその症状に対する効果等について著しく誇張したものであった。 ※代金返還については，2014年３月時点のウェブサイトにも掲載されていた。	§５①
			(1)対象商品役務 ダイエット食品「パーフェクトダイエット」 (2)表示の概要 (a)期間 平成16年６月ころ～平成17年12月５日ころ (b)媒体 新聞折り込み広告 (c)表示内容 ア　「パーフェクトダイエットは毎日朝食替わりに食べるだけの簡単なダイエット。朝食以外は今までどおりでOK!!」等と表示し，当該商品を朝食の替わりとして使用することによ	

〔22〕 2005/4/18 排除命令 （H17（排）5）	日商ストックマネージメント㈱	通信販売（健康食品（ダイエット商品）） 公正取引657号60頁	り，それ以外の食事を制限することなく，容易に著しい痩身効果が得られる イ　「パーフェクトダイエットの結果として，短期間での減量促進作用の基礎となる全身および末梢部の代謝向上，血流改善」等と記載された医師と称する者の解説文を表示し，当該商品を使用した場合に得られるとする痩身効果が臨床試験等によって実証されている ウ　「数々の臨床試験から，体に安全で高いダイエット効果があることがわかり，」等と記載された医学博士及び管理栄養士と称する２名の推薦文を表示し，当該商品を使用することにより痩身効果が得られるとの専門家の推薦を得ている エ　パーフェクトダイエットを使用したことにより得られたとする痩身効果を示すデータ及び体験談等を表示し，当該商品を使用したとする者が実際に容易に著しい痩身効果を得た体験をした かのように表示していた。 ⑶実際 公正取引委員会が日商ストックマネージメント㈱に対し上記表示の裏付けとなる合理的な根拠を示す資料の提出を求めたところ，日商ストックマネージメント㈱からは，期限内に当該資料の提出はなかった。 ※本件は，清算中の会社に排除命令を行ったもの。対象商品の売上が18億6,000万円に上り，一般消費者への影響が大きかった（公正取引657号63頁）。 ※清算中の会社に対して排除命令を行ったものとして京都きものファッションセンター事件（H14（排）25）がある（公正取引657号63頁）。	§５① ７Ⅱ
〔23〕 2005/5/25 警告	セラヴィリゾート㈱	外食（牛肉・地鶏・ブランド牛・魚介類（イカなど）） 公正取引659号70頁	⑴対象商品役務 食材としての牛肉・地鶏・イカ・野菜 ⑵表示の概要 ⒜時期 ア　H16年２月27日ころ～６月10日ころ イ　H16年２月15日～６月10日ころ ウ　H16年５月19日ころ～９月15日ころ エ　H16年５月15日ころ～８月31日ころ ⒝媒体 ア　H16年春期の北の家族錦店のチラシ	

			イ　H16年春期の北の家族千日前店，同心斎橋店，同江坂店及び同三宮店のチラシ ウ　H16年夏期の北の家族錦店のチラシ エ　H16年夏期の北の家族千日前店，同心斎橋店，同江坂店及び同三宮店のチラシ (c)表示内容 ア 「北の旬で春宴会」と大きく記載した面に，「旨き便りは，北からやってくる。」と記載した上で，「北の家族春爛漫コース」における料理の一品目として「◆オホーツク産チカと春野菜の唐揚げ」，「北の家族春満開コース」における料理の一品目として「◆知床地鶏のサラダ仕立て」と記載。 イ 「春の北海道　大還元祭」と大きく記載した面に，「北海道の海と大地から「旨き」が大集合しました。」と記載した上で，「春の華コース」における料理の一品目として「◆十勝牛の火山噴火焼」，「春の豪快特別コース」における料理の一品目として「◆十勝牛の朴葉味噌銘々焼」と記載。 「春の大還元祭」と大きく記載した面に，「北海道からとれたて直送。」と記載した上で，単品料理の一品目として，「知床鶏砂ずりの唐揚げ」，「知床鶏せせりの塩焼」と記載。 ウ 「特選夏の宴会プラン」と大きく記載した面に，「旨き便りは，北からやってくる。」と記載した上で，「豪華北の家族コース」における料理の一品目として「◆活北海するめイカの天麩羅」，「北海道山幸海幸コース」における料理の一品目として「◆オホーツク産チカと夏野菜の唐揚げ」と記載。 エ 「北の家族・夏宴会」と大きく記載した面に，「北の旨いものを集めた夏の3コースが揃いました。」と記載した上で，「涼快コース」における料理の一品目として「◆知床鶏もも1本焼き」と記載。 (3)実際 「北の家族」で供した「知床地鶏のサラダ仕立て」等の鶏肉はブラジル連邦共和国産等，「十勝牛の火山噴火焼」及び「十勝牛の朴葉味噌銘々焼」の牛肉はアメリカ合衆国産であるなど，いずれも，北海道産又は北海道近海産の食材が用いられているものではなかった。 ※食品偽装事例 ※2008年10月6日にセラヴィホールディングスが民事再生申立。 ※一般消費者が飲食店を選択するに当たり，食材の産地は重要な選択要素であると思われるとの指摘がある（公正取引659号71頁）。	§5①	

〔24〕 2005/5/27 警告	㈱司電子 ㈱ティーエス 泰高電機㈱	食品（そばの種子） 公正取引 660号62頁	【㈱司電子及び㈱ティーエスの表示】 ⑴対象商品役務 「そばの芽」と称する商品 ⑵表示の概要 (a)期間 H16年4月ころ～11月ころ (b)媒体 包装容器 (c)表示内容 包装容器に「国産種子使用」と記載することにより，あたかも，当該商品が国産のそばの種子のみを使用して栽培されたものであるかのように表示していた。 ⑶実際 平成16年4月ころから同年8月ころまでの間使用した種子のすべて，同年9月～11月ころまでの間使用したもののうち，少なくとも4割程度は中国産であった。 （ティーエスを通じて販売していた） ※そばの芽そのものの原産国の表示ではないことから，4条1項3号（当時）ではなく，1号の規定に違反するおそれがあることから警告を行ったもの（公正取引660号63頁）。 ※食品の安全・適正表示に対して消費者が大きな関心を寄せるようになっている旨指摘あり（公正取引660号63頁）。 ※㈱司電子及び㈱ティーエスの所在地及び代表取締役は同一。 ※泰高電機㈱は，配電盤事業の他に，手打ちうどん・整体なども業務としている会社であった。	§5①
〔25〕 2005/6/28 警告	㈱キリン堂	小売（生活雑貨（トイレットペーパー））	⑴対象商品役務 トイレットペーパー① Kirindo　トイレットロール② Flossy　シングル ⑵表示の概要 (a)期間 ①遅くとも平成16年9月ころ～平成17年1月ころ　②平成16年11月ころ～平成17年1月ころ (b)媒体	

			商品の包装袋 (c)表示内容 ア　表面及び裏面に「100%パルプ」と記載し，さらに左側面及び右側面に「●パルプ100%でつくられています。」と， イ　左側面及び右側面に「●蛍光染料は使用していません。」と それぞれ記載することにより，あたかも，当該商品はパルプ100パーセントの商品であり，かつ，蛍光染料が使用されていないかのように表示していた。 (3)実際 パルプ100パーセントをうたう一般のトイレットペーパーではごくわずかな量しか含まれていない無機分が多量に含まれているものであって，パルプ100パーセントと認められるものではなく，また，蛍光染料も含まれているものであった。	§5①
〔26〕 2005/6/29 警告	㈱東北西友	小売（食品・日用雑貨品43品目）	(1)対象商品役務 宮城県に所在する12店舗及び福島県に所在する1店舗の計13店舗で販売していた食料品及び日用雑貨品43品目 (2)表示の概要 (a)期間 平成17年1月20日～22日 (b)媒体 店頭の陳列棚の掲示とポップ (c)表示内容 ポップに記載した実際の販売価格に比して著しく高い価格を記載した札を比較対照価格として店舗の陳列棚に掲示することにより，あたかも，最近相当期間にわたって比較対照価格により当該商品を販売していたかのように表示していた。 (3)実際 比較対照価格は販売されたことのない価格又は最近相当期間にわたって販売された実績のない価格であった。 ※東北西友は2002年11月にも公正取引委員会に指導を受けていたとのこと。	§5②
			【奥順㈱の表示】 (1)対象商品役務	

〔27〕 2005/7/11 警告	奥順㈱ ㈱小倉商店 ㈱河野商店 村九㈱ 井上商事㈱ 宮﨑㈱ 藤貫㈱ 縞屋井上比佐夫こと井上比佐夫 ㈱奥庄 ㈱結真紬	製造販売（衣料（絹織物）） 公正取引661号54頁	結城紬 (2)表示の概要 (a)期間 昭和38年ころ～平成17年6月ころ（一部，事業者によって始期は異なる。） (b)媒体 品質表示ラベルを商品本体に貼付 (c)表示内容 商品本体に，「重要無形文化財指定」と記載された品質表示ラベルを貼付することにより，あたかも，当該結城紬が重要無形文化財の指定要件を満たすものであるかのように表示していた。 (3)実際 強撚糸を使用したもの（①使用する糸はすべて真綿より手つむぎしたものとし，強撚糸を使用しないことの要件を満たしていない。），絣模様が直接染色法により付けられたもの（②絣（かすり）模様を付ける場合は，手くびりによることの要件を満たしていない。）又は高機で織られたもの（③地機（じはた）で織ることの要件を満たしていない。）であり，重要無形文化財の指定要件を満たしていないものであった。 ※結城紬（つむぎ）は，重要無形文化財に指定されているが，重要無形文化財の指定の要件を満たさないものに指定の要件を満たすものであるかのような表示を行っていたもの。 ※表示は極めて長期にわたっており，ニッチな業界・一地方での定着した慣行・慣習が表示の不当性を治癒しないことを物語っている事案でとも言い得るのではないか（筆者私見）。 ※①から③の3つの指定要件のうち，1つを満たせば重要無形文化財の指定を受けられるという誤った認識に原因があったためと思われる（公正取引661号55頁）。 ※3要件すべてを満たさないものについての不当表示はなかったことが警告にとどまった背景としてあるとみられる（公正取引661号56頁）。 ※公取としては，地域ブランドに係る不当表示事件に対しては厳正かつ迅速に対処することとしているとのこと（公正取引661号56頁）。	§5①
			(1)対象商品役務 平成17年1月29日～30日までを期間とする宮崎県小林市所在の小林市みどり会館において	

			催事販売を実施する衣料品，日用雑貨品，電気製品等34品目 (2)表示の概要 (a)期間 平成17年1月28日 (b)媒体 新聞折り込みチラシ (c)表示内容 上段に「一流メーカー・一流問屋の倒産品」，「倒産処分市」と大きく記載し，「○メ印はメーカー希望小売価格。」と記載の上，衣料品，日用雑貨品，電気製品等34品目について，例えば，「メンズ&レディース　カシミヤ100%高級セーター各種　サイズ/各種　○メ38,000円税込ズバリ1,998円均一」等と，実際の販売価格に比し著しく高い価格を「メーカー希望小売価格」として表示し，これを比較対照価格として実際の販売価格に併記。 (3)実際 「メーカー希望小売価格」と称する価格は，当該商品の製造業者が設定したものではなく，ビッグイレブンが独自に設定した価格であって，実際の販売価格が著しく安いかのように表示していた。 ※本件の特徴として，メーカー希望小売価格の9割近い割安感に信憑性を出すために，「一流メーカー。一流問屋の倒産品」，「倒産品処分市」等と表示しており，他の二重価格表示事件以上に一般消費者に対する誘因効果が強い表示であった（公正取引661号53頁）。		
〔28〕 2005/8/2 排除命令 (H17(排)6)	(有)ビッグイレブン	小売（衣料品・家庭用品） 第5版 109頁 公正取引 661号52頁		§5②	
			(1)対象商品役務 「BOWS」と称する細粒状の食品 (2)表示の概要 (a)時期 ア　平成16年3月ころ～9月ころ　イ　平成16年1月～2月 (b)媒体 ア　ホームページに掲載した広告　イ　一般日刊紙に掲載した広告 (c)表示内容 ア　「油分，糖分，塩分…分子の大きさを10万分の1のサイズに縮小して体内善玉菌の餌にする」と表示するとともに，「油分残留証明実験」と題して，「バリアスオイルラッピング		

〔29〕 2005/9/8 排除命令 （H17（排）7）	バリアスラボラトリーズ㈱	販売（健康食品）	システム」との見出しを付し，実験の経過を記載した上で，「ミセル化（油を内包）したものがゲル状のまま体内でそのまま内包させ続けているという証明。」,「このゲル状の塊が栄養素の身体吸収をブロックする。」と表示し，当該商品を使用することにより，食物の油分の消化吸収が阻止されるかのように，摂取した食物から体内に吸収されるカロリーの量が大幅に減少するかのように，また，当該商品を使用した大部分の者が痩身効果を得られたという調査結果があるかのように表示していた。 「BOWSの効果的な飲み方」と題して，飲食物の写真を掲載し，飲食物ごとの，カロリー，BOWSの使用量及び使用時間等を記載した上で，「BOWS 1包で，【約720kcal】の食事をした時に，およそ80%が排泄されます。」と表示していた。 「BOWSQ&A」と題して，「Q 本当に720kcalをカットしているのですか？」,「A 720kcalをカットするのではありません。凡そ，720kcal摂取した際にその720kcalに対して約80%をカットするのです。」と，「Q どれぐらいの期間で効果が出るのでしょうか？」,「A BOWSをご利用になった方の72%の人に結果が出ています。体脂肪や体重に変化が出るまで90日もかかった人がいますが，「体重が減った」「体脂肪が減った」と答えた人の大半が45～55日の間に集中しています。」と表示し，また，「Q 栄養素を補給したほうがよいですか？どんな物を補給すればよいですか？」と記載した上で,「A 油分や糖分など摂取した栄養素の約80%ほど吸収阻止します」と表示しあたかも，BOWSを使用することにより，食物の油分の消化吸収が阻止されるかのように，摂取した食物から体内に吸収されるカロリーの量が大幅に減少するかのように，また，BOWSを使用した大部分の者が痩身効果を得られたという調査結果があるかのように表示していた。 イ 「ダイエットサプリメント BOWS経験者の26% が□やや不満□不満と答えました。この数字をどう捉えますか!? 74%の確率にトライしますか？」と大きく記載の上，「全国41,280人アンケートハガキ □満足□やや満足 30,788人 74% □やや不満□不満 10,492人 26% 2003 自社アンケート調査より」と表示し，あたかも，BOWSを使用した結果に満足している者が大部分であったという調査結果があるかのように表示していた。 (3)実際 公正取引委員会がバリアスラボラトリーズ㈱に対し上記表示の裏付けとなる合理的な根拠を示す資料の提出を求めたところ，バリアスラボラトリーズ㈱は，期限内に当該表示の裏付けとする資料を提出したが，当該資料は，当該表示の裏付けとなる合理的な根拠を示すものであるとは認められないものであった。	§5① 7 II

〔30〕 2005/9/28 警告	㈱アリスティ ㈱センチュリー ㈱トップランド ㈱カシムラ ㈱大創産業 オズマ㈱ ㈱セイワ 多摩電子工業㈱ ㈱ラスタバナナ 東洋コネクター㈱ 東洋トレーディング㈱ ㈱アークス ㈱リンケージ	製造販売（携帯電話関連用品（充電器）） 公正取引669号63頁	【㈱アリスティの表示】 ⑴対象商品役務 使い切り充電器 MAX 2FOMA［W－CDMA］ ⑵表示の概要 (a)時期 不明 (b)媒体 当該商品の包装容器 (c)表示内容 表面に「過充電防止機能付」と記載するとともに，裏面に「携帯電話機にやさしい３つの安全機能」と記載した上で「満充電近くになると電流を止める過充電防止」と記載していた。 ⑶実際 満充電を検知して過充電を防止する機能は携帯電話機に備わっているものであって，当該商品は過充電を防止する機能を有するものではなかった。 ※13社に対する警告事案であり，「他もやっている」という横並び意識は不当表示を正当化しないことに注意。 ※東洋コネクター株式会社が発売元・東洋トレーディング株式会社が輸入元の関係にある。 ・株式会社アリスティ「使い切り充電器 MAX 2FOMA［W-CDMA］」についても表示主体となっていた。	§５①
〔31〕 2005/10/13	㈶厚生年金事業振興団	施設（ホテル・宿泊）	【㈶厚生年金事業振興団の表示】 ⑴対象商品役務 宿泊施設の浴場の温水の泉質 ⑵表示の概要 (a)期間 遅くとも平成16年４月ころ～平成17年３月ころ (b)媒体 一般消費者に配布する「ウェル旅ガイドブック」と称するウェル宿泊施設すべてを記載したガイドブック及び施設ごとに作成したパンフレット並びに HP	

排除命令 (H17(排) 8～9)	ルートインジャパン㈱	公正取引 669号62頁	(c)表示内容 「温泉三昧」四季折々に姿を変える奥武蔵の自然と自慢の温泉を満喫できます。」,「●トロン温泉入浴」,「トロン温泉の効能 腰痛，神経痛，肩こり，うちみ，くじき，痔病，水虫，冷え性，しもやけ，疲労回復などに効果があり，心身のリフレッシュに最適な温泉です。」などと，温泉を使用したものであるかのように表示していた。 (3)実際 温泉を使用したものではなく，水道水を加温した上で医薬部外品である鉱石を使用したものであった。 ※温泉成分の偽装表示(財)厚生年金事業振興団：20の宿泊施設の浴場の浴槽の温水の泉質，ルートインジャパン㈱：29の宿泊施設の浴場の浴槽の温水の泉質）である。	§5①
〔32〕 2005/10/27 排除命令 (H17(排) 10～11)	(有)アルザン (有)アクスト	小売（電動機付自転車） 公正取引 666号56頁	【(有)アルザンの表示】 (1)対象商品役務 電動機付自転車 (2)表示の概要 (a)期間 平成16年4月～ (b)媒体 自社ホームページ (c)表示内容 「手元のスイッチ一つでフル電動機能とアシスト機能を簡単切り替えできます。プライベートサイクリングはフル電動，公道を走行の時はアシスト機能へと手元のスイッチで簡単の切り替えができ大変便利です。」等と表示することにより，あたかも，自転車又は原動機付自転車として公道を走行できるかのように表示していた。 (3)実際 同社が販売する電動自転車は，原動機付自転車に該当するものであり，同社がそれぞれ販売していた状態においては道路運送車両法に規定する道路運送車両の保安基準を満たしていなかったことから，自転車としても原動機付自転車としても公道を走行できないものであった。 ※平成17年4月6日に国民生活センターから，法律上原動機付自転車に該当するものにつ	§5①

			いての広告表示等の改善について政府への要望が出されていた（公正取引666号59頁）。	
〔33〕 2005/11/15 排除命令 （H17(排)12）	㈱フォルクス	外食（食品（牛肉）） 公正取引664号55頁	⑴対象商品役務 「ビーフステーキ焼肉ソースランチ」など5種類の料理 ⑵表示の概要 (a)期間 平成17年3月8日～同年9月6日 (b)媒体 店舗メニュー・ポスター・折込広告 (c)表示内容 「あら挽きビーフ100%」等と正肉を用いたと解し得る記載をしていた。 ⑶実際 上記のように，牛の正肉であるかのように表示していたが，使用している肉は，実際には，牛の成型肉であった。 ※フォルクスは，牛海綿状脳症（BSE）問題により牛肉が不足し，市場価格が高騰したことなどを契機として，成型肉を製造業者に委託して開発させた（公正取引664号56頁）。 ※成型肉を用いたこと自体を問題としている訳ではない（公正取引664号57頁）。 ※平成17年9月7日以降，前記5種類の料理の提供を終了するとともに，前記3記載の表示を取りやめている。	§5①
〔34〕 2005/11/16 排除命令 （H17(排)	祐徳自動車㈱ ㈲山陽堂	小売（陶磁器）	⑴対象商品役務 陶磁器 ⑵表示の概要 (a)期間 遅くとも平成16年4月ころ～平成17年4月ころ (b)媒体 店舗内ののぼり・ポップ・ポスター (c)表示内容 「有田焼　毎日使う和食器」又は「有田焼　ふだん使いの『和』の食器」等と記載するなどにより，あたかも，当該売場に陳列された陶磁器のすべてが有田焼の陶磁器であるかのように表示していた。	§5③

13)		公正取引 664号58頁	(3)実際 当該陶磁器のうち少なくとも２割強の品目はタイ王国で製造されたものであった。 ※２社が一つの排除命令を受けている（経営者は別。祐徳はホームセンターを経営していた）。 ※最近の陶磁器の出荷状況をみると，国産品の出荷量は年々減少し，人件費の低い中国・東南アジアからの輸入品が増加している。このような中で行われた事件であり，他地域でも同様の行為が行われている可能性が否定できないとの指摘がある(公正取引664号60頁)。	
〔35〕 2005/12/7 警告	㈱ベルーナ	通信販売 宝飾品（真珠） 公正取引 669号63頁	(1)対象商品役務 「マーメイドパール」と称する宝飾品 (2)表示の概要 (a)期間 ア　平成12年２月23日～平成15年９月30日（10回） イ　平成13年２月20日～平成17年７月19日（78回） (b)媒体 ア　カタログ「ルフラン」 イ　一般日刊紙に折り込んだチラシ (c)表示内容 商品広告の上部にシャコガイの写真を掲載して「南洋オーストラリア産　マーメイドパール」と記載するとともに，「稀少性が増す大粒12mm 真珠の逸品。和珠本真珠を超えたテリと輝き。」と記載することにより，あたかも，当該商品が，南洋のオーストラリア産の真珠であるかのように表示していた。 (3)実際 南洋のオーストラリア産であるかのように表示していたが，実際には外国産の人工の真珠であった。 ※靴やブランドバックの広告とともに掲載していたもの。 ※ベルーナは以前にも排除命令（H16(排)12）〔10〕を受けたことがある。 ※12月８日，IR ニュースで見解表明し，表示において「貝パール」であることを明記しており，貝パールが人造パールないし模造パールの俗称であることは公刊されている宝石辞典等の図書類においても明白で，景表法違反とは全く考えていなかった，としている（同	§５①

<table>
<tr><td></td><td></td><td></td><td>社 IR ニュース)。</td><td></td></tr>
<tr><td>〔36〕
2005/12/26
排除命令
(H17(排)14～16)</td><td>㈱エッチアールディ
㈱日本ホームクリエイト
シルバー精工㈱</td><td>家庭用品の製造販売(家庭用浄水器)

公正取引665号58頁</td><td>【㈱エッチアールディの表示】
(1)対象商品役務
ダイポール(磁石でできた筒状の商品。口径により28万5,000円と9万5,000円の2種あり。)
(2)表示の概要
(a)期間
ア　平成16年1月ころ～平成17年12月7日ころ
イ　平成16年1月ころ～平成17年10月21日ころ
(b)媒体
ア　パンフレット
イ　HP広告
(c)表示内容
当該商品に水道水を通過させることによって得られる水は，風呂場のかびの発生やバスタブ内の湯あかの発生を抑え，トイレの水あかを付きにくくし，トイレの臭いを解消し，洗濯時に衣類の汚れが落ちやすくふっくらと仕上げ，洗剤の使用量を削減し，台所のシンク周りのぬめりを抑え，食器のしつこい油汚れを落ちやすくするかのように表示していた。
(3)実際
公正取引委員会が㈱エッチアールディに対し上記表示の裏付けとなる合理的な根拠を示す資料の提出を求めたところ，㈱エッチアールディは，期限内に当該表示の裏付けとする資料を提出したが，当該資料は，当該表示の裏付けとなる合理的な根拠を示すものであるとは認められないものであった。
※浄水器の広告表示に関しては，平成17年2月に東京都において行った広告の調査結果が公表されているが，そのほとんどの表示に根拠がないと結論付けている(公正取引665号61頁)。
※活性酸素の消去を標榜する商品は多数販売されており，こうした商品等をとりあつかう事業者は，今後本件を教訓として，合理的根拠を有するとして認められ得る十分な根拠の裏づけのある表示を行う必要があるとしている（公正取引665号61頁)。</td><td>§5①
7 II</td></tr>
<tr><td></td><td></td><td></td><td>一般消費者は，消費税総額表示制度の導入を契機として，現時点では，通常，ガソリンスタンドにおいて表示されたガソリンの販売価格を見た場合，当該価格は消費税込みの価格</td><td></td></tr>
</table>

			と認識する状況にあるところ，消費税抜きの価格を記載し，当該価格が消費税込みの価格であると一般消費者に誤認される疑いがある表示を行っていたもの。 【福岡スタンダード石油㈱の表示】 (1)対象商品役務 ①福岡県糟屋郡新宮町②福岡市博多区③福岡県大野城市④福岡県筑紫野市所在の各給油所で販売するガソリン (2)表示の概要 (a)時期 ①平成17年11月14日 ②・④平成17年11月22日 ③平成17年11月21日・22日 (b)媒体 サインポール及び看板 (c)表示内容 ①③④レギュラーガソリンの販売価格として「119」と表示していた。 ②レギュラーガソリンの販売価格として「121」と表示していた。 (3)実際 「119」又は「121」は消費税抜きの価格であった。 ※消費税総額表示制度の導入後に，ガソリンスタンドにおいてガソリンの販売価格をサインポールまたは看板に表示するに当たり，税抜き価格を記載したことが景品表示法に違反するおそれがあるとして警告が行われた事例である。	§5②
〔37〕 2005/12/27 警告	福岡スタンダード石油㈱ ローレル石販㈱ 伊藤忠エネクス㈱ ㈱吉田石油店 ㈱三光石油サービス ㈱西日本宇佐美	石油販売事業者（ガソリン） 第5版 129頁 公正取引 669号63頁		
〔38〕 2006/1/12 警告	㈱ネイチャーラボ	健康食品販売（タブレット） 公正取引 669号63頁	(1)対象商品役務 ①「MVP コエンザイム Q10　9000mg」 ②「MVP コエンザイム Q10包接体　9000mg」 (2)表示の概要 (a)期間 ①平成16年11月ころの1ヵ月間 ②平成16年12月ころ～平成17年3月ころ (b)媒体	

			①②商品貼付ラベル (c)表示内容 ①「3粒中主要成分　コエンザイムQ10　300mg」と記載することにより，あたかも，当該商品3粒中には，コエンザイムQ10が300ミリグラム含有されているかのように表示していた。 ②「3粒中主要成分　コエンザイムQ10包接体　300mg」と記載することにより，あたかも，当該商品3粒中には，コエンザイムQ10が300ミリグラム含有されているかのように表示していた。 (3)実際 タブレット状のコエンザイムQ10含有食品について，当該商品3粒中には，コエンザイムQ10が300ミリグラム含有されているかのように表示していたが，実際の含有量は3粒中約18ミリグラムであった。	§5①
〔39〕 2006/1/24 排除命令 （H18(排)1）	㈱リボン	製造販売（菓子（あめ）） 公正取引668号91頁，724号98頁	(1)対象商品役務 「フルーツキャンデー　assorted candy」と称するあめ菓子を詰め合わせた商品 (2)表示の概要 (a)期間 平成14年7月ころ～ (b)媒体 ア　外装袋の表面の上方部 イ　外装袋の表面の下方部の透明部分から容易に見える内装袋 (c)表示内容 ア　巨峰，ラ・フランス及びオレンジの果実の名称を記載するとともに，それぞれの果実の写真を掲載し，「フルーツキャンデー　assorted candy」，「おいしさいっぱい果汁50%　フルーツのおいしさをそのままキャンデーにしました。」と記載していた。 イ　巨峰，ラ・フランス又はオレンジとそれぞれの果実の名称を記載するとともに，その果実の写真を掲載していた。 ア及びイにより，あたかも，あめ菓子の原材料の果汁として巨峰，ラ・フランス又はオレンジの果汁を用いているかのように表示していた。 (3)実際	§5①

			あめ菓子の外装袋に，原材料の果汁として巨峰，ラ・フランス又はオレンジの果汁を用いているかのように表示していたが，実際にはりんご果汁のみを用いており，巨峰，ラ・フランス及びオレンジの果汁を全く用いていないものであった。 ※100円ショップ向けに開発された食品を対象としたものであり，この分野での初めての排除命令である（公正取引668号93頁）。 ※100円ショップは近年拡大を続けており，子供や主婦層の利用者も多いとの指摘あり（公正取引668号93頁）。	
〔40〕 2006/2/28 警告	㈱ドン・キホーテ	小売（ブランドバッグ） 公正取引669号64頁	⑴対象商品役務 北海道内に所在する「ドン・キホーテ」5店舗において，「GUCCI」ブランドの付された14種類の商品 ⑵表示の概要 (a)期間 平成17年5月20日 (b)媒体 新聞折り込みチラシ（22万部） (c)表示内容 チラシ表面左側上段に「ドンキのグッチは並行輸入店最大級の品揃えです！」，「憧れのブランドGUCCIスーパー激安プライス　大特集!!」と記載の上，グッチ商品14種類について，例えば「長札Wホック112715　輸50,400円の品　39,800円　21%OFF限定数有り」と記載と表示していた。 ⑶実際 販売のために準備していた数量は，13種類は各店舗1点，1種類は各店舗2点のみであり，販売数量が著しく限定されているにもかかわらず，その限定の内容が明りょうに記載されているとはいえないおそれのある表示を行っていた。	§5③（おとり広告）
			【㈱ライフケアサービス】 ⑴対象商品役務 高齢者向け賃貸マンション「ビバリーライフ横浜」 ⑵表示の概要 (a)期間	

〔41〕 2006/3/13 排除命令 (H18(排) 2～3)	㈱川島コーポレーション ㈱ライフケアサービス	施設（老人ホーム） 第5版 157頁 公正取引 669号61頁, 670号62頁	遅くとも平成17年10月ころ～ (b)媒体 神奈川県のホームページに掲載されている有料老人ホーム重要事項説明書 (c)表示内容 ビバリーライフ横浜における夜間の最少の介護職員等の数について，あたかも，夜間における最少の介護職員等の数が8人であり，また，夜間における最少の看護職員の数が2人であるかのように表示していた。 (3)実際 ビバリーライフ横浜における夜間の最少の介護職員等の数は2人であり，また，夜間に勤務する看護職員の数は配置していない又は1人であり，有料老人ホームの介護職員等の数について，夜間における最少の介護職員等の数を正しく記載しておらず，その最少の数を明りょうに記載しているとはいえない。 ※有料老人ホームの取引は，取引開始にあたって，高額の費用が必要となることが多く，提供するサービスの性質上取引は長期にわたり，かつ，いったん取引が開始されると消費者側からの契約解除の申出は一般的に困難である等の特徴がある（公正取引670号64頁）。	§5①
〔42〕 2006/3/23 排除命令 (H18(排) 4～12)	日本生活協同組合連合会及び ㈱小善本店 ㈱小善本店 ㈲海産物松村 ㈱白子 ㈱サングリーン 永井海苔㈱及び ㈱サングリーン	製造販売（食品のり） 公正取引	【日本生活協同組合連合会の表示】 (1)対象商品役務 ①「味付韓国産岩のりゴマ油風味」と称する食品のり（8切64枚入り）②「味付韓国産岩のりピリ辛風味」と称する食品のり（8切64枚入り） (2)表示の概要 (a)時期 ①平成11年7月ころ～平成18年2月ころ ②平成13年6月ころ～平成18年2月ころ (b)媒体 包装袋 (c)表示内容 ①前面に「味付韓国産岩のり　ゴマ油風味」，「韓国産の岩のりを，ゴマ油と赤穂の天塩を使って国内の工場で味付加工しました。」と ②前面に「味付韓国産岩のり　ピリ辛風味」，「韓国産の岩のりを，ごま油と赤穂の天塩で味	§5①

	オンガネジャパン㈱ ㈱なとり ニコニコのり㈱	669号61頁，670号60頁，724号97頁	付けして焼き上げました。」と それぞれ記載することにより，あたかも当該食品のりの原材料として岩のりが用いられているかのように表示していた。 (3)実際 原材料として岩のりは用いられておらず，養殖ののりが用いられていた。 ※養殖のりの生産量が年間約３万トン程度であるのに対して，岩のりの生産量は約８トン程度と極めて僅少である（公正取引670号60頁）。 ※公正取引委員会は，同日，食品のり公正取引協議会に対して会員への指導の強化等を要望し，協議会は，要望を受けて食品のり公正競争規約を一部変更した（公正取引670号61頁）。	
〔43〕 2006/3/24 排除命令 （H18（排）13）	㈱日本航空ジャパン	運輸（国内定期航空運送事業） 公正取引668号94頁，729号82頁	(1)対象商品役務 国内線航空運送業務 (2)表示の概要 (a)時期 平成17年１月～（媒体により異なる） (b)媒体 日刊紙・岡山空港と仙台空港の掲示時刻表・チラシ・雑誌「マリアージュ」 (c)表示内容 ア　岡山空港・東京国際空港間について，例えば，平成17年10月26日付け毎日新聞岡山版において，「東京へは，おトクなJALの『特便割引１』で。岡山＝東京 11/１～12/15搭乗分11,000円～ 12/16～31搭乗分12,000円～」と， イ　広島空港・東京国際空港間について，例えば，平成17年10月31日付け中国新聞において，「11月からも，東京へはJALが便利です。おトクな『特便割引１』を全便に設定。広島＝東京（2005.11/１～2006.１/９搭乗分）12,500円～」と， ウ　鹿児島空港・神戸空港間について，例えば，平成17年12月16日付け日本経済新聞西部版において，「新しい神戸の空へ，JALで飛ぼう！ 本日，予約開始！ 神戸空港開港記念『特便割引』を設定。（２/16～28搭乗分）『特便割引７』鹿児島＝神戸12,500円～14,000円」と， エ　仙台空港・大阪国際空港間について，例えば，平成17年１月初旬ころ一般消費者に配布したチラシにおいて，「２月17日，仙台＝大阪線増便。ますます便利な毎日12便運航。充実のダイヤで，大阪への空の旅をお楽しみください。仙台＝大阪線（２/17～３/10搭乗分）	§５②

<table>
<tr><td></td><td></td><td></td><td>『特便割引７』15,500円～」と，
オ　松山空港・大阪国際空港間について，例えば，平成17年９月ころ一般消費者に配布したチラシにおいて，「大阪へは，ますますJALだね。11月より，松山＝大阪線１日９往復に増便。松山＝伊丹『特便割引７』10,500円～『特便割引１』11,200円～」と，
それぞれ記載することにより，あたかも，広告を行った地域の空港を出発地とする便に，当該運航区間の片道の航空旅客運送に適用される最低の航空運賃が適用されるものであるかのように表示していた。
(3)実際
航空運賃は，それぞれの空港を到着地とする便の一部にのみ適用されるものであった。
※公共交通機関の運賃に関する初めての排除命令である（公正取引668号96頁）。
※「日本航空ジャパンが，平成16年10月30日付け毎日新聞岡山版において，岡山空港・東京国際空港間における航空旅客運送に係る航空運賃について，前記４(1)と同様の表示を行ったことから，同社に対し，景品表示法の規定の違反につながるおそれがあるとして注意を喚起したが，その後，同社においては当該表示に対する再発防止策が講じられなかったものである。」と附記されている。</td><td></td></tr>
<tr><td>〔44〕
2006/3/29
排除命令</td><td>三光食品工業㈱
サコウ食品㈱</td><td>加工販売あるいは製造販売（食品（貝類））</td><td>【三光食品工業㈱の表示】
(1)対象商品役務
「あわび椎茸」
(2)表示の概要
(a)期間
平成15年８月ころ～平成18年２月ころ
(b)媒体
外装箱の表面
(c)表示内容
殻付きのあわびの写真を掲載するとともに，「高級珍味」と記載の上，「あわび」と表示することにより，あたかも，あわび椎茸の原材料の貝として，あわびを用いているかのように表示していた。
(3)実際
ロコ貝及び帆立貝を用いており，あわびを全く用いていないものであった。</td><td>§５①</td></tr>
</table>

（H18（排）14～16）	(有)米又	公正取引673号78頁，724号97頁	※平成17年11月10日以降，あわび椎茸の出荷を取りやめるとともに，流通している当該商品を平成18年2月14日までに回収している。と表示していた（三光食品工業(株)）。 ※平成18年2月1日以降，あわびわさびの出荷を取りやめていると表示していた（サコウ食品(株)）。 ※平成18年1月1日以降，前記3記載のあわびわさび漬の出荷を取りやめるとともに，流通している当該商品を平成18年2月28日までに回収している（(有)米又）。 ※平成17年度における排除命令のうち，半数近くが食品に係る排除命令であった（公正取引673号79頁）。 ※あわびは，腹足綱原始腹足目ミミガイ科に属する藻食性の巻貝であり，また，ロコ貝は，腹足綱新腹足目アクキガイ科に属する肉食性の巻貝である。 ※あわびは，ロコ貝に比べ，一般消費者における知名度が高く，一般に，高級なものとして認知されている。流通段階における取引価格，あわびの方がロコ貝よりも高い状況にある。	
〔45〕 2006/5/15 審判審決 （H17（判）5）	(株)ユナイテッドアローズ	小売（衣料） 公正取引675号59頁 H18年重判256頁	【事例】 輸入卸売業者（八木通商）の説明にしたがい，タグ及び下げ札には「イタリア製」との記載がされていたが，実際にはルーマニアで縫製されていたものであった。 【判断】 審決は，表示の主体は，表示の内容の「決定に関与した」者で，「他の者の表示内容に関する説明に基づきその内容を定めた場合や，他の者にその決定を委ねた場合」も「決定に関与した」に当たるとして，小売業者が，輸入卸売業者の説明を信じていたとしても，表示の主体として規制されるとした（H18年重判240頁） ※2004.11.24排除措置命令に対する不服申し立て 「本件審決は，景表法上の不当表示の主体について，初めて審決で判断を示した事例であり，従来の解釈を踏襲しつつ，その範囲を明白に示した点で重要」（H18年重判257頁）	§5①
			【(株)サンマークライフクリエーションの表示】 (1)対象商品役務 結婚相談サービス (2)表示の概要 (a)期間	

			平成17年11月ころ～12月ころ (b)媒体 雑誌広告 (c)表示内容 「理想の結婚はサンマリエから。」,「「紹介数」から「出会い数」へ　それがサンマリエの魅力です。」,「サンマリエは，毎月の「紹介状」だけでなく,「ご希望されたお相手との出会い」を規定回数保証。」と記載の上, ①「会員数38,015人　全国ネットワーク「明るい幸せな家庭環境づくりに奉仕する」サンマリエです。」, ②「2005年１月から９月実績」として「・成婚者数3,478人」, と記載し表示していた。 (3)実際 ①「サンマリエ」と称する当該サービスの会員の数は，20,538人であった。 ②成婚者数として表示した3,478人は，会員との結婚又は婚約を理由に退会した会員947人に,当該サービスを通じて成婚したものとはいえない以下のア及びイを加えることにより,当該サービスを通じて平成17年１月から同年９月までの間に成婚したサンマリエ会員の数を誇大に表示していたものであった。 ア　会員との交際を理由に退会した会員約800人 イ　会員外の者との結婚又は婚約を理由に退会した会員約1,600人 ※結婚相手紹介サービス業界に対して，初めて排除命令を行ったもの（公正取引674号60頁）。 ※実績人数の不当表示。教育産業の合格実績不当表示と共通するものがある。 ※「成婚者の数に続けて「(外部成婚含む)」と付記しているが，この記載では，一般消費者が当該成婚者数3,478人にサンマリエ会員外の者との結婚又は婚約を理由に退会したサンマリエ会員が約1,600人も含まれていることを認識するのは困難である。」と認定。 ※平成17年12月末ころ以降，会員及び成婚者の数値を表示することを取りやめている（㈱サンマークライフクリエーション）。		
〔46〕 2006/5/19 排除命令 （H18(排)17～18)	㈱サンマークライフクリエーション ㈱オーエムエムジー	役務提供（結婚相談業） 公正取引674号60頁		§5①	
			(1)対象商品役務 「学費よみがえり制度」		

〔47〕 2006/5/24 排除命令 (H18(排)19)	㈱代々木ライブ・アニメイション	教育（職業教育） 公正取引671号93頁	(2)表示の概要 (a)時期 ア　平成16年４月ころ イ　平成17年８月25日ころ ウ　平成16年12月15日ころ エ　平成17年１月15日ころ オ　平成17年１月20日ころ (b)媒体 ア　平成17年４月及び同年10月の各入学期の入学希望者を対象とする「募集要項」 イ　月刊誌「月刊ホビージャパン」 ウ　季刊誌「季刊エス」 エ「専門学校各種学校案内2006年度用」 オ「全国専修学校各種学校スクールガイド2006年版」 (c)表示内容 ア「学費大幅値下げ」,「声優タレント科 学費合計59万円」,「その他の一般学科 学費合計65万円」と記載の上,「学費返還制度導入」,「※ご入学をとりやめた場合でも，ご納付の学費は返還されます。」, イ「低学費・高品位教育」と記載するとともに,全国各地区に設置する代々木アニメーション学院ごとの学費を記載(例えば，代々木アニメーション学院の東京本部校については「声優科 59万円 その他の科 65万円」と記載）の上,「学費よみがえり制度」,「安心出願…と大好評！」,「入学取りやめの方へ納付学費が返還となります！」, ウ「学費大幅値下げ 声優タレント科 59万円 その他の学科 65万円」と記載の上,「学費の返還制度，好評」,「ご入学取り止めの方に，納付学費をお返しします。」, エ「来年も学費の大幅値下げを続行します！ 声優タレント科59万円，その他の学科65万円で学べます」と記載の上,「学費の返還制度，好評」,「ご入学取り止めの方に，納付学費をお返しします。」, オ「来年も学費の大幅値下げを続行します！ 声優タレント科59万円 その他の学科65万円」と記載の上,「学費の返還制度,好評」,「ご入学取り止めの方に,納付学費をお返しします。」と，それぞれ記載することにより，あたかも，入学辞退者に対し，納付した学費のすべてを返還するかのように表示していた。	§5②

			(3)実際 平成17年10月までの間の入学期の入学辞退者に対しては，納付した学費のうち，入学手続金及び入学金並びに授業料及び設備費の一部は返還しないこととしており，同学費の3割強に相当する金額を返還しないものであった。 ※教育業界に与えた影響も大きいと指摘されている（公正取引671号94頁）。 ※教育市場は少子化の影響を受け，全体として縮小傾向にあるといわれているが，本件のようなアニメーター等を育成する分野においては，拡大傾向にあるとの当時の状況についての指摘がある（公正取引671号94頁）。	
〔48〕 2006/6/9 警告	エステー化学㈱	製造販売（日用雑貨（冷蔵庫用消臭剤））	(1)対象商品役務 ①「脱臭炭冷蔵庫用」 ②「脱臭炭冷蔵庫用大型」 (2)表示の概要 (a)時期 ①平成12年4月1日～平成18年6月 ②平成12年9月25日～平成18年6月 (b)媒体 商品の包装袋 (c)表示内容 「使用期間　通常約5～6ヵ月（環境により異なります。）」と表示していた。 (3)実際 使用する冷蔵庫の機種によっては，約2ヵ月程度で蒸散が完了し，脱臭効力がなくなる場合もあった。	§5①
			(1)対象商品役務 「日本海から産地直送　かに料理　ズワイガニ」と称するズワイガニを詰め合わせた商品 (2)表示の概要 (a)時期 ア　平成17年11月20日ころ～30日ころ イ　①平成17年11月30日，12月5日・8日 　　②平成17年12月15日・20日・21日・26日・27日，平成18年1月5日・7日	

〔49〕 2006/6/15 排除命令 （H18(排) 20）	㈱朝日パル	通信販売 （生鮮食品 （カニ）） 公正取引 672号78頁	(b)媒体 ア　同社が運営する「朝日友の会」と称する会員組織の会員に配付したチラシ イ　新聞広告 (c)表示内容 ア 「日本海から産地直送 かに料理 ズワイガニ」と記載した上で，「山陰・城崎の卸元から直送します。」，「クール便（冷凍）にてお送りします。」，「城崎温泉・老舗旅館「湯楽」の直送卸」と， イ①「日本海から産地直送 かに料理 ズワイガニ」と記載した上で，「日本海で水揚げされた冬の味覚の代表格，ズワイガニ。おいしさを保つため獲れたてを急速冷凍した根強い人気商品です。」，「釜ゆでかに豪快に丸ごと」，「城崎直送」，「城崎温泉・老舗旅館「湯楽」の直送卸」と， イ②「日本海から産地直送 かに料理 ズワイガニ」と記載した上で，「冬の味覚の代表格，ズワイガニ。おいしさを保つため獲れたてを急速冷凍した根強い人気商品です。」，「釜ゆでかに豪快に丸ごと」，「城崎直送」，「城崎温泉・老舗旅館「湯楽」の直送卸」と記載するとともに，「城崎で水揚げされたロシア産です。」と， それぞれ記載することにより，あたかも，ズワイガニ詰め合わせのズワイガニは，日本海において漁獲されて城崎温泉近辺の日本海沿岸の港において水揚げされ，城崎温泉近辺において冷凍され又は釜ゆで後に冷凍されたものであるかのように，また，城崎温泉から直接一般消費者に配送されるものであるかのように表示していた。 (3)実際 カナダ又はロシアにおいて漁獲されて水揚げされ，冷凍され又は釜ゆで後に冷凍されたものであり，また，カナダ又はロシアから東京港，大阪港等に輸送されて我が国に輸入され，城崎温泉まで陸送されたものが，一般消費者に配送されるものであった。 ※ズワイガニは，季節ものの商品であり，本件の顧客誘引性は強い（公正取引672号79頁）。 ※本件関係人は，新聞社関連の通信事業者で，広告の方法も新聞社の会員組織を通じたものとなっており，一般消費者の信頼度も非常に高いと考えられる（公正取引672号79頁）。	§5①
			(1)対象商品役務 歳暮商品に供した「〈白老和牛〉サーロインステーキ」と称する商品（商品全体の重量が0.8キログラムのもの及び1.2キログラムのものの2品目）及び「〈白老和牛〉すき焼肉」と称	

〔50〕 2006/6/19 排除命令 (H18(排) 21)	㈱丸井今井	百貨店（食品（牛肉）） 公正取引 672号80頁， 729号84頁	する商品(商品全体の重量が1.0キログラムのもの3品目及び1.5キログラムのもの1品目)の6品目の牛肉の詰め合わせ商品 (2)表示の概要 (a)時期 平成17年11月23日～12月25日 (b)媒体 丸井今井札幌本店及び同旭川店に開設した歳暮商品用ギフトセンターに掲示していた注文用カード (c)表示内容 商品に梱包される牛肉の重量を明示せずに，ろう製の牛肉の模型が詰められた商品見本又は牛肉の写真を発泡スチロール製の容器の表面に貼付した商品見本を陳列するとともに，それぞれの商品見本と同一の視野内に掲示した「ご注文カード」の「梱包重量」欄に同表の「注文カードに記載された梱包重量」欄記載の重量を記載することにより，あたかも，これら6品目の歳暮商品は「ご注文カード」の「梱包重量」欄記載の重量から商品の容器の重量を差し引いた重量に相当する量の牛肉が詰められた商品であるかのように表示していた。 (3)実際 これら6品目の歳暮商品には，牛肉のほかに，当該商品見本からは認識することができない「梱包重量に含まれている牛肉以外の物」欄記載のソース又は割り下及び蓄冷剤が詰められており，それぞれの牛肉の重量は「ご注文カード」の「梱包重量」欄記載の重量の40.0パーセントないし60.0パーセントに相当する量にすぎないものであった。 ※本件対象商品は贈答品であり，購入者と実際の消費者が異なるため，購入者が表示と実態の際に気付きにくく，表示上の問題が表面化しにくいという特徴がある(公正取引672号82頁)。	§5②	
			(1)対象商品役務 カプセル状食品「熟成やずやの香醋」 (2)表示の概要 (a)時期 平成18年1月18日		

〔51〕 2006/7/13 排除命令 (H18(排) 22)	㈱やずや	通信販売(健康食品(香醋〈コウズ〉)) 公正取引673号80頁	(b)媒体 新聞折り込みチラシ (c)表示内容 「中国の「香醋（こうず)」には，日本の一般的な米酢の約10倍ものアミノ酸が含まれています。」「『熟成やずやの香醋』は，この香醋を約20倍に濃縮して，飲みやすいカプセルにしています」と，やずやの香醋は，香ずに含まれるアミノ酸の量を保持したまま約20倍に濃縮した香ずをカプセルに詰めたものであるかのように，また，やずやの香醋２粒分のカプセルには，香ずに含まれるアミノ酸の量を保持したまま約８ccに相当する香ずが詰められているかのように表示していた。 (3)実際 ①やずやの香醋のカプセルに詰められている香ずパウダー（香ずを粉末にしたもの。以下同じ。)に含まれるアミノ酸の重量は，香ずパウダーの約20倍の重量に相当する香ずに含まれるアミノ酸の重量の５分の１程度であり，やずやの香醋は，香ずに含まれるアミノ酸の量を保持したまま約20倍に濃縮した香ずをカプセルに詰めたものではなかった。 ②やずやの香醋２粒分のカプセルに詰められている香ずパウダーは，約８ccに相当する香ずを粉末にしたものではあるものの，当該香ずパウダーに含まれるアミノ酸の重量は，約1.6ccに相当する香ずに含まれるアミノ酸の重量にすぎないものであり，香ずに含まれるアミノ酸の量を保持したまま約８ccに相当する香ずが詰められているものではなかった。 ※香醋８cc分をカプセルに詰めたことは事実であるものの，そこに含有されるアミノ酸量が香醋1.6cc含有相当量に過ぎなかったとするもの。 ※健康食品の通信販売業者として売上高が上位に位置する事業者による不当表示事件であり，影響は極めて大きい（公正取引673号81頁)。	§５①
〔52〕 2006/8/8 警告	㈱みずほ銀行	金融（住宅ローン)	(1)対象商品役務 固定金利方式による住宅ローンの取引 (2)表示の概要 (a)時期 平成18年３月１日～同年３月31日 (b)媒体 ア 「住宅ローン特別金利キャンペーン」と記載のチラシ	

			イ　「住宅ローン長期固定金利キャンペーン」と記載のチラシ (c)表示内容 あたかも，平成18年３月１日から同年３月31日までの間に申込みをし，同年６月30日までに借入れをすれば，表示どおりの金利が適用されるかのように示す表示をしていた ア　「【対象】2006年３月31日(金)までにお申し込み受付分【2006年６月30日(金)までにお借り入れ分】 15年固定　2.65%（年率） 20年固定　2.65%（年率）」と記載。 上記の表示に比して小さな文字で，「上記金利は，３月実行分です。」と，また，上記の表示と離れた箇所に，上記の表示に比して小さな文字で，「お借入金利は，お申し込み時ではなく実際にお借り入れいただく日の金利が適用されますので，お申し込み時の金利と異なることがございます。」とそれぞれ記載。 イ　「【対象】2006年３月31日(金)までにお申し込み受付分（2006年６月30日(金)までにお借り入れ分） 借入金利 当初10年固定 2.25% （店頭基準金利より−1.5%）（年率） 当初５年固定 1.65% （店頭基準金利より−1.5%）（年率） 当初３年固定 1.15% （店頭基準金利より−1.3%）（年率） 当初２年固定 1.10% （店頭基準金利より−1.1%）（年率）」と記載。 上記の表示と離れた箇所に，上記の表示に比して小さな文字で，「当初お借入金利は，お申し込み時ではなく実際にお借り入れいただく日の金利が適用されますので，場合によってはお申し込み時の金利と異なることがございます。」と記載。 (3)実際 ３月31日までに申し込んだとしても，借入れが４月以降になれば表示どおりの金利は適用されず，金利が上昇している状況においては，表示した金利より割高の金利が適用されるものであった。	§５②

			ア　3月中に申し込み，4月から6月に借入れをした場合，表示の金利よりも，0.2%～0.4%割高となる。 イ　3月中に申し込み，4月から6月に借入れをした場合，表示の金利よりも，0.05%～0.3%割高となる。	
〔53〕 2006/10/12 警告	TAC㈱ ㈻大原学園 ㈱早稲田セミナー	教育（資格教育） 公正取引677号63頁	【TAC㈱の合格実績の不当表示】 ⑴対象商品役務 ①公認会計士対策講座 ②税理士試験対策講座 ⑵表示の概要 (a)時期 ①平成17年12月ころ～平成18年6月 ②平成18年4月ころ～6月 (b)媒体 パンフレット (c)表示内容 ①「2005年度公認会計士第2次試験 TAC 会員合格者数1,079名→合格者に占める割合82.4%」と記載することにより，あたかも，平成17年度の公認会計士第2次試験において，TACの公認会計士試験対策講座を受講した成果として当該試験に合格した者が1,079名であり，当該試験の全合格者数に占める割合が82.4パーセントであるかのように表示していた。 ②「合格者占有率72%　平成17年度税理士試験官報合格者1,055名中，TACの会員は※765名。」と記載することにより，あたかも，平成17年度の税理士試験において，TACの税理士試験対策講座を受講した成果として当該試験に合格した者が765名であり，当該試験の全合格者数に占める割合が72パーセントであるかのように表示していた。 ⑶実際 ①1,079名の中には，短期間の答案練習のための講座，短期間の試験直前対策のための講座を受けたにすぎない合格者等TAC㈱の公認会計士試験対策講座を受講した成果とは認められない合格者が含まれていた。 ②765名の中には，短期間の答案練習のための講座，短期間の試験直前対策のための講座を	§5①

			受けたにすぎない合格者等TAC㈱の税理士試験対策講座を受講した成果とは認められない合格者が含まれていた。 ※本件の背景には，掛け持ちする受験生も多い中，どの程度の期間，どのような内容の講座を受講して合格すれば，資格学校の指導の成果といえるのかについての明確な線引きがしづらい点があったと思われると指摘されている（公正取引677号65頁）。 ※①について…このほか「※「TAC会員」には「全日本答練（公開模擬試験）」のみの受験者は含まれておりません（TACはこれまでも，「資料請求者」「書籍のみの購入者」「情報提供のみの登録者」を合格実績には含めておりません）。」と記載， ②について…このほか「※ TACの会員には，資料請求者・出版教材のみの購入者・模擬試験（全答練）のみの申込者・情報会員は含まれておりません。」と記載（TAC㈱）		
〔54〕 2006/10/18 排除命令 （H18(排)23）	㈱アイビー	販売（中古二輪自動車） 公正取引674号62頁	⑴対象商品役務 北大阪オートと称する展示場に展示した中古二輪自動車17台及びアトムと称する展示場に展示した中古二輪自動車15台 ⑵表示の概要 (a)時期 ア　平成18年7月20日 イ　不明（①に前後する期間と思われる） (b)媒体 ア　北大阪オート及びアトムにおける展示 イ　GooBike関西版平成18年6月号（8台），7月号（11台），8月号（17台）（重複あり） (c)表示内容 ア　32台について走行距離計を巻き戻し，又は走行距離計を走行距離数のより少ないものに交換することにより，走行距離数を過少に表示していた。 イ　24台について，走行距離数を過少に表示していた。 ⑶実際 表示の走行距離は過少なものであった。 ※㈱アイビーは自動車公正取引協議会の非会員であった（公正取引674号63頁）。	§5①	
			【㈱ビタクールジャパンの表示】 ⑴対象商品役務		

〔55〕 2006/10/19 排除命令 （H18(排)24～26）	㈱ビタクールジャパン ミュー㈱ ㈱オーシロ	卸売（日用雑貨（喫煙補助製品））	ビタクール（喫煙補助製品） (2)表示の概要 (a)期間 ア　遅くとも平成15年12月ころ～ イ　平成17年3月ころ～平成18年2月ころ (b)媒体 ア　商品の包装紙 イ　ホームページ (c)表示内容 ①「ニコチンをビタミンに変える」,「ニコチンの約80%をビタミンB複合体であるニコチン酸に転化させます。」,「ニコチン・タールを還元作用によって減少させ，本人だけでなく周囲への煙害も少なくします。」 ②「ニコチン酸（ビタミン名：ナイアシン）というビタミンB_3に変化し」,「ニコチンの約80%をビタミンに変える」 等々と， ビタクールをたばこの先端に付着させ喫煙すれば， ①喫煙者が体内に吸い込むたばこの煙について，その煙に含まれるニコチンがビタミンに変化することによりニコチンが減少し，タールが還元作用によって減少し，又は体内のビタミンCの破壊を抑制する ②当該たばこの点火部から立ち昇るたばこの煙について，その煙に含まれるニコチン及びタールが減少することにより，喫煙による害が軽減される かのように表示していた。 (3)実際 公正取引委員会が㈱ビタクールジャパンに対し上記表示の裏付けとなる合理的な根拠を示す資料の提出を求めたところ，㈱ビタクールジャパンは，期限内に当該表示の裏付けとする資料を提出したが，当該資料は，当該表示の裏付けとなる合理的な根拠を示すものであるとは認められないものであった。	§5① 7 II
〔56〕		施設（ホテル）	当該ホテルに設置した浴場の浴槽の温水が，水道水を加温した上で医薬部外品である温浴	

2006/11/7 審判審決 （H17(判) 26）	ルートインジャパン㈱	浴場（ホテル内浴場） 公正取引 681号49頁	剤を溶かしたものであったにもかかわらず,「ラジウムイオン鉱泉大浴場」等の記載により，あたかも鉱泉又は温泉を使用したものであるかのように表示していたもの。 平成17年(排) 9に対する審判請求事件。	§5①
〔57〕 2006/11/13 排除命令 （H18(排) 27）	㈻西日本松永学園	教育（職業教育） 公正取引 676号60頁	(1)対象商品役務 「福岡お茶の水医療秘書福祉専門学校」と称する専修学校 (2)表示の概要 (a)時期 ア　パンフレット イ　ダイレクトメール ウ　ホームページ (b)媒体 ア　平成17年４月ころ～平成18年３月ころ イ　平成17年11月２日 ウ　平成17年４月ころ～平成18年１月ころ (c)表示内容 ア 「(平成16年度専門学校･短期大学の部)社会福祉士合格者 全国第２位(西日本第１位)」と, イ 「平成16年度（短大･専門学校の部)」と記載の上,「社会福祉士合格者数（西日本第１位）全国第２位」と, ウ 「社会福祉士 全国２位！平成16年度実績！」と,「「国家資格の合格率」が高い！」と記載の上,「全国の合格者 NO. 2 西日本/第１位 短大･専門学校の部 社会福祉士」と,「社会福祉士合格者 全国で第２位（西日本第１位)」と, それぞれ記載することにより，受験資格を取得して，平成16年度の社会福祉士試験に合格した者の出身短期大学，専修学校及び各種学校（以下「出身福祉系短大等」という。）別にみた合格者数による順位について，あたかも，福岡お茶の水専門学校が，全国に所在する出身福祉系短大等中第２位，また，近畿地方以西の西日本地区に所在する出身福祉系短大等中第１位であるかのように表示していた。	§5①

			(3)実際 実際には，全国に所在する出身福祉系短大等中第８位，また，近畿地方以西の西日本地区に所在する出身福祉系短大等中第３位であった。 ※一般消費者の関心の強い分野においては，より一層の表示の適正化が求められると指摘されている（公正取引676号60頁）。	
〔58〕 2006/11/14 排除命令 （H18(排)28～29）	㈱大磯 ㈱エープライム	健康食品の通信販売（大豆イソフラボン含有商品） 公正取引676号62頁	【㈱大磯の表示】 (1)対象商品役務 大豆イソフラボン含有商品「COMSQUID BLOCK DHT」（8,190円） (2)表示の概要 (a)時期 平成14年９月～平成18年７月 (b)媒体 ア　自社ウェブサイト イ　商品ラベル (c)表示内容 ア　ホームページにおいて，「■大豆イソフラボン女性ホルモン「エストロゲン」に似たはたらきを持つことで広く知られる成分。女性らしいボディラインや髪や肌をツヤツヤにしてくれるなどの美容効果が期待できる成分です。」と大豆イソフラボンの有効性を記載の上，「主成分含有量３粒あたり」と記載し，「大豆イソフラボン………90mg」と， イ　商品ラベルにおいて，「主成分含有量３粒あたり」と記載の上，「大豆イソフラボン………90mg」と， それぞれ記載することにより，あたかも，当該食品３粒分に含まれる大豆イソフラボンの量が90ミリグラムであるかのように表示していた。 (3)実際 ブロックDHT ３粒分に含まれる大豆イソフラボンの量は，約18ミリグラムであり，表示量の20パーセント程度にすぎないものであった。 ※独立行政法人国民生活センターが平成18年３～５月に「大豆イソフラボンを多く含むとうたった健康商品」24商品に含有される大豆イソフラボンの量を調査したところ，実際の含有量が著しく少ないものがあったことから，同センターから表示を適正化させるよう公	§５①

			正取引委員会に対し要望があったものである（公正取引672号63頁）。 ※表示の根拠については自社で分析をするなどした上で正しい表示をすることが強く望まれる，とも指摘されている（公正取引672号63頁）。 ※特に大豆イソフラボン含有量を強調した表示ではないが，大豆イソフラボンの効能もあわせて記載している（㈱大磯）。 ※地味な表示ではあるが，イソフラボンの更年期障害への効用などをウェブサイトに併せて掲載している（㈱エープライム）。	
〔59〕 2006／12／	ソフトバンクモバイル㈱	情報通信（携帯電話	(1)対象商品役務 携帯電話役務 (2)表示の概要 (a)時期 ア　平成18年10月26日（朝刊） イ　平成18年10月26日～11月2日 (b)媒体 ア　新聞広告 イ　テレビコマーシャル (c)表示内容 ア　約105ポイントの大きさの文字で「予想外。」と記載した上，約900ポイントの大きさの赤い色の文字で「￥0」と，また，約48ポイントの大きさの文字で「ケータイの通話料を0円※1，メール代も0円※1にします。」，「『予想外割』※3です。」（ただし，「※1」及び「※3」の文字にあっては，約13ポイントの大きさ）等と記載し，上記の表示の下方には，約8ポイントの大きさの文字で「※1　ゴールドプラン＋新スーパーボーナスへの加入が前提。ソフトバンク携帯電話あて。21～24時台のソフトバンク携帯への通話時間が1請求月内に最大200分（累計）を超過した場合は，30秒ごとに21円（税込）の通話料がかかる。無料対象のメールはSMSのみ。国際サービスは除く　※2　2007年1月15日までにゴールドプラン＋新スーパーボーナスへの加入が前提。税込額は小数点以下を切り捨てた表記。※3　ゴールドプラン＋新スーパーボーナス」と記載し， イ　「通話料，メール代」，「￥0」の文字を放送し，左記の表示の下方には，「￥0」の約25分の1の大きさの文字で「「ゴールドプラン＋新スーパーボーナス」加入の場合。別途，	§5②

12 警告		事業）	基本使用料が発生。通話料０円はソフトバンク携帯宛のみ。但し21～24時台の通話時間が１請求月に最大200分（累計）を超過した場合，30秒毎に21円（税込）。メール代０円はSMSのみ。通話・メールともに国際サービスを除く。詳しくは店頭まで。」と放送し， あたかも，ソフトバンクモバイル株式会社の携帯電話役務を利用するすべての場合において，通話料金及びメール料金が無料となるかのように表示していた。 (3)実際 通話料金及びメール料金が無料となるのは，ソフトバンクモバイル株式会社の携帯電話役務の利用者間のみの通話及びメールに限定されており，国際電話を利用した場合及び21時台から24時台の通話時間が１請求月に累計200分を超過した場合の通話料金は無料とはならず，また，当該役務の提供を受けるためには，「ゴールドプラン」及び「新スーパーボーナス」と称する携帯電話役務の契約を締結することが条件であった。 ※本件事案の背景に，携帯電話の料金の複雑性を挙げ，料金体系が複雑になればなるほど，消費者に対してより適正な表示を行うことが求められる，と指摘されている（公正取引676号66頁）。 ※平成18年10月２日から携帯電話のナンバーポータビリティ制度が導入され，競争が促進されたことが背景か。公正取引委員会は，３社が加盟する社団法人電気通信事業者協会に対し，３社に注意を，それぞれ行った旨を伝え，携帯電話役務が一般消費者にとって生活に密着した役務の一つとなっている状況において，携帯電話事業者が設定している携帯電話役務の料金体系の複雑さに対する国民からの苦情も多く，同役務を提供する事業者にあっては，一般消費者に対し，適正な表示を行うことがより一層求められていることに鑑み，携帯電話役務の取引における表示の適正化の観点から，より分かりやすい情報の提供と適正な表示を行うよう，会員事業者を指導することを要望した。	
〔60〕 2006/12/12 注意	KDDI㈱ ㈱エヌ・ティ・ティ・ドコモ	情報通信（携帯電話事業） 公正取引676号64頁	【KDDI㈱の表示】 (1)対象商品役務 携帯電話役務の①「MY割」②「無期限くりこし」と称する割引プラン (2)表示の概要 (a)時期 ①ア　平成18年２月３日～６日 　イ　平成18年２月１日～４月20日	

			②イ　平成18年７月１日～20日 　ウ　平成18年７月１日～31日 (b)媒体 ア　新聞広告 イ　テレビコマーシャル ウ　旅客電車内の広告 (c)表示内容 ①「すべてのヒトに最大半額を。」,「お一人の場合は新登場「MY 割」。」等と記載していた（ア・イ）。 ②「究極のくりこし auの無期限くりこし」等と記載していた（イ・ウ）。 (3)実際 ①基本使用料が半額となるのは，契約後11年目以降である。なお，契約後11年目以降である旨は表示されていたが，明りょうに記載されているとはいえなかった。 ②繰り越すことができる金額には上限額が設定されている。なお，繰り越すことができる金額には上限額が設定されている旨は表示されていたが，明りょうに記載されているとはいえなかった。	§５②
〔61〕 2006/12/	(有)ティー・アンド・エフ		【(有)ティー・アンド・エフの表示】 (1)対象商品役務 「濃縮ベリーベリー・ルテイン」と称するカプセル状の商品（90粒5,490円） (2)表示の概要 (a)時期 平成17年３月ころ～平成18年６月ころ (b)媒体 包装箱 (c)表示内容 包装箱の正面に「３粒中 北欧産ブルーベリーエキス 555mg」と記載の上，当該包装箱の側面に「ベリーベリー・ルテインは，アントシアニン豊富な北欧産ブルーベリーを配合（３粒中555mg アントシアニン36％）。」と記載することにより，あたかも，濃縮ベリー３粒分には，当該３粒分に555ミリグラム含まれるブルーベリーエキスの36パーセントに相当する	

13 排除命令 (H18(排)30～32)	㈱ウインズインターナショナル ㈱メディカルコスメティクスジャパン	製造販売（健康食品（カプセル状食品））	量のアントシアニンが含まれているかのように示す表示をしていた。 (3)実際 濃縮ベリー3粒分に含まれるアントシアニンの量は，当該3粒分に555ミリグラム含まれるブルーベリーエキスの1パーセント程度に相当する量にすぎないものであった。 ・表面にはアントシアニンの表記はないが，ブルーベリーと目がイラストで表示され，眼精疲労の改善，視覚機能の向上の効果を示唆する表示となっている（㈲ティー・アンド・エフ）。 ・包装用紙の表面・裏面の成分表示にもアントシアニン含有量の記載あり。全体が紫色の包装であり，ブルーベリー成分を強調する表示となっている（㈱ウインズインターナショナル）。 ・特にフォントが大きい訳ではないが，表面・裏面の成分表示にもアントシアニンの含有量が記載されている（㈱メディカルコスメティクスジャパン）。 ※平成18年6月ころに，濃縮ベリーの販売を中止した（㈲ティー・アンド・エフ）。 ※平成18年6月ころに，濃縮ベリーの販売を中止した（㈱ウインズインターナショナル）。 ※平成18年4月ころに，ロイヤル・ルイズの販売を中止した（㈱メディカルコスメティクスジャパン）。	§5①
〔62〕 2006/12/14 排除命令 (H18(排)33～36)	㈲湯本物産 ㈱ホテル一井 ㈱笹乃屋 ㈲さつき物産	製造販売（観光土産品）・施設運営（ホテル）など 観光土産品（入浴剤） 公正取引677号61頁	【㈲湯本物産の表示】 (1)対象商品役務 入浴剤「天然湯畑の花（230グラム入り）」など3商品 (2)表示の概要 (a)期間 昭和63年3月ころ～平成18年8月 (b)媒体 商品包装袋 (c)表示内容 「草津温泉 天然 湯畑の花 純度100％」，同裏面に「この湯の花は源泉から採集された天然湯の花です。小さじ一～二杯の湯の花を風呂に入れますと家庭で温泉気分が満喫できます。」等々と， それぞれ記載することにより，あたかも，当該入浴剤の原材料として草津温泉において採	§5①

			集された湯の花が用いられているかのように示す表示をしていた。 ⑶実際 当該商品の原材料として草津温泉で採集された湯の花は用いられておらず，原油から生産された硫黄又は当該硫黄に炭酸カルシウムを混ぜたものが用いられているものであった。 ※湯の花は，温泉の成分が析出し又は沈殿したものであり，草津温泉のゆう出地である湯畑は，草津温泉の湯の花の採集地として一般消費者に認識されている。 ※成分偽装であるとともに，名湯として有名な「草津温泉」のブランド価値を偽るものである。 ※湯の花は，温泉地における土産品の定番であるが，実際に湯の花は全く使用されず誤認の程度が高く，草津は年間観光客数300万人と多くの観光客が訪れ影響が大きい（公正取引677号62頁）。 ※典型的不当表示事案と評価（公正取引677号62頁）。 ※平成18年８月31日ころ販売中止と回収を行った（㈱笹乃屋）。	
〔63〕 2006/12/26 警告	㈱トライグループ	教育役務提供（家庭教師）	⑴対象商品役務 家庭教師派遣役務 ⑵表示の概要 (a)時期 平成18年３月 (b)媒体 新聞折り込みチラシ (c)表示内容 「トライ新年度生　いよいよ募集スタート！塾を決める前に，トライをお試しください。」と記載の上，「３月限定　授業料をいただく前にまずは効果をお試しください。受付期間３/31(金)まで　お子様にピッタリの家庭教師に出会えるまで，何度でも【無料】で，授業を受けることができます。」と記載することにより， あたかも，当該チラシを配布して以降平成18年３月31日までの間，同社の家庭教師派遣を無料で体験できるかのように表示していた。 ⑶実際 家庭教師派遣の契約を締結した上，同期間中に体験を希望する生徒を同社に登録して会員	§５②

			とし，当該生徒が①トライグループと提携している中学校又は高等学校から紹介を受けた者②トライグループ又はトライグループと提携している企業若しくは団体の従業員の家族③「諸経費無料キャンペーン」と称するキャンペーン期間中にトライグループの家庭教師派遣の契約に基づく派遣を受けようとする者④「個別教室のトライ」と称するトライグループの関係会社が経営する学習塾に在籍する者⑤「短期Ｂプラン」と称するトライグループの家庭教師派遣の契約に基づく派遣を受けようとする者である場合を除き，当該契約者から「登録費」と称する費用及び「教務費」と称する費用（ただし，当該生徒が⑥兄弟姉妹が既にトライグループの会員となっている者⑦再入会の者である場合は「教務費」と称する費用のみ）を徴収しているものであった。	
〔64〕 2007/1/25 排除命令 （H19(排) １）	日本郵政公社	運輸（小包配達業務） 公正取引 678号69頁	(1)対象商品役務 一般小包郵便物（「ゆうパック」）の配達役務 (2)表示の概要 (a)時期 平成17年11月ころ～ (b)媒体 コンビニエンスストアの店頭で配布したリーフレット (c)表示内容 １面に「北海道版」と，４面に「北海道からの配達料金マップ」等と記載した上，１面に「ゆうパックは，翌日配達!!」，「人口カバー率84.5%」，「明日届けたい！に応えます。広いエリアへ翌日配達。もっと，あなたに！」と，２面に「翌日配達の人口カバー率84.5%」，「明日届けたい！に応えます。」と記載することにより，あたかも，北海道内で引き受けたゆうパックが，全国の大部分の地域に引受けの翌日に配達できるかのように表示していた。 (3)実際 「人口カバー率」とは公社が正午ころから午後６時ころまでの間に引き受けたゆうパックを引受けの翌日に配達できる地域の人口を全国の人口で除した割合であるところ，「84.5%」とは「人口カバー率」の全国の平均値であり，北海道内で引き受けた場合の「人口カバー率」は８パーセント程度にすぎず，翌日に配達できる地域はごくわずかな地域に限られるものであった。 ※公社を対象とした初の排除命令である（公正取引678号69頁）。	§５①

			※宅配便業者を対象とした初の排除命令である（公正取引678号69頁）。	
〔65〕 2007/1/26 排除命令 （H19(排)2）	㈱受験Ｖアカデミー	教育（学習塾）	⑴対象商品役務 教育役務提供（学習塾） ⑵表示の概要 (a)期間 平成17年12月５日 (b)媒体 新聞折り込みチラシ (c)表示内容 2005年度合格実績（感動教育の成果です。）」と記載の上，「高校受験　修猷館・筑紫丘・福岡　トップ校95名」，「筑紫・春日・城南・新宮・香住丘・福岡中央・宗像　上位校387名」と記載することにより， あたかも，平成17年３月に実施された福岡県立高校の入学試験において，エナトップエヌが行う講習を受けたことのある者のうち，95名が修猷館高等学校，筑紫丘高等学校又は福岡高等学校の３校のいずれかに，また，387名が筑紫高等学校，春日高等学校，城南高等学校，新宮高等学校，香住丘高等学校，福岡中央高等学校又は宗像高等学校の７校のいずれかに，それぞれ合格したかのように表示していた。 ⑶実際 講習受講者又は講習を受けたことのある者は，前記３校の合格者の中で52名，また，前記７校の合格者の中で167名にすぎなかった。	§５①
			【コラムジャパン㈱の表示】 ⑴対象商品役務 ①「スメルキラー・クラシックセット」②「スメルキラー・XL」③「スメルキラー・ジロポップ」と称する，消臭効果を標榜するステンレス製商品 ⑵表示の概要 (a)時期 ア　①平成17年８月～②平成16年６月～ イ　平成17年10月～平成18年３月 ウ　少なくとも平成18年２月～７月	

〔66〕 2007/2/1 排除命令 （H19（排） 3～4）	コラムジャパン㈱ ジュピターショップチャンネル㈱	輸入販売（日用雑貨（消臭用品）） 公正取引678号71頁	(b)媒体 ア　包装箱（①②）　イ　包装容器（③）　ウ　ホームページ（①②③） (c)表示内容 ア　「水と空気で消臭します。」,「16m²（約８畳）の空間を消臭！」等と記載（①),「水と空気で消臭します。」,「60m²（約20畳）の空間を消臭！」等と記載（②), イ　「お口の中の水分で口臭ケア!!」,「スメルキラー・ジロポップはいつでもどこでも爽やかな息を取り戻します。」等と記載, ウ　「全く新しい発想の「ジロンカ・スメルキラー」は，水分と空気に接触することにより触媒作用を引き起こします。臭いの分子は連鎖的に次々と分解され，臭いを持たない原子の状態になるのです。これが消臭の過程においても化学物質や薬品を一切使用せずに無臭化させるというメカニズムです。」,「消臭効果は補水だけで半永久的」等と記載し， あたかも，当該商品は，水と空気に接触することによって消臭効果を有するかのように表示していた。 ⑶実際 公正取引委員会がコラムジャパン㈱に対し当該表示の裏付けとなる合理的な根拠を示す資料の提出を求めたところ，コラムジャパン㈱は，期限内に当該表示の裏付けとする資料を提出したが，当該資料は，当該表示の裏付けとなる合理的な根拠を示すものであるとは認められないものであった。 ※スメルキラーはジロンカ社（ドイツ）が製造しており，２社が日本国内の販売窓口となっていた。スメルキラーは10ヵ国以上に出荷されていたが，日本市場向けの出荷額が第１位であった（公正取引678号72頁）。 ※平成18年４月，４商品の販売を中止した（ジュピターショップチャンネル㈱）。	§５①
			【㈱原弘産の表示】 ⑴対象商品役務 有料老人ホーム（シニアウエルス下関壱番館及びシニアウエルス下関弐番館）の入居者に提供する介護サービス ⑵表示の概要 (a)時期 平成17年６月ころ～平成18年８月	

〔67〕 2007/2/8 排除命令 （H19(排) 5～7）	㈱原弘産 ㈱ディア・レスト三次 ㈱ハピネスライフケア	施設（有料老人ホーム） 第5版 157頁 公正取引 679号78頁， 730号58頁	(b)媒体 パンフレット及びホームページ (c)表示内容 ア　サービスの内容について，あたかも，シニアウエルス下関に，看護師，介護福祉士及びホームヘルパーを，それぞれ常時24時間配置するかのように記載した（パンフレット・平成17年6月～平成18年6月）。 イ　サービスの内容について，あたかも，シニアウエルス下関の入居者に対する健康診断をシニアウエルス下関自身が定期的に実施するかのように記載した（パンフレット及びホームページ・平成17年3月～平成18年6月）。 ウ　シニアウエルス下関と医療機関との協力関係について，「健康相談・健康診断などは，「シニアウエルスシリーズ」にほど近い提携病院が行います。」と記載した（パンフレット・平成17年6月～平成18年8月）。 エ　シニアウエルス下関の入居者に提供する介護サービスについて，「看護師，介護福祉士，ホームヘルパーなど常駐。」，「■万一寝たきりになられた場合も，必要なサービスを受けることができる住宅です。」等と記載した（パンフレット・平成17年6月～平成18年8月）。 (3)実際 ア　シニアウエルス下関は，平成17年6月から平成18年6月までの間 ①看護師については，昼夜を問わず全く配置していない。 ②介護福祉士については，夜間の時間帯（19時から翌日8時30分まで。以下同じ。）に全く配置していない。 ③ホームヘルパーについては，月曜日から土曜日の夜間の時間帯に1名配置しているものの，当該時間帯のうち22時から翌日5時までの間は仮眠のための時間として業務に従事させていない。また，日曜日の夜間は全く配置していない。 イ　遅くとも平成16年10月ころ以降，シニアウエルス下関自身は，入居者に対する定期健康診断を実施していない。 ウ　シニアウエルス下関と協力関係にある医療機関について，その名称及び診療科目等協力の内容を明りょうに記載していない。 エ　シニアウエルス下関の入居者に対する介護サービスは，原弘産がシニアウエルス下関とは別に経営している訪問介護事業所が提供しているところ，シニアウエルス下関自身が当該介護サービスを提供するものでないにもかかわらず，そのことを明りょうに記載して	§5①

			いない。 ※有料老人ホームの都道府県知事に対する届出数は662施設（2003年7月1日現在）→2,104施設（2006年7月1日現在）に増加しているという背景があったと指摘されている（公正取引679号80頁）。	
〔68〕 2007/2/22 排除命令 （H19（排）8）	㈱コジマ身長伸ばしセンター	美容・健康（役務提供）（身長伸長術・小顔施術）	(1)対象商品役務 「足延長術」及び「小顔整形術」と称する役務の提供 (2)表示の概要 (a)時期 平成18年2月～5月（当時の商号は，株式会社ケイピーシー） (b)媒体 新聞折り込みチラシ (c)表示内容 「ローリングハイトストレッチャーは，全身を上下左右に角度をつけて回転させ，遠心力によって成長ホルモンの分泌を高めて骨を伸ばす身長矯正専用マシーンです。成長ホルモンが脳下垂体から血液中に分泌され肝臓に働きかける事で，ソマトメジンCと呼ばれる成長因子が作られて血液中に分泌されます。これを骨に到達させる事で，軟骨細胞の増殖が起こって骨が伸びるのです。」，「人間の頭の骨は23個のパーツでできています。年齢とともに大きくなる骨と骨の隙間。この隙間を整えることにより均整のとれた自然な“小顔”になれるのです。一切メスを使わないので傷跡も残すことなく，後戻りの心配もありません。」等々と記載し， ①「コジマ式ローリングハイトストレッチャー」と称する装置を用いることにより，脚部の骨を伸ばして身長を伸ばすかのように表示していた。 ②頭部の骨と骨の隙間を整えることにより，元の大きさに戻らない均整のとれた小顔にするかのように表示していた。 (3)実際 公正取引委員会が㈱コジマ身長伸ばしセンターに対し上記表示の裏付けとなる合理的な根拠を示す資料の提出を求めたところ，㈱コジマ身長伸ばしセンターは，期限内に資料を提出したが，当該資料は，当該表示の裏付けとなる合理的な根拠を示すものであるとは認められないものであった。	§5①

〔69〕 2007/3/22 排除命令 （H19(排) 9）	㈱フェリシモ	通信販売 （バッグ） 公正取引 680号38頁	(1)対象商品役務 バッグ・プレート・サンダル・カバー (2)表示の概要 (a)期間 H17.2.15, H17.8.15, H18.2.15, H18.8.15 (b)媒体 通信販売用カタログに掲載した広告（配布部数1,210,978～1,347,098部） (c)表示内容 「f.e.a.information　塩素系樹脂の使用をやめて安全性を高めました　ポリ塩化ビニルなどの塩素系樹脂は，ごみとして焼却されるときにダイオキシンなどの有害物質を発生する原因となる可能性があります。また素材に含まれる可塑（かそ）剤などの添加物質には，環境ホルモン（内分泌撹乱）作用の疑いも指摘されています。フェリシモでは商品の安全性を考慮し，ポリ塩化ビニルなどの塩素系樹脂素材の代替を推進しています。」等と記載の上，5商品について，例えば，バッグのセット商品について，「f.e.a. 商品/安全性を考え，防水コーティングバッグとポーチに塩素系樹脂を使っていません。」と記載することにより， あたかも，5商品のコーティング又は素材に，環境や安全に配慮して塩素系樹脂を使用していないかのように表示していた。 (3)実際 上記5商品のコーティング又は素材に，塩素系樹脂を使用しているものであった。 ※環境や安全に配慮した旨表示する商品の不当表示に対し，排除命令を初めて行った事案（公正取引680号38頁）。 ※商品の製造を委託した国内の業者が，さらに中国の業者に製造委託しているところ，再委託先に「塩素系樹脂を使用しない」旨の指示が徹底されていなかったことが背景にある（公正取引680号38頁）。 ※「ポリ塩化ビニル等の塩素系樹脂は，一般に，低温で焼却した場合，有害物質であるダイオキシンが発生する原因になるといわれており，また，塩素系樹脂を製造する際に可塑剤として添加されるフタル酸エステル類には，人体の生殖機能等に悪影響を与える環境ホルモン作用があるといわれている。」と認定。 ※一般消費者からの指摘を受け，平成18年9月22日ころまでに5商品の出荷を取りやめて	§5①

			いる。	
〔70〕 2007/3/26 排除命令 （H19(排) 10）	㈱ろすまりん	食品（チョコレート） 公正取引 681号73頁	⑴対象商品役務 ①「りんごの森のチョコレート」 ②「ブルーベリー畑のチョコレート」 ⑵表示の概要 (a)時期 平成15年１月ころ～平成18年10月 (b)媒体 包装箱の表面 (c)表示内容 ①「りんごの森のチョコレート」 りんごの果実の写真を掲載するとともに，「地域限定」，「摘みたて農場直送便」，「りんごの森のチョコレート」，「農場果実」，「大地の恵みで真っ赤に育った天然果汁が美味しいりんごのチョコレートです」と記載することにより，あたかも，当該商品の原材料として，りんごの果肉又は果汁を使用しているかのように表示していた。 ②「ブルーベリー畑のチョコレート」 ブルーベリーの果実の写真を掲載するとともに，「地域限定」，「摘みたて農場直送便」，「ブルーベリー畑のチョコレート」，「農場果実」，「大地の恵みで豊かに実った天然果汁が美味しいブルーベリーのチョコレートです」と記載することにより，あたかも，当該商品の原材料として，ブルーベリーの果肉又は果汁を使用しているかのように表示していた。 ⑶実際 ①りんごの香料を使用しているにすぎず，りんごの果肉又は果汁を全く使用していないものであった。 ②ブルーベリーの香料を使用しているにすぎず，ブルーベリーの果肉又は果汁を全く使用していないものであった。 ※包装箱の裏面には，JAS 法に基づく農林水産省告示により加工食品について表示すべき事項等を定めた「加工食品品質表示基準」に基づき，一括表示事項として「原材料名」欄に「香料（りんご）」「香料（ブルーベリー）」と記載されていた（公正取引681号73頁）。 ※地域ブランド商品に関しては，景品表示法の厳正な運用が重要な政策課題であると指摘	§5①

			されている（公正取引681号74頁）。	
〔71〕 2007/3/28 排除命令 （H19（排）11）	㈱新生銀行	金融（金融商品（定期預金）） 公正取引680号59頁，729号83頁	⑴対象商品役務 「パワード定期プラス」と称する定期預金の取引 ⑵表示の概要 (a)時期 平成18年８月16日ころ～同年10月26日ころ (b)媒体 チラシ (c)表示内容 「パワード定期プラス(特約設定レート後決めタイプ)」，「円･米ドルタイプ　３年もの　金利　年3.19%(税引後　年2.552%)」，「上記の例における特約設定レートは「基準レート＝116.40円」です。2006年８月14日現在の条件に基づいた金利であり，市場動向により異なります。」 と記載することにより，あたかも，当該預金については，例えば年3.19%（税引前）という一つの金利のみが適用されるかのように表示していた。 ⑶実際 実際には，上記の年3.19%（税引前）の金利は，特約設定レートが基準レートのときにのみ適用されるものであって，この場合において他の特約設定レートのときに適用される金利は， ５円引レートのときにあっては年2.14%（税引前）， 7.5円引レートのときにあっては年1.72%（税引前）， 10円引レートのときにあっては年1.31%（税引前） であり，いずれも，表示された金利より低い金利が適用されるものであった。 ※銀行に対する初めての排除命令事案である。 警告は過去３件であった（H16.5.28に二社，H18.8.8に一社）。 金融機関（保険含む）に対しては日本生命保険相互会社（H15.5.9）以来２件目である。 （以上，公正取引680号59頁）。 ※規制緩和により金融商品が多様化し，消費者の関心が高まっている現状を受け，公正取引委員会は金融業についても積極的に監視を行っている。	§5①

〔72〕 2007/3/29 排除命令 （H19（排）12）	タマホーム㈱	建築工事（住宅の着工数実績） 公正取引681号75頁	(1)対象商品役務 住宅着工数の実績 (2)表示の概要 (a)期間 ア　平成18年11月3日　イ　平成18年10月9日～12月7日 (b)媒体 ア　新聞折り込みチラシ（2,000万枚）　イ　TVCM (c)表示内容 ア　大きな赤い文字で「おかげさまでタマホームは注文住宅着工棟数2年連続日本一」と記載し，その下に小さな文字で「2004･2005年度注文住宅地域ビルダーランキング（着工）第1位㈱住宅産業研究所調べ」と記載することにより， イ　「注文住宅着工棟数2年連続日本一」との白ぬきの大きな文字及び「2004･2005年度注文住宅地域ビルダーランキング（着工）第1位㈱住宅産業研究所調べ」との小さな文字を放送することにより， あたかも，平成16年度及び平成17年度の2年間において連続して同社の注文住宅着工棟数に係る順位が我が国で第1位であるかのように表示していた。 (3)実際 平成16年4月～平成17年3月までの1年間及び平成17年4月から平成18年3月までの1年間における同社の注文住宅着工棟数に係る順位は，株式会社住宅産業研究所が，注文住宅の着工件数に係る調査において「地域ビルダー」と呼称している営業地域が限定された住宅建築業者の中で，それぞれの期間，第1位であるにすぎないものであり，全国を営業地域とする住宅建築業者を含めた我が国に所在するすべての住宅建築業者の中で，それぞれの期間，第1位であるとの事実はなかった。 ※注文住宅の住宅建設業者に対する初めての排除命令（公正取引681号76頁）。 ※注文住宅の取引については，消費者にとって極めて多額の取引であり，契約前の段階で実際の建物が確認できないという特徴に鑑みれば表示にあたっては慎重さと分かりやすさが強く求められているといえよう，と指摘されている（公正取引681号76頁）。	§5①
			(1)対象商品役務 牛サーロインステーキセット	

〔73〕 2007/5/18 排除命令 (H19(排) 13)	㈱テレマート	通信販売 (食品(牛肉)) 公正取引 685号75頁	(2)表示の概要 (a)期間 ア　①平成18年6月1日ころ～同年7月12日ころ 　②平成18年7月13日ころ～同年8月7日ころ イ　平成18年6月23日ころ～同年8月6日ころ (b)媒体 ア　「テレマートラジオショッピング」と称するラジオ放送による広告 イ　一般日刊紙による広告 (c)表示内容 ア　①平成18年6月1日ころ～同年7月12日ころまでの間,「ステーキって,いつの時代も,私たち日本人の憧れ！　今日は，そのステーキの中でも，特に！肉質の「柔らかさ」にこだわりましたよ！」,「ご年配の方にも，美味しく召し上がっていただくために，オージービーフを特殊な技術で加工。とびっきり柔らかい部分，キメ細かなサシの入った，見た目も美しい，極上の部分だけを，厳選してご用意しましたよ。」,「牛肉のとびっきり柔らかい部分だけ！　キメ細かなサシの入った，極上の部分だけを厳選した『牛・サーロインステーキ』」との原稿を用いて，当該原稿の内容の音声を放送し, ②平成18年7月13日ころ～同年8月7日ころまでの間,「ステーキって，いつの時代も，私たち日本人の憧れ！　今日は，そのステーキの中でも，特に！肉質の「柔らかさ」にこだわりましたよ！」「ご年配の方にも，美味しく召し上がっていただくために，オージービーフを特殊な技術で加工したものです。とびっきり柔らかい部分，キメ細かなサシの入った，見た目も美しい,極上の部分だけを,厳選してご用意しましたよ。」,「オーストラリア産オージービーフのとびっきり柔らかい部分だけ！　キメ細かなサシの入った，極上の部分だけを厳選した『牛・サーロインステーキ』」との原稿を用いて，当該原稿の内容の音声を放送し, イ　牛サーロインステーキセットの写真を掲載するとともに,「キメ細かなサシの入った極上の部分だけを厳選!!」,「肉厚たっぷりで柔らかく，ジューシーな『牛・サーロインステーキ』。特に「柔らかさ」にこだわって，オージービーフを特殊な技術で加工し，キメ細かなサシの入った極上の部分だけを，厳選してご用意しました。」と記載(平成18年8月4日付け産経新聞に掲載した広告)することにより, あたかも，牛サーロインステーキセットの牛肉は，飼育により「サシが入った」肉であるかのように表示していた。	§5①

			(3)実際 牛のサーロインの部位の肉に牛脂その他の添加物を注入する加工を行ったものであった。 ※牛脂加工自体は，廉価でおいしい牛肉を供給する技術として評価できるものであり，適切な表示を行って販売することによって，むしろ一般消費者の支持を獲得できると考えられる，との言及がある（公正取引685号76頁）。 ※新聞掲載広告では「きめ細かなサシ」「極上」を強調。 ※豪州産サーロインステーキセットが，牛脂肪や調味料を注入した加工肉であり，その旨が表示されている一方で，「きめ細かなサシ」とも謳われていた。	
〔74〕 2007/6/15 排除命令 （H19（排）14）	㈱日本経営経理指導協会	教育（資格教育） 公正取引686号65頁	(1)対象商品役務 「労務管理士特別認定講座」と称する講座（受講料15,000円） (2)表示の概要 (a)期間 平成18年1月22日～12月5日 (b)媒体 140か所で上記講座を開催した際に，開催日の前日から21日前までに，それぞれの会場周辺地域で日刊新聞に折り込んだチラシ（合計402万枚） (c)表示の内容 ア　「資格取得者の就職率は…抜群です!!　全国共通有効資格　労務管理士（検定試験受験免除）特別認定講座」と， イ　「労働法令改正施行と共に，労務管理責任者として強く求められている知的職業それが労務管理士です。全国組織団体の本協会が認定し，全資連の検定試験により公認されるもので，社会的に価値あるものとして，高く評価され就職にも大変有利です。」と， それぞれ記載することにより，あたかも，労務管理士講座を受講すれば，公的な資格であって，社会的に価値あるものとして高く評価され就職に非常に有利な「労務管理士」と称する資格が取得できるかのように表示していた。 (3)実際 当該資格は公的なものではなく同社が独自に創設した資格であって，社会的に価値あるものとして高く評価され就職に非常に有利であるという事実はない。 ※資格講座商法（士商法）を対象に排除命令の措置を採った初の事件	§5①

			※「労務管理士」資格は，民間資格であり，名称は関係人自らが考案したもの。 ※当該資格が有益でないとの情報も伝わりにくい地方都市を中心に本件講座が開催されていた。 ※企業サイドからのヒアリングを行ったところ,「短時間の講座を受けただけで受講生全員に与えられるような資格では，就職に有利に働くということはない」との回答があった(以上，公正取引686号66頁)。 ※同社は2007年９月に解散。	
〔75〕 2007/6/18 排除命令 (H19(排)15)	琉球ガラス工芸協業組合 ㈱森のガラス館 ㈱るりあん	ガラス製品の製造販売(グラス,皿等のガラス製品) 公正取引685号77頁	【琉球ガラス工芸協業組合の表示】 (1)対象商品役務 ガラス製品 (2)表示の概要 (a)時期 ア　平成17年11月ころ～　イ　遅くとも平成18年４月ころ～ (b)媒体 ア　共通カタログ イ　ホームページのうちオンラインショップのページ (c)表示内容 ア　ベトナム製ガラス製品についてその旨を明りょうに記載することなく３名のいずれもが取り扱うベトナム製ガラス製品及び沖縄製ガラス製品を掲載した上で,表紙に「Ryukyu glass Gift Selection 琉球ガラスギフトセレクション」と記載することにより，あたかも，当該カタログに掲載しているガラス製品のすべてが沖縄県で製造されたガラス製品であるかのように表示していた。 イ　ベトナム製ガラス製品についてその旨を明りょうに記載することなく同組合が取り扱うベトナム製ガラス製品及び沖縄製ガラス製品を掲載した上で，当該オンラインショップのトップページに「琉球ガラス職人の技と情熱に洗練の命を吹き込まれた手作りの結晶。」,「南国沖縄のもっとも美しき輝きを放ちながら,日々お客様のご要望にお応えできるよう努力してまいります。」,「南国の自然の彩りと輝きを，伝統の技で閉じ込めた琉球ガラス。」,「これからも，あなた自身を映しだす色とりどりの琉球ガラスを生み出すでしょう。」と記載することにより，あたかも，当該ホームページに掲載しているガラス製品のすべてが沖	§5③

			縄県で製造されたガラス製品であるかのように表示していた。 (3)実際 アイとも，掲載されているガラス製品の品目のうち約７割はベトナム製ガラス製品であった。 ※地域ブランドとして，地域の産品に注目が集まっており，沖縄県では昨今の沖縄ブームの影響で県外からの観光客数は増加し続けている。このような状況の下，本件のように，表示に対する信頼を損なう行為は，沖縄県の観光土産品全体の信頼低下に繋がるものである，と指摘されている（公正取引685号78頁）。 ※代表理事・代表取締役は三者共通。 ※三者は，それぞれ，ベトナム製ガラス製品を同一の輸入業者を通じて仕入れている。	
〔76〕 2007/6/26 排除命令 （H19（排）16～19）	㈱コジット 三宝商事㈱ ㈱純ケミファ ㈱ゲンキ	化粧品の製造販売（毛髪染料）	【㈱コジットの表示】 (1)対象商品役務 ヘナ染毛料12品目 (2)表示の概要 (a)時期 古いもので平成15年２月以降～ (b)媒体 包装箱・容器 (c)表示内容（例示） 「ヘナ白髪かくし ブラウン」について，当該染毛料の包装箱の表面に「髪にやさしい 天然インドヘナ 配合」，「植物色素で髪を傷めずにはえぎわの白髪をサッとお手入れ。」と，裏面に「天然 髪にやさしい インドヘナ 配合」，「天然の植物色素で髪や頭皮を傷めずにはえぎわの白髪をカラーリング。」，「ヘナとは？ インド・エジプトなどの熱帯地に自生する低木で，髪に優しいトリートメント効果と，カラーリング効果のダブルメリットがあります。天然の植物色素が髪のタンパク質にからみついて定着しダメージを補修しながら，自然な髪色に。」と，左側面に「天然 インドヘナ 配合」と，それぞれ記載することにより，あたかも，ヘナ染毛料に配合されているヘナによる染毛効果があるかのように表示していた。 (3)実際	§５①

			当該染毛料におけるヘナの配合比率は極めて低いものであることから，ヘナによる染毛効果はほとんどないものであった。 ※ヘナは，北アフリカから南西アジア等の地域にかけて広く分布している低木で，その葉を乾燥，粉砕したもの等が染毛料やヘアトリートメントの成分として利用されており，一般に，染毛効果，髪の傷みを補修する効果及び髪の水分の流出を防ぐ保湿効果があるといわれている。 ※「ヘナ白髪かくし」のフォントが大きく，長髪の女性が白髪を染めているかのような写真がプリントされている。 ※平成18年12月ころ，ヘナ染毛料の販売を中止した（㈱純ケミファ）	
			【㈱三恵精機の表示】 (1)対象商品役務 浴室用洗桶「カビストップ洗面器」 (2)表示の概要 (a)時期 ア　平成17年12月ころ～ イ　平成18年7月24日 (b)媒体 ア　商品の包装箱 イ　HP 掲載広告 (c)表示内容 ア 「銀イオンの飛散・拡散効果でカビ・ヌメリの発生を抑制しいつもきれいな浴室を保ちます」と，同裏面に「「銀イオンの効果」により浴室に繁殖する「雑菌とカビ」を抑制する商品です」と， イ 「アルミ合金に銀をコートさせた画期的な抗菌商品です。環境にやさしい銀イオンの効果により，抜群の防カビ効果を発揮します。浴室内に放置するだけで天井・壁・タイル・目地に発生するカビを長期間抑制します。」，「浴室で使用するだけで銀イオンが放出され，雑菌・カビを長期間抑制します。」，「カビストップ洗面器は「銀イオンの効果」により浴室のカビを抑制する商品です。」，写真を2枚掲載の上「通常は清掃後2週間もすると壁や目地に黒カビが発生し始めます。カビストップ洗面器を使用すると，清掃後1年以上経過し	

〔77〕 2007/6/29 排除命令 (H19(排) 20〜31)	㈱三恵精機 藤田金属㈱ ㈱ナルプラ ㈱ベルーナ ㈱総通 ㈱QVCジャパン ㈱髙島屋 佐藤商事㈱ ㈱全国通販及び ㈱全通 ㈱テレマート ㈱ウイングツーワン ㈱読売情報開発	製造販売・百貨店など(家庭用品(イオン桶)) 公正取引686号67頁	てもこの通り!!　もうカビ除去剤でゴシゴシこする必要はありません。」,「本製品を使えば使うほど，浴室内に銀イオン水が「水しぶきとなり飛散」致します。「飛散した銀イオン水」が「ミスト」となり，浴室全体に銀イオンの抗菌防カビ効果をもたらします。」とそれぞれ記載することにより， あたかも，カビストップ洗面器を浴室用の洗桶として使用することにより又は浴室に置くだけで，当該商品から発生する銀イオンにより浴室内のカビや細菌の発生を抑制するかのように表示していた。 (3)実際 公正取引委員会が㈱三恵精機に対し当該表示の裏付けとなる合理的な根拠を示す資料の提出を求めたところ，㈱三恵精機は，期限内に資料を提出したが，当該資料は，当該表示の裏付けとなる合理的な根拠を示すものであるとは認められないものであった。 ※㈱ベルーナは平成18年10月1日ころ以降，不思議な湯おけ及びイオン桶の販売を中止している ※㈱総通は，平成19年6月1日以降，対象商品である「魔法の洗面器」の販売を中止している。 ※㈱QVCジャパンは平成18年10月26日ころ以降，対象商品である「びっくり湯桶」の販売を中止している。 ※㈱髙島屋平成18年9月1日以降，対象商品である「魔法の洗面器」の販売を中止している。 ※佐藤商事㈱は平成19年6月1日以降，対象商品である「魔法の洗面器」の販売を中止している。 ※㈱全国通販及び㈱全通は，それぞれ，平成19年3月1日以降，対象商品であるイオン湯おけ及びイオン洗いおけの販売を中止している。 ※㈱テレマート平成18年10月11日以降，対象商品である「魔法の湯おけ」の販売を中止している。 ※㈱ウイングツーワンは平成18年7月4日ころ以降，対象商品であるイオン桶の販売を中止している。 ※㈱読売情報開発は平成18年7月9日ころ以降，対象商品であるイオン桶の販売を中止している。 ※一般消費者の環境保護志向，健康志向が近年高まりを見せている中，顧客誘引性の高い	§5① 7II

			表示を行っていたもの（公正取引686号68頁）。 ※実験データは「①置くだけ②使うだけ（または使うことによって）③汲んだ水をかけることによって」のいずれかの方法により，浴室又は台所シンクのカビや細菌の発生を抑制する効果を実証したものは皆無であった（公正取引686号69頁）。 ※提出されたアンケート・モニター調査結果は，対象の人数が少ない，社員などの利害関係人が含まれている，使用環境が統一されていない，使用方法が不明などの問題であり，統計的合理性が認められないものであった（公正取引686号69頁）。	
〔78〕 2007/7/31 排除命令 （H19(排) 32～33）	小杉産業㈱ 丹羽幸㈱	衣料品の製造販売（カシミヤ製品） 公正取引687号61頁	【小杉産業㈱の表示】 ⑴対象商品役務 カシミヤ使用の衣料品 ⑵表示の概要 (a)時期 平成17年10月ころ～平成19年1月ころ (b)媒体 セーター又はベスト（22品目）の下げ札 (c)表示内容 「品質表示」として「カシミヤ50%」と記載することにより，あたかも，当該衣料品の原材料としてカシミヤが50パーセント用いられているかのように表示していた。 ⑶実際 当該衣料品のカシミヤ混用率は1.6パーセントないし25.5パーセント程度にすぎないものであった。 ※2社は，販売業者として必要な注意義務を十分果たしていなかったことが本件の背景事情としてあると指摘されている（公正取引687号61頁）。 ※財団法人毛製品検査協会（JWIF）に対して，カシミヤラベルがJWIFから発行され取り付けられていたことについて，その原因を究明の上，再発防止のために必要な措置を講じるよう要望した。	§5①
			⑴対象商品役務 「ホカロン」，「ホカロン貼るタイプ」，「ホカロンミニ」及び「ホカロンミニ貼るタイプ」と称する使いすてカイロ4商品	

〔79〕 2007/8/29 排除命令 （H19(排)34）	ロッテ健康産業㈱	生活雑貨の製造販売（使い捨てカイロ） 公正取引687号63頁	(2)表示の概要 (a)時期 平成19年4月ころ～7月ころ (b)媒体 商品の包装袋の表面及び裏面 (c)表示内容 「持続時間20時間（40℃以上を保持し，持続する時間）」（ホカロン）， 「持続時間14時間（40℃以上を保持し，持続する時間）」（ホカロン貼るタイプ）， 「持続時間6時間（40℃以上を保持し，持続する時間）」（ホカロンミニ）， 「持続時間9時間（40℃以上を保持し，持続する時間）」（ホカロンミニ貼るタイプ）と記載し， 裏面に記載された有効期限内に使用すれば，表面に持続時間として記載された時間内において，摂氏40度以上の発熱効果が持続するかのように示す表示をしていた。 (3)実際 有効期限内に使用した場合であっても，摂氏40度以上の発熱効果が持続する時間は，製造してから時間が経過するに従って短くなり，持続時間として記載された時間を相当程度下回ることとなるものであった。	§5①
〔80〕 2007/10/5 警告	㈱ディノス	通信販売（ひな人形） 公正取引688号64頁	(1)対象商品役務 平成19年1月26日から同月28日までを期間として開催された「2007年ひな人形・五月人形大ご奉仕会 in 日本武道館」と称する催事に出品された人形セットなど (2)表示の概要 (a)時期 平成19年1月9日～18日 (b)媒体 本件催事を紹介する放送番組中の広告（計3回放映） (c)表示内容（例示） 9品目のひな人形セット及び五月人形セットについて，「片岡正博作　手描京友禅　衣裳着親王飾り」の商品の映像とともに，音声において「店頭なら50万円くらいはするものが35万円になりました。」等と，実際の販売価格に比して著しく高い価格を比較対照価格として	§5②

			表示していた。 (3)実際 当該９品目は，いずれも本件催事用の商品であって，当該比較対照価格は，小売店の店頭で販売された実績があるとは認められないものであった。 ※ひな人形・五月人形は一般に高額であり，生涯に何度も購入するものではないため，いきおい，商品選択時の判断材料として価格が重要な情報となる旨の指摘あり（公正取引688号65頁）。 ※紙媒体の表示物においては，二重価格表示は一切見られなかった（公正取引688号65頁）。	
〔81〕 2007/10/19 排除命令 （H19(排)35）	アメリカン・ライフ・インシュアランス・カンパニー（アリコ）	保険（金融保険商品（生命保険）） 第５版68頁 公正取引688号62頁	(1)対象商品役務 「元気によくばり保険」（通信販売） (2)表示の概要 (a)時期 平成18年12月ころ～平成19年１月ころ (b)媒体 一般日刊紙に掲載した広告及び当該広告を見て資料請求を行った一般消費者に配付したパンフレット (c)表示内容 元気によくばり保険に加入すれば，被保険者が上皮内新生物にり患していると診断された場合には一時金が60万円支払われるかのように示す表示をしていた。 (3)実際 当該一時金は，被保険者が上皮内新生物にり患していると診断され，かつ，その治療を目的とした入院中に所定の手術をしたときに支払われるものであり，上皮内新生物にり患していると診断されただけでは支払われないものであった。	§５①
			(1)対象商品役務 鶏肉加工食品を詰め合わせた２商品①地鶏炭火焼と冷や汁セット②地鶏炭火焼セット (2)表示の概要 (a)時期 ア　平成19年３月ころ～８月ころ イ　平成19年３月ころ～６月ころ	

〔82〕 2007/10/30 警告	㈱山形屋	百貨店（食品（鶏肉加工食品）） 公正取引689号58頁	(b)媒体 インターネット上の自社ウェブサイト及び電子商店街の自社店舗 (c)表示内容 ア 「地鶏炭火焼と冷や汁セット」と記載した上で，「地鶏炭火焼：宮崎鶏を手焼で丹念に焼きあげ，食べきりサイズに詰めました。」と， イ 「地鶏炭火焼セット」と記載した上で，「地鶏炭火焼：宮崎鶏を手焼で丹念に焼きあげ，食べきりサイズに詰めました。」と， 記載することにより，あたかも，地鶏肉を用いているかのように表示していた。 (3)実際 これらの鶏肉加工食品は，地鶏肉ではなく，ブロイラーの肉を用いているものであった。 ※山形屋は，本件発覚以降，自社ウェブサイトに掲載している商品の表示内容の確認，広告掲載に係るチェック体制の整備，社内研修等の再発防止策を講じている（公正取引689号65頁）。 ※鶏肉の表示に関する排除命令として，スターゼン㈱事件（H14(排)17）がある。	§5①
〔83〕 2007/11/16 警告	㈱エヌ・ティ・ティ・ドコモ KDDI㈱	情報通信（携帯電話役務提供（料金割引サービス）） 公正取引690号66頁	【㈱NTTドコモの表示】 (1)対象商品役務 携帯電話役務適用の割引サービス (2)表示の概要 (a)期間 平成19年7月27日～8月21日 (b)媒体 割引サービス「ファミ割MAX50」及び「ひとりでも割50」のチラシ (c)表示内容 約100ポイントの大きさの文字で「みんないきなり」，約24ポイントの大きさの文字で「基本使用料」及び約200ポイントの大きさの文字で「半額に！」と大きく記載することにより，あたかも，「ファミ割MAX50」及び「ひとりでも割50」と称する料金割引サービスの適用を希望する者すべてについて条件なく直ちに基本使用料が半額となるかのように表示し，上記表示と近接でない下方の箇所に，約5ポイントの文字で「●2年間同一回線の継続利用をお約束いただきます。●契約期間中に割引サービスの廃止，ご契約回線の解約または	§5②

			利用休止の場合は，継続利用期間にかかわらず9,975円の解約金が必要となります（契約満了月の翌月を除く）。」と記載。また，契約の自動更新に係る事項については同一紙面に記載なしであった。 (3)実際 当該サービスが適用されるためには，２年を期間とする契約をする必要があり，当該契約の期間内に契約を解除した場合等には9,975円の解約金が必要となり，かつ，利用者からの申出がなければ契約から２年を経過した時点で自動的に２年単位の契約が更新され，更新後においても同様に解約金が必要となるものであった。 ※平成18年12月に続く携帯電話事業者に対する措置であるが，前回の措置の経験が全く生かされていないとの指摘がある。 ※有利な面をことさら強調する一方で制約事項を不明りょうに記載する広告手法は，携帯電話役務のみに限られるものではないと考えられることから，本件は他の業界に対しても警鐘を鳴らす事案であるとしている（以上，公正取引690号68頁）。	
〔84〕 2007/11/20 排除命令 （H19(排)36）	㈱オーム電機	電気機械製造（生活雑貨（超音波蚊よけ機）） 公正取引689号56頁	(1)対象商品役務 ①超音波蚊よけ器 ②ミニライト付き蚊よけ器 (2)表示の概要 (a)時期 平成10年３月～平成19年10月 (b)媒体 商品の包装紙 (c)表示内容 ①「超音波蚊よけ器」，「●超音波で蚊をシャットアウト」及び「蚊が逃げる！」と，同裏面に「特長」と記載の上，「●超音波で蚊を寄せ付けません。血を吸うメスの蚊がきらう周波数の音波を発生し，寄せ付けません。」と， ②「ミニライト付き蚊よけ器」，「●音波で蚊をシャットアウト」及び「蚊が逃げる！」と，同裏面に「特長」と記載の上，「●音波で蚊を寄せ付けません。血を吸うメスの蚊がきらう周波数の音波を発生し，寄せ付けません。」とあたかも，特定の周波数の超音波又は音波を発生することにより蚊を寄せ付けない効果があるかのように示す表示をしていた。	§5①

			(3)実際 音波は発生するものの，蚊を寄せ付けない効果があるとは認められないものであった。 ※製造業者から本商品の性能効果に係る実証データの提供を受けておらず，その他の表示に係る部分についてもメーカー側に意見を求めること等を一切行っていなかった（公正取引689号57頁）。 ※オーム電機は，平成19年10月ころ，超音波蚊よけ器及びミニライト付き蚊よけ器の販売を中止した。	
〔85〕 2007/11/27 排除命令 （H19（排）37）	アース製薬㈱	製造販売（生活雑貨（トイレ用芳香洗浄剤））	(1)対象商品役務 ①②「銀イオン＋フッ素コートセボン　容器付」及び「銀イオン＋フッ素コートセボン　つめかえ」と称する水洗トイレ用芳香洗浄剤 ③④「銀イオン＋フッ素コート液体セボン　容器付」及び「銀イオン＋フッ素コート液体セボン　つめかえ」と称する水洗トイレ用芳香洗浄剤 (2)表示の概要 (a)時期 ①②平成18年９月ころ～平成19年11月ころ ③④平成19年３月ころ～11月ころ (b)媒体 当該商品の包装容器 (c)表示内容 ①包装容器の表面に貼付したシールに「新発売　銀イオンで除菌」と，同容器の台紙の表面に「汚れ･ニオイの元を流すたびに除菌！」と，同裏面に「除菌効果」と記載の上，「新配合銀イオンの力で，汚れ・悪臭の原因となるカビや雑菌を，流すたびに１ヵ月間しっかり除菌コート！」， ②商品の包装容器の表面，裏面及び両側面に「銀イオンで除菌」と，同裏面に「除菌効果」と記載の上，「新配合銀イオンの力で，汚れ･悪臭の原因となるカビや雑菌を，流すたびに１ヵ月間しっかり除菌コート！」， ③商品の包装容器の表面に貼付したシールに「NEW 銀イオンで除菌」と，同容器の台紙の表面に「銀イオンで除菌！」と，同裏面に「除菌効果」と記載の上，「新配合銀イオンの力で，汚れ・悪臭の原因となるカビや雑菌を流すたびに１ヵ月間しっかり除菌コート！」，	§５①

			④「銀イオン＋フッ素コート　液体セボン　つめかえ」について，平成19年３月ころから同年11月ころまでの間，商品の包装容器の台紙の表面に「銀イオンで除菌！」と，同裏面に「除菌効果」と記載の上，「新配合銀イオンの力で，汚れ・悪臭の原因となるカビや雑菌を流すたびに１ヵ月間しっかり除菌コート！」， と記載することにより，あたかも，当該商品に配合された銀イオンによって便器の表面のカビ及び雑菌を除去し増殖を抑制する効果があるかのように示す表示をしていた。 (3)実際 給水タンクへの注水の際に当該商品から溶出又は滴下する薬剤に含まれる銀イオンの量は極めて少ないことから，当該薬剤を含んだ水が便器に流れることによって，銀イオンによる便器の表面のカビ及び雑菌を除去し増殖を抑制する効果は認められないものであった。	
			【㈱トゥモローランドの表示】 平成16年(排)第20号及び第22号に対する審判請求事件 ①商品の原産国はどこかについて 「証拠によれば，本件商品はルーマニアで縫製されたと認定することができる。」 ②被審人らが景品表示法上の表示の主体に該当するか 「景品表示法の規制の趣旨に照らせば，不当な表示についてその内容の決定に関与した事業者は，その規制の対象となる事業者に当たるものと解すべきであり，この場合の「決定に関与」とは，自ら又は他の者と共同して積極的に当該表示の内容を決定した場合のみならず，他の者の表示内容に関する説明に基づきその内容を定めた場合や，他の者にその決定をゆだねた場合も含まれるものと解すべきである。」という一般論を述べた上で， 「被審人らはそれぞれ平成11年に本件商品の購入を始めるに当たり，八木通商の説明に基づき本件商品がイタリア製であると認識し，その認識の下に，本件品質表示タッグ及び本件下げ札の作成及び取付けを八木通商に委託したこと，八木通商はこれに応じ，イタリア製である旨記載した本件品質表示タッグ及び本件下げ札を作成し，本件商品に取り付けて納品し，被審人らにおいて前記の表示を付した本件商品を継続して販売していたことが認められるのであって，被審人らが本件表示の内容の決定に関与した者に該当することは明らかというべきである。」とした。 ③排除措置を命じる必要性について (ア)被審人トゥモローランド	

〔86〕 2007/12/4 審判審決 （H17（判）2，4）	㈱トゥモローランド ㈱ワールド	小売（衣料（ズボン））	「被審人トゥモローランドが講じた各手段（自社ウェブサイトに掲載した自主回収のお知らせ，店舗におけるお詫びとお知らせ，購入者に対する回収の電話連絡及び本件商品の回収）は，誤認排除の方法として十分なものとはいえず，これらを併せても，どの程度の範囲の者の誤認が排除されたかは不明であり，本件表示によって誘引された顧客の大部分に本件表示の事実が告知されたということはできないことから，誤認排除のための措置を命ずる必要性があると認められる。 また，被審人トゥモローランドは，本件商品がイタリア製である旨の八木通商の担当者の説明を漫然と信用したにすぎず，同被審人が本件商品の原産国に係る不当表示を防止するため必要な注意義務を尽くしていたものと認めることはできない。しかし，本件が問題となった後，再発防止に向けての社員に対する周知等の措置及び仕入先である輸入代理店等に対する要請など再発防止措置を講じていることは認めることができるため，今後の不作為を命ずる必要はあるが，再発防止のための社内的措置を改めて命ずる必要はないというべきである。」 (イ)被審人ワールド 「被審人ワールドは，一般日刊紙及び自社のウェブサイトにおいて，回収･返金のお知らせを掲載し，店舗においては原産国表示に誤りがあることを告知し，また，社員に対し，原産国表示のみをテーマにしたセミナーを実施した上，役員会において再発防止対策等を説明し，さらに取引先に対する要請等の措置を採っていることから，本件不当表示に係る一般消費者の誤認は排除されたものと認めるのが相当である。 しかし，被審人ワールドは，本件商品の取引を開始する前に，八木通商の担当者から本件商品がイタリア製であることを聞いたにすぎず，その後においても原産国がどこであるかについて八木通商に確認しておらず，同被審人が本件商品の原産国に係る不当表示を防止するため必要な注意をしていたものと評価することはできないため，今後の不作為を命ずる必要がある。」	§5③
			【㈱ファンシーの表示】 (1)対象商品役務 馬肉商品「桜の極」 (2)表示の概要 (a)時期	

〔87〕 2007/12/14 排除命令 (H19(排)38～42)	㈱ファンシー ㈱トーホー ㈱モンテローザ ㈱村さ来本社 マルシェ㈱	製造販売（食品（食肉））・外食（トロ馬刺しなど） 第5版44頁（村さ来） 公正取引690号63頁，724号96頁	平成18年4月ころ～平成19年8月ころ (b)媒体 包装袋 (c)表示内容 表面に「極旨霜降り馬刺し」と2か所に記載して表示していた。 (3)実際 馬肉に関し，「霜降り」等と表示していたが，実際には，脂肪を注入していたものであった。 ※「霜降り」等と記載されているが，極端に高価なメニューという訳ではない(㈱モンテローザ) ※特に目玉メニューとして強調したり，馬肉の品質を強調した表示がなされている訳ではない（マルシェ㈱）。	§5①
〔88〕 2007/12/20 警告	㈱小田急百貨店 ユニー㈱ ㈱ジェイアール西日本伊勢丹	小売（食品（魚加工食品・鶏肉加工食品））	**【㈱小田急百貨店】** (1)対象商品役務 「山口・仙崎一夜干」と称する魚の一夜干しを詰め合わせた商品 (2)表示の概要 (a)期間 平成19年5月ころ～7月ころ (b)媒体 ア　中元用カタログ イ　自社ウェブサイト (c)表示内容 「山口・仙崎一夜干」及び「ふぐ約170g・かれい・さより・あじ各3枚・鯛2枚/日本製」と記載した上で，「豊富な漁種に恵まれた山口県仙崎港。伝統的技法に新しい技術を加え，さらに風味を深めた一夜干しの詰め合わせです。」と記載していた。 (3)実際 当該一夜干しの詰め合わせの一部は，仙崎漁港周辺地域以外で一夜干し加工されたものであった。 ※公正取引委員会は，10社のうちユニー株式会社を除く9社が加盟する日本百貨店協会に	§5①

			対し，同９社に対して警告を行った旨を伝えるとともに，会員事業者において，商品の原材料，原産国等について自ら確認した上で表示する体制を構築するなど所要の取組がなされ，今後，一般消費者に誤認される表示が行われることがないよう指導することを要望した。	
〔89〕 2007/12/20 警告	㈱丸井今井 ㈱伊勢丹 ㈱京王百貨店 ㈱松屋 ㈱岩田屋 ㈱宮崎山形屋 ㈱山形屋	小売(家具)	【㈱丸井今井の表示】 (1)対象商品役務 「大イタリア展」に出店したカウチソファ，布張りダイニングチェア，コンソールボックス及びスツールの４点 (2)表示の概要 (a)時期 ア　平成19年10月16日 イ　平成19年10月16日まで ウ　平成19年10月18日 エ　平成19年10月17日～22日 オ　平成19年10月17日～20日 (b)媒体 ア　新聞折り込みチラシ イ　ダイレクトメール ウ　新聞広告 エ　催事会場の看板 オ　プライスカード (c)表示内容 ア～オ　「大イタリア展」， ウ　「今年は好評の本場グルメに加え，インテリアや雑貨も初登場。」， オ　「イタリア製」， と表示していた。 (3)実際 「イタリア展」と題する催事で販売した家具の原産国がイタリアであるかのような表示をしていたが，実際には，当該家具の一部は中国で生産されたものであった。	§５③

〔90〕 2007/12/25 警告	㈱フーズマーケットホック	販売(食品)(スーパーマーケット) 公正取引691号65頁	(1)対象商品役務 自社の「Hok（ホック）」と称する13店舗において，平成19年5月25日から同月28日までを期間として売出しを実施食料品97品目及び日用雑貨品11品目 (2)表示の概要 (a)期間 平成19年5月25日 (b)媒体 新聞折り込みチラシ (c)表示内容 例えば,「天然醸造濃口しょうゆ（1L）平日価格314円　148円」等と,「平日価格」と称する比較対照価格を実際の販売価格に併記していた。 (3)実際 当該「平日価格」は最近相当期間にわたって販売された価格とはいえないものであった。 ※フーズマーケットホック社は，本件チラシに限らず，遅くとも平成17年3月以降，同様な二重価格表示を長期にわたって行い，また，毎週2回という高い頻度でチラシを配布していたことなどから，一般消費者に対する誤認の程度が大きいと判断されるため警告の措置がとられたものと考えられる（公正取引691号66頁）。	§5②
〔91〕 2007/12/25 警告	㈱日本航空インターナショナル	運輸（機内販売（ブランド品））	(1)対象商品役務 国内線旅客機内で販売していたHUGO BOSS（ヒューゴ ボス）ウォレット&カードケース セット (2)表示の概要 (a)期間 平成19年9月1日～ (b)媒体 機内冊子(「JAL SHOP」と称する冊子の2007年9-10月号及び2007年11-12月号,「プチJAL SHOP」と称するリーフレットの2007年9-10月号及び2007年11-12月号) (c)表示内容 「イタリア製」と記載していた。 (3)実際	§5③

			当該商品は，中華人民共和国で製造されたものであった。	§5③
〔92〕 2007/12/26 排除命令 (H19(排)43)	㈱ユナイテッドアローズ	小売(衣料)	(1)対象商品役務 衣料品（「ジュエルチェンジズ」と称する小売店舗で販売されていたストール6品番（小売価格12,600円～19,950円）） (2)表示の概要 (a)時期 平成18年6月ころ～平成19年9月ころ (b)媒体 商品の下げ札 (c)表示内容 当該商品の品質についての十分な確認を行うことなく，6品番のストールの下げ札に「カシミヤ70%」と記載することにより，あたかも，6品番のストールの原材料としてカシミヤが70パーセント用いられているかのように示す表示をしていた。 (3)実際 6品番のストールにカシミヤは用いられていないものであった。 ※ユナイテッドアローズは，平成19年9月ころ，6品番のストールの販売を中止した。 ※ユナイテッドアローズは，平成19年10月10日，「お詫びとお知らせ」と題する社告を一般日刊紙2紙に掲載し，一般消費者に対し，6品番のストールにカシミヤが用いられていない事実を明らかにするとともに，当該商品を回収の上，購入した一般消費者に対し商品代金を返還する旨告知した。	§5①
〔93〕 2008/2/6 排除命令 (H20(排)1～7)	ダイアックス㈱ ㈱東京企画販売 アイメディア㈱ エヌアンドエス㈱ ㈱ビッグバイオ ㈱ピラミッド ㈱チャフ・スカラップ	製造販売(家庭日用品(防カビ用品)) 公正取引691号63頁	【ダイアックス㈱の表示】 (1)対象商品役務 「カビ取りなっとう君」 (2)表示の概要 (a)期間 平成17年4月～平成19年1月 (b)媒体 商品の容器全面 (c)表示内容	

			前面に「天然成分・納豆菌同属菌効果のカビ取りなっとう君」，「●浴室，洗面所，押入などの頑固なカビをラクラクお掃除。」及び「●カビの再発生･付着を防ぎ」と，後面に「■カビが発生しやすい浴室等に，4～5日間使用された後，一度浴室全体をそうじしてください。カビが落ちやすくなります。」及び「その後ひき続き使用されますとより効果が高まり，カビの再付着を防ぎます。」と，それぞれ記載することにより，あたかも，当該商品を浴室等に置くことにより，清掃する際にカビを落としやすくする及びカビの付着を防止するかのように示す表示をしていた。 (3)実際 公正取引委員会がダイアックス㈱に対し当該表示の裏付けとなる合理的な根拠を示す資料の提出を求めたところ，ダイアックス㈱は，期限内に資料を提出したが，当該資料は，当該表示の裏付けとなる合理的な根拠を示すものであるとは認められないものであった。 ※７社から提出された資料には，表示された効果が発現するために十分な量の納豆菌同属菌が本件商品から飛散することを実証するものはなかった（公正取引691号64頁） ※㈱東京企画販売，アイメディア㈱，エヌアンドエス㈱，㈱ピラミッド及び㈱チャフ・スカラップの５社は，本件商品に含有されている納豆菌同属菌を㈱ビッグバイオから仕入れて製造販売していたが，自ら本件表示を企画し作成していたことから，表示主体として認められたもの（公正取引691号64頁）。 （注）７社のうち，アイメディア株式会社にあっては，カビの付着を防ぐかのように示す表示のみを行っていた。	§５① ７II
	㈱ソフト99コーポレーション ㈱奈良健康堂 ㈱ル・モンド ㈱ニッポンエミール ㈱ニューイング ㈱オージーシステム ㈱コムテック	製造販売・	【㈱ソフト99コーポレーションの表示】 (1)対象商品役務 「ギガスマルチパワータブレット」と称する，自動車の燃料に混入させることにより，自動車のエネルギー消費効率が向上するとする商品 (2)表示の概要 (a)時期 遅くとも平成15年12月ころ～ (b)媒体 当該商品の包装容器 (c)表示内容	

〔94〕 2008/2/8 排除命令 （H20（排）8～23）	㈱ZERO-1000 すばるメディア㈱及び㈱ビエラス ㈱高野自動車用品 インテークマジック㈱ ㈱バッファロー及びコアーズインターナショナル㈱ ㈱リッツコーポレーション及び㈲リッツソリューション ㈱サン自動車工業 ㈱スカイフィールド ㈱レミックス	卸売（自動車用品） 第5版63頁（㈱リッツコーポレーション） 公正取引691号63頁	表面に「燃費アップ」及び「燃費10.3%改善。」と，同裏面に「燃費テスト10.3%燃費向上」と，また，「Average MPG」と題するグラフを，それぞれ記載することにより，あたかも，当該商品を自動車の燃料に混入させることにより，自動車のエネルギー消費効率が向上するかのように示す表示をしていた。 (3)実際 公正取引委員会が景品表示法第4条第2項（現7条2項）の規定に基づき，㈱ソフト99コーポレーションに対し当該表示の裏付けとなる合理的な根拠を示す資料の提出を求めたところ，㈱ソフト99コーポレーションは，期限内に資料を提出したが，当該資料は，当該表示の裏付けとなる合理的な根拠を示すものであるとは認められないものであった。	§5① 7 II
			【成分表示の偽装】 (1)対象商品役務 ①シルク（わた）100%掛け布団 ②シルク（わた）100%敷き布団 ③シルク100%ワッフル織り肌掛け (2)表示の概要 (a)時期 平成19年6月ころ～同年9月	

〔95〕 2008/2/20 排除命令 (H20(排) 24)	㈱ユーコー	通信販売卸売(寝具(高級シルク布団)) 第5版 107頁 公正取引 692号94頁	(b)媒体 日刊新聞掲載広告 (c)表示内容 ①「これがシルク100%の中わた。高品質のシルクはとろけそうなやわらかさ。」, 「シルク　SILK　100%」, 「シルク（わた）100%掛け布団」, 「素材/中わた：シルク100%，側生地：綿100%」, ②「シルクわた　SILK　100%」, 「シルク（わた）100%敷き布団」, 「素材/中わた：シルク100%，側生地：綿100%」, ③「繊維の宝石「シルク100%肌掛け」, 「素肌にしっとり，お肌に優しい洗えるシルク100%の肌掛け」, 「羽毛部分だけ」シルクを使う肌掛けとはちがい，グランドに至るまでシルク100%の本当に贅沢なシルク肌掛けです。」, 「シルク　SILK　100%」, 「シルク100%ワッフル織り肌掛け」, 「素材/シルク100%」, と記載していた。 (3)実際 それぞれの原材料として用いられた絹の割合は，100パーセントを大きく下回るものであった。 **【比較対照価格の虚偽表示】** (1)対象商品役務 「シルクわた掛け布団」「シルクわた敷き布団」と称する商品，シルク（わた）100%掛け布団，シルク（わた）100%敷き布団，「シルク100%ジャガード柄毛布」と称する商品，シルク100%ワッフル織り肌掛け，「シルクブルゾン」と称する商品，「高級シルクパジャマ」と称する商品，「高級シルクトランクス」と称する商品及び「シルクタートルセーター」 (2)表示の概要 (a)時期 平成18年1月ころ～	§5①②

			(b)媒体 日刊新聞掲載広告 (c)表示内容 例えば， ア　高級シルクパジャマについて 「本日から５日間だけの　愛用者70万人突破　感謝価格」，「高級シルクメンズパジャマ2,800円　締切日以降は8,400円になります」 イ　シルク（わた）100%掛け布団について 「シルク掛け布団が　（期間限定感謝価格）　本日より５日間　5,980円　締切以降は42,000円となります」 等と記載していた。 (3)実際 当該締切日以降において比較対照とした価格で販売した実績はなく，実際の販売価格が著しく安いかのように表示していた。 ※中国の業者に製造を委託していたが，実際の絹の混用率を何ら確認せず，販売業者として必要な注意義務を果たしていない。 ※ユーコーは，実売価格のみを表示する新聞広告を試験的に行ったが，二重価格表示を行わない場合には販売実績が大幅に低下することから，販売する意思が全くなく販売した実績もない価格を比較対照価格として併記して販売していたものである（以上，公正取引692号95頁）。	
〔96〕 2008/3/13 排除命令 （H20（排）25）	東日本電信電話㈱ 西日本電信電話㈱	情報通信（電話番号案内サービス） 公正取引692号96頁	【東日本電信電話㈱の表示】 (1)対象商品役務 「DIAL104」と称する，電話番号案内サービスを利用した顧客に対し，当該顧客に案内した電話番号に係る電話回線と当該顧客の電話回線を接続する役務 (2)表示の概要 (a)期間 ア　平成19年７月１日～８日 イ　平成19年10月１日～８日 ウ　平成19年７月２日	

			エ　2007年７月21日号～10月号（計５誌） オ　平成19年７月１日～31日（全国９社123駅，会社によって違いあり。） カ　平成19年９月29日～10月21日（全国５社62駅，会社によって違いあり。） キ　平成19年７月１日～６日（全国６社，会社によって違いあり。） ク　平成19年10月１日～21日（関西地区の３社。会社によって違いあり。） (b)媒体 アイ　TVCM ウ　新聞掲載広告 エ　雑誌掲載広告（週刊ダイヤモンドなど５誌） オカ　駅掲示ポスター キク　車両内広告 (c)表示内容 ア「「DIAL104」そのままおつなぎします」との映像及び「DIAL104。そのままおつなぎします。サービス開始。」との音声等を放送し， イ「「DIAL104」そのままおつなぎします」との映像及び「DIAL104。そのままおつなぎします。」との音声等を放送し， ウ「「DIAL104」そのままおつなぎします　はじめました。」，「DIAL104そのままおつなぎします」及び「お客様の声にお応えし，お問合せの電話番号にそのままおつなぎするサービスをはじめました。これからは，かけ直していただくことなく，そのままおつなぎします。もっと104にできること。」と記載し， エ「「DIAL104」そのままおつなぎします　はじめました。」，「DIAL104そのままおつなぎします」及び「お客様の声にお応えし，お問合せの電話番号にそのままおつなぎするサービスをはじめました。これからは，かけ直していただくことなく，そのままおつなぎします。もっと104にできること。」と記載し， オ（例示）「DIAL104そのままおつなぎします」及び「「DIAL104」そのままおつなぎします　はじめました。」と記載するなどし， カ（例示）「DIAL104そのままおつなぎします」及び「便利な新サービス「DIAL104」そのままおつなぎします是非ご利用ください!!」と記載するなどし， キ「「DIAL104」そのままおつなぎします　はじめました。」及び「DIAL104そのままおつなぎします」と記載し，	§５②

			ク 「便利な新サービス「DIAL104」そのままおつなぎします是非ご利用下さい!!」及び「DIAL104そのままおつなぎします」と記載するなどして表示していた。 (3)実際 DIAL104の利用には接続手数料がかかるものであり，さらにDIAL104を利用して接続した先との通話が区域内通話の場合には，当該通話の通話料はDIAL104を利用しない場合の通話料よりも割高となるものであるにもかかわらず，その旨を放送若しくは記載しない又は明りょうに放送若しくは記載しないことにより，あたかも，DIAL104の利用には料金が掛からず，かつ，DIAL104を利用してもDIAL104を利用しない場合と同じ通話料で接続された先との通話ができるかのように表示していた。	
〔97〕 2008/3/28 警告	㈱ベストライフ ㈱ふとみ総合施設 ㈲おいらーく	施設運営（有料老人ホーム） 公正取引695号65頁	【㈱ベストライフの表示】 (1)対象商品役務 以下の優良老人ホームで提供する役務 ①ベストライフ東札幌　②ベストライフ札幌西　③ベストライフ仙台南　④ベストライフ仙台東 (2)表示の概要 (a)期間 ア　①②平成18年10月ころ～平成19年8月ころ③平成18年9月ころ～平成19年4月ころ④平成18年7月ころ～平成19年9月ころ イ　①平成17年9月ころ～平成19年9月ころ②平成18年10月ころ～平成19年8月ころ③平成17年9月ころ～平成19年11月ころ④平成17年9月ころ～平成19年11月ころ (b)媒体 ア　パンフレット イ　ウェブサイト (c)表示内容 (i)「安心の介護・医療体制で，24時間ご入居者を見守ります。」，「安心の医療24時間体制」，「協力医療機関と健康管理室（看護職員，介護ヘルパー）の連携による医療体制を確立。いざというときも安心です。」，「介護ヘルパー 看護職員 日々の介護・健康管理」等と記載することにより，あたかも，4施設に看護職員を24時間配置して入居者の健康管理を行っているかのように表示（ア①②③④）	

<table>
<tr><td></td><td></td><td></td><td>(ii)「直通 TV 電話による健康相談」,「コールセンター直通 TV 電話24時間いつでも，居室にいながら医師に健康相談をすることができます。(実費負担)」,「居室内に TV 電話。ご家族との連絡にはもちろんのこと，コールセンターに直結。お困りのとき医療機関にご相談いただけます。」等と記載することにより，あたかも，4施設の入居者はあらかじめ居室に設置されているテレビ電話により24時間医師又は医療機関と健康相談ができるかのように表示（ア①②③④）
(iii)「居室内に TV 電話。」等と記載するとともにテレビ電話の写真を掲載すること等により，あたかも，3施設の全居室にあらかじめテレビ電話が設置されているかのように表示（ア①③④）
(iv)「全居室に設置された TV 電話と同機種の TV 電話をご家庭に設置すると，双方でお顔を見ながらお話することができます。ご家族とのかけがえのない時間をお過ごしいただけます。」等と記載するとともにテレビ電話を利用しているイラスト図を掲載すること等により，あたかも，①及び③の全居室にあらかじめテレビ電話が設置されているかのように表示（イ①③）
(v)「構造：鉄筋コンクリート造地下1階地上6階建」等と記載の上，施設の敷地及び建物外観のイラスト図等を掲載（イ①②③④）
(3)実際
(i)午後6時から翌日午前9時までの間は看護職員を配置していない。(ii)いずれの居室にもあらかじめテレビ電話は設置されておらず，入居者は，あらかじめ設置されているテレビ電話により健康相談ができるものではない。(iii)・(iv)いずれの居室にもあらかじめテレビ電話は設置されていない。(v)株式会社ベストライフが所有していないにもかかわらず，そのことを明りょうに記載していない。</td><td>§5①③</td></tr>
<tr><td></td><td></td><td></td><td>【㈱ウィズダムコーポレーションの表示】
(1)対象商品役務
「ゲルマデトックスダイエット」と称する商品
(2)表示の概要
(a)時期
平成18年10月ころ～平成20年1月ころ
(b)媒体</td><td></td></tr>
</table>

〔98〕 2008/4/1 排除命令 (H20(排) 26～27)	㈱ウィズダムコーポレーション ㈱ビューティーサイエンス研究所	通信販売(ダイエット商品) 第2版71頁	ウェブサイト (c)表示内容 「体内の有害な老廃物を廃出し，痩せやすい体質をつくる」,「－5kg成功者続出！」等と記載することにより，あたかも，当該商品を摂取又は煎じて飲用することにより，体内に蓄積した老廃物を排出させるなどして容易に著しい痩身効果が得られるかのように示す表示をしていた。 (3)実際 公正取引委員会は景品表示法第4条第2項（現7条2項）の規定に基づき，㈱ウィズダムコーポレーションに対し，期間を定めて，表示の裏付けとなる合理的な根拠を示す資料の提出を求めたところ，㈱ウィズダムコーポレーションは，当該期間内一部の表示に係る裏付けとする資料を提出したが，当該資料は当該表示の裏付けとなる合理的な根拠を示すものであるとは認められないものであり，その他の表示については当該表示の裏付けとなる合理的な根拠を示す資料の提出がなかった。 ・多数人へのアンケート結果も併せ掲載している（㈱ウィズダムコーポレーション）。 ・表示の裏付けとなる合理的な根拠を示す資料の提出を求めたところ，期限内に当該表示の裏付けとする資料の提出はなかった（㈱ビューティーサイエンス研究所）。 ・「独医学が生んだ最新ダイエット術！」とあるが，ドイツの論文などは提出されなかったとみられる（㈱ビューティーサイエンス研究所）。 ・ダイエットの前後の比較写真や，水着姿の女性の写真が掲載され，ダイエット願望に訴求する広告となっている（㈱ビューティーサイエンス研究所）。	§5① 7Ⅱ
〔99〕 2008/4/25 排除命令 (H20(排) 28～36)	王子製紙㈱ 紀州製紙㈱ 大王製紙㈱ 中越パルプ工業㈱ 日本製紙㈱ 北越製紙㈱ 丸住製紙㈱ 三菱製紙㈱	製造販売(コピー用紙) 第5版71頁 公正取引695号62頁，724号99頁	【王子製紙㈱の表示】 (1)対象商品役務 コピー用紙「NEWやまゆり100」 (2)表示の概要 (a)期間 遅くとも平成18年4月ころ～平成19年9月ころ (b)媒体 商品ラベル・当該商品を詰めた箱 (c)表示内容	

			当該商品の商品ラベルに「古紙100％」と，当該商品を詰めた箱に「古紙100％」及び「古紙100％再生紙」と，それぞれ記載することにより，あたかも，当該商品の原材料に古紙パルプが100パーセント用いられているかのように示す表示をしていた。 (3)実際 当該商品の原材料に用いられた古紙パルプの割合は100パーセントを下回るものであって大部分の期間において50パーセントないし75パーセントであった。 ※コピー用紙そのものの品質（白さ，インクの乗り，強度等）の優劣に関係なく，環境に配慮した商品としての訴求点に係る古紙パルプの利用率について実際のものを大幅に上回って表示している（第4版71頁）。 ※環境省や経済産業省が製紙会社に対してそれぞれ報告を求めるなどの対応を採っている（公正取引695号63頁）。	§5①
〔100〕 2008/5/13 排除命令 （H20(排) 37)	㈱そごう ㈱西武百貨店	小売（百貨店（キャビアセット））	(1)対象商品役務 「ロシア　フレッシュキャビア」と称する瓶詰めのキャビアを2個詰め合わせた商品 (2)表示の概要 (a)期間 平成19年11月ころ～12月ころ (b)媒体 全店舗並びにウェブサイト (c)表示内容 「ロシア　フレッシュキャビア」と記載することにより，あたかも，当該商品のキャビアは，ロシア連邦産であってフレッシュキャビアであるかのように示す表示をしていた。 (3)実際 中華人民共和国産であってパスチャライズキャビアであった。 ※「鮮度，風味，食感等が低温殺菌処理を行うことにより変化するため，一般に，フレッシュキャビアはパスチャライズキャビアより良質なものとして好まれる傾向にある。」としている。	§5①
		マタニティ・ベビー	(1)対象商品役務 AKACHAN365園児用歯ブラシ3本セット×2パック (2)表示の概要 (a)表示期間	

〔101〕 2008/6/5 警告	㈱赤ちゃん本舗	用品小売（生活雑貨（園児用歯ブラシ）） 公正取引694号68頁	平成16年12月ころ～平成19年12月ころ (b)媒体 商品パッケージの表面及び裏面 (c)表示内容 「抗菌加工」と記載していた。 (3)実際 当該商品は，抗菌加工されていないものであった。 ※歯ブラシに関するマーケティング調査によれば，消費者が歯ブラシを購入する際の選択基準として，抗菌加工については必ずしも上位に挙げられておらず，抗菌加工歯ブラシの製造は，近年，縮小傾向となっているようである（公正取引694号69頁）。	§5①
〔102〕 2008/6/5 排除命令 （H20(排)38）	日本シイベルヘグナー㈱	文房具輸入販売（事務用品（システム手帳））	(1)対象商品役務 システム手帳 (2)表示の概要 (a)時期 遅くとも平成19年1月ころ～12月ころ (b)媒体 小売店の店頭に陳列する当該商品の見本に挟み込んだインデックス (c)表示内容 英国の国旗をデザインしたものを記載することにより，あたかも，当該商品の原産国が英国であるかのように表示していた。 (3)実際 当該商品のうち，大部分の商品の原産国は中華人民共和国であり，その他の商品の原産国はインドであった。	§5③
〔103〕 2008/6/12 警告	㈱テレビ朝日	放送事業（運動機器）	(1)対象商品役務 「ロデオボーイ7」と称する運動機器 (2)表示の概要 (a)期間 ア　平成18年6月ころ～平成19年4月ころ イ　平成18年6月ころ～平成19年6月ころ	

			(b)媒体 ア　TV番組「ちい散歩」(合計4回) イ　TV番組「セレクションX」 「セレクションX Morning」 「セレクションX Deep」 「セレクション サタデーX」 「セレクション サンデーX」 「通販スペシャル」(合計193回) (c)表示内容 「ロデオボーイ7シェイプアップ3週間チャレンジ」等と称して，複数の被験者がロデオボーイ7を利用した結果として，いずれの被験者も著しく体重が減少したとする実験の結果を放映することにより，あたかも，ロデオボーイ7を利用するだけで著しく体重が減少したかのように表示していた。 (3)実際 ロデオボーイ7を短期間利用するだけでは，著しく体重を減少させる効果があるとはいえないものであった。	§5①
〔104〕 2008/6/12		製造販売 (家庭用品 (芳香消臭	(1)対象商品役務 ①「トイレの銀の消臭元」， ②「銀のブルーレットおくだけ」と称する消臭用品 (2)表示の概要 (a)時期 ①平成17年11月ころ～平成20年2月ころ ②平成19年9月ころ～平成20年2月ころ (b)媒体 ①当該商品の容器 ②当該商品の包装容器 (c)表示内容 ①表面に「銀イオンで除菌※」及び「※除菌」と記載することにより，あたかも，当該商品を使用すれば，当該商品に配合された銀イオンが除菌効果を発揮することによってトイ	

排除命令（H20（排）39）	小林製薬㈱	剤及び水洗トイレ用芳香洗浄剤）） 公正取引697号61頁	レ内が除菌されるかのように示す表示をしていた。 ②表面に「銀イオンパワー！」と記載の上「銀イオンで黒ズミを防ぐ」と，同裏面に「銀イオンの働きで黒ズミの発生を防ぎ，便器をきれいに保ちます。」と，それぞれ記載することにより，あたかも，当該商品に配合された銀イオンによって便器の表面に黒ずみが発生することを防ぐことができるかのように示す表示をしていた。 (3)実際 ①当該商品によってトイレ内が除菌されるものではなかった。 ②当該商品によって便器の表面に黒ずみが発生することを防ぐことができるものではなかった。 ※事業者自ら，銀のブルーレットおくだけ２商品について，使用すれば黒ずみの発生が若干遅れるものの，多くの場合，黒ずみは発生するとのデータを有していた（公正取引697号62頁） ※①の容器の表面に「※除菌効果はろ紙上で発揮されます。」と記載しているが，当該記載によって，当該商品のろ紙上のみが除菌され，トイレ内が除菌されるものではないことを一般消費者が認識することは困難である，と認定されている。	§5①
〔105〕2008/6/17 排除命令（H20（排）40）	ハウス食品㈱	製造販売（食品（清涼飲料）） 公正取引696号77頁	(1)対象商品役務 「六甲のおいしい水」容量２リットルの商品 (2)表示の概要 (a)時期 平成17年１月ころ～平成20年１月ころ (b)媒体 商品の容器 (c)表示内容 「花崗岩（かこうがん）に磨（みが）かれたおいしい水 六甲山系は花崗岩質で，そこに降った雨は，地中深くしみ込み，幾層にも分かれた地質の割れ目を通っていく間に花崗岩内のミネラル分を溶かし込み，長い時を経て，口当たりの良い，自然なまろやかさが生きている良質の水になります。」と記載することにより，あたかも，当該商品の内容物が，六甲山系の花崗岩の割れ目を通ることにより当該花崗岩のミネラル分が溶け込んだ水であるかのように表示していた。	§5①

			(3)実際 当該商品の内容物は，六甲山系の花崗岩の割れ目を通ることにより当該花崗岩のミネラル分が溶け込んだ水であるとはいえないものであった。	
			(1)対象商品役務 以下の物件の住宅賃貸媒介 ①埼玉県富士見市水谷東の物件 ②東京都西東京市住吉町の物件 ③福岡市東区名島の物件 ④博多店にて表示された（架空の）物件 ⑤Ａ　東京都東久留米市浅間町の物件 Ｂ・Ｃ　東京都清瀬市元町の物件 Ｄ　東京都西東京市住吉町の物件 Ｅ　埼玉県新座市栗原の物件 Ｆ・Ｇ　東京都豊島区西池袋の物件 Ｈ　東京都東久留米市浅間町の物件 Ｉ　埼玉県新座市新堀の物件 Ｊ～Ｍ　東京都清瀬市中清戸の物件 Ｎ　福岡市博多区博多駅前の物件 (2)表示の概要 (a)期間 ①平成19年８月28日～29日 ②(ア)平成19年２月４日～５日及び同年２月９日～13日 (イ)平成19年２月21日 ③平成19年３月27日～４月19日 ④(ア)平成19年３月25日～４月19日 (イ)平成19年５月24日～６月６日 ⑤Ａ　平成18年11月23日～12月11日・平成19年２月10日～14日・平成19年８月14日～27日 Ｂ　平成18年11月27日～12月15日・平成19年１月11日～30日・平成19年２月５日～７日　Ｃ　平成18年12月27日～平成19年１月30日・平成19年８月26日～27日　Ｄ　平成19年１月９日	

〔106〕 2008/6/18 排除命令 （H20(排) 41）	㈱エイブル	住宅（賃貸借媒介） 第２版 137頁 公正取引 698号58頁， 730号58頁	～27日・平成19年１月31日～２月１日・平成19年２月３日～11日・平成19年２月12日～13日　E　平成19年１月13日～19日・平成19年１月18日～27日・平成19年１月18日～28日・平成19年１月28日～29日　F　(ア)平成19年１月16日～31日(イ)平成19年１月18日～２月19日(ウ)平成19年１月19日～26日　G　平成19年１月18日～26日・平成19年１月18日～31日・平成19年１月18日～２月19日（店舗により異なる）　H　平成19年１月18日～27日・平成19年１月30日～２月７日・平成19年２月８日～14日　I　平成19年１月28日～２月５日及び平成19年２月12日～13日　J　平成19年２月８日～11日　K～M　平成19年２月10日～同月12日　N　平成19年６月３日～29日 (b)媒体 ①エイブルのウェブサイト ②(ア)エイブルのウェブサイト (イ)週刊「CHINTAI」首都圏版2007年２月28日号 ③ CHINTAINET ④(ア) CHINTAINET (イ)エイブルのウェブサイト ⑤A～E　エイブルのウェブサイト　F　(ア) CHINTAINET (イ)エイブルのウェブサイト(ウ) CHINTAINET　G　エイブルのウェブサイト　H　(ア)エイブルのウェブサイト(イ) CHINTAINET (ウ)エイブルのウェブサイト　I～M　エイブルのウェブサイト　N　CHINTAINET (c)表示内容 ①「東武東上線/柳瀬川【徒歩16分】」と記載することにより，あたかも，当該物件は東武東上線柳瀬川駅から徒歩16分の地点に所在するかのように表示していた。 ②(ア)「築年1996/05」(イ)「築96.05」と記載することにより，あたかも，当該物件は1996年５月に建築されたものであるかのように表示していた。 ③「築年'97/08」と，記載することにより，あたかも，当該物件は1997年８月に建築されたものであるかのように表示していた。 ④(ア)「沿線/駅：JR 鹿児島本線/博多所在地：福岡県福岡市博多区美野島２丁目バス徒歩15分家賃管理費・共益費40,000円 —— 敷金礼金10.0万 —— 保証金解約金 —— 間取面積１K25.00平米建物種別構造マンション鉄骨鉄筋コンクリート築年'98/07」，「■お問い合せ番号904017987308」 (イ)「この物件のお問い合わせ番号：904-017987308【JR 鹿児島本線/博多徒歩15分】福岡県	§５① ③ （おとり 広告）

福岡市博多区美野島家賃管理費・共益費￥40,000￥０礼金敷金0.0万円10.0万円保証金解約金0.0万円 ―― 円間取り１K専有面積25.00m^2種別構造マンションSRC造築年1998/07」と記載することにより，あたかも，当該記載内容のとおりの物件を賃借することができるかのように表示していた。

⑤A　「【西武池袋線/ひばりヶ丘徒歩15分】東京都東久留米市浅間町」あるいは「ひばりヶ丘【徒歩15分】/西武池袋線東京都東久留米市浅間町」

B　「【西武池袋線/清瀬徒歩10分】東京都清瀬市元町」

C　「【西武池袋線/清瀬徒歩10分】東京都清瀬市元町」あるいは「清瀬【徒歩10分】/西武池袋線東京都清瀬市元町」

D　「【西武池袋線/ひばりヶ丘徒歩10分】東京都西東京市住吉町」

E　「【西武池袋線/ひばりヶ丘徒歩12分】埼玉県新座市栗原」

F　(ア)・(ウ)「沿線/駅：有楽町線/要町所在地：東京都豊島区西池袋」(イ)「要町【徒歩４分】/有楽町線東京都豊島区西池袋」

G　「【有楽町線/要町徒歩４分】東京都豊島区西池袋」あるいは「要町【徒歩４分】/有楽町線東京都豊島区西池袋」

H　(ア)「【西武池袋線/ひばりヶ丘徒歩４分】東京都東久留米市浅間町」

(イ)「沿線/駅：西武池袋線/ひばりヶ丘所在地：東京都東久留米市浅間町３丁目」

(ウ)「ひばりヶ丘【徒歩４分】/西武池袋線東京都東久留米市浅間町」

I　「【西武池袋線/東久留米徒歩15分】埼玉県新座市新堀」

J　「【西武池袋線/清瀬徒歩15分】東京都清瀬市中清戸」

K～M　「【西武池袋線/清瀬徒歩10分】東京都清瀬市中清戸」　N　「沿線/駅：JR鹿児島本線/博多所在地：福岡県福岡市博多区博多駅前３丁目」

と記載することにより，あたかも，当該記載内容のとおりの物件を賃借することができるかのように表示していた。

(3)実際

①当該物件は同駅から約2,100メートル離れた地点に所在し，同駅から徒歩約26分を要するものであった。

②1979年２月に建築されたものであった。

③1990年10月に建築されたものであった。

④当該物件は存在しないため，取引することができないものであった。

			⑤当該物件は，いずれも同表の「表示期間」欄記載の期間よりも前に既に賃借されており，同表の「表示期間」欄記載の期間において取引の対象となり得ないものであった。 ※平成5年日航住販㈱事件以来，15年ぶりの不動産業者に対する排除命令であった。 ※賃貸中の物件について一般消費者から問い合わせがあった場合には，当該物件が賃貸中であることを伝えた上で他物件を紹介するなどして来店を促していた（公正取引698号59頁）。	
〔107〕 2008/7/15 排除命令 （H20(排)43）	東日本電信電話㈱ 西日本電信電話㈱	情報通信（音声通話役務提供） 第5版92頁 公正取引696号79頁，729号81頁	【東日本電信電話㈱の表示】 ⑴対象商品役務 IP ネットワーク技術による音声電話サービス（「ひかり電話」） ⑵表示の概要 (a)期間 ア　平成19年6月ころ～11月ころ イ　平成19年7月ころ～9月ころ ウ　平成19年3月ころ エ　平成19年7月ころ～8月ころ (b)媒体 ア　チラシ及びダイレクトメール イ　新聞折り込みチラシ ウ　新聞広告 エ　リーフレット及びダイレクトメール (c)表示内容 ア　ひかり電話を利用するに当たって通話料以外に月額基本料及び集合住宅における利用の場合のひかり電話対応ルータ利用料のみで利用することができるかのように表示していた。 イ　集合住宅におけるひかり電話の利用に当たって通話料以外に月額利用料及びBフレッツ利用料のみで利用することができるかのように表示していた。 ウ　ひかり電話の通話料は，通話対象に関係なく，当該通話料が全国一律で3分ごとに84円であるかのように表示していた。 エ　当該月額基本料に含まれる通話料分で通話できる通話対象には制限がないかのように	§5②

			表示していた。 (3)実際 ア　ひかり電話の利用には，通話ごとに通話料が必要であるほか，毎月，「月額基本料」と称する料金及び集合住宅におけるひかり電話の利用には「ひかり電話対応ルータ利用料」と称する料金に加え，同社が提供する「Ｂフレッツ」と称する光ファイバ設備を用いた通信サービスの利用料（「Ｂフレッツ利用料」）が必要である。 イ　集合住宅におけるひかり電話の利用には，通話ごとに通話料が必要であるほか，毎月，月額基本料及びＢフレッツ利用料に加え，ひかり電話対応ルータ利用料が必要である。 ウ　通話対象が加入電話，ISDN 規格による電話，ひかり電話又は西日本電信電話株式会社が一般消費者に提供する「ひかり電話」と称する IP ネットワーク技術による音声電話サービスを利用する者である場合に限って全国一律で分ごとに84円である。 エ　料金プランの月額基本料に含まれる通話料分で通話できるのは，通話対象が加入電話，ISDN 規格による電話，ひかり電話又は西日本電信電話株式会社が一般消費者に提供する「ひかり電話」と称する IP ネットワーク技術による音声電話サービスを利用する者である場合に限られる。 ※２社は平成18年４月以降に全国で4,000種類余りの広告物を配布したが，そのうち３分の１近くのものにおいて，一般消費者に誤認を与える表示を行っていた（公正取引696号79頁）。	
〔108〕 2008/7/17 排除命令	日本生活協同組合連合会	カタログ販売（衣料）	(1)対象商品役務 「オリジナルハーフカシミヤ衿付きロングカーディガン」と称するカーディガン等カシミヤを使用したとする衣料品９品目（小売価格4,990円～6,990円） (2)表示の概要 (a)期間 平成19年９月ころ～平成20年３月ころ (b)媒体 カタログ (c)表示内容 「オリジナルハーフカシミヤ衿付きロングカーディガン」，「ふわっと，軽くて暖かい ハーフカシミヤ。」，「しっとりしたカシミヤとふっくらしたウールを50%ずつブレンドしたハー	§５①

（H20（排）44）		公正取引697号63頁	フカシミヤ。」及び「●素材：カシミヤ50%」（オリジナルハーフカシミヤ衿付きロングカーディガン） 等々と記載し，衣料品９品目の原材料としてカシミヤが50パーセント用いられているかのように示す表示をしていた。 ⑶実際 衣料品９品目の大部分については，原材料としてカシミヤがほとんど用いられていないものであった。 ※本件対象商品は，毎年数回にわたって納入されていたところ，日本生協連は，平成19年に最初に納入された約2000枚のうちから１検体のみを抽出してカシミヤ混用率の検査を行っていた（公正取引697号64頁）。	
〔109〕 2008/8/5 警告	㈱ウスケ・コーポレーション アイランドコニシ製麺所こと小西照行 ㈲美麺本舗 小豆島ヘルシーランド㈱	食品の製造販売（手延べそうめん） 公正取引699号44頁	【㈱ウスケ・コーポレーションの表示】 ⑴対象商品役務 「小豆島手延素麵」（手延べそうめん） 「小豆島手延うどん」（手延べうどん） 「小豆島手延素麵」又は「小豆島手延うどん」を用いた料理（自社直営の飲食店において提供） ⑵表示の概要 (a)期間 ア　平成18年11月ころ～平成19年10月ころ イ　平成19年２月ころ～10月ころ (b)媒体 ア　ウェブサイト イ　電子商店街に開設したウェブサイト (c)表示内容 「厳選された原料」と記載の上，「環境庁名水百選，さぬきの名水10にも選ばれた「湯船の水」」，「『環境庁名水百選』，『さぬきの名水10』にも選ばれた小豆島の湯船山中腹から湧き出る「湯船の水」を使用し，弊社独自ブレンドの鮮麦地粉「池田富士」と混ぜ合わせます。湯船の水が小麦のグルテン成分の素となるたんぱく質とよく馴染み，麵の熟成を重ねることで，麵のコシをつくりだす良質なグルテンを生成します。」等と記載することにより，あ	§5①

			たかも，商品すべての原材料に湯船の水が用いられているかのように表示していた。 (3)実際 製造委託先事業者3名のうち1名に製造させたものについては，商品の原材料に「湯船の水」は用いられていないものであった。	
〔110〕 2008/8/25 排除命令 （H20(排)45）	全日本空輸㈱	運輸（旅客運送役務提供）	(1)対象商品役務 「プレミアムクラス」と称する，専用カウンター及びラウンジの利用，優先搭乗等の空港サービス並びに一般の座席よりも広い座席間隔で設置された上質の座席の利用，機内食の提供等の機内サービスを提供する役務 (2)表示の概要 (a)期間 平成20年2月1日～ (b)媒体 一般日刊紙に掲載した広告 (c)表示内容 座席の頭部の両側部分に仕切りを設け，隣の座席の人から顔が見えないようにするなどした新型の座席（以下「新型座席」という。）の画像を掲載するとともに「ANAの国内線「プレミアムクラス」，4/1より全国でスタート。」と記載することにより，あたかも，プレミアムクラスを利用すれば，新型座席を利用することができるかのように表示していた。 (3)実際 平成20年4月から同年5月までの間においては，新型座席が設置されている便はなく，大部分の便において従来から使用されていた座席をそのまま提供し，そのほかの便においても従来から使用されていた座席を生地の張替え及び座席間隔の変更をして提供しているものであった。	§5①
			(1)対象商品役務 「快眠・夢枕」と称する枕 (2)表示の概要 (a)期間 ア　平成19年11月1日 イ　遅くとも平成19年1月ころ～平成20年1月ころ	

〔111〕 2008/8/27 排除命令 （H20（排）46）	㈱テレビ東京ダイレクト	家庭用品の通信販売（枕） 公正取引698号60頁	(b)媒体 ア　テレビ番組 イ　ウェブサイト (c)表示内容 ア　「この首元のビーズから遠赤外線が発生してるんです！」，「〈竹炭とゲルマニウムのコーティングビーズ〉で消臭効果も抜群！」，「生地に竹繊維を練りこんだ抗菌仕様のカバー」等の映像及び「この首元のビーズからですね，遠赤外線が発生してるんです。」，「首元のビーズは，竹炭，ゲルマニウムでコーティングしているので，消臭効果があり，いつでも清潔。」，「生地に竹繊維を練りこんだ抗菌仕様の専用カバーも付いてきます。」等の音声を放送していた。 イ　「ゲルマニウム粉末加工と竹炭粉末加工で消臭効果！」，「■ゲルマニウムと竹炭の優れた遠赤外線効果で，首から肩を冷さず理想的な寝姿で睡眠できる枕です。」，「■天然の竹パワーで，優れた抗菌性を兼ね備えたカバー！」と掲載していた。 上記のように表示することによりあたかも，快眠夢枕の中材に使用されたゲルマニウムをコーティングしたビーズにより，遠赤外線効果及び消臭効果が得られるかのように示す表示並びに快眠夢枕のカバーに使用された竹繊維により，抗菌効果が得られるかのように示す表示をしていた。 (3)実際 対象商品には，ゲルマニウムをコーティングしたビーズが使用されておらず，また，遅くとも平成19年4月ころ以降，竹繊維は使用されていないものであった。 ※製造業者を信頼していたとして実際にゲルマニウムをコーティングしたビーズ及び竹繊維が使用されているかの確認を一切行っていなかった（公正取引698号61頁）。 ※テレビ東京ダイレクトは，平成20年3月19日，快眠夢枕にゲルマニウムをコーティングしたビーズ等が用いられていない事実及び当該商品を回収の上，商品代金を返還する旨を自己のウェブサイトに掲載するとともに，当該商品を購入した者に対し告知した。	§5①	
			(1)対象商品役務 定額料金パックによる携帯電話役務の提供 (2)表示の概要 (a)期間		

〔112〕 2008/9/4 警告	イー・モバイル㈱	情報通信（携帯電話役務提供）	平成20年2月ころ～同年4月ころ (b)媒体 駅貼りポスター及び車両内広告 (c)表示内容 「ありえない！ 電話基本料0円。」及び「ケータイ初！月々980円で24時間いつでも通話無料。」と記載し，あたかも，通話の相手方が契約している携帯電話会社等に制限なく月額980円のみで通話できるかのように表示していた。 前記広告全体の大きさと比して小さい文字で，「別途，データ通信利用料月々1,000円～がかかります。」及び「イー・モバイル同士で，電話発信者がイー・モバイル自社サービスエリア内の場合。電話受信者がイー・モバイルの電話でない場合や，電話発信者がイー・モバイル自社サービスエリア外の場合には，別途従量課金による通話料がかかります。」と記載していた。 (3)実際 定額パック24の料金のみで通話できるのは，イー・モバイルの携帯電話同士の通話の場合に限られるものであり，また，定額パック24を利用するためには，データ通信サービスを利用するための契約が必要であり，最低でも月額1,980円の利用料が掛かるものであった。さらに，国内ローミングサービスを利用する場合には，別途月額105円の利用料及び利用ごとに所定の通話料がかかるものであった。	§5②
〔113〕	㈱光雲堂	製造販売（仏壇）	(1)対象商品役務 仏壇 (2)表示の概要 (a)期間 平成20年3月ころ～5月ころ（計5回） (b)媒体 駅貼りポスター及び車両内広告 (c)表示内容 ア 「①18号 桐 ケヤキ色」，「メーカー希望価格46,000円 4,500円（税込）」等と記載するなどして，販売価格を表示するに当たり，当該販売価格に比して著しく高い価格を「メーカー希望価格」と称して表示し，これを比較対照価格として当該販売価格に併記していた。	§5②

2008/10/6 警告		公正取引 699号46頁	イ　「総無垢シリーズ」及び「通常価格148万円～970万円の品が48万円～380万円（税込）」と記載して，販売価格を表示するに当たり，当該販売価格に比して著しく高い価格を「通常価格」と称して表示し，これを比較対照価格として当該販売価格に併記していた。 (3)実際 ア　比較対照価格とした価格は，専ら自ら小売販売している商品について自ら設定したものであった。 イ　比較対照価格とした価格は，最近相当期間にわたって販売された価格とはいえないものであった。 ※一般消費者にとって，仏壇の購入機会は多くないことから，価格面でのメリットを訴求することが営業に当たって重要となっている，との指摘がある（公正取引699号46頁）。 ※なお，平成24年度には，仏壇の表示に関する公正競争規約が新たに設定されている。	
〔114〕 2008/10/15 排除命令 （H20(排)47）	九州電力㈱	電力（電化住宅向け電気料金） 第５版58頁 公正取引 702号62頁, 729号84頁	(1)対象商品役務 「電化 de ナイト」と称する電気料金を適用する電気の取引 (2)表示の概要 (a)期間 平成19年10月ころ～平成20年８月ころ (b)媒体 パンフレットに挟み込んだリーフレット (c)表示内容 見開き左面（「オール電化にすると安くなるの？」と書き出しの面）に ア　「ガス調理 ガス給湯住宅 Ⓐ」,「オール電化住宅【省容量・高速過熱型 エコキュートの場合】(電化 de ナイト）Ⓓ」,「オール電化住宅【電気温水器の場合】(電化 de ナイト）Ⓔ」及び「オール電化住宅【エコキュートの場合】（電化 de ナイト）Ⓕ」のそれぞれについて，月当たりの光熱費を比較した棒グラフを記載し，それぞれ，「18,559円/月」,「11,672円/月」及び「Ⓐに比べⒹは月々７千円　１年間で約８万円もおトク！」,「11,800円/月」及び「Ⓐに比べⒺは月々７千円　１年間で約８万円もおトク！」並びに「10,192円/月」及び「Ⓐに比べⒻは月々８千円　１年間で約10万円もおトク！」と記載し， イ「基本料金」,「給湯費用」及び「調理，照明・空調等の使用量料金」のそれぞれについて，オール電化住宅とガス調理・給湯住宅を比較した棒グラフを記載し，それぞれ，「その差約	§５②

			22,800円」,「その差約62,100円」及び「その差約15,500円」と記載し,「1年間で合計約100,000円もおトク!」及び「電気温水器なら約80,000円おトク!」と記載し，あたかも，給湯設備及び調理器具の熱源としてガスを使用する住宅と比較して,「オール電化住宅」と称するすべての熱源を電気で賄う住宅（以下「オール電化住宅」という。）の方が1年間で最大で約10万円得になるかのように，オール電化住宅とするために必要な費用について「オール電化住宅ローン」と称する融資制度による融資を受ける場合には，オール電化住宅の方が30年間で約350万円得に，また，同融資を受けない場合には，オール電化住宅の方が30年間で約300万円得になるかのように表示していた。 (3)実際 オール電化住宅とするためには,「エコキュート」と称する自然冷媒ヒートポンプ式電気給湯器等及び「IH クッキングヒーター」と称する電磁調理器の購入費用並びにこれらの設置のための工事費用が必要であり，かつ，長期間にわたりオール電化住宅を使用するためには，これらの機器の買換えに伴う費用が必要であることを考慮すると，オール電化住宅の方が1年間で最大で約10万円または30年間で約350万円若しくは約300万円得になるとはいえないものであった。 ・電力会社に対する初めての排除命令である（公正取引702号63頁）。	
〔115〕 2008/12/5 排除命令	㈱ポッカコーポレーション	製造販売（食品（清涼飲料水）） 第5版 275頁	(1)対象商品役務 「ポッカレモン100」（容量300ミリリットル及び450ミリリットルの商品),「ポッカ焼酎用レモン」と称する飲料 (2)表示の概要 (a)時期 平成20年1月ころ～同年8月 (b)媒体 商品の容器 (c)表示内容 「レモンを収穫後すぐに搾汁するので，収穫後防カビ剤（ポストハーベスト）は使用しておりません。」と記載することにより，あたかも，ポッカレモン100等の原材料として使用しているレモン果実にポストハーベストを使用していないため，当該商品には当該農薬が含まれていないかのように示す表示をしていた。	§5①

（H20(排) 48)		公正取引 702号64頁	※ポストハーベストとは，防カビ等を目的に収穫後の農産物に使用する農薬のことをいう。 (3)実際 当該商品の原材料として使用しているレモン果実はイマザリル（ポストハーベストの一つとされる農薬）が使用されているものであった。 ※添加物についての偽装表示事案である。 ※検出されたイマザリルの量が食品衛生法において認められる基準内であったため，当該商品の安全性に特段の問題はないと考え，本件表示を継続していた（公正取引702号65頁) ※ポッカがHP上に「ポッカレモン製品の表示に関するお詫びと自主回収のお知らせ」を掲載し，社告を一般日刊紙に掲載し回収を図ったことを受けて，公示を命じなかった。	
〔116〕 2008/12/10 排除命令 （H20(排) 49〜51)	㈱トーホー 富永貿易㈱ 宮崎県農協果汁㈱	コーヒー豆及びコーヒーの製造販売（コーヒー)	【㈱トーホーの表示】 (1)対象商品役務 炭火焙煎リキッドコーヒー (2)表示の概要 (a)時期 ア　平成16年6月ころ～9月ころ イ　平成17年6月ころ～同年9月ころ ウ　平成18年6月ころ～同年9月ころ エ　平成19年6月ころ～同年9月ころ オ　平成20年6月ころ～同年7月ころ (b)媒体 中元用カタログ (c)表示内容 ア「炭火焙煎リキッドアイスコーヒー」，「Sumibibaisen Liquid Ice Coffee」及び「長崎県産『対馬原木』木炭を使用し，「こく」と「うまみ」を引き出した，こだわりのアイスコーヒー。」と記載するとともに，「炭火焙煎」と商品パッケージに記載した商品の写真を掲載し， イ「炭火焙煎リキッドアイスコーヒー」，「Sumibibaisen Liquid Ice Coffee」及び「長崎県産『対馬原木』木炭を使用し，「こく」と「うまみ」を引き出した，こだわりのアイスコーヒー。」と記載するとともに，「素晴らしいコクと香り，炭焼ならではのほのかな苦みも絶	

			妙な，本格リキッドコーヒーです。」及び「炭火焙煎」と商品パッケージに記載した商品の写真を掲載し， ウ　「炭火焙煎リキッド」，「長崎県産『対馬原木』木炭を使用し，「こく」と「うまみ」を引き出した，こだわりのアイスコーヒー。」及び「炭火焙煎リキッドコーヒー」と記載するとともに，「炭火焙煎　すみびばいせん」，「対馬原木炭使用」及び「炭火焙煎によりコクとうまみを引き出した，本格リキッドコーヒーです。」と商品パッケージに記載した商品の写真を掲載し， エ　「炭火焙煎リキッド」，「長崎県産『対馬原木』木炭を使用し，コクと旨味を引き出したこだわりのアイスコーヒーです。」及び「炭火焙煎リキッドコーヒー」と記載するとともに，「炭火焙煎　すみびばいせん」，「対馬原木炭使用」及び「炭火焙煎によりコクとうまみを引き出した，本格リキッドコーヒーです。」と商品パッケージに記載した商品の写真を掲載し， オ　「炭火焙煎/リキッドコーヒー」と記載するとともに，「炭火焙煎　すみびばいせん」，「対馬原木炭使用」及び「炭火焙煎によりコクとうまみを引き出した，本格リキッドコーヒーです。」と商品パッケージに記載した商品の写真を記載及び掲載することにより，あたかも，同詰め合わせ中の炭火焙煎リキッドコーヒーの原材料に炭火焙煎コーヒー豆のみが用いられているかのように示す表示をしていた。 ⑶実際 炭火焙煎リキッドコーヒーの大部分については，原材料として用いられた炭火焙煎コーヒー豆の割合が60パーセントを下回るものであった。 ※平成20年７月ころ，炭火焙煎コーヒー詰め合わせの販売を中止し，同詰め合わせ中の炭火焙煎リキッドコーヒーの原材料にガス焙煎コーヒー豆が混入していた事実並びに同詰め合わせを回収及び交換する旨同社のウェブサイトに掲載するとともに，同詰め合わせを購入した者に告知した（㈱トーホー）。 ※平成20年７月ころ，九州地域において販売していた神戸居留地炭焼コーヒーの販売を中止し，当該商品の原材料にガス焙煎コーヒー豆が混入していた事実を同社のウェブサイトに掲載した（富永貿易㈱）。 ※宮崎県農協果汁は，平成20年７月ころ，サン A&デーリィ炭焼コーヒーの販売を中止し，当該商品の原材料にガス焙煎コーヒー豆が混入していた事実を自社のウェブサイトに掲載した（宮崎県農協果汁㈱）。	§５①

〔117〕 2008/12/10 排除命令 （H20（排）52・53）	㈱伊勢丹 ㈱ファイブ・フォックス	小売・百貨店（衣料）	【㈱伊勢丹の表示】 (1)対象商品役務 インドに所在する事業者から輸入した，9品番のストール (2)表示の概要 (a)期間 平成19年12月～平成20年7月ころ（商品によって相違あり） (b)媒体 当該商品の下げ札 (c)表示 「カシミヤ50%」と記載することにより，あたかも，当該商品の原材料としてカシミヤが50パーセント用いられているかのように示す表示をしていた。 (3)実際 当該商品の原材料にカシミヤは用いられていなかった。	§5①
〔118〕 2008/12/16 排除命令 （H20（排）54）	日本ヒルトン㈱	施設（ホテル内レストラン）（牛肉（ステーキ）・野菜・魚介類（ボタンエビ）） 公正取引701号51頁	【牛肉料理】 (1)表示の概要 (a)表示期間 ア　平成19年2月ころ～平成20年9月ころ イ　平成20年4月ころ～9月ころ (b)表示媒体 ア　メニュー イ　ヒルトン東京の正面玄関の前に設置した掲示板等に掲示したポスター (c)表示内容 ア　【例えば，平成20年7月ころから同年9月ころまでの間に一般消費者に提示したメニュー】 「特選前沢牛サーロインステーキのグリエ ポテトニョッキとミロトン」及び「特選前沢牛フィレステーキのグリエ ポテトニョッキとミロトン」と記載することにより，あたかも，牛肉を用いる料理に前沢牛の肉を用いているかのように表示していた。 イ 「『ミシュランガイド東京 2008』にてホテルレストランでは最高レベルの2ッ星を獲得した『トゥエンティ ワン』フレンチ・ダイニングではオーガニック野菜や厳選された前沢	

			牛を用いたフレンチをスタイリッシュな店内にてお楽しみいただけます。」と記載することにより，あたかも，牛肉を用いる料理に前沢牛の肉を用いているかのように表示していた。 (2)実際 当該料理に用いられた牛肉の大部分は前沢牛の肉ではなかった。 **【野菜料理】** (1)表示の概要 (a)表示期間 平成20年4月ころ～9月ころ (b)表示媒体 ヒルトン東京の正面玄関の前に設置した掲示板等に掲示したポスター (c)表示内容 「『ミシュランガイド東京 2008』にてホテルレストランでは最高レベルの2ッ星を獲得した『トゥエンティ ワン』フレンチ・ダイニングではオーガニック野菜や厳選された前沢牛を用いたフレンチをスタイリッシュな店内にてお楽しみいただけます。」と記載することにより，あたかも，野菜を用いる料理にオーガニック野菜を用いているかのように表示していた。 (2)実際 当該料理に用いられた野菜の大部分はオーガニック野菜ではなかった。 **【ボタンエビ料理】** (1)表示の概要 (a)表示期間 平成20年7月ころ～9月ころ (b)表示媒体 メニュー (c)表示内容 「北海道産ボタン海老のマリネ 紫蘇とジンジャーの香り」と記載することにより，あたかも，当該料理に用いているボタンエビは北海道産のものであるかのように表示していた。 (2)実際 当該料理に用いられたボタンエビはすべてカナダ産のものであった。 ※ヒルトン東京内のフランス料理のレストランとして，「ミシュランガイド東京 2008」で	§5①

			2つ星を獲得していたレストランにおける不当表示事例であった。 ※日本ヒルトンは，平成20年9月ころ，レストランの営業を自粛し，その後同年11月ころに閉店させている（以上，公正取引701号52頁）。	
〔119〕 2009/1/8 排除命令 （H21（排）1～5）	全日空商事㈱ ㈱ジエ・エー・エフ・サービス ㈱ジェイアール東日本商事 ㈱エスシー・カードビジネス ㈱ウイングツーワン	通信販売（革製品） 公正取引703号60頁	**【全日空商事㈱の表示】** (1)対象商品役務 銀座エンゼルブランド革製品9品目（大容量ウォレット・山羊革袋縫い財布・セカンドマルチケース・山羊革フレームポーチ・山羊革マネークリップ財布・二つ折りウォレット・カード40枚収納ウォレット・マチ幅調節クラッチバッグ・2WAY薄型バッグ） (2)表示の概要 (a)時期 平成19年5月ころ～平成20年9月ころ（商品・媒体によって異なる） (b)媒体 通信販売用カタログ（「ANA SKY SHOP 2007年5・6月号」），雑誌（「GoodsForest別冊男の時間男の道具」）及びウェブサイトなど (c)表示内容 ア　優良誤認表示（例示） （「ANA SKY SHOP 2007年5・6月号」と称する通信販売用カタログ） 「大容量ウォレット」と称する商品について，「銀座の「幻の老舗」に依頼，100万円収納可能。」，「各界の著名人にこよなく愛された革製品の老舗，銀座エンゼル。今では馴染み客の注文しか受け付けないこの名店に依頼し，風格に満ちた逸品が完成。」及び「オーダーメイド革製品の名店として半世紀，平成5年に惜しまれつつ閉店。現在注文を受けるのは，ごく限られた昔ながらの得意客のみ。」と記載することにより，あたかも，過去に東京都中央区銀座に所在した老舗である革製品製造販売業者は現在では得意先からのみ受注して製造しており，当該商品は当該事業者が製造したものであるかのように示す表示をしていた。 イ　原産国不当表示（例示） （「ANA SKY SHOP 2007年5・6月号」と称する通信販売用カタログ） 「大容量ウォレット」と称する商品について，「●日本製」と記載することにより，あたかも，当該商品の原産国が我が国であるかのように示す表示をしていた。 (3)実際	§5①③

			ア　当該事業者は平成10年に閉店して以降，当該商品について得意先からのみ受注して製造しているという事実はなく，当該商品は当該事業者が製造したものではなかった。 イ　当該商品の原産国は中華人民共和国であった。 ※グッドスタッフ㈱が国内事業者を通じて中国の事業者に委託製造させていた。５社はいずれも，グッドスタッフに対して，当該商品提案の記載内容を裏付ける資料の提出を求めるなどの確認を一切行わないまま，商品提案書の内容を鵜呑みにして表示を作成していた。 ※当該商品の売上高は５社合計で１億円に上るものであった。（以上，公正取引703号61頁～62頁）	
〔120〕 2009/1/14 排除命令 （H21（排）6）	㈱QVCジャパン	通信販売（日常雑貨） 第５版 275頁 公正取引 704号78頁	⑴対象商品役務 ①「もてなしサーバーセット」と称する大型スプーン及び大型フォークを２本ずつ詰め合わせた商品 ②「会津塗スプーン５本セット」と称するスプーンを５本詰め合わせた商品 ⑵表示の概要 (a)時期 ①②とも平成15年11月ころ～平成20年４月ころ (b)媒体 ウェブサイト (c)表示内容 ①「漆特有の風合いが食卓を華やかに」,「越前漆塗りのちょっと大きめスプーンとホークのセットです。」,「漆特有の風格と重厚感は，ふだんの食生活をほんの少しお洒落に彩るにも，大切なお客さまのおもてなしにも最適です。」「漆塗りなのではげにくく，お手入れは簡単。」及び「材質：木製加工品 漆塗」と記載することにより，あたかも，当該商品の素材は木を加工したものであり，漆のみで塗装を行ったものであるかのように表示していた。 ②「木製なので口当たりもソフト」,「木製ですので熱い物，冷たい物にも影響が少なく，口当たりがソフト。」及び「材質：木製加工品（漆塗）」と記載することにより，あたかも，当該商品の素材は木であり，漆のみで塗装を行ったものであるかのように表示していた。 ⑶実際 ①素地はABS樹脂であって，漆とウレタン樹脂の塗料を混合したものを用いて塗装を行ったものであった。	§5①

			②素地はABS樹脂であって，ウレタン樹脂の塗料を用いて塗装を行ったものであった。 ※QVCジャパンは平成19年6月に続き，わずか約2年の間に2度の排除命令を受けている（公正取引704号79頁）。 ※平成20年4月ころ，もてなしサーバーセット及び会津塗りスプーン5本セットの販売を中止し，同年9月ころ，表示と実際が異なる事実及び商品代金を返還する旨を当該商品を購入した者に告知した。 ※上記事実を認定した上で，当該表示が事実に反し，実際のものよりも著しく優良であると示すものであった旨を公示することを命じた。	
〔121〕 2009/2/3 排除命令 （H21(排)7～13)	㈱健康の杜 ㈱ベンチャーバンク グリーンハウス㈱ ㈱デイーエイチシー ㈱協和 ㈱ディー・シー・エス 原澤製薬工業㈱	製造販売（口臭対策商品）	【㈱健康の森の表示】 (1)対象商品役務 「爽臭革命」と称する錠剤状の食品であり，1日3粒ないし6粒程度を水と共に飲み込んで摂取することによって，口臭，体臭及び便臭を消す効果が得られるとする商品 (2)表示の概要 (a)期間 ア　平成18年6月ころ～平成21年1月ころ イ　平成20年5月ころ～6月ころ (b)媒体 ア　ウェブサイト イ　新聞折り込みチラシ (c)表示内容 ア　同社がインターネット上に開設したウェブサイトにおいて,「もうニオイで悩まない！特許取得成分“シャンピニオンエキス”で毎日のエチケット対策！」及び「エチケット対策として話題の天然成分！ 実は，慢性的なニオイの原因はオナカの健康と深い関わりが…。つまりオナカの状態が悪化すると食べた物が異常発酵して悪臭ガスが発生。それが元で不快なニオイを発生させるといわれています。シャンピニオンエキスは，ニオイのトラブルを未然に防ぐ為にも大活躍！　様々なニオイの悩みに嬉しい,今話題の成分なのです。」と記載するとともに,「シャンピニオンでスッキリ」と題する図を掲載し， イ　「～介護現場から生まれたエチケットサプリで，体の中からスッキリ!!～」,「天然素材…で，ニオイの悩みスッキリ!?」及び「スッキリ爽臭!!」と記載の上，「こんな方におすす	§5① 7II

			め！ ○ニオイでお悩みの方 ○人付き合いが多い方 ○通勤時や車内で気になる方」と，同裏面において，「気になる「ニオイ」悩む前に！「爽臭革命」が大活躍!!」及び「シャンピニオンエキスはマッシュルームから抽出された，ニオイなどエチケットトラブルでお悩みの方に嬉しい成分です。」と，それぞれ記載するとともに，「悪臭の発生について」と題する図を掲載することにより，あたかも，爽臭革命を摂取することにより，「シャンピニオンエキス」と称する成分によって口臭，体臭及び便臭を消す効果が得られるかのように示す表示をしている。 (3)実際 公正取引委員会は，景品表示法第4条第2項（現7条2項）の規定に基づき，㈱健康の杜に対し，期間を定めて，表示の裏付けとなる合理的な根拠を示す資料の提出を求めたところ，㈱健康の杜は，期間内に表示の裏付けとする資料を提出したが，当該資料は，表示の裏付けとなる合理的な根拠を示すものであるとは認められないものであった。	
〔122〕 2009/2/16 排除命令 (H21(排)14～15)	トヨタホーム東京㈱ トヨタホーム㈱	建築工事・宅建取引（住宅ローン商品）	**【トヨタホーム東京㈱の表示】** (1)対象商品役務 トヨタホーム東京から住宅の建築請負の役務の提供を受ける一般消費者及び同社が建築した住宅を購入する一般消費者を対象にした「新安心宣言」と称する住宅ローン (2)表示の概要 (a)期間 ア　平成17年5月ころ～平成20年5月ころ イ　平成18年4月ころ～5月ころ ウ　平成19年5月ころ (b)媒体 ア　ウェブサイト イ　チラシ ウ　日刊紙折り込みチラシ (c)表示内容 ア 「トヨタホームローン「新安心宣言」」と記載の上，「融資事務手数料 負担ゼロ！」と， イ 「総支払コストを軽減する安心・お得な住宅ローン」と記載の上，「保証料・手数料も無料！」と，	§5②

			ウ　「資金計画の安心 トヨタホームローン「新安心宣言」保証料無料・融資事務手数料無料。」 とそれぞれ記載することにより，あたかも，新安心宣言の融資に係る一切の手数料が無料であるかのように表示していた。 (3)実際 新安心宣言の取次ぎに係る手数料が３万円又は５万円かかるものであった。 ※平成20年５月ころ，新安心宣言の取次ぎに係る手数料を収受することを中止し，同年７月ころ，表示と実際が異なる事実を一般日刊紙２紙に掲載し，また，表示と実際が異なる事実及び当該手数料を返金する旨を当該手数料を支払った者に告知した。 ※公示は命じられていない。	
〔123〕 2009/2/16 警告	トヨタホーム名古屋㈱	建築工事・宅建取引（住宅ローン商品）	(1)対象商品役務 新安心宣言 (2)表示の概要 (a)期間 ア　平成16年12月ころ イ　平成17年１月ころ (b)媒体 新聞折り込みチラシ (c)表示内容 ア　「トヨタホームローン『新安心宣言』」と記載の上，「各種手数料はすべて無料！」と， イ　「生涯コストを考えたら，迷わずトヨタホームローン『新安心宣言』。」「借入時や返済時もお得で安心！」及び「借入時の負担は最小限」と記載の上，「融資事務手数料が無料」と， 記載することにより，あたかも，新安心宣言の融資に係る一切の手数料が無料であるかのように表示していた。 (3)実際 新安心宣言の取次ぎに係る手数料が３万1,500円かかるものであった。	§５②
			【㈱京王百貨店の表示】 (1)対象商品役務	

〔124〕 2009/2/24 排除命令 (H21(排)16)	㈱京王百貨店 ㈱阪神阪急百貨店 トミヤアパレル	製造販売(衣料(紳士・形態記憶シャツ))	「WORKCAPSULE」と称するブランドの8品番に係るワイシャツ (2)表示の概要 (a)期間 平成20年9月ころ～平成20年12月ころ (b)媒体 ①商品の下げ札及び襟表示 ②プライスカード (c)表示内容 ①「EASY TOIRON 形態安定」, ②「ワークカプセル（綿100%形態安定加工）」と, 記載することにより，あたかも，当該商品は形態安定加工が施されたものであるかのように示す表示をしていた。 (3)実際 当該商品は形態安定加工が施されたものではなかった。 ※「WORKCAPSULE」と称するブランドは，平成14年ころ，京王百貨店及び株式会社阪神百貨店が，専ら自らが販売する紳士用衣料品に使用するものとして立ち上げたものであり，平成20年10月1日以降，京王百貨店及び阪急阪神百貨店が使用しているものである。 ※京王百貨店，阪急阪神百貨店及びトミヤアパレルは，平成20年12月2日，WORKCAPSULE ワイシャツ8品番の販売を中止し，それぞれ，一般消費者に対し当該商品に形態安定加工が施されていない事実を告知した。	§5①
			【森友通商㈱の表示】 (1)対象商品役務 「バリ5」と称する携帯電話付帯用品 (2)表示の概要 (a)期間 平成19年10月ころ～平成20年12月ころ (b)媒体 当該商品の包装容器 (c)表示内容	

〔125〕 2009/3/9 排除命令 （H21（排） 17～20）	㈱カクダイ 森友通商㈱ ㈱吉本倶楽部 ㈱ナスカ	日用雑貨品の製造・卸売（携帯電話付帯用品）	容器表面に「電波受信大幅アップ」及び「電池の寿命も大幅アップ」と，同裏面に「●特殊処理をした銅板（世界28カ国［EU 含む］特許取得済）がアンテナ機能を果たし，受信状態がグーンとアップします。」,「●電池の下に敷くだけで携帯電話, PHS の使用時間を大幅に長くする携帯電話, PHS 用・バッテリー機能再生シートです。」,「●劣化した充電容量の機能を再生し，電池の寿命を大幅に長くすることができます。」及び「【エネルギーのしくみ】電池を繰り返し使用している（携帯電話，PHS の電池は放電を繰り返す）と内部に不純物（スラグ）が発生し，これが蓄積されると電子の流れを阻害して充電容量を少しずつ減少させてしまいます。これが電池寿命が短くなる原因です。「バリ５」は，特殊に配合した鉱石微粒子素材を，銅板（特殊処理）に接着させることにより，電池内部に励起作用やイオン化作用が働き，電池内部の不純物（スラグ）を速やかに細分化，電池を活性化します。電池内部での電子イオンの流れをスムーズにします。」と記載するとともに，縦軸を「電圧（V）」，横軸を「経過時間」として，「※グラフは電話機に一定の負担をかけたときの計測値です。」と記載がある線グラフを掲載することにより，あたかも，当該商品を携帯電話等に内蔵されている充電池の裏に設置して携帯電話等を使用することにより，当該商品が携帯電話等のアンテナとして機能することによって携帯電話等の電波の受信状態が大幅に向上するかのように，携帯電話等を使用できる時間が大幅に長くなるかのように，また，劣化した充電池の機能を再生し充電池の交換までの期間が大幅に長くなるかのように表示していた。 (3)実際 公正取引委員会は，景品表示法第４条第２項（現７条２項）の規定に基づき，㈱カクダイに対し，期間を定めて，表示の裏付けとなる合理的な根拠を示す資料の提出を求めたところ，㈱カクダイは，期間内に表示の裏付けとする資料を提出したが，当該資料は，表示の裏付けとなる合理的な根拠を示すものであるとは認められないものであった。 ※森友通商㈱は㈱カクダイから仕入れていた。 ※㈱カクダイと㈱ナスカから審判請求がされている。	§ 5 ① 7 II
			【ピップトウキョウ㈱およびピップフジモト㈱の表示】 (1)対象商品役務 「いびきクリップ」と称する商品 (2)表示の概要	

〔126〕 2009/3/16 排除命令 (H21(排) 21～22)	ピップトウキョウ㈱及びピップフジモト㈱ ㈱キートロン	販売（医療衛生用品（いびき軽減用グッズ））	(a)期間 遅くとも平成17年10月ころ～平成21年1月ころ (b)媒体 当該商品の包装容器の台紙の表面 (c)表示内容 「いびきスッキリ，静かに快眠。」と，同裏面に「鼻中隔（鼻の穴と穴を仕切る壁）を刺激し，いびきスッキリ。」と，ピップトウキョウ㈱にあっては，同社がインターネット上に開設したウェブサイトにおいて,「いびきを抑える快眠グッズ。いびきスッキリ,静かに快眠。」及び「●睡眠時に鼻につけるだけで，いびきを軽減。」と，ピップフジモト㈱にあっては，同社がインターネット上に開設したウェブサイトにおいて，「●睡眠時鼻につけるだけで，いびきを軽減。」と，それぞれ記載することにより，あたかも，当該商品を鼻に取り付けることによりいびきを軽減するかのように表示していた。 (3)実際 公正取引委員会は，景品表示法第4条第2項（現7条2項）の規定に基づき，2社に対し，期間を定めて，表示の裏付けとなる合理的な根拠を示す資料の提出を求めたところ，2社からは，期限内に表示の裏付けとなる合理的な根拠を示す資料の提出はなかった。	§5① 7 II
〔127〕 2009/3/31 排除命令 (H21(排) 23)	フーディーズ㈱	外食（食品（牛肉焼肉）） 公正取引704号80頁	(1)対象商品役務 同社が運営する「焼肉酒家傳々」,「焼肉茶房傳々」及び「傳々分家」と称する飲食店において一般消費者に提供する料理（牛焼肉） (2)表示の概要 (a)時期 平成19年6月ころ～(「傳々分家」については平成20年3月ころ～）平成20年9月ころ (b)媒体 自社ウェブサイト (c)表示内容 「ワイの店でお出しししているのは但馬牛一本。兵庫の幼馴染の牛飼いからエエとこだけをその日のうちに仕入れるワケや。それもただの但馬牛ちゃうで。但馬牛の中でも厳しい基準を満たした「格付等級A5」以上の神戸ビーフを使こてるからそりゃもう間違えなく美味い！」と記載することにより，あたかも，牛の正肉を用いる料理に「但馬牛」の中でも厳	§5①

			しい基準を満たした「神戸ビーフ」を用いているかのように，また，牛の内臓を用いる料理に「但馬牛」のものを用いているかのように表示していた。 (3)実際 当該料理に用いられた牛の正肉の大部分が「神戸ビーフ」ではなく，牛の内臓のほとんどすべてが「但馬牛」のものではなかった。 ※フーディーズは，仕入れ先に生肉を発注する際に，但馬牛と指定して発注しておらず，品質の良いものを提供していたとして，但馬牛や神戸ビーフ外のものを提供することについて問題意識を持っていなかった。（公正取引704号80頁）	
〔128〕 2009/4/20 排除命令 （H21（排）24）	日立アプライアンス㈱	製造販売（家庭用電機製品（電気冷蔵庫）） 公正取引705号71頁	(1)対象商品役務 ①「栄養いきいき　真空チルドV」と称する電気冷蔵庫6型式 ②「ビッグ＆スリム60」と称する3型式の電気冷蔵庫 (2)表示の概要 (a)期間 (ア)平成20年11月～，平成21年2月～（カタログ）平成20年11月ころ～平成21年3月ころ（ウェブサイト） (イ)平成21年2月11日・12日・20日（広告）平成21年2月ころ～（ポスター） (b)媒体 (ア)（①のみ）カタログ及びウェブサイト (イ)（①②共通）新聞広告及びポスター (c)表示内容（例示） (ア)（2008年冬カタログ） 「日立独自の立体成形された真空断熱材を天面や底面などに採用」と記載の上，「ゆとりの大容量602Lが，こんなに省エネ。CO_2も大きく削減。」，「日立は業界ではじめて，注1　リサイクル材を活用した真空断熱材の採用を始めました。」，「使用済み冷蔵庫の棚などの樹脂材料を極細繊維化し，真空断熱材の芯材として活用。省資源化とともに製造工程でのCO_2排出量削減を実現しました。」，「注1　国内家庭用冷蔵庫において。2008年9月24日発売。」，「リサイクル材を活用した真空断熱材」及び「真空断熱材製造工程でのCO_2排出量　約48%削減」と記載することにより，あたかも，平成20年9月24日以降に販売した当該商品において，フレックス真空断熱材の芯材の原材料に廃棄された電気冷蔵庫の棚などからリサイ	

			クルした樹脂を使用しており，また，芯材の原材料に当該樹脂を使用することにより，フレックス真空断熱材の製造工程において排出する二酸化炭素の量を芯材の原材料にリサイクルした樹脂を使用しない場合に比べて約48%削減しているかのように示す表示をしていた。 (イ)「省エネ大賞受賞マーク」と称する標章の下方に「日立まんなか冷凍冷蔵庫：R-Y6000　R-Y5400　R-SF60YM　R-SF54YM　R-SF50YM　R-SF45YM　R-S47YM　R-SF42YM　R-S42YM」と，また「立体成形された独自の真空断熱材を天面や底面などに採用した，冷蔵庫。」と記載の上，「また，使用済み冷蔵庫の棚などの樹脂材料を極細繊維化し，真空断熱材の芯材として活用。」と記載することにより，あたかも，電気冷蔵庫９型式において，フレックス真空断熱材の芯材の原材料に廃棄された電気冷蔵庫の棚などからリサイクルした樹脂を使用しているかのように示す表示をしていた。 (3)実際 ほとんどの商品でリサイクル材を全く使用していなかった。中には，リサイクル材の採用により，製造工程で排出される二酸化炭素が約48%削減されたと表示した商品もあったが，実際には10数パーセントだった。 (ア)当該商品に用いたフレックス真空断熱材の芯材の原材料は，グラスウールのみであった（６品目）。 (イ)当該商品に用いたフレックス真空断熱材の芯材の原材料は，９型式中６型式はグラスウールのみであるなど，リサイクルしていた樹脂のみを用いているものではなかった。 ※日立アプライアンスは，芯材の原材料にリサイクルした樹脂を使用したフレックス真空断熱材を開発できていないにもかかわらず，本件表示をした経緯について，当該断熱材を開発する部署，電気冷蔵庫９型式の企画をする部署及び本件表示を作成した部署の間の連絡が十分でなかったとしている（公正取引705号74頁）。 ※政府から「省エネ大賞」を受賞していたが，賞を返上した。	§５①
			(1)対象商品役務 「北陸往復割引きっぷ」と称する乗車券 (2)表示の概要 (a)期間 平成20年４月ころ～12月ころ	

〔129〕 2009/4/23 警告	東海旅客鉄道㈱	運輸（乗車券）	(b)媒体 自社ウェブサイト (c)表示内容 「名古屋～米原間の「ひかり」「こだま」の普通車自由席と米原～北陸地区間の特急列車の普通車指定席を乗り継ぎ，もしくは名古屋～北陸地区間の特急列車の普通車指定席を利用して往復するきっぷ。」と記載することにより，あたかも，北陸往復割引きっぷで特急列車に乗車する場合，米原駅から敦賀駅，武生駅，鯖江駅，福井駅，芦原温泉駅，加賀温泉駅，小松駅，金沢駅，高岡駅又は富山駅までの区間において特急列車から異なる特急列車に乗り継ぐ際，乗継ぎ前後のどちらの特急列車でも普通車指定席を利用できるかのように表示されていた。 (3)実際 乗継ぎ前後の一方の特急列車では普通車指定席を利用できるものの，もう一方の特急列車では普通車指定席を利用できず普通車自由席のみを利用できるものであった。	§5①
〔130〕 2009/5/20 排除命令 （H21（排）25）	ジュピターショップチャンネル㈱	通信販売（家庭用品（抗菌性保存容器））	(1)対象商品役務 「抗菌保存容器“ターク”」と称するポリプロピレン製の保存容器を詰め合わせた商品 (2)表示の概要 (a)期間 平成20年１月ころ～同年12月ころ (b)媒体 ア　「ショップチャンネル」と称するテレビショッピング番組 イ　ウェブサイト (c)表示内容 ア　「軽量で重ねて収納できる抗菌保存容器」との映像並びに「抗菌性が優れているものですから」及び「抗菌性があって」との音声を放送することにより， イ　「軽量で重ねて収納できる抗菌保存容器“ターク”17点セット」等と記載することにより， あたかも，当該商品の保存容器は，抗菌効果を有するかのように表示していた。 (3)実際 当該商品の保存容器は，抗菌効果を有するものではなかった。	§5①

			※平成21年1月ころ，一般消費者に対し，表示と実際が異なる事実を一般日刊紙に掲載し，また，当該商品を購入した者に対し，商品代金を返還する旨を告知した。		
〔131〕 2009/6/2 警告	㈱旺文社	教育（書籍（英語の参考書など）） 公正取引706号71頁	(1)対象商品役務 書籍（英検対策本・問題集など7シリーズ38種類） (2)表示の概要 (a)期間 平成15年4月ころ～（もっとも古いもの） (b)媒体 包装箱・帯など (c)表示内容 「英検合格者の80%以上が使っているから，旺文社だけが提供できる100%以上の満足」， 「英検合格者の80%以上が使っている旺文社の英検書」， とそれぞれ記載することにより，あたかも，英検の各級の合格者の80パーセント以上が当該商品を使用しているかのように表示されていた。 (3)実際 旺文社は当該表示に係るデータを有しておらず，英検の各級の合格者の80パーセント以上が当該商品を使用しているものではないおそれがあるものであった。 ※平成11年ごろまでは調査を行っていたが，平成12年ころから一切調査を行っておらず，平成18年ころに英検合格者が使用していた英検用の書籍に係るデータがないことから，一部の英検書については改訂に合わせて表示を取りやめていたが，本件対象商品は改定が行われていなかったため，表示を継続していた（公正取引706号71頁）。	§5①	
		小売（衣料）	(1)対象商品役務 「ADOLFO DOMINGUEZ」と称するブランドの衣料品 (2)表示の概要 (a)期間 平成19年11月ころ～平成21年2月ころ (b)媒体 タッグ・シール・下げ札 (c)表示内容		

〔132〕 2009/6/9 排除命令 （H21(排) 26）	アドルフォ・ドミンゲスジャパン㈱	第５版 144頁 公正取引 711号56頁， 730号56頁	中華人民共和国で製造された衣料品にあっては「MADE IN CHINA」, インドで製造された衣料品にあっては「MADE IN INDIA」, トルコ共和国で製造された衣料品にあっては「MADE IN TURKEY」, と記載していたタッグ・シールを取り去り，「ADOLFO DOMINGUEZ」のブランド名および「ADOLFO DOMINGUEZ S.A.」の名称等が記載されたタッグ・下げ札を付けたまま販売していた。 (3)実際 原産国が記載されたタッグ又はシールをはさみで切るなどして取り去り，ブランド名等が記載されたタッグ及び下げ札を取り付けたままにすることにより，一般消費者が当該衣料品の原産国を判別することが困難である表示を行っていた。 ※一般消費者に対して原産国の判別を困難にする表示を行うきっかけは，タッグを気にする顧客のために当該タッグを取り外して渡すよう指示した平成19年11月ころの社内連絡であった。実際には，当該社内連絡に接した従業員に，原産国を記載したタッグは店舗で取り去るよう指示されたと受け取られたとしている（公正取引711号57頁）。	§５③ 原産国表示
〔133〕 2009/6/15 排除命令 （H21(排) 27）	日本水産㈱	製造販売（食料品（ずわいがにコロッケと称する食品）） 公正取引 712号66頁	(1)対象商品役務 ずわいがにコロッケ (2)表示の概要 (a)期間 遅くとも平成19年４月ころ～平成21年２月 (b)媒体 包装袋 (c)表示内容 表面及び両側面に「ずわいがにコロッケ」と，同裏面に「原材料名」と記載の上，「ずわいがに」と記載することにより，あたかも，当該商品の原材料にズワイガニのかに肉を用いているかのように表示していた。 (3)実際 当該商品の原材料にベニズワイガニのものを用いたものであった。 ※公正取引委員会は，本件表示がJAS法に違反する疑いがあると考えられたため，農水省に情報提供を行い，同省は同日，JAS法違反として指示を行っている（公正取引712号67頁）。	§５①

〔134〕 2009/6/22 排除命令 (H21(排)28)	㈱庄屋フードシステム	飲食(食品(米・有機野菜・塩を用いる料理)) 公正取引711号58頁	(1)対象商品役務 提供する料理の食材(食材の生産者の写真等を掲載した料理・天日乾燥米・有機肥料栽培野菜・農薬使用量を少なくして栽培された野菜) (2)表示の概要 (a)期間 ①平成18年7月ころ～平成21年6月ころ ②平成18年7月ころ～平成21年6月ころ ③平成18年7月ころ～平成21年6月ころ (b)媒体 ①48店舗の店舗メニュー ②ウェブサイト ③48店舗の店舗メニュー (c)表示内容 ①「庄屋のお米を届けていただいている契約農家のみなさん。(長崎県江迎町)」と記載して，米の生産者の写真を掲載するとともに，「お米はおいしい天日乾燥米。◎お米は長崎の契約農家で作る安心なお米を使用しています。しかも昔ながらの天日干しのお米ですから，ひと味違うおいしさです。」と記載することにより，あたかも，米を用いる料理に，長崎県に所在する契約農家が生産した天日乾燥米を用いているかのように表示していた。 ②「【米】RICE1お米は長崎の契約農家で作られた有機米を使用。昔ながらの天日干しで，一味ちがうおいしさです。」記載することにより，あたかも，米を用いる料理に，長崎県に所在する契約農家が生産した天日乾燥米を用いているかのように表示していた。 ③ア 「田中農園の皆さんと安全･安心の野菜たち。(長崎県島原市)」と記載して，野菜の生産者の写真を掲載するとともに，「島原のエコファーム認定農場から直送の安心野菜。◎ほうれん草や水菜などの葉野菜は，長崎県エコファーム認定農場，島原「田中農園」から直送する新鮮野菜。有機肥料を使った低農薬の安全，安心な野菜です。」と記載することにより，あたかも，葉野菜を用いる料理に，長崎県に所在する同県からエコファームに認定された農場で有機肥料を使用して低農薬で栽培したものを用いているかのように表示していた。 イ 「つばき窯の製塩風景。(長崎県五島市)」と記載して，製塩風景の写真を掲載するとともに，「ミネラル豊富な五島灘からの贈り物。◎塩は薪釜を使って昔ながらの製法で作る五	§5①

			島「つばき窯」の天然海水塩を使用。」と記載することにより，あたかも，塩を用いる料理に，長崎県五島灘の海水を汲み上げて昔ながらの方法により長崎県五島地方で製造されたものを用いているかのように表示していた。 (3)実際 ①②の料理に長崎県に所在する契約農家が生産した天日乾燥米を用いていたのは３店舗にすぎず，③アの料理に長崎県に所在する生産者が有機肥料を使用して低農薬で栽培したものを用いていたのはほうれん草及び水菜だけであり，③イの料理に長崎県五島灘の海水を汲み上げて長崎県五島地方で製造されたものを用いていたのは寿司酢を用いた料理だけであった。 ※誇張した表現を追求するあまり，メニュー等の表示内容に関する問題意識が希薄になってしまったことが，本件不当表示発生の原因と分析されている（公正取引711号59頁）。	
〔135〕 2009/7/1 警告	石崎製菓㈲	製造販売（食品（菓子））	(1)対象商品役務 えびせんべい (2)表示の概要 (a)期間 ①平成18年11月ころ～平成19年12月ころ ②平成20年１月ころ～同年９月ころ (b)媒体 ①７種類のえびせんべいを掲載したリーフレット ②６種類のえびせんべいを掲載したリーフレット (c)表示内容 「朝一番に水揚げされた三河湾の新鮮な素材をすぐおせんべいに。」，「身がよく締まり，独特の甘みをもった「あかしゃ海老」は，三河湾で朝一番に漁獲され，数時間後には海老せんべいに姿を変えています。」，「愛知県三河湾の新鮮素材をふんだんに使った12種（表示媒体(2)にあっては「11種」）のおいしさ」及び「三河湾で水揚げされたあかしゃえび，松いかを使用した，旨味たっぷりの本格派。」と記載することにより，あたかも，当該リーフレットに掲載されたえびせんべいの原材料に三河湾で水揚げされたえびのみを使用しているかのように表示していた。 (3)実際	§５①

			「えびとチーズ」，「えびと梅」，「ごまみそ」及び「えびとごぼう」とそれぞれ称するえびせんべいの原材料に海外で水揚げされたえびのみを，「大海老」と称するえびせんべいの原材料として使用したえびの一部に海外で水揚げされたえびを，「磯の香り」と称するえびせんべいの原材料として使用したえびの一部に国内の三河湾以外の地域で水揚げされたえびを，それぞれ使用しているものであった。	
〔136〕 2009/8/6 警告	品川近視クリニック東京院 医療法人社団博美会	医療（角膜矯正手術（いわゆる「レーシック手術」））	**【品川近視クリニック東京院の表示】** (1)対象商品役務 角膜屈折矯正手術（いわゆる「レーシック手術」） (2)表示の概要 (a)期間 平成21年1月ころ～3月ころ (b)媒体 自社ウェブサイト (c)表示内容 「表示価格は2009年3月31日までに施術を受けた方が対象となります。」，「2009年3月31日までに施術を受けられた方はキャンペーン料金から更に“10,000円割引き”で施術が受けられます！」等と記載するとともに， ア　「スーパーイントラレーシック」と称する角膜屈折矯正手術（以下「スーパーイントラ」という。）の料金について，「通常料金16.8万円から曜日割で2.5万円引き！　今ならさらに1万円引きの→13.3万円　両眼」及び「通常料金16.8万円から土曜割で2万円引き！　今ならさらに1万円引きの→13.8万円」 イ　「品川プレミアムスーパーイントラレーシック」と称する角膜屈折矯正手術（以下「品川プレミアム」という。）の料金について，「通常料金19.8万円から曜日割で1万円引き！　今ならさらに1万円引きの→17.8万円　両眼」及び「通常料金19.8万円から土曜割で5千円引き！　今ならさらに1万円引きの→18.3万円」 とそれぞれ記載することにより，あたかも，「曜日割」又は「土曜割」と称する割引及び「通常料金」と称する料金からの1万円の割引を平成21年3月31日までにスーパーイントラ又は品川プレミアムを受けた者に限り適用するかのように表示していた。 (3)実際	§5②

			「曜日割」又は「土曜割」と称する割引及び「通常料金」と称する料金からの１万円の割引は，平成21年３月31日までにスーパーイントラ又は品川プレミアムを受けた者に限り適用するものではなかった。	
〔137〕 2009/8/7 排除命令 （H21（排）29）	西日本旅客鉄道㈱	運輸（乗車券） 公正取引 712号68頁， 729号81頁	(1)対象商品役務 「西日本パス」と称する乗車券 (2)表示の概要 (a)期間 平成21年４月ころ～６月ころ (b)媒体 一般消費者に配布した「西日本パスを使って旅しませんか？」と題するパンフレット (c)表示内容 表紙において，「西日本パスを使って旅しませんか？」と記載するとともに，同パンフレットの裏表紙において，「環境にやさしい鉄道で，あの街へあの風景へ。西日本パス」及び「JR西日本全線！JR 四国全線！JR 九州（博多～長崎・佐世保，博多～由布院～別府～小倉など）！の自由席が乗り放題。」と記載の上， ア　同パンフレットの36頁ないし38頁において，「モデルコース」と記載の上，大阪駅と鳥取駅の間をスーパーはくとに乗車して移動できることを示す記載をし，かつ，スーパーはくとの車両の写真を掲載の上，スーパーはくとに乗車すれば京都駅，大阪駅又は三ノ宮駅と鳥取駅の間を移動できることを示す記載をすることにより，あたかも，西日本パスを使用する場合，別途の費用を負担することなく，スーパーはくとに乗車して京都駅，大阪駅又は三ノ宮駅と鳥取駅の間を移動できるかのように， イ　同パンフレットの20頁において，「モデルコース」と記載の上，小倉駅と門司港駅の間を普通列車に乗車して移動できることを示す記載をすることにより，あたかも，西日本パスを使用する場合，別途の費用を負担することなく，普通列車に乗車して小倉駅と門司港駅の間を移動できるかのように表示していた。 (3)実際 上記(2)ア・イにおいて， ア　西日本パスの料金以外に，智頭急行株式会社の上郡駅と智頭駅の間に係る運賃及び特急料金を負担することが，イ　西日本パスの料金以外に，小倉駅と門司港駅の間に係る運	§５②

			賃を負担することがそれぞれ必要なものであった。 ※公正取引委員会最後の排除命令事案である。 ※一般消費者の誤認排除のための措置及び再発防止措置が十分に講じられておらず，と指摘されている（公正取引712号68頁）。	
			【ミュー㈱の表示】 排除命令（平成18年(排)25号）に対する審判請求の審決【請求棄却】 **(1)争点1（本件について，景品表示法第4条第2項（現7条2項。以下同じ）を適用することができるか，適用の効果はどのようなものか）** 景品表示法第4条第2項の規定は，表示に沿った効果・性能がないかもしれないことによる不利益は一般消費者に負担させるべきではなく，事業者が効果・性能の優良性を示す表示を行う場合には，当該表示をする事業者において当該表示の裏付けとなる合理的な根拠を示す資料をあらかじめ有した上で行うべきであって，かかる資料を有しないまま当該表示をした商品・役務を販売・提供してはならないとの考え方に基づくものというべきである。 この点，被審人らは，景品表示法第4条第2項が，合理的な根拠のない場合に，不当な表示として排除命令をすることとしたのは，当該表示を行う者が提出した資料から表示内容が真実でないことが明らかな場合について簡易・迅速な対応をするためであり，表示の根拠となる資料が提出された場合については，迅速に排除命令をする必要がある場合を除き，同項を適用すべきではなく，同条第1項第1号にいう「実際のものよりも著しく優良であると示す表示」に該当するかどうかの判断をした上で，排除命令をするべきであると主張する。 しかし，景品表示法第4条第2項は，条文上，その適用範囲について被審人らの主張のような限定をしていないし，上記に述べた考え方にかんがみると，同項を適用できる事案は，被審人らの指摘するような場合に限定されるものではなく，その効果・性能の優良性を示して商品・役務を販売・提供する場合一般について同項を適用することができるものというべきである。 イ　景品表示法第4条第2項に基づく資料提出要求に対して提出された資料が表示の裏付けとなる合理的な根拠を示す資料といえるためには，①客観的に実証された内容のものであること，②表示された効果・性能と提出資料によって実証された内容が適切に対応して	

<table>
<tr>
<td>〔138〕
2009/10/28
審判審決
（H18（判）17，19）</td>
<td>ミュー㈱
㈱オーシロ</td>
<td>小売（日用品（タバコ付属品））

公正取引713号50頁

H21年重判268頁に言及あり。</td>
<td>いるという要件を満たすことが必要であり，提出された資料が①客観的に実証された内容のものであるというには，ｉ試験・調査によって得られた結果，ⅱ専門家，専門家団体若しくは専門機関の見解又は学術文献であることが必要である（「不当景品類及び不当表示防止法第４条第２項の運用指針」〔以下「運用指針」という。〕第３の２及び３参照。）。上記ｉにいう試験・調査については，表示された商品・役務の効果・性能に関連する学術界，あるいは産業界において一般的に認められた方法，あるいは関連分野の専門家の多数が認める方法によって実施されたものであるか，そのような方法がない場合には，社会通念上及び経験則上妥当と認められる方法によることが必要であり，また，上記ⅱにいう見解又は学術文献は，専門家等が専門的知見に基づいて当該商品・役務について評価したものであり，当該専門分野において一般的に認められているものであることが必要である。
ウ　景品表示法第４条第２項は，公正取引委員会は，事業者が商品の販売等をするに当たり，当該商品等の効果・性能の優良性を表示する場合には，当該表示を行った事業者に対し期間を定めて事業者があらかじめ有しているべき当該資料の提出を求めることができ，事業者が当該資料を提出しないときは，当該表示は同条第１項第１号（現５条１項。以下同じ）の不当な表示とみなして，同法第６条第１項（現７条１項。以下同じ）の規定による排除命令をすることができることとしている。そして，公正取引委員会の求めにより事業者が提出した資料が上記合理的な根拠を示す資料に該当しない場合も，「当該資料を提出しないとき」に含まれる。
本件に即していえば，被審人らが公正取引委員会の求めにより提出した本件資料が上記合理的な根拠を示す資料に当たらない場合には，それにより本件表示が景品表示法第４条第１項第１号の不当な表示に当たるとする効果が確定するのであり，その後の審判手続において新たな資料を提出することによりこの効果を覆すことはできないものと解すべきである。
したがって，被審人らは，審判手続において，新たに「合理的な根拠を示す資料」を提出することはできない。
⑵争点２（本件資料は，本件表示に係る景品表示法第４条第２項にいう表示の裏付けとなる合理的な根拠を示すものと認められず，本件表示は同条第１項第１号にいう不当な表示とみなされるか）について
被審人らは，本件表示について，本件資料を提出したものであるが，本件資料はいずれも景品表示法第４条第２項にいう表示の裏付けとなる合理的な根拠を示す資料とは認められ</td>
<td>§５①
７Ⅱ</td>
</tr>
</table>

			ず，また，これらを総合勘案しても結論は変わるものではなく，本件表示は，同項により同条第1項第1号にいう不当な表示とみなされる。 (3)争点3（原処分について公正取引委員会の裁量権の逸脱・濫用がないか）について ア　被審人らは，指導の段階でこれに従うと回答している業者に対し，表示変更の機会も与えずに原処分を行うことは手続保障に反すると主張するが，景品表示法上，排除命令の前に行政指導を行うことが必要なわけではない。また，被審人らは，事前の相談において公正取引委員会事務総局の担当者から「データがあれば問題ない」との回答を得たことをもって，禁反言の原則から原処分は無効であると主張するが，当該担当者の回答は，合理的な根拠を示す資料があれば景品表示法上問題ないという法律の趣旨を述べたものと認められ，本件表示が景品表示法上問題がないという趣旨の回答をしたものとは認められない。 したがって，原処分が手続保障に欠ける違法なものとは認められない。 イ　被審人らは，原処分を行わなくとも不当な表示を是正することができたのであるから，原処分は比例原則違反であると主張するが，本件については，一般消費者の誤認の排除や違反行為の再発防止等が必要であるから，被審人らの主張は採用できない。 したがって，原処分が比例原則に反する違法なものとは認められない。 ウ　被審人らは，本件より悪質な事案に対して，排除命令を行わず，注意・警告が行われていると主張する。しかし，排除命令が平等原則に違背する違法なものとなるのは，公正取引委員会が，処分の相手方である事業者以外の違反行為をした事業者に対して行政処分をする意思がなく，処分の相手方である事業者に対してのみ，差別的意図をもって当該行政処分をしたような場合に限られるものと解される（東京高等裁判所平成8年3月29日判決〔公正取引委員会審決集42巻457頁〕参照）ところ，被審人らは同裁判例の指摘するような事情があることについての立証をしていない。 したがって，原処分が平等原則に反する違法なものとは認められない。	
		コンビニエンスストア	(1)対象商品役務 「カリーチキン南蛮」と称するおにぎり (2)表示の概要 (a)期間 平成21年6月11日ころ～16日ころ (b)媒体	

〔139〕 2009/11/10 措置命令 （消表対47）	㈱ファミリーマート	（食品（おにぎり）） 第5版44頁 公正取引 713号63頁 738号25頁	表示媒体 当該おにぎりの包装袋に貼付したシール (c)表示内容 「国産鶏肉使用」と記載することにより，あたかも，当該おにぎりの原材料に我が国で肥育された鶏の肉を用いているかのように示す表示をしていた。 (3)実際 当該おにぎりの原材料にブラジル連邦共和国で肥育された鶏の肉を用いていた。 ※消費者庁創設後初の命令事案である。 ※当初は国産鶏肉を用いた試作品を作るなどして開発を進めていたところ，開発過程でブラジル産に変更されていたが，当該鶏肉の原産地確認を怠り，ブラジル産に変更されたことに気付くことなく，本件表示内容等を決定していた（公正取引713号64頁）。	§5①
〔140〕 2009/12/9 措置命令 （消表対97）	㈱三陽協会	衣料品の製造販売（ニット商品） 公正取引 713号65頁	(1)対象商品役務 「MACKINTOSH PHILOSOPHY」の商標を付したニット商品 (2)表示の概要 (a)期間 平成21年8月11日ころ～9月25日ころ (b)媒体 対象商品の品質について記載した下げ札及び品質表示タッグ (c)表示内容 「カシミヤ25%」と記載することにより，あたかも，本件商品の原材料としてカシミヤが25パーセント用いられているかのように表示していた。 (3)実際 当該商品の原材料にカシミヤは用いられていなかった。 ※三陽商会は，誤表示防止のために二重のチェック体制を採っていたが，現場においてこれらの確認作業が行われていなかった（公正取引713号66頁）。 ・イギリスのマッキントッシュ社が有する「MACKINTOSH PHILOSOPHY」の商標の使用許諾を得ている事業者との間において，同商標の使用に係る再許諾契約を結んでおり，本件商品に同商標を付し，直営店舗において一般消費者に販売していた。	§5①

〔141〕 2010/1/20 審決判決 （H21(判) 4，5）	㈱カクダイ ㈱ナスカ	日用雑貨の製造販売（携帯電話付属製品） H22年重判289頁	【いずれも請求棄却】 →東京高判 H22.7.16 景品表示法4条2項（現7条2項）により提出された資料につき，「合理的な根拠を示すもの」であるか否かは，本件各資料が本件商品を使用することにより各効果が得られることを「客観的に実証するものであるか否か」により判断されるとし，これに該当しないとしている（H22年重判289頁）。	§5① 7 II
〔142〕 2010/1/21 警告	㈱ティンカーベル	製造販売（衣料（子供服））	(1)対象商品役務 ①パーカー　②女児スーツセット中のスカート及び蝶タイ　③ジャンパー　④タンクトップ　⑤パンツ　⑥ジャケット (2)表示の概要 (a)期間 ①平成19年9月15日ころ～平成21年9月14日ころ ②平成21年1月11日ころ～9月10日ころ ③平成21年1月15日ころ～9月1日ころ ④平成21年3月18日ころ～9月10日ころ ⑤平成21年3月20日ころ～9月10日ころ ⑥平成21年9月1日ころ～5日ころ (b)媒体 ①③品質表示タグ及び下げ札②④下げ札⑤⑥品質表示タグ (c)表示内容 ①「綿 100%」と記載していた。 ②(i)「スカート表地 ポリエステル 65%毛 35%」と記載していた。 (ii)「蝶タイポリエステル 65%毛 35%」と記載していた。 ③「綿 100%リブ部分綿 95%ポリウレタン 5%」と記載していた。 ④「綿 100%リブ部分綿 95%ポリウレタン 5%」と記載していた。 ⑤「MADE IN CHINA」と記載していた。 ⑥(i)A色・C色のものの一部「表地 ポリエステル 100% 裏地 ポリエステル 100%フード中綿 ポリエステル 100%」と記載していた。	§5① ③

			(ii) B色のものの一部「表地 ポリエステル 100%袖・ヨーク・フード裏ナイロン 100%裏地 ポリエステル 100%フード中綿 ポリエステル 100%」と記載していた。 (3)実際 ①フード及び袖口部分の原材料に綿は100パーセント用いられていないものであった。 ②原材料に毛は用いられていないものであった。 ③本体部分及びリブ部分の原材料に綿は用いられていないものであった。 ④本体部分の原材料に綿は100パーセント用いられておらず，リブ部分の原材料に綿及びポリウレタンは用いられていないものであった。 ⑤タイ王国で製造されたものであった。 ⑥(i)袖，ヨーク及びフード裏の原材料にポリエステルは用いられていないものであった。 (ii)袖，ヨーク及びフード裏の原材料にナイロンは用いられていないものであった。	
〔143〕 2010/2/24 審判審決 （H21（判）10～16）	㈱リコム	美容・健康（口臭対策商品） 公正取引734号59頁	（2009.2.3）に対する製造販売業者からの審判請求事件。「法律上の利益」を有さないとして請求適格を否定した。【請求棄却】	§5① 7 II
〔144〕 2010/3/25 措置命令 （消表対82）	㈱ボンシック	輸入販売（化粧品及び化粧雑貨）	(1)対象商品役務 「NYX」の商標を付した化粧品及び化粧雑貨21品目 (2)表示の概要 (a)期間 平成18年3月ころ～9月ころ及び平成19年1月ころ～平成21年9月ころ (b)媒体 対象商品に貼付したラベル (c)表示内容 「アメリカ製」と記載することにより，あたかも，当該商品の原産国がアメリカ合衆国であるかのように表示をしていた。 (3)実際 当該商品の原産国又は原産地は，中国・台湾・フランス・ドイツ・韓国であった（品目に	§5③

			よって異なる)。	
〔145〕 2010/3/29 措置命令 (消表対 88)	㈱日本一	加工販売 (食品(うなぎ蒲焼など)) 公正取引 715号62頁	(1)対象商品役務 うなぎ蒲焼及びうな重 (2)表示の概要 (a)期間 平成21年7月12日ころ〜12月3日ころ (b)媒体 通年用いるプライスカード,「土用の丑の日」と称する日辺りに用いるプライスカード,チラシ,ポップ及びポスター (c)表示内容(例示) 「国産　やわらかく肉厚な活鰻使用　うなぎ蒲焼」,「国産　焼立てを秘伝のタレでお召し上がり下さい　うな重」,「国産　うな重」,「さあ,日本一の「国産うなぎ」を,食べましょう。」,「「国産うなぎ」販売決定」,「国産うなぎ発売中」,「国産うなぎ取り扱い」等と記載することにより,あたかも,当該うなぎ蒲焼及びうな重の原材料の国産のうなぎを用いているかのように表示していた。 (3)実際 当該うなぎ蒲焼及びうな重の原材料に台湾産のものを用いていた。	§5①
〔146〕		通信販売 (日用品(寝	【㈱QVCジャパンの表示】 (1)対象商品役務「カシミヤ&ウール/キャメル&ウール 掛布団」と称する布団 (2)表示の概要 (a)期間 ア　平成20年1月18日(1日に5回)・平成21年1月31日・2月5日・8月20日・9月11日 イ　平成21年3月ころ〜6月ころ (b)媒体 ア　有線テレビショッピング番組 イ　ウェブサイト (c)表示内容 ア(例示)　映像「カシミヤ80%」 音声「なんとぜいたくなキャメルとカシミヤとメリノウールを使いました」等	

2010/3/31 措置命令 （消表対94～95）	㈱QVCジャパン 住金物産㈱	具）） 公正取引718号81頁，724号99頁	イ 「カシミヤ80%」等 と表示していた。 (3)実際 本件布団の詰め物の原材料にカシミヤは用いられていなかった。 ※ウェブサイトにおいて謝罪等を行っていたが，QVCジャパンはTVショッピング界第2位の有力事業者であり，過去2回公正取引委員会から排除命令を受けているにもかかわらず再び本件不当表示を起こしていることなどを鑑みて，措置命令がとられたと考えられる（公正取引718号82頁）。 ※住金物産は，他の事業者に委託して本件布団を製造しており，QVCジャパンは，住金物産から本件布団を仕入れて，QVCジャパンのテレビショッピング番組及び同社のウェブサイトを通じて通信販売により一般消費者に販売していた。 ※平成21年10月ころ本件布団の販売を中止し，同年11月ころ商品代金を返還する旨を当該商品を購入した者に告知するとともに，QVCジャパン及び住金物産は，表示と実際が異なる事実について，同月ころ自己のウェブサイトに掲載し，同年12月ころ「QVC」と称するテレビショッピング番組で放送した。	§5①
〔147〕 2010/4/8 措置命令 （消表対106～107）	㈱山方屋 ㈱益正グループ	食品の製造販売（もつ鍋製品）	【㈱山方屋の表示】 (1)対象商品役務 内臓の袋詰め商品「日本一宮崎牛ホルモンミックス」，及び，内臓の袋詰め商品等のもつ鍋の原材料を詰め合わせた「日本一宮崎牛もつ鍋「極」」 (2)表示の概要 (a)期間 平成20年10月ころ～平成21年9月ころ (b)媒体 本件商品の包装袋に貼付したシール (c)表示内容 「宮崎牛ホルモン」及び「宮崎牛ホルモンmix」と記載することにより，あたかも，牛の内臓に「宮崎牛」との銘柄があり，本件商品には，その正肉が宮崎牛と認められる牛の内臓のみを用いているかのように表示していた。 (3)実際	§5①

			「宮崎牛」との銘柄は正肉に付されたものであり，牛の内臓に「宮崎牛」との銘柄は存在せず，また，本件商品に用いていた内臓は，その正肉が宮崎牛と認められない肉質等級が3等級以下の牛や黒毛和種以外の品種の牛の内臓が混在すると認められるものであった。 ※「「宮崎牛」と表示して販売できるのは，最長飼育地が宮崎県の黒毛和種の牛のうち，社団法人日本食肉格付協会による格付において，肉質等級が4等級以上のもので，かつ，血統が明らかなものの正肉（以下「宮崎牛」という。）であるところ，宮崎牛は一般的に高級品として認識されている。」と認定。 ※山方屋は，宮崎県に所在すると畜事業者から仕入れた牛の内臓を包装袋に詰め，当該包装袋にシールを貼付して，本件商品を製造しており，益正グループは，山方屋から本件商品を仕入れた上で，当該シールの表示内容を変更することなく，注文販売を行っていた。	
〔148〕 〔2010/6/24〕 措置命令 （消表対185）	㈱シップス	販売（婦人用革靴） 公正取引719号94頁	(1)対象商品役務 婦人靴（シップスが，アメリカ合衆国に所在するメーカーが「Cally Slipper」との商品名で販売していた婦人靴を，同メーカーから輸入し，「ムートンモカシン」との商品名で販売したもの） (2)表示の概要 (a)期間 平成21年6月25日ころ～9月14日ころ (b)媒体 「ZOZOTOWN」と称するショッピングサイトに掲載したウェブページ (c)表示内容 「ミネトンカ：ムートンモカシン」，「素材 羊革」，「またムートンは通気性に優れていて，水分をすばやく発散してくれますので，いつでも快適な状態を保つことができます。」等の記載を行うことにより，あたかも，本件商品は，本件取引先事業者がムートンを用いた商品として販売しているものであり，また，本件商品の原材料として，ムートンが用いられているかのように示す表示をしていた。 (3)実際 本件商品は，本件取引先事業者において，ムートンを用いたものとして販売されているものではなく，また，原材料として，革には牛革が，靴の内側の毛状のものにはアクリル繊維がそれぞれ用いられているものであった。	§5①

			※㈱シップスのバイヤーが決めた本件商品の表示内容につき，社内でチェックをせずに広告表示を行っており，メーカーに発注を行う際に，素材の証明書を受けていたにも拘らず，表示内容との突合・確認が行われていなかった（公正取引719号94頁）。	
〔149〕 2010/8/26 警告	㈱ジグザグ	ドラッグストアの経営及びチェーン展開（買物ポイント付与）	(1)対象商品役務 購入者に付与するポイント (2)表示の概要 (a)期間 平成12年８月ころ～ (b)媒体 店内に掲示したポップ，新聞折り込みチラシ (c)表示内容 同社が購入者に対して付与するポイントについて，「105円で１ポイント換算 通常３倍 土日６倍」等と表示していた。 (3)実際 通常販売している商品については，105円に対して，平日は３ポイント，土曜日及び日曜日は６ポイントを付与しており，105円の販売に対して１ポイントを付与しているものではなかったため，「通常３倍」，「土日６倍」の表示は，実態のない「105円で１ポイント換算」を基準とするものであった。	§５②
〔150〕 2010/9/29 措置命令 （消表対349）	コーナン商事㈱	小売（日用雑貨・ホームセンター経営）及び日用雑貨の製造販売（園芸用シート）	(1)対象商品役務 コーナンが製造販売する「不織布」と称する，農作物に対する保温，防虫，防鳥等の目的で家庭菜園等の畝の上にかけて使用される園芸用シート７品目 (2)表示の概要 (a)期間 平成20年９月ころの本件商品販売開始時から，平成22年９月２日ころまで（商品パッケージについては，平成22年６月ころまで） (b)媒体 商品パッケージ，店頭ポップ及び「コーナンｅショップ」と称する自社ウェブサイト (c)表示内容 「べたがけやトンネルに最適。」，「●シートの上から散水OK！」等と，支柱等を使わず地面	

			若しくは作物に直接被せる方法（べたがけ）でも，一方の畝肩から他方の畝肩に差し込んだ支柱を覆う方法（トンネルがけ）でも本件商品の上から散水して使用できる旨表示していた。 (3)実際 トンネルがけで使用する場合には，本件商品の上から散水してもほとんど透水しないものであった。 ※「園芸用シートを購入しようとする者にとって，園芸用シートの上から散水した場合，透水するかどうかは，商品選択上の重要な要素であると考えられる」と指摘されている。 ※販売前に浸水性について，トンネルがけの方法で使用した場合については何ら確認を行っておらず，他社が販売している同種商品について同様の表示が広く行われていたことから，シートの上から散水が可能である旨の表示を行った（以上，公正取引722号106頁）。	§5①
〔151〕 2010/10/13 措置命令 （消表対379）	㈱大藤	食品の製造販売(菓子) 公正取引724号98頁，110頁	(1)対象商品役務 ①大藤が企画し，秋田県に所在する観光土産品卸売業者に卸し，当該卸売業者を販売者として販売していた「あきたこまち米使用純米クッキー」と称する焼き菓子 ②大藤が企画し，新潟県に所在する観光土産品販売業者に卸し，当該卸売業者を販売者として販売していた「コシヒカリ純米クッキー」と称する焼き菓子 (2)表示の概要 (a)期間 平成18年7月～平成22年8月 (b)媒体および(c)表示内容 ①商品包装紙の表面及び側面に「あきたこまち米使用純米クッキー」並びに商品本体の包装袋に「純米クッキー」との表示をしていた。 ②商品包装紙の表面及び側面に「コシヒカリ純米クッキー」並びに商品本体の包装袋に「純米クッキー」との表示をしていた。 (3)実際 いずれの商品も，主原料は小麦粉であり，米については，「あきたこまち」と称する品種の米穀の粉末及び「こしひかり」と称する品種の米穀の粉末が極めて少量しか使用されていないものであった。 ※一括表示欄には，あきたこまちの粉末及びコシヒカリの粉末は食塩の次に記載されてお	§5①

			り，微量しか使用されていないことが認識できるが，商品表面に強調された「純米」という表示を打ち消しているとはいえない（公正取引724号111頁）。 ※大藤の名称は本件商品に記載されていないが，消費者庁による調査の結果，大藤が，秋田県・新潟県の「御当地品」として売り出すために，菓子製造業者にコメを使用した商品の製造を委託し，商品名に「純米」という名称を付けることを企画し，（商品の一括表示欄に販売者として記載されていた）A 社及び B 社に販売を提案していたことが判明した（公正取引724号110頁）。	
〔152〕 2010/11/30 措置命令 （消表対479）	㈱光洋	小売（食品（魚介類）） 公正取引725号113頁，730号56頁	⑴対象商品役務 サザエ ⑵表示の概要 (a)期間 ア　平成22年４月１日・３日・８日・15日・22日・25日，同年５月１日・２日・４日・７日 イ　平成22年５月１日 (b)媒体 ア 「KOHYO」と称する27店舗にあっては，それぞれの店舗の周辺に配布した新聞折り込みチラシ イ 「マックスバリュ」と称する13店舗にあっては，それぞれの店舗の周辺に配布した新聞折り込みチラシ (c)表示内容 (b)アに「〈島根県産他国内産〉 活サザエ貝　1個　100円」等と， (b)イに「〈島根県産他国内産〉 活サザエ貝　（５個入） 1Ｐ 580円」 と表示していた。 ⑶実際 「KOHYO」と称する27店舗において販売していたサザエのほとんどすべての，また，「マックスバリュ」と称する13店舗において販売していたサザエのすべての原産国は大韓民国であった。 ※法令遵守のための体制が全くとられていなかったとの厳しい指摘がある（公正取引725号114頁） ・㈱光洋は「マックスバリュ」を運営している会社である。	§5③

〔153〕 2010/12/8 措置命令 （消表対494）	全国農業組合連合会	小売（米）	(1)対象商品役務 全農の岐阜県本部において「化学肥料（窒素成分） 栽培期間中不使用」等の窒素成分を含む化学肥料を使用していない旨を表示した米であって，全農が供給した育苗培土を用いて栽培された特別栽培米 (2)表示の概要 (a)期間 平成14年～21年 (b)媒体 商品の米袋，ウェブサイト (c)表示内容（例示） ア　ぎふ農業協同組合（以下「JA ぎふ」という。）が，全農から仕入れて，販売者となり，「特別栽培米コシヒカリ」の名称を付して販売している米について，平成19年9月ころから平成22年2月27日までの間，JA ぎふが作成した同商品の米袋において「化学肥料（窒素成分） 栽培期間中不使用」と表示していた。 イ　生活協同組合連合会東海コープ事業連合（以下「東海コープ」という。）が，全農から仕入れて，販売者となり，「郡上のコシヒカリ」の名称を付して販売している米について，平成20年10月ころから平成22年2月ころまでの間，全農が自ら作成した同商品の米袋において「化学肥料（窒素成分）栽培期間中不使用」と表示していた。 (3)実際 岐阜県本部が本件商品を栽培する者に供給している育苗培土には，窒素成分を含む化学肥料が使用されており，当該育苗培土を使用して栽培された米は，ガイドラインに基づいて，窒素成分を含む化学肥料を使用していない旨の表示をすることができる特別栽培米には当たらないものであった。	§5①	
〔154〕 2010/12/9	㈱ジェイアール	飲食（食品（鶏肉・鶏卵を含むメ	(1)対象商品役務 運営する「ル・タン」と称する飲食店において提供していた「春の行楽いろどり弁当」 (2)表示の概要 (a)期間 平成22年4月1日～27日 (b)媒体		

措置命令（消表対487）	西日本ホテル開発	ニュー）） 公正取引729号102頁	メニュー，チラシ，ウェブサイト，新聞チラシ（3月31日） (c)表示内容 「よく味の染みた京地鶏と京豆腐に，とろとろ半熟卵を乗せた“鶏すき焼き”」と表示していた。 (3)実際 用いられていた鶏肉は京地鶏の肉ではなく，ブロイラーの肉であり，また，平成22年4月1日から同月12日までの間，半熟卵は用いられていなかった。	§5①
〔155〕2011/2/4 措置命令（消表対92）	㈱サンシャインチェーン本部	フランチャイズ・小売（食料） 公正取引731号98頁	(1)対象商品役務 ①サンシャインオリビオ店における開店セール対象商品（汐数の子など） ②31店舗における共通セールにおける商品 (2)表示の概要 (a)期間 ①平成21年12月16日・19日 ②平成22年1月9日 (b)媒体 チラシ (c)表示内容（例示） ①「ヤマニ　汐数の子　化粧箱中〈500g〉　当店価格4,980円を　3,980円（税込）」等と，「当店価格」を比較対照価格として実際の販売価格に併記していた。 ②「真さば開き　当店価格198円（税込）の　半額　の99円（税込）」等と，「当店価格」を比較対照価格として実際の販売価格に併記していた。と表示していた。 (3)実際 表示に接した者は，比較対照価格として併記された「当店価格」は，当該セール以外の機関に実際に販売する予定の又は実際に販売されていた食料品の価格であると認識するところ，当該「当店価格」は，サンシャイン本日が設定した「定番価格」を記載したものであり，実際に販売する予定の又は販売されていた食料品の価格ではなかった。	§5②
			(1)対象商品役務 「バードカフェ謹製おせち」と称する加工食品 (2)表示の概要	

〔156〕 2011/2/22 措置命令 (消表対125)	㈱外食文化研究所	飲食 加工食品(「バードカフェ謹製おせち」) 公正取引763号11頁	(a)期間 平成22年11月25日～26日 (b)媒体 ウェブサイト (c)表示内容 「50%OFF【10,500円】2011年迎春≪横浜の人気レストラン厳選食材を使ったお節33品・3段・7寸（4人分）配送料込≫12月31日着」と題し，以下のとおり記載していた。 ア 「メニュー内容」と記載の上，33品のメニューを表示していた。 イ 「10,500円 通常価格(税込) 21,000円 割引率 50%OFF 割引額 10,500円」と表示していた。 (3)実際 表示に接した者は，本件商品には，「メニュー内容」として記載された33品のメニューが入っているものと認識するところ，実際には，そのうち8品について，7品は記載の食材とは異なる食材が用いられていたもの又は記載のメニューとは異なるものが入れられていたものであり，また，1品は入れられていないものであった。 ※いわゆる「グルーポン事件」である。 ※「バナエイ海老」を「才巻き海老」，「ランプフィッシュの卵」を「キャビア」などと表示している。	§5①②
〔157〕 2011/2/22 要請 (消表対126)	グルーポン・ジャパン㈱	インターネット事業(事前購入型クーポン) 公正取引730号77頁	㈱外食文化研究所への措置命令(消表対125)を受けて，消費者庁表示対策課課長が，「ウェブサイトを通じて事業者が商品又は役務を供給する際の表示内容の適正な審査基準の策定，従業員に対する適正な価格表示についての周知徹底等の措置を講じることにより，景品表示法違反を惹起することのないよう要請するので，貴社におかれては留意してウェブサイトの運営をされたい。」旨要請した。 「「通常価格」というものは，おせち料理のような「季節もの」など，極めて短期間に販売される商品については存在しない。」とした上で，「このような場合には，「通常価格」と称する価格を比較対照価格に用いた二重価格表示を行うことはできないものであり，貴社ウェブサイトへ商品又は役務を掲載する際には，当該商品又は役務の貴社ウェブサイト以外における販売の有無を確認し，販売されていない場合には，このような二重価格表示が行われないようにするなど景品表示法違反とならないよう必要な措置を講じることとされ	—

			たい。」としている。	
〔158〕 2011/2/24 措置命令 （消表対127）	㈱レナウン	製造販売（衣料（紳士用シャツ）） 公正取引731号96頁	(1)対象商品役務 紳士用カジュアルシャツ (2)表示の概要 (a)期間 平成22年3月26日～5月19日 (b)媒体 対象商品の下げ札 (c)表示内容 表面に「形態安定」と，裏面に「形態安定 綿の風合いと爽やかな着心地をお楽しみください。洗濯後は軽いアイロン掛けをお勧めします。」と記載し，本件商品の包装袋に貼付されたシールに「形態安定」と記載していた。 (3)実際 対象商品は形態安定加工が施されていたものではなかった。	§5①
〔159〕 2011/2/25 警告	㈱サンライズ	教育（家庭教師紹介）	(1)対象商品役務 家庭教師役務 (2)表示の概要 (a)期間 遅くとも平成22年10月～平成23年1月 (b)媒体 自社ウェブサイトにおいて， (c)表示内容 家庭教師の紹介を受ける際に必要となる費用について，「安心♥宣言 高額教材販売なし 入会金・解約違約金なし 強引な訪問はありません！」と表示していた。 (3)実際 家庭教師の紹介を受ける際には，「登録料」として，5,000円ないし60,000円の料金を徴収する場合があるものであった。	§5②
			(1)対象商品役務 通信販売業者を通じて供給していた牛肉加工食品	

〔160〕 2011/3/3 措置命令 （消表対140）	シンワオックス㈱	製造販売（食料（牛肉加工品）） 公正取引732号116頁	(2)表示の概要 (a)期間 平成21年7月ころ～12月ころ (b)媒体 ア　通信販売業者のカタログ イ　通信販売業者のウェブサイト ウ　本件商品に同封した商品説明書 (c)表示内容 ア「ランクA4以上の高級黒毛和牛，焼肉セット」 イ「国産黒毛和牛（ランクA4以上）を使用した たれ漬け焼肉で」 ウ「国内産のA4・5の黒毛和牛のみを使用しました」 と，それぞれ表示していた。 (3)実際 本件商品に用いられた牛肉の大部分がA4又はA5等級以外の格付がなされた牛肉であった。	§5①
〔161〕 2011/3/4 措置命令 （消表対143）	㈱バークジャパン	飲食（食品（霜降りステーキ）） 公正取引733号99頁	(1)対象商品役務 バークジャパンが運営する飲食店「アメリカンステーキ　ミスター・バーク」において提供する料理（①霜降りステーキ料理②健康ステーキ料理） (2)表示の概要 (a)期間 遅くとも平成17年～ (b)媒体 ア　店内メニュー　イ　ウェブサイト　ウ　新聞折り込みチラシ (c)表示内容 ①ア　写真を掲載するとともに，「霜降りサーロインステーキ」と， イ　（例示）平成22年10月1日ころの「STEAK」と記載のウェブページにおいて「●霜降りサーロインステーキ」と， ウ　（例示）平成21年11月1日～12月6日までを期間とする新聞折り込みチラシにおいて，その写真を掲載するとともに，「人気商品　霜降りサーロインステーキ」と，	§5①

			②ア　写真を掲載するとともに，『たっぷり野菜の健康ステーキ。ライス・サラダ・スープ付です。』及び「健康ステーキ」と， イ　（例示）平成22年10月1日ころの「STEAK」と記載のウェブページにおいて「●健康ステーキ」及び「低脂肪・低カロリーのステーキです。」と， ウ　（例示）平成21年11月1日～12月6日までを期間とする新聞折り込みチラシにおいて，その写真を掲載するとともに，「人気商品　たっぷり野菜の健康ステーキ」と， それぞれ記載していた。 (3)実際 ①霜降りステーキに用いた牛肉は牛脂を注入する加工を行った牛肉であった。 ②健康ステーキ料理に用いた牛肉は牛の横隔膜の部分の肉を食用のりで貼り合わせる加工を行ったものであった。	
〔162〕 2011/3/10 措置命令 （消表対155）	㈱カンノ蜜蜂園本舗	製造販売（食料（はちみつ製品）） 公正取引763号12頁	(1)対象商品役務 ①「アカシヤ蜜」300グラム入り ②「アカシヤ蜜」600グラム入り ③「アカシヤ蜜」1,200グラム入り ④「アカシヤ honey」150グラム入り ⑤「六甲みつばちハニー農場アカシヤ系百花はちみつ」1,000グラム入り (2)表示の概要 (a)期間 平成22年7月9日から平成23年1月29日 (b)媒体 商品に貼付したラベル (c)表示内容 ①「原材料名/アカシア蜂蜜（国産）」 ②「原材料名/アカシヤ蜂蜜（国産）」 ③「原材料名/アカシヤ蜂蜜（国産）」 ④「六甲山麓からの贈り物 はちみつ六甲ハニー農場」，「原材料名/アカシヤ蜂蜜（国産）」 ⑤「六甲山麓からの贈り物 はちみつ六甲ハニー農場」，「原材料名/蜂蜜（国産）」 (3)実際	§5①

			商品に貼付したラベルにおいて，それぞれ本件商品の内容物は国産のはちみつである旨表示していたが，実際には，本件商品の内容物は過半が中華人民共和国産のものであった。	
〔163〕 2011/3/24 措置命令 （消表対157）	㈱ユナイテッドアローズ	小売（衣料（Tシャツ等）） 公正取引733号101頁	⑴対象商品役務 Tシャツ・バングル・ブックマーカー・バッグ・ジャケットなど合計38商品 ⑵表示の概要 (a)期間 平成18年10月～平成22年8月 (b)媒体 下げ札・タグ・ウェブサイト (c)表示内容 38商品のうち37商品については，各媒体に実際の原産国と異なる原産国表示がされていた。また，1商品（品番1732－599－4760のバッグ）については，「モロッコ製」と記載された下げ札及び「Made in Japan」と記載された下げ札が取り付けられていることから，当該商品の原産国を判別することができないものであった。 ⑶実際 38商品の実際の原産国は，表示と異なるものであった。	§5③
		販売（中古	⑴対象商品役務 ①「楽のりプラン」と称する一般消費者に供給する中古自動車の支払条件 ②「スペシャルプラン」と称する一般消費者に供給する中古自動車の支払条件 ③「あんしん10年保証」と称する貴社が供給する中古自動車に付随した車両保証役務 ⑵表示の概要 (a)期間 ①（媒体により異なる）H21年9月4日～12月23日 ②平成21年9月4日ころ～10月25日ころ ③（媒体により異なる）平成21年7月1日～12月23日 (b)媒体 ア　TVコマーシャル イ　ラジオコマーシャル ウ　電鉄会社駅貼り広告	

〔164〕 2011/3/28 措置命令 (消表対 197)	㈱ガリバーインターナショナル	自動車・車両保証役務) 公正取引 729号82頁	エ　自社ウェブサイト (c)表示内容 ①「月々1,900円からクルマが買える」等と，貴社が供給する全ての中古自動車は，楽のりプランを利用し,月々1,900円の支払いのみで当該中古自動車が購入できる旨表示していた(アイウエ)。 ②「月々1,900円からクルマが買える！」,「今だけのスペシャルプラン実施中！ 10月末日まで」及び「買取保証額大幅UP！ 約38%→約45%」と，スペシャルプランの提供期間中には，貴社の楽のりプラン対象の中古自動車の全てについて，買い取り保証額を増額する旨表示していた(エ)。 ③供給する全ての中古自動車について10年の車両保証期間が適用される旨表示していた(アイウエ)。 (3)実際 ①楽のりプランにおいて月々の支払額を1,900円に設定した場合，別途，頭金及び年２回のボーナス時に月々の支払額に加算される金額を支払う必要があり，また，会社が供給する全ての中古自動車について，楽のりプランを利用できるものではなかった。 ②楽のりプランを利用した場合に，会社が指定する20車種の中古自動車についてのみ，買い取り保証額を増額するものであった。 ③会社が設定した条件を満たす中古自動車についてのみ，10年の車両保証期間が適用されるものであった。	§5②
〔165〕 2011/3/30 措置命令 (消表対 199)	㈱アシックス	製造販売(衣料(女性用スノボウェア・シューズ))	(1)対象商品役務 ①女性用シューズ ②女性用スノーボードウェア (2)表示の概要 (a)期間 ①平成22年８月～11月 ②平成22年10月及び11月 (b)媒体 ア　下げ札　イ　ウェブサイト (c)表示内容	

			①表面において， 「WATER RESISTANT はっ水素材使用」と，裏面において，「この製品は，甲材料（天然皮革）部にはっ水性のある素材を使用しております。雨水やドロハネを弾き，シミ・ヨゴレ等を防止します。ヨゴレを吸収しませんので，日常のお手入れもかるくふくだけできれいになります。また当はっ水加工は，天然皮革の繊維組織内に水を弾く特殊な樹脂をしみこませる加工方法のため長期間はっ水効果を保持します。」と記載し(ア)，「はっ水レザー」と記載していた(イ)。 ②「裾上げシステム駐車場やトイレで大活躍！　ポケットの中のヒモを引くと裾が上がり大切なウェアを汚れ・破損から守ります」と記載していた(ア)。 (3)実際 ①原材料にはっ水加工が施された皮革は用いられていなかった。 ②本件ウェアに裾上げシステムは備え付けられていなかった。	§5①
〔166〕 2011/3/31 措置命令 （消表対207～209）	㈱DMM.com ㈱アギト ㈱ゼロオク	インターネット事業（インターネットオークション） 公正取引729号82頁	【㈱DMM.com の表示】 (1)対象商品役務 「ポイントオークション」と称するペニーオークションサービス及び同社がポイントオークションに出品している商品 (2)表示の概要 (a)期間 H23年1月ころ (b)媒体 ウェブサイト (c)表示内容 トップページにおいて，「業界 No.1 出品数　人気商品を格安で GET！　最大99%OFF で落札できるチャンス！」と記載の上，ノートパソコン等の商品の画像とともに「99%OFF」，「98%OFF」などと記載していた。 (3)実際 いわゆる「ペニーオークション」事件である。 ポイントオークションを利用して落札するためには落札価格の他に多額の入札手数料がかかることがあるものであり，必ずしもポイントオークションに出品された商品を著しく安	§5①②

			価に手に入れることができるものではなく，また，必ずしも同商品の価格が著しく安価になるとはいえないものであった。	
〔167〕 2011/4/8 措置命令 （消表対 223～224）	㈱K&Sトレーディング ㈲KUC	販売（中古自動車）	【㈱K&Sトレーディングの表示】 ⑴対象商品役務 オークションに出品した中古自動車32台 ⑵表示の概要 (a)期間 平成22年6月21日 (b)媒体 「ヤフーオークション」と称するオークションサイト (c)表示内容 ① K&Sトレーディングは，平成22年6月21日，ヤフーオークションサイトで販売していた本件中古自動車の全てについて，走行距離計の交換等を行うことにより，当該中古自動車に備えられている走行距離計が示す数値を過少に表示していた。 ② K&Sトレーディングは，中古自動車の全てについて，商品説明の「走行距離」欄に当該中古自動車に備えられている走行距離計が示す数値の近似値を記載することにより，仕入れ時の出品票に記載された走行距離の数値から過少に表示していた。 ③ K&Sトレーディングは，中古自動車の全てについて，商品説明の「走行距離の状態」欄に「わからない」と記載し，当該中古自動車の実際の走行距離数が不明のように表示していた。 ④ K&Sトレーディングは，本件中古自動車のうち4台について，商品説明の「修復歴」欄に「なし」と記載していた。 ⑤ K&Sトレーディングは，本件中古自動車のうち1台について，商品説明の「車歴」欄に「自家用」と記載していた。 ⑶実際 ③当該中古自動車の「走行距離」欄に，出品票に記載された走行距離の数値から約3万キロメートルないし約39万キロメートル過少の数値が表示されており，一般消費者は，「走行距離の状態」欄の記載によって，このように過少に表示されたものであるとまで認識することは困難である。	§5①

			④出品票に骨格部位が損傷するなど修復歴を示す記号が記載された中古自動車であった。 ⑤出品票の「車歴」欄に「リース」と記載された中古自動車であった。	
〔168〕 2011/4/26 措置命令 （消表対 249～251）	㈱市進ホールディングス ㈱市進ウィングネット ㈱ウィザス	教育（学習塾）	**【㈱市進ホールディングスの表示】** (1)対象商品役務 提供する大学入試対策講座（の合格実績） (2)表示の概要 (a)期間 ア　平成22年5月・同年10月 イ　平成22年6月22日・7月6日・8月23日 ウ・エ　平成22年4月から同年12月 (b)媒体 ア　パンフレット　イ　新聞チラシ　ウ　ポスター　エ　ウェブサイト (c)表示内容 ア・イ 「2010年春 市進教育グループ 市進ウイングネット 主要大学合格実績（抜粋）」等と題し，平成22年度大学合格実績を表示していた。 ア及びイには，ウイングネット映像授業が，ウイングネット加盟塾に提供されている旨は記載されていない。 ウ・エ 「市進予備校 市進ウイングネット 2010年春 主要大学 合格実績」等と題し，平成22年度大学合格実績を表示していた。 ウ及びエには，ウイングネット映像授業が，ウイングネット加盟塾に提供されている旨は記載されていない。 (3)実際 ウィザスが経営する学習塾の受講生，ウイングネット加盟塾におけるウイングネット映像授業の受講生及び市進グループ学習塾の受講生であってウイングネット映像授業を受講していない者の平成22年度大学合格実績を加算していたものであった。 ※株式会社市進は「市進学院」と称する学習塾及び市進予備校を，株式会社個学舎は「個太郎塾」と称する学習塾及び「市進チューターバンク」と称する家庭教師派遣事業を営み，㈱市進ウイングネットは「市進ウイングネット」と称する映像授業配信システムを通じてウイングネット映像授業を供給している。	§5①

			※㈱市進ウイングネットは，ウイングネット映像授業を，「市進学院」と称する学習塾及び市進予備校並びに「個太郎塾」と称する学習塾の約6割の教室に提供し，また，㈱市進ウイングネットとウイングネット映像授業の利用契約を締結している事業者が経営する学習塾（以下「ウイングネット加盟塾」という。）に提供している。 ・㈱市進ウィングネットは㈱市進ホールディングスの100％子会社。 ※㈱ウィザスが経営する学習塾のうち一部の教室に，ウイングネット映像授業を提供している。 ※表示に比して実際の合格者数が著しく少ない大学もある（東大：チラシ38，ウェブサイト43～実際0，東工大：チラシ11，ウェブサイト1）（㈱ウィザス）。	
〔169〕 2011/6/14 措置命令 （消表対320）	日本緑茶センター㈱	食品（調味料） 公正取引743号83頁	⑴対象商品役務 「セルリアンシーズ・シーソルト（顆粒）」と称する食用塩 ⑵表示の概要 (a)期間 ア　①平成14年8月ころ～平成21年10月ころ 　　②平成21年11月ころ イ　平成18年10月1日～平成22年12月14日 (b)媒体 ア　ラベル　イ　ウェブサイト (c)表示内容 ア　①「純粋さを追求するため海水を自然蒸発させて製造されます。自然塩ならではのまろやかな旨味をお楽しみください。」及び「※本品は凝固防止剤や添加物を一切使用しておりません。」と， ア　②「最初から最後まで塩田で天日の力を使い，結晶させた完全天日塩です。」及び「※本品は凝固防止剤や添加物を一切使用しておりません。」と， イ　「純粋さを追求するため海水を自然蒸発させて製造しています。精製塩のとがった辛みとは異なる，自然塩ならではのまろやかな旨味をお楽しみください。」 と表示していた。 ⑶実際 天日塩である旨の表示・凝固防止剤等を使用していない旨の表示をしていたが，天日塩と	§5①

			はいえないものであった。また，実際には，凝固防止剤が添加されているものであった。 ※日本緑茶センターは，本件商品を輸入する際，仕入れ先である充填メーカーから提出された資料及び説明から，本件商品は天日塩と認識し，自社において確認を行わなかったものであった（公正取引743号84頁)。 ※天日塩とは，海水を太陽熱と風力によって自然乾燥させて結晶化させる方法により製造された塩のこと。	
〔170〕 2011/6/29 措置命令	㈻北海道安達学	教育（専修	(1)対象商品役務 「専門学校札幌デザイナー学院」など合計4校の専門学校 (2)表示の概要 (a)期間 ①平成21年7月ころ～平成22年3月 ②平成21年10月1日 (b)媒体 ①パンフレット ②北海道新聞に掲載した広告 (c)表示内容 ①「北海道安達学園と北海道内大学・短大・専門学校との就職率を比べてみました。」と記載した上で，3専門学校の平成20年3月卒業生の就職率及び北海道内の大学等の平成20年3月卒業生の就職率について， スクールオブビジネス 97.1%　専門学校 80.9% ビジュアルアーツ 96.7%　大学 64.9% デザイナー学院 90.0%　短期大学 67.1% と表示していた。 （折れ線グラフで比較が容易になっていた。) ②平成21年3月卒業生の就職率について「ライブ，制作発表，多くのチャンスで業界デビュー就職率99.2%」「万全のサポート体制で業界就職・デビュー就職率98.5%」と表示していた。 (3)実際 ①(a)3専門学校の平成20年3月卒業生の就職率として表示した数値は，	§5①

（消表対342）	園	学校）	(i)卒業時である平成20年３月末時点に就職した者及び就職が内定した者（以下「就職者等」という。）に，同年４月から同年６月までの間の就職者等を加えた数を分子として (ii)卒業時である平成20年３月末時点の就職者等及び就職希望者（以下「就職希望者等」という。）の数を分母として算出したものであった。 (b)北海道内の大学等の平成20年３月卒業生の就職率として表示した数値は， (i)卒業時である平成20年３月末時点の就職者等の数を分子として (ii)厚生労働省北海道労働局による調査においては，平成20年３月末時点の就職希望者等の数が分母とされていたにもかかわらず，就職を希望しない者等が含まれる卒業生の数を分母として北海道安達学園が独自に算出したものであった。 これにより，北海道安達学園は，３専門学校の平成20年３月卒業生の就職率が，北海道内の大学等の就職率よりも高率であると表示していたものであった。 (イ)２専門学校の平成21年３月卒業生の就職率は， ①卒業時である平成21年３月末時点の就職者等に，同年４月から同年８月までの間の就職者等を加えた数を分子として ②卒業時である平成21年３月末時点における就職希望者等から同年８月時点において就職の斡旋を希望しない者等を減じた数を分母として ③また，前記①の分子については，２専門学校で教育する専門分野に係る企業等への就職者等だけではなく，当該専門分野以外の企業等への就職者等及びアルバイトに就いた者を就職者等に含めて算出した数値を，２専門学校の平成21年３月卒業生の同年３月末時点における両専門学校で教育する専門分野に係る企業等への就職率として表示していたものであった。	
〔171〕 2011/7/15 措置命令 （消表対365）	㈱日本ホットライフ	住宅用電気設備機器販売・設置工事（発電システム） 公正取引745号46頁	(1)対象商品役務 住宅用電気設備機器販売・設置工事 (2)表示の概要 (a)期間 平成21年10月ころ～22年６月ころ (b)媒体 平成21年10月ころから22年６月ころまでの間，住宅経の投函等により配布されたチラシ (c)表示内容	

			ア　電気買取り価格２倍引き上げで，192,000円/年の節約（利益）！ イ 「単純利回りは，なんと約8.0%!!」 「導入費用の回収期間は13年となり，回収後の13年以降は，しっかり貯蓄に回せます。」などと表示していた。 (3)実際 アの金額は，本件発電システムによる発電電力の全量買い取りを前提としているが，４キロワット型の本件発電システムを設置した場合，電力会社が買い取る余剰電力量は，通常，全発電電力の過半を超える程度であり，「太陽光発電の余剰電力買取制度」の下では，年間192,000円の利益を得ることはできないものであった。 イの費用の回収等については，年間192,000円の利益を得ることができないこと，機器の破損や経年劣化などにより保証期間経過後に機器の交換又は修理を要する場合には，所要の費用の負担が発生することから，8.0%の利回り及び13年の回収期間を実質的に達成できず，本件発電システムの設置後，恒常的かつ安定的に収入を得ることはできないものであった。 ※消費者側においても，利益の他，修理交換の費用が発生する可能性を考慮した上で，その導入について検討することが望ましい，と指摘されている（公正取引745号47頁）。	§５②
〔172〕 2011/7/21 措置命令 （消表対87）	㈱東祥	施設（スポーツクラブ）	(1)対象商品役務 「ホリデイスポーツクラブ」と称するスポーツクラブにおける浴場利用役務 (2)表示の概要 (a)期間 平成20年４月～平成23年４月（各店舗によって始期は異なる） (b)媒体 新聞折り込みチラシ及び自社ウェブサイト (c)表示内容 ア　スポーツクラブ13店舗に設置した浴場について，「天然鉱石ラジウム温泉〈露天風呂〉」等と表示していた。 イ　スポーツクラブ13店舗に設置した浴場について，「ヘルストン温泉〈露天風呂〉」等と表示していた。 (3)実際	§５①

			各店舗は，温泉法（昭和23年法律第125号）第15条第1項に規定される許可を得たものではなく，また，同店舗の浴場の浴槽の温水は，水道水，井戸水又は工業用水を加温した上で医薬部外品を用いたものであって，同法第2条第1項に規定される温泉ではなかった。	
〔173〕 2011/7/26 措置命令 （消表対388～392）	㈱AOKI 青山商事㈱ ㈱コナカ はるやま商事㈱ ㈱フタタ	製造販売（衣料（紳士服）） 第5版60頁 公正取引747号73頁	【㈱AOKIの表示】 (1)対象商品役務 衣料品（スーツ・コート・ジャケットなど） (2)表示の概要 (a)期間 ア　平成21年12月31日～平成22年1月3日 イ　平成22年6月5日 (b)媒体 ア　テレビコマーシャル イ　日刊紙折り込みチラシ (c)表示内容 ア　「スーツ・コート・ジャケット　全品半額」との文字を強調した映像，「スーツ，コート，ジャケット　全品半額」との音声等を放送していた。 イ　「開店1周年全品半額」と強調して記載していた。 (3)実際 ア　表示価格が31,500円以上のメンズスーツ及びメンズコート並びに表示価格が16,800円以上のメンズジャケットのみが表示価格の半額で販売されるものであり，また，これらに該当する商品であっても，一部のブランド商品，パーソナルオーダーによる商品及び特別割引商品は半額の対象とはならないものであった。 イ　表示価格が29,400円以上のメンズスーツ，表示価格が16,800円以上のメンズジャケット並びに表示価格が5,990円以上のメンズスラックス及びメンズカジュアルパンツのみが表示価格の半額で販売されるものであり，また，これらに該当する商品であっても，一部のブランド商品は半額の対象とはならないものであり，さらに，チラシに印刷されたメンズスーツ割引券，メンズジャケット用割引券又はメンズスラックス及びメンズカジュアルパンツ兼用割引券を持参した場合に限り，それぞれ対象商品が1点のみ表示価格の半額で販売されるものであった。	§5②

			※同業他社への対抗を意識するあまり，当該表示が一般消費者にとって理解しやすいものであるかという観点からの確認が十分になされていなかったとの指摘がある（公正取引1747号75頁）。	
〔174〕 2011/8/31 措置命令 （消表対434）	㈱フイッシュランド	小売（眼鏡）	⑴対象商品役務 めがね ⑵表示の概要 (a)期間 ア　平成22年1月23日 イ　平成22年7月31日 (b)媒体 ア　新聞折り込みチラシ イ　新聞折り込みチラシ (c)表示内容 ア　「(最高品質・国内トップメーカーレンズ使用)」，「ドクターアイズならなんと!! 8,800円税込特価」及び「全店 7,000本のフレームから自由にお選びください。」と表示していた。 イ　「(最高級品質・国内トップクラスメーカーレンズ使用)」，「ドクターアイズならなんと!! 8,800円税込特価」及び「全店 7,000本のフレームから自由にお選びください。」と表示していた。 ⑶実際 8,800円で購入できる対象商品に用いられているレンズは，対象商品を購入しようとする者が選択できるレンズのうち最も品質が低いものであり，より高品質のレンズを選択した場合の販売価格は13,800円ないし68,800円であった。 また，8,800円で購入できる対象商品に用いられているフレームの種類数は，平成22年12月3日時点において，全ての直営店及び子会社経営店の合計1,691種類であった。	§5②
			⑴対象商品役務 ①乾自然薯そば ②乾尾瀬自然薯そば ③乾そば（白川郷合掌そば） ⑵表示の概要	

〔175〕 2011/9/9 措置命令 （消表対436）	㈱アイランド食品	製造販売（食品（めん類））	(a)期間 ①平成14年１月ころ～平成23年７月ころ ②平成15年５月ころ～平成23年７月ころ ③平成22年11月ころ～平成23年７月ころ (b)媒体 商品包装紙 (c)表示内容 ①表面において「自然芋そば」,「深山に自生する山芋は粘り強くて器量良し」と，裏面において「自然芋そば」,「深山に自生する山芋を使用し」と，また，商品に貼付したラベルにおいて「乾自然薯そば」と記載して，乾自然薯そばには原材料として山野に自生する自然薯を相当程度使用していると認識される表示を行っていた。 ②そば粉の配合割合を記載することなく，同包装紙の表面において「尾瀬自然薯そば」,「山奥の自然の恵みをいっぱいうけて自生している自然薯は味良し香り良し器量よし」と記載し，裏面において「尾瀬自然薯そば」,「乾尾瀬自然薯そば」と記載するとともに「本品は地元に育った純良なそば粉を使用したおそばです」と記載して，乾尾瀬自然薯そばには原材料として山野に自生する自然薯及び尾瀬周辺の地域で収穫された玄そばを原材料とするそば粉を相当程度使用していると認識される表示を行っていた。 ③包装紙にそば粉の配合割合を記載することなく，同包装紙の表面において「白川郷合掌そば」と，裏面において「白川郷合掌そば」,「乾そば（白川郷合掌そば）」と記載して，白川郷合掌そばには原材料としてそば粉を相当程度使用していると認識される表示を行っていた。 (3)実際 ①実際には，乾自然薯そばの原材料として使用した自然薯の粉末は極めて少量であり，使用した自然薯の粉末は，山野に自生する自然薯を原材料とするものではなかった。 ②乾尾瀬自然薯そばの原材料として使用した自然薯の粉末は極めて少量であり，使用した自然薯の粉末は，山野に自生する自然薯を原材料とするものではなかったこと。また，同商品の原材料に占めるそば粉の配合割合は約12パーセントであり，使用したそば粉は，外国産の玄そばを原材料とするものであった。 ③白川郷合掌そばの原材料に占めるそば粉の配合割合は約12パーセントであった。	§5①

〔176〕 2011/10/20 措置命令 (消表対486)	㈱トップアート	美術品及び工芸品の販売（絵画など）	⑴対象商品役務 通信販売の方法により一般消費者に販売する美術品，工芸品等 ⑵表示の概要 (a)期間 ア　平成20年11月28日～平成22年10月24日（延べ899回・227品目） イ　平成21年１月24日～平成22年11月６日（延べ90回配布・掲載208品目） ウ　平成21年２月18日～平成22年９月14日（延べ28回・27品目） エ　平成22年８月ころ（103品目） オ　平成20年11月ころ～平成22年10月ころ（平成22年９月30日時点182品目掲載） (b)媒体 ア　新聞広告　イ　ダイレクトメール　ウ　雑誌広告　エ　自社カタログ等　オ　自社ウェブサイト (c)表示内容 ア「ルノワール 作品番号20949 春の花」と称する絵画の複製画について，「特別謝恩価格」，「本日より３日間限り，9,800円でお届け！」，「※４日目以降は当社通常販売価格１点12,000円となります。」と表示するなど，「特別謝恩価格」等と称する販売価格に，当該販売価格を上回る価額の「当社通常販売価格」等と称する比較対照価格を併記又は同一視野内に記載していた。 イ「作品番号16029 宮本武蔵書画名品選〈複製〉三幅セット」と称する掛軸について，「特別記念特価」，「４月20日（月）迄に，お申し込みの方に限り，三幅セット 9,800円でお届け」，「※当社通常販売価格 三幅セット25,000円」と表示するなど，「特別記念特価」等と称する販売価格に，当該販売価格を上回る価額の「当社通常販売価格」等と称する比較対照価格を併記していた。 ウ「作品番号61113 真珠大玉ネックレス」と称するアクセサリーについて，「謝恩キャンペーン特価」，「３月17日（水）迄に，お申し込みの方に限り9,800円でお届け！」，「※当社通常販売価格25,000円」と表示するなど，「謝恩キャンペーン特価」等と称する販売価格に，当該販売価格を上回る価額の「当社通常販売価格」と称する比較対照価格を併記していた。 エ「作品番号37450 お買得品 ステンドグラスランプ『フクロウ』」と称する工芸品について，「通常価格16,000円→特別価格9,800円」等と表示するなど，「特別価格」等と称する販売価格に，当該販売価格を上回る価額の「通常価格」等と称する比較対照価格を併記して	§5②

			いた。 オ　（例示）「作品番号37451 天然貴石『地球儀』」と称する工芸品について「通常価格16,000円 販売価格（税込）9,800円」等と表示するなど，「販売価格（税込）」と称する販売価格に，当該販売価格を上回る価額の「通常価格」と称する比較対照価格を併記していた。 (3)実際 「当社通常販売価格」等と称する比較対照価格のうち，低価格商品に係るものは，先行商品の販売価格に基づき設定されたものであり，トップアートが実際に販売した実績のない架空の価格であった。また，前記「当社通常販売価格」等と称する比較対照価格のうち，仕入商品に係るものは，仕入先事業者から販売する際の価格として参考に提示された価格又は他の事業者が販売する類似の商品の価格に基づき設定されたものであり，トップアートが実際に販売した実績のない価格であった。	
〔177〕 2011/10/28 措置命令 （消表対490）	㈱アールディーシー	飲食（すし店等（生ガキ））	(1)対象商品役務 「がってん寿司」48店舗，「がってん寿司承知の助」7店舗，「江戸前がってん寿司」3店舗及び「市場場外がってん食堂大島屋」12店舗において提供した生かき (2)表示の概要 (a)期間 ア　平成22年9月25日～10月7日 イ　平成22年10月6日～同年12月15日 ウ　平成22年10月22日（例示） エ　平成22年10月22日～24日（例示） (b)媒体 ア　チラシ（「がってん寿司」店舗内） イ　ポスター（「がってん寿司」店舗内） ウ　新聞折り込みチラシ（「がってん寿司」） エ　店舗メニュー (c)表示内容 ア　「無菌生かき解禁」，「マイクロバブルとオゾンによる殺菌システムで無菌化。」等と， イ　「無菌 生かき」，「低濃度オゾンを注入したマイクロバブルによってかきは内臓の中まで無菌化されます。」等と，	§5①

			ウ 「無菌生かき乱れ喰い祭!!」,「マイクロバブルとオゾンによる殺菌システムで無菌化」等と, エ 「無菌生かき」等と, 表示していた。 (3)実際 細菌が全く存在しない生食用かきの仕入れ，又は細菌の無い状態にするための特別な加工を行っておらず，本件生かきは，細菌の全く無い状態では提供されていなかった。	
〔178〕 2011/11/25 措置命令 (消表対	㈱リアル ㈱ビューティーサイエンス	美容・健康 (健康食品 (ダイエット食品))	【㈱リアルの表示】 (1)対象商品役務 ①黒痩減粒②ピュアスルー (2)表示の概要 (a)時期 (i)ア　平成22年7月20日～平成23年9月7日 イ　平成22年4月26日～平成23年9月7日 (ii)平成22年7月20日～平成23年9月7日 (b)媒体 リアルマーケット及びドロップシッパーのウェブサイト (c)表示内容（例示） (i)痩身効果についての資料の不当表示 ア　(1)①を一般消費者に販売するに当たり，リアルマーケットにおいて， 「凶暴につき!!! 普通体型の人はお控えください！ 凶暴すぎる黒い粒!!!」, 「驚異!! 商品満足度 98％を達成！」, 「お客様の声」と題し，「『このお茶じゃないとダメなんです。』『噂は本当でした。この効果は凄い！』『本当に効くのはこのお茶です！』目標達成者，全国に多数!!!!」, 「余分なブヨブヨを燃やして流す！ Wのパワー！」, 「3週間で驚きの結果が!!」, 「余分な油をポイ!! 健康的にスッキリと!!!」, 「ぽっこりお腹サヨナラ♪」, 当該商品を摂取することにより容易に著しい痩身効果が得られると認識される表示をして	§5①②，7

529～530）			いた。 イ　(1)①②を一般消費者に販売するに当たり，リアルマーケットにおいて，当該商品を摂取することにより容易に著しい痩身効果が得られると認識される表示をしていた。 (ii)比較対照価格の不当表示 (1)①を一般消費者に販売するに当たり，リアルマーケット及びドロップシッパーのウェブサイトにおいて，「リアルマーケットにおいて，通常販売価格12,000円のところ インターネット特別価格2,980円（税別）」と，「インターネット特別価格」と称する販売価格に，当該販売価格を上回る価額の「通常販売価格」と称する比較対照価格を併記していた。 (3)実際 (i)消費者庁は，景品表示法第４条第２項（現７条２項）の規定に基づき，㈱リアルに対し，当該表示の裏付けとなる合理的な根拠を示す資料の提出を求めた。㈱リアルは期限内に表示に係る裏付けとする資料を提出したが，当該資料は当該表示の裏付けとなる合理的な根拠を示すものであるとは認められないものであった。 (ii)「通常販売価格」と称する比較対照価格は，リアルが実際に販売した実績のない価格であった。 ※ドロップシッピング取引を利用したもの。 ※ドロップシッピングとは，商品等をウェブサイトの閲覧者が購入した場合に商品の発送を販売したウェブサイトの提供者･広告者ではなく製造元･卸元が直接行う取引方法。2009年に，ドロップシッピングを謳った業者による詐欺が問題となったが，いわゆる「内職商法」的な詐欺であり，表示と直接関連するものではない。	II
			(1)対象商品役務 「黒毛和種牛売買・飼養委託契約」と称する契約に基づき顧客に提供する役務の取引 (2)表示の概要 (a)期間 遅くとも平成19年３月ころ～ (b)媒体 あるじゃん，週刊ダイヤモンド，レタスクラブ等の雑誌広告 (c)表示内容 （例示）平成23年７月21日を発売日とする「あるじゃん」平成23年９月号に掲載した広告に	

〔179〕 2011/11/30 措置命令 （消表対535）	㈱安愚楽牧場	和牛の繁殖飼育事業及び肥育事業，飼料作物の生産及び販売事業，食肉製品の製造及び販売事業等（和牛飼育等委託） 第5版69頁 公正取引738号26頁	おいて，「これは，安愚楽牧場の繁殖牛，つまり，子牛を出産させるために飼育している母牛のオーナーになってもらう制度です。繁殖牛が子牛を産むと，安愚楽牧場が買い取り，買取代金から牛のエサ代などを差し引いた金額を『利益金』としてオーナーの方にお支払いします。」，「万一，契約期間中にオーナーになっていただいた牛が死亡した場合は，安愚楽牧場が保有する代替牛を提供しますから，ご安心ください。」，「1年目に1頭目の子牛誕生。」，「2年目に2頭目の子牛誕生。」等と記載するなど，遅くとも平成19年3月ころ以降，前記雑誌において，オーナーは契約期間を通じて繁殖牛の所有者となる旨を表示していた。 (3)実際 遅くとも平成19年3月ころ以降，各事業年度末において，安愚楽牧場が飼養する繁殖牛の全頭数は，オーナーの持分及び共有持分を合計した数値に比して過少であった（比率：55.9パーセント～69.5パーセント。）。このため，安愚楽牧場は，オーナーを管理するシステム上，繁殖牛を割り当てることができないオーナーに対し，雌の子牛，雌の肥育牛その他の牛を割り当てていた。	§5①
〔180〕 2012/2/9 措置命令 （消表対28）	㈲モアナエモーション	ダイビングスクール運営・販売（スキューバダイビング用品）	(1)対象商品役務 スクーバダイビングの技能認定を受けるための教育コース (2)表示の概要 (a)期間 ア　平成23年5月27日 イ　遅くとも平成20年2月～平成23年11月24日 (b)媒体 ア　クーポンマガジン イ　自社ウェブサイト (c)表示内容 ア　「ダイビングライセンス取得！各月先着5名￥10000ポッキリ」と記載し，その上に，「【費用】[入]なし[受]￥10000[込]学科，教材，海洋実習，申請料，保険料，お店から海までの送迎費 [他]器材貸出代」と小さく記載していた。	§5②

<table>
<tr><td></td><td></td><td></td><td>イ　「今ならPADIライセンスが1万円（税込）ポッキリで取得できる!!」と記載し，その下に，「※別途，機材のレンタル代金はかかります。」と小さく記載していた。
(3)実際
平成23年4月から同年6月までの間において，対象役務の提供を受けるためには，1万円の教育コース料金を支払うほか，約2万円のダイビング器材のレンタル料金を支払い，さらに，約16万円のドライスーツを購入する必要があるものであった。
※打消し表示も，書いてあるには書いてある，という感じ（上記ア），および近接しているが，フォントが小さい（上記イ）ものであった。</td><td></td></tr>
<tr><td>〔181〕
2012/2/28
措置命令
（消表対49～53）</td><td>岩切自動車こと岩切明春
㈱オートプレンティ
ガレージZEROこと奥津明夫
㈱キガサワ
Benetsaこと小林隆幸</td><td>中古車販売（中古自動車）

公正取引748号67頁</td><td>【岩切自動車こと岩切明春の表示】
(1)対象商品役務
中古自動車（合計9台）
(2)表示の概要
(a)時期
平成23年ころと推測される
(b)媒体
「カーセンサー中・南九州版」と称する中古自動車情報誌の「2011 Vol.6」
(c)表示内容
①掲載していた中古自動車のうち8台について，当該中古自動車の車体の骨格部位の状況を「修復無」と表示していた。
②掲載していた前記①記載の8台のうち1台を含む2台の中古自動車について，カーセンサー中・南九州版に走行距離数を表示していた。
(3)実際
ア　①当該中古自動車は，オートオークションの仕入れ時に提示される出品票に，車体の骨格部位が損傷するなどの修復歴を示す記号が記載された修復歴があるものであった。②「距8万K」と表示していた中古自動車に備え付けられている走行距離計が示す数値は約197,937キロメートルであり，
イ　「距7.7万K」と表示していた中古自動車に備え付けられている走行距離計が示す数値は約108,137キロメートルであり，当該中古自動車は，走行距離数の数値を過少に表示していたものであった。</td><td>§5①</td></tr>
</table>

			※修復歴について偽りの表示をすることにより，消費者の適正な商品選択を誤らせる行為は悪質であると指摘されている（公正取引748号70頁）。	
〔182〕 2012/3/8 措置命令 （消表対68）	㈱リソウ	美容・健康 （化粧品）	(1)対象商品役務 「リペアジェル」と称する化粧品 (2)表示の概要 (a)時期 平成22年8月3日～12月3日 (b)媒体 新聞折り込みチラシ（北海道から沖縄まで広範にわたる。枚数は不明） (c)表示内容 ア 「生命体を配合した日本初の化粧品！ 効果が実証された生命体！ 生命体なら62歳でもここまで若く！ 生命体なら54歳でも理想の肌に！ 使うほど 驚きを実感！ 8倍の効果！」等と， イ 「日本初の快挙！ 国連から特別功労賞！」「今までにない生命体技術が世界的な評価を受け，日本で初めて化粧品会社が国連から受賞されました。この賞は特別功労賞といって年に二人以上は受賞されない極めて重みのある賞です。」等と， 表示していた。 (3)実際 ア 消費者庁は，景品表示法第4条第2項（現7条2項）の規定に基づき，㈱リソウに対し，当該表示の裏付けとなる合理的な根拠を示す資料の提出を求めたところ，㈱リソウから資料が提出された。しかし，当該資料は当該表示の裏付けとなる合理的な根拠を示すものとは認められなかった。 イ ㈱リソウが受賞した特別功労賞は国際連合の表彰に係るものではなく，また，本件商品に用いられている技術が世界的な評価を受けた事実はなかった。	§5① 7 II
			(1)対象商品役務 エム･ワイ産業が，自ら運営する竜ヶ崎給油所において，「ハイオク」として販売した自動車ガソリン (2)表示の概要 (a)期間	

〔183〕 2012/4/19 措置命令 （消表対 147）	(有)エム・ワイ産業	販売（石油製品） ※ガソリンスタンド	遅くとも平成22年1月1日～平成23年12月31日 (b)媒体 対象商品に関する店頭看板及び計量器における表示 (c)表示内容 店頭看板に「ハイオク」，「レギュラー」等と記載するとともに，据え付けている計量器にも「ハイオク」及び「レギュラー」と記載することにより，販売する自動車ガソリンの種類を表示していた。 (3)実際 「ハイオク」と表示して販売した自動車ガソリンの大部分は，レギュラーガソリンであった。	§5①
〔184〕 2012/4/27 措置命令 （消表対 162）	松村(株)	着物の卸売（衣料（振袖））	(1)対象商品役務 松村が一般消費者に供給する振袖に袋帯，長襦袢等を組み合わせたセット商品 (2)表示の概要 (a)期間 ①ア　平成22年10月　イ　平成22年12月 ②ア　平成23年7月　イ　平成23年8月 (b)媒体 ①ア　松村が株式会社角川マーケティングに依頼して発行した「Kimono キモノ Walker ウォーカーVol. 6」と称する冊子 ①イ　松村が株式会社主婦の友社に依頼して発行した「S エス Cawaii カワイイ！特別編集 HAPPY ♥きもの collection」と称する冊子 ②ア　松村が株式会社主婦の友社に依頼して発行した「Ray×S Cawaii！特別編集きもの Girls BOOK」と称する冊子 ②イ　松村が株式会社角川マガジンズに依頼して発行した「KimonoWalker Vol. 7」と称する冊子 (c)表示内容 ①「標準小売セット価格」と称する価格を比較対照価格とする二重価格表示（例示） ア　「標準小売セット価格￥780,000をコーディネート価格￥498,000（税込）」と記載するなど，本件商品30点について，「コーディネート価格」と称する販売価格に，当該販売価格を上回る価額の「標準小売セット価格」と称する比較対照価格を併記していた。	

			イ　「振袖 No. 4901」と称する本件商品について，「標準小売セット価格￥780,000をコーディネート価格￥498,000(税込)」と記載するなど，本件商品27点について，「コーディネート価格」と称する販売価格に，当該販売価格を上回る価額の「標準小売セット価格」と称する比較対照価格を併記していた。 ②「一般小売店価格」と称する価格を比較対照価格とする二重価格表示（例示） ア　「振袖 S4304」と称する本件商品について，「一般小売店価格￥430,000を特約店セット価格￥348,000（税抜￥331,429）」と記載するなど，本件商品36点について，「特約店セット価格」と称する販売価格に，当該販売価格を上回る価額の「一般小売店価格」と称する比較対照価格を併記していた。 イ　「振袖 KW4805」と称する本件商品について，「一般小売店価格￥480,000を特約店セット価格￥398,000(税抜￥379,048)」と記載するなど，本件商品30点について，「特約店セット価格」と称する販売価格に，当該販売価格を上回る価額の「一般小売店価格」と称する比較対照価格を併記していた。 (3)実際 ①「標準小売セット価格」と称する比較対照価格は，松村が本件商品に用いられる振袖と同程度の商品を少量仕入れた場合の販売価格を想定するなどして任意に設定した架空の価格であった。 ②「一般小売店価格」と称する比較対照価格は，松村が対象商品に用いられる振袖を特約店以外の小売業者において販売する場合の価格を想定するなどして任意に設定した架空の価格であった。 ※芸能人やモデルが着物を着た写真とともに掲載。高級感を強調。 ※新聞広告欄に「謹告」としてお詫び文を掲載したもよう。	§5②
			(1)対象商品役務 入学試験受験対策の役務 (2)表示の概要 (a)期間 ア　平成23年10月ころ～平成24年2月26日 イ　平成21年10月ころ～平成24年2月14日 (b)媒体	

〔185〕 2012/5/10 措置命令 （消表対170）	お茶の水女子アカデミー	教育（看護大学等及び医療系大学等の入学試験受験対策の予備校）	ア　入学案内用のパンフレット イ　ウェブサイト (c)表示内容 ア　「平成22，23年度 お茶の水女子アカデミー合格者」と記載し， a　看護大学，看護短大及び看護専門学校（以下「看護大学等」という。）の入学試験に合格した者として，延べ267名の受講生の氏名 b　理学療法及び作業療法等の医療系技術を専攻とする大学，短大及び専門学校(以下「医療系大学等」という。)の入学試験に合格した者として，延べ38名の受講生の氏名をそれぞれ表示していた。 イ　「看護医療系全国一の合格率（前年度合格率）大学91％（浪人生95％）短大92％専門学校97％」と記載し，当該表示期間において同じ数値を表示し続けていた。 (3)実際 ア　本件講座の受講生であって看護大学等の入学試験に合格した者は，平成21年度の受講生（平成22年度の合格者）が延べ48名であり，平成22年度の受講生（平成23年度の合格者）が延べ49名であった。 本件講座の受講生であって医療系大学等の入学試験に合格した者は，平成21年度の受講生（平成22年度の合格者）及び平成22年度の受講生（平成23年度の合格者）のいずれにおいても皆無であった。 イ　合格率の数値は，実際の入学試験を受験した受講生に占める合格者の割合ではなく，合格者の割合が高くなるように任意に設定した架空の数値であり，実際には，平成21年度以降の合格者の割合は，当該数値を下回るものであった。	§5①
			(1)対象商品役務 「@nifty WiMAX」と称するモバイルデータ通信サービス (2)表示の概要 (a)期間 ア　平成23年4月27日～平成24年1月31日 イ　①平成23年4月5日～平成24年1月31日 　　②平成23年12月14日～平成24年1月31日 ウ　Flat 年間パスポートプラン：平成22年12月1日～平成24年1月31日，	

〔186〕 2012/6/7 措置命令 （消表対207）	ニフティ㈱	電気通信事業及び関連情報処理サービス業等（モバイルデータ通信サービス） 公正取引749号75頁	Step プラン：平成22年10月1日～平成24年1月31日 (b)媒体 自社ウェブサイト (c)表示内容 ア　比較広告 「他社サービス比較表 ～@nifty なら他社 WiMAX サービスに比べても安い！～」，「料金の安さだけでなく，サービスの充実度も合わせて他社 WiMAX サービスと比べてみてください！（2011年4月27日現在）」と記載の上，ニフティ，UQ コミュニケーションズ，ビッグローブ及びヤマダ電機がそれぞれ提供する Flat 年間パスポートプランの料金並びに電子メールサービス，ブログサービス等の有無を記載した一覧表を掲載し，当該一覧表において，ヤマダ電機が提供する Flat 年間パスポートプランには電子メールサービスが付属していない旨を表示していた。 イ　月額費用に関する表示 ①「ノート PC にもスマートフォンにもこのアイテム1つでネットに繋げる」，「光ファイバーや ADSL の代わりに…」と記載の上，「『@nifty WiMAX Flat 年間パスポート』なら，月額3,591円」と， ②「自宅と外出用の回線を『@nifty WiMAX（ワイマックス）』だけにするととても節約できる上に，タブレットが3g 回線よりもはるかに高速になります。」，「タブレットも自宅も“まとめて”WiMAX 回線」と記載の上，「@nifty WiMAX（3,591円）のみ/月」，「@nift4Y WiMAX（ワイマックス）Flat 年間パスポート3,591円」と表示していた。 ウ　登録手数料の二重価格表示 登録手数料について「2,835円→キャンペーンにより0円」と表示していた。 (3)実際 (i)ヤマダ電機は，平成22年12月15日以降，Flat 年間パスポートプランの無料オプションサービスとして電子メールサービスを提供している。 (ii)自社が提供する光ファイバー回線又は電話回線を利用したインターネット接続サービスと併用して Flat 年間パスポートプランを利用した場合の月額費用が3,591円であり，Flat 年間パスポートプランのみを利用した場合の月額費用は，3,853.5円であった。 (iii)Flat 年間パスポートプランの提供を開始した平成22年12月1日以降及び Step プランの提供を開始した平成22年10月1日以降，それぞれのプランを登録手数料2,835円が必要なも	§5①

			のとして提供したことはほとんどなかった。 ※モバイルデータ通信サービスを一般消費者に提供するに当たり，自社ウェブサイトにおいて， ①自社と同種のサービスを提供している㈱ヤマダ電機のサービス内容について，実際とは異なる内容（実際よりサービス内容を低いものとして表示） ②月額費用について，実際の費用より少ない費用を表示したもの ※新しい情報通信サービスであり，一般消費者と事業者間における情報格差がある中，特に適切な表示が望まれる（公正取引749号76頁）。	
〔187〕 2012/6/14 措置命令 （消表対 218～229）	㈱アガスタ ㈱エコリカ ㈱エディオン ㈱オーム電機 ㈱グリーンハウス 恵安㈱ ㈱光波 コーナン商事㈱ セントレードM.E.㈱ スリー・アールシステム㈱ タキオン㈱ リーダーメディアテクノ㈱	輸出販売業・小売等（電化製品（LEDランプ）） 第5版50頁 公正取引743号6頁	【㈱アガスタの表示】 (1)対象商品役務 ①ジオライトクールホワイト GL-CW-E26-B7W ②ジオライトウォームホワイト GL-WW-E26-B7W (2)表示の概要 (a)期間 平成22年4月～平成23年10月ころ (b)媒体 ア　商品パッケージ　イ　ウェブサイト (c)表示内容 ア　「※1消費電力7.2Wで白熱電球60W型とほぼ同等の明るさです。」等と記載していた。 イ　「7W 60W電球相当」，「※1消費電力7.2Wで白熱電球60W型とほぼ同等の明るさです。」と記載していた。 (3)実際 ジオライトクールホワイトの全光束は350ルーメン，ジオライトウォームホワイトの全光束は300ルーメンであって，日本工業規格に定められた白熱電球の60ワット形の全光束810ルーメンを大きく下回っており，本件2商品は，用途によっては白熱電球の60ワット形と同等の明るさを得ることができないものであった。 ※㈱アガスタは，中古自動車の輸出販売業等を営んでいるところ，平成22年4月から平成24年1月までの間，本件2商品を販売していた。	§5①

			※オーム電機は，株式会社タキオンから本件4商品を仕入れ，小売業者を通じて一般消費者に供給していた。		
〔188〕 2012/6/28 措置命令 （消表対 239～240）	㈱クリスタルジャポン ㈱コアクエスト	美容・健康（しわ取り役務提供）	**【㈱クリスタルジャポンの表示】** (1)対象商品役務 「アゲハダ ラインゼロ」と称する抗シワ効果を標ぼうする化粧品 (2)表示の概要 (a)期間 平成22年9月20日～平成24年4月18日 (b)媒体 クリスタルジャポンのウェブサイト (c)表示内容 気になるシワを一瞬で!?形状記憶 継続使用により，シワが引き伸ばされた状態をお肌が記憶してくれます。 深く刻まれたシワは，継続使用による形状記憶によって，また正常なターンオーバーが行われることによって徐々に薄くなっていきますので，最低3ヶ月の継続使用（シワの深さや長さにより異なります）をおすすめします。ターンオーバーが乱れている方は，半年以上はお使いください。と表示していた。 (3)実際 消費者庁は，景品表示法第4条第2項（現7条2項）の規定に基づき，㈱クリスタルジャポンに対し，当該表示の裏付けとなる合理的な根拠を示す資料の提出を求めたところ，㈱クリスタルジャポンから資料が提出された。しかし，当該資料は当該表示の裏付けとなる合理的な根拠を示すものとは認められなかった。 ※クリスタルジャポン及びコアクエストは，クリスタルジャポンのウェブサイトにおける対象商品の表示について，共同して表示内容を決定している。 ※コアクエストが製造業者から仕入れた対象商品を，コアクエストから仕入れ，自社ウェブサイトにおいて広告を行い，通信販売の方法により一般消費者に販売している。	§5① 7 II	
			(1)対象商品役務 ①「身長伸ばし」と称する役務 ②「美顔矯正術」と称する役務		

〔189〕 2012/7/10 措置命令 (消表対 288)	㈱コジマ身長伸ばしセンター	美容・健康 (身長伸長・小顔施術役務提供)	(2)表示の概要 (a)時期 遅くとも平成20年3月ころ (b)媒体 ウェブサイト (c)表示内容 ①「コジマの身長伸ばし」, 「一人ひとりのお身体の状態に合わせた効果的な身長伸ばしを実現します。」, 「【鑑定資料1の1－1及び1－2では，下腿骨の長さの相違が確認できる】」 等の表示をしていた。 ②「小顔総合センター」 「銀座コジマオリジナルの高度な施術なので，元に戻る心配もありません。」, 「顔幅を狭くする高度な技」, 「【鑑定資料6の6－1及び6－2では，頭蓋骨の大きさの相違が確認できる】」 等の表示をしていた。 (3)実際 消費者庁は，景品表示法第4条第2項（現7条2項）の規定に基づき，㈱コジマ身長伸ばしセンターに対し，当該表示の裏付けとなる合理的な根拠を示す資料の提出を求めたところ，㈱コジマ身長伸ばしセンターから資料が提出された。しかし，当該資料は当該表示の裏付けとなる合理的な根拠を示すものとは認められなかった。	§5① 7 II
〔190〕 2012/7/19 措置命令 (消表対 296)	サニーヘルス㈱	美容・健康 (しわ取り化粧品) 第3版72頁	(1)対象商品役務 抗シワ効果を標ぼうする化粧品「シュ・シュレ。フィルローリペア90」 (2)表示の概要 (a)期間 ア　平成23年7月20日～平成24年2月7日 イ　平成23年10月26日・30日 ウ　平成23年6月28日・7月22日・26日 (b)媒体 ア　ウェブサイト	

			イ　新聞広告 ウ　新聞折り込みチラシ (c)表示内容 以下のようにそれぞれ記載することにより，対象商品を使用することにより，肌の内部に浸透した液体ガスが気体となり，肌の内部からシワを押し上げるというメカニズムによって，直ちに抗シワ効果が得られると認識される表示をしていた。 ア 「速攻 シワが90秒でみるみる…！ 感激の速攻性の秘密は？」 「塗って90秒で角質層に浸透した酸素がくぼみを押し上げ，シワを目立たなくします。」 「フィフローのバルーン発想でふっくら“ふうせん肌”」と題する図を記載していた。 イ (例示)「速攻 シワが90秒でみるみる…！ 感激の速攻性の秘密は？」。「塗って90秒で角質層に浸透した酸素がくぼみを押し上げ」と記載していた。 ウ 「速攻 シワが90秒でみるみる…！ 感激の速攻性の秘密は？」「角質層に浸透した酸素がくぼみを押し上げ，わずか90秒でシワを目立たなくします。」「液体ガス（空気）を含んだフィフローが角質層に浸透」及び「空気の力で押し上げる」と記載するとともに「■フィフローのバルーン発想でふっくら“ふうせん肌”」と題する図を記載していた。 (3)実際 消費者庁は，景品表示法第4条第2項（現7条2項）の規定に基づき，サニーヘルス㈱に対し，当該表示の裏付けとなる合理的な根拠を示す資料の提出を求めたところ，サニーヘルス㈱から資料が提出された。しかし，当該資料は当該表示の裏付けとなる合理的な根拠を示すものとは認められなかった。	§5① 7 II
			(1)対象商品役務 ①コスモフォーラムすずかけ台駅前　②イニシア塚口　③イニシア大和中央　④イニシア板橋区役所前 の分譲マンション4物件 (2)表示の概要 (a)期間 ア　①平成18年6月～平成19年11月　②平成19年7月～平成22年4月　③平成20年1月～平成21年1月　④平成21年4月～12月 イ　平成18年7月～平成19年9月	

〔191〕 2012/8/21 措置命令 （消表対 341）	㈱コスモスイニシア	不動産販売（分譲マンション）	(b)媒体 ア　パンフレット　イ　新聞折り込みチラシ (c)表示内容 ア　①「◆ひび割れ防止用補強筋 窓などの開口部の周囲，特に角の部分には，地震の揺れによって受ける力や，乾燥によってコンクリートが収縮するときなどの力が集中しやすく，他の部位に比べひび割れの発生する可能性が高くなります。ひび割れは，ほとんどの場合斜め方向に発生するため，その方向と直交するように補強筋を適切に配することで，開口部の角部分のひび割れをなるべく発生させないようにしています。」， ②「●ひび割れ防止補強筋 窓などの開口部の周囲，特に角の部分には，地震の揺れによって受ける力や乾燥によってコンクリートが収縮するときなどの力が集中しやすく，他の部位に比べ，ひび割れが発生する可能性が高くなります。開口部の角部分には，補強筋を適切に配することで，ひび割れをなるべく発生させないようにしています。」， 「●水セメント比50％以下（劣化防止対策）コンクリートの性質は，その構成材料の調合によって変化しますが，なかでもセメントに対する水の重量比（水セメント比）は，コンクリートの中性化に大きく影響します。鉄筋コンクリート造の建物の劣化はコンクリートの中性化によって起こり，水セメント比が大きいほど中性化が早まることから，水セメント比を50％以下に抑えることを基準としています。」， ③「ひび割れ防止用補強筋 窓などの開口部の周囲，特に角の部分には，地震の揺れによって受ける力や，乾燥によってコンクリートが収縮するときなどの力が集中しやすく，他の部位に比べひび割れの発生する可能性が高くなります。開口部の角部分には，補強筋を適切に配することで，ひび割れをなるべく発生させないようにしています。」， 「①コンクリート水セメント比50％以下 コンクリートの性質はその構成材料の調合によって変化しますが，中でもセメントに対する水の重量比（水セメント比）は，コンクリートの中性化に大きく影響します。水セメント比が大きいほど中性化が早まることから，水セメント比を50％以下に抑えています。」， ④「ひび割れ防止補強筋 縦筋・横筋それぞれに，ひび割れ防止用補強筋を配することで，開口部の角部分のひび割れをなるべく発生させないようにしています。」， 「水・セメント比50％以下 水セメント比が大きいほど中性化が早まることから，水セメント比を50％以下に抑えることを独自の基準としています。」， イ　①「水セメント比50％以下（コンクリート劣化防止対策）コンクリートは，セメントに	§5①

			対する水の重量比（水セメント比）が大きいほど中性化が早まるため，独自の基準により，水セメント比50%以下に抑え，コンクリートの劣化防止対策を取っています。」， とそれぞれ記載することにより，対象物件について，全ての開口部の角にひび割れ防止用補強筋を施工しているかのような表示，または，鉄筋コンクリートの水セメント比が全て50パーセント以下であるかのような表示をしていた。 (3)実際 (i)本件４物件の開口部のうち，四角にひび割れ防止用補強筋が施工されている腰高窓等及び上辺の二角にひび割れ防止用補強筋が施工されている掃出し窓等の割合は，①にあっては約26%，②にあっては約43%，③にあっては約18%，④にあっては約24%であった。 また，本件４物件の開口部のうち，構造スリットが施工されている開口部の割合は，①にあっては約４%，②にあっては約14%，③にあっては約７%，④にあっては約36%であり，四角にひび割れ防止用補強筋が施工されている腰高窓等，上辺の二角にひび割れ防止用補強筋が施工されている掃出し窓等及び構造スリットが施工されている開口部の割合は，①にあっては約30%，②にあっては約57%，③にあっては25%，④にあっては約60%であった。 (ii)本件４物件の鉄筋コンクリートのうち建物の構造軀体以外の部位の一部については，水セメント比が50%を超えるコンクリートが施工されているものであった。	
〔192〕 2012/8/31 措置命令 （消表対353）	㈱ドクターシーラボ	化粧品，健康食品，美容機器等の製造販売（美容機器） 第３版72頁	(1)対象商品役務 美容機器「DR ソニック L・I」 (2)表示の概要 (a)期間 平成23年12月５日・平成23年６月17日・平成23年１月21日・平成22年12月10日 (b)媒体 会報誌 (c)表示内容（例示） （平成23年12月５日発行の「Ci：Lover 2011年年末増刊号」）「微細な振動が角質層を通って真皮層も活性化。新陳代謝が促され，肌の弾力を支えるエラスチンやコラーゲンの産生をサポートします。」等と記載するなど，本件商品を使用することにより，細胞の活性化，脂肪分解効果，殺菌効果，肌の汚れの除去効果又は肌への美容成分の浸透効果が得られると	§５① ７II

			認識される表示をしていた。 (3)実際 消費者庁は，景品表示法第4条第2項（現7条2項）の規定に基づき，㈱ドクターシーラボに対し，当該表示の裏付けとなる合理的な根拠を示す資料の提出を求めたところ，㈱ドクターシーラボから資料が提出された。しかし，当該資料は当該表示の裏付けとなる合理的な根拠を示すものとは認められなかった。	
〔193〕 2012/9/6 措置命令 （消表対 358～360）	桐灰化学㈱ ㈱ケンユー ㈱白元	日用品の製造販売（冷却ベルト） 公正取引 752号75頁	【桐灰化学㈱の表示】 (1)対象商品役務 熱中対策首もと氷ベルトと称する冷凍庫で凍結させた上で人が首に巻いて冷却・冷感効果を得るための商品 (2)表示の概要 (a)期間 平成23年4月ころ～平成24年3月ころ (b)媒体 商品パッケージ (c)表示内容 「気温が31℃を越えたら暑さに厳重注意!! 真夏日には熱中対策首もと氷ベルト」及び「屋内の家事に スポーツ・レジャーに」と記載した上で，「カチコチに凍って，冷たさ長持ち約120分冷却 ※使用状況により変わることがあります」と表示していた。 (3)実際 効果が実質的に失われると認められるまでの時間は，人を対象とした試験においては平均で約66分，サーマルマネキンを対象とした試験においては平均で約63分であり，夏季の晴天時に人が装着して屋外で軽い運動を行った場合の効果持続時間は，120分を相当程度下回ると認められるものであった。 ※公正取引委員会の調査結果を踏まえて消費者庁が措置命令を行ったもの（公正取引752号75頁）。 ※冷却ベルトは，東日本大震災の影響により，各家庭で節電対策が求められている中，需要が見込まれる商品であった（公正取引752号77頁）。	§5①
			(1)対象商品役務	

〔194〕 2012/9/7 措置命令 (消表対 366)	㈱やまとセレモニー	役務提供 (葬儀) 公正取引 756号75頁	会員向けの葬儀パック (2)表示の概要 (a)時期 ア　平成18年7月ころ～平成22年7月ころ イ　平成22年7月ころ～平成23年7月ころ (b)媒体 ア　「ご葬儀会員価格88万パック」と題するパンフレット イ　「ご葬儀会員価格68万・88万パック」と題するパンフレット (c)表示内容 ハートフルメンバーズの会員募集に関して，以下のとおり記載することにより，ハートフルメンバーズの会員に対して，追加費用を請求することのない，すなわち，定額の葬儀サービス（以下「本件パック」という。）を提供する旨表示をしていた。 ア　①「ご葬儀会員価格88万パック やまとセレモニーなら，お返し品，料理，精進料理まですべて入った追加・オプションの必要ないパックです。」 ア　②「88万パックの特徴 当社のパックは返礼品や食事まで，必要な物がすべて揃っておりますので追加のオプションの心配がありません。最終価格は下記の人数をお客様が計算いただければいつでも分かります。」 イ　①「ご葬儀会員価格68万・88万パック やまとセレモニーなら，お返し品，料理，精進料理まですべて入った追加・オプションの必要ない県内初の総額パックです。」 イ　②「68万・88万パックの特徴 当社のパックは返礼品や食事まで，必要な物がすべて揃っておりますので追加のオプションの心配がありません。最終価格は返礼品・通夜料理等の人数をお客様が計算いただければいつでも分かります。」 (3)実際 本件パックの価格には，料理に係る費用が含まれているにもかかわらず飲料に係る費用が含まれていないほか，葬儀の受付，棺の運搬等大半の葬儀で必要とされる作業に係る人件費等が含まれておらず，会員となって本件パックを利用した者の大半は，本件パックの価格を上回る費用の支払いを余儀なくされていた。	§5②
			(1)対象商品役務 資格取得のための講座（日商簿記3級・医療事務）	

〔195〕 2012/9/10 措置命令 （消表対367）	㈱アビバ	教育（各種資格取得のための企画及び指導その他各種教室の経営）	(2)表示の概要 (a)時期 平成24年1月10日～4月2日 (b)媒体 新聞折り込みチラシ (c)表示内容 「日商簿記3級講座 通常16,700円（税込）9,800円（税込）＊別途，教材費が必要となります。＊2012年1月31日(火)まで」 「医療事務合格パック 通常76,000円（税込）46,000円（税込）＊別途，教材費が必要となります。＊2012年1月31日(火)まで」 と記載するなど，本件講座の料金に，当該料金を上回る「通常」と称する価額を併記していた。 (3)実際 実際には，アビバは，本件講座を最近時において「通常」と称する価額で提供したことはなかった。	§5②
〔196〕 2012/9/28 措置命令 （消表対385）	㈲藤原アイスクリーム工場	販売（食品（天然はちみつ等）） 第5版 143頁 公正取引 763号12頁	(1)対象商品役務 天然はちみつ26商品 (2)表示の概要 (a)時期 平成22年9月～平成23年12月 (b)媒体 商品本体に貼付されたラベル及び封緘シール (c)表示内容 「東北養蜂発祥の地」,「日本みつばちの郷」,「詩情豊かな岩手路」,「岩手 藤原養蜂場」,「岩手,藤原蜂蜜のおすすめ 藤原養蜂場は日本でも最も古く,明治時代から蜜蜂の飼育に専念,改良を加えて今日に至って居り,特に三陸地方から北上山系の早池峰山麓に本拠地を置き,我が国で最も品質の高いとうたわれる純粋の『栃やあかしあやクローバーの花の蜜』を生産して参りました。」,「藤原養蜂場」,「岩手県盛岡市若園町3-10」などと国内の地名が表示されていた。	§5③

			(3)実際 26商品の内容物は，自家採集天然はちみつ又は国産仕入れ天然はちみつに，中国又はハンガリーで採蜜された天然はちみつが混合されているものであった。 ※４条１項３号（現５条２項）指定告示の中では，原産国告示違反の事例が最も多い。最近の事例として紹介されている（第４版143頁）。	
〔197〕 2012/10/18 措置命令 (消表対469)	㈱ホテル椿館	施設運営(ホテル)(食品(魚介類))	(1)対象商品役務 ホテルにおいて提供するアワビ料理 (2)表示の概要 (a)時期 遅くとも平成23年３月12日～平成24年６月１日（一部の旅行情報サイトにあっては，平成24年２月29日まで） (b)媒体 ア　自社ウェブサイト（ホテル椿館 本館のウェブサイト） イ　旅行情報サイト（ISIZE 旅行 by じゃらん，楽天トラベル等） (c)表示内容 「ブランド食材を堪能♪媛っ子地鶏＋坊ちゃん島あわび★」， 「愛媛の２大ブランド食材を使った会席料理が味わえる」， 「坊っちゃん島アワビと地鶏のコラボ♪堪能してください！」， 「一，坊っちゃん島あわび陶板焼き」 と表示していた。 (3)実際 本件宿泊プランの利用客に提供していたあわびは，ぼっちゃん島あわびではなく，交雑種の外国産養殖あわびであった。 ※旅行情報サイト関連の事件。 坊ちゃん島あわびは，「松山市の島しょ部で養殖しているエゾアワビで，天然物と比較しても肉厚で身がやわらかいのが特徴です。」とされている（松山地産地消ナビ）。	§5①
			(1)対象商品役務 住宅用太陽光発電システム (2)表示の概要	

〔198〕 2012/10/30 措置命令 （消表対479）	三光ホーム㈱	建築工事，販売（住宅用太陽光発電システム） 公正取引755号65頁	(a)期間 ア　平成23年４月29日 イ　平成24年２月１日～３月31日 ウ　平成24年１月下旬～７月２日 (b)媒体 ア　新聞折り込みチラシ イ　戸建住宅への投函等により配布したチラシ ウ　自社ウェブサイト (c)表示内容 ア　「東南西３方面に合計4.8kW 設置したＦ様の例」 「太陽光発電を設置前の昨年３月の使用電力 591kWh＝使用料金14,392円（目安）」 「１ヶ月に得した金額 6,575円」 「１ヶ月で電力会社に電力を売った金額 19,056円」 「太陽光発電でこんなに違う!! 合わせてなんと月々25,631円の得!!」 イ　「東南西３方面に合計4.87kW 設置したＦ様の例」 「■太陽光発電を設置前の昨年５月の使用電力 527kWh＝使用料金13,671円（目安）」 「１ヶ月で電力会社に電力を売った金額 19,258円」 「太陽光発電でこんなに違う!! 合わせてなんと！月々27,222円の得！」 ウ　「キャンペーン価格 太陽光発電システム 122万円※2.92kw（183w×16枚）工事費共 －補助金24万円」 「京セラ太陽光発電システムがスレートエコノルーツ南面工事費込みで98万円で出来ます」 「今なら太陽光発電システムを設置した場合 ■試算シュミレーション 月々お得分27,222円×36ヶ月＝約98万円」 「※約36ヶ月で初期投資分の約98万円になります。」 と表示していた。 (3)実際 ア　4.8キロワット型の本件発電システムを設置することにより安定的に毎月得ることができる利益は25,631円を大きく下回るものであった。 イ　4.87キロワット型の本件発電システムを設置することにより安定的に毎月得ることができる利益は27,222円を大きく下回るものであった。	§５②

			ウ　「月々お得分 27,222円」として表示されていた金額は任意に設定されたものであり，2.92キロワット型の本件発電システムを設置した場合の初期投資費用である約98万円を回収するには，約120ヵ月という期間を要するものであって，36ヵ月という回収期間を大きく上回るものであった。	
〔199〕 2012/11/16 措置命令 （消表対503）	イー・アクセス㈱	電気通信事業法（昭和59年法律第86号）に基づく電気通信事業 データ通信（モバイルデータ） 公正取引753号77頁	【通信役務の通信速度に関する不当表示】 ⑴対象商品役務 「EMOBILE LTE」というモバイルデータ通信サービス ⑵表示の概要 (a)期間 ア　平成24年3月15日 イ　平成24年3月8・10・12・29日・4月4・5日（雑誌によって異なる） ウ　平成24年3月21日～4月14日（路線によって違いあり） (b)媒体 ア　日本経済新聞に掲載した広告 イ　雑誌に掲載した広告 ウ　鉄道車両内に掲示した広告 (c)表示内容 ア　新聞に掲載した広告において，「速っ！通信速度 下り最大75Mbps ※1　上りも速っ！上り最大25Mbps ※1」，「広っ！EMOBILE LTE エリア 東名阪主要都市※4人口カバー率※5 99%（2012年6月予定）」と表示していた。 イ　（例示）「週刊文春」平成24年3月15日号に掲載した広告において，「速っ！通信速度最大75Mbps ※1」，「［EMOBILE LTE エリア］東名阪主要都市※2人口カバー率※3 99%（2012年6月予定）」と表示するなどしていた。 ウ　「速っ！通信速度最大75Mbps ※1」，「［EMOBILE LTE エリア］東名阪主要都市※2人口カバー率※3 99%（2012年6月予定）」等と表示していた。 ⑶実際 表示をした時点において，平成24年6月末日までに，本件役務の提供に係る基地局のうち下り最大の通信速度が75Mbpsとなる基地局（以下「75Mbps対応基地局」という。）を，東名阪主要都市における人口カバー率が99パーセントになるように開設する計画はなく，	§5①

			平成24年6月末日時点で東名阪主要都市において75Mbps対応基地局が開設されていた地域は，東京都港区台場及びその周辺地域のみであったこと。また，本件役務を利用するための「Pocket WiFi LTE（GL01P）」と称するデータ通信端末（以下「GL01P」という。）又は「Pocket WiFi LTE（GL02P）」と称するデータ通信端末（以下「GL02P」という。）を使用する場合に，一般消費者が享受できる下りの通信速度は，最大でも30Mbps程度となるものであった。	
〔200〕 2012/11/28 措置命令 （消表対518）	シャープ㈱	家庭電気製品等の製造販売（電気掃除機） 第5版87頁 公正取引754号68頁	(1)対象商品役務 イオンを放出する機器を搭載した電気掃除機（「プラズマクラスター」） (2)表示の概要 (a)期間 ア　①平成23年6月～9月　②平成24年1月～4月ころ イ　①平成22年10月ころ～平成23年10月ころ　②平成23年10月ころ～平成24年4月ころ (b)媒体 ア　カタログ　イ　自社ウェブサイト (c)表示内容 ア　①「掃除機 総合カタログ 2011-6」と題するカタログに掲載した「EC－VX220」の型式の電気掃除機について，「プラズマクラスターだからできることがあります。掃除機の中も，お部屋の中も，清潔・快適。」，「お部屋の空気にプラズマクラスター。」，「掃除機内部で浄化したクリーン排気にのせて高濃度7000『プラズマクラスター』を室内に放出。床と一緒にお部屋の空気まできれいにします。」，「ダニのふん・死がいの浮遊アレル物質のタンパク質を分解・除去」及び「約15分で91%作用を低減します。（1m³ボックス内での実験結果）」と記載するなど表示していた。 ア　②「掃除機 総合カタログ 2012-1」と題するカタログに掲載した「EC－WX300」の型式の電気掃除機について，室内と当該掃除機の排気口付近からイオンを放出している図を掲載した上，「ダニのふん・死がいの浮遊アレル物質を分解・除去」及び「ダニのふん・死がいの浮遊アレル物質のタンパク質を切断して，作用を91%低減。」と記載するなど表示していた。 イ　①電気掃除機について，室内と当該掃除機の排気口付近からイオンを放出している図を掲載した上，「ダニのふん・死がいなどの浮遊アレル物質のタンパク質を分解・除去」及	§5①

<table>
<tr><td></td><td></td><td></td><td>び「約15分で91%作用を低減します。（1m³ボックス内での実験結果)」と表示していた。
イ　②例えば，「EC−WX300」の型式の電気掃除機について，「プラズマクラスター室内放出 床と一緒に空気まできれいにします。」及び「ダニのふん・死がいの浮遊アレル物質のタンパク質を切断して，作用を91%低減」と記載するなど表示していた。
(3)実際
本件掃除機は，その排気口付近から放出されるイオンによって本件掃除機を使用した室内の空気中に浮遊するダニ由来のアレルギーの原因となる物質を，アレルギーの原因とならない物質に分解又は除去する性能を有するものではなかった。
※景品表示法7条2項を適用したものではないが，実証による効果，性能と表示全体から一般消費者が受ける印象としての効果，性能が異なるとされた例として紹介されている（第5版87頁）。</td><td></td></tr>
<tr><td>〔201〕
2012/12/20
措置命令
（消表対539）</td><td>VanaH㈱</td><td>製造販売（食品（ペットボトル飲料水））</td><td>(1)対象商品役務
ペットボトル入り飲料水
(2)表示の概要
(a)期間
平成23年10月31日及び11月17日
(b)媒体
会員に送信したファックス
(c)表示内容
「スイスのジュネーブにある国連本部にて，10月26日（水）にVanaH株式会社が世界で初めての『国連認定証』を取得致しました！」，「国連から富士山の天然水素を豊富に含んだ高品質な水を所有している，VanaH株式会社へ，飲料として世界で初めて，国連のロゴマークを商品ラベルにオンリーワン（世界でVanaH株式会社のみ）の証として使用許可を頂きました。」等と記載し，あたかも，本件商品の品質について，国際連合が高く評価し，かつ，そのため，国際連合が国際連合認定ロゴマークの使用を貴社に許可したかのように示す表示をしていた。
(3)実際
国際連合が，本件商品の品質について高く評価した事実はなく，国際連合がVanaH株式会社に対し，国際連合認定ロゴマークの使用許可を行った事実もなかった。</td><td>§5①</td></tr>
</table>

			※ファックスは２枚で文字ベース。下線を付すなどして販売する飲料水の効能等が優良である旨を強調している。	
〔202〕 2013/2/8 措置命令 （消表対37～38）	㈱一蔵 ㈲きもの専門店まるやま ㈱特選呉服京彩	衣料（振袖セット）	**【㈱一蔵の表示】** ⑴対象商品役務 振袖のレンタル役務 ⑵表示の概要 (a)期間 平成24年９月中旬・平成24年７月中旬 (b)媒体 商品カタログ (c)表示内容（例示） 平成24年９月中旬に配布した「Ondine」と称するカタログにおいて，「レンタルふりそで全部に付いてくる，30点のパーフェクトセット！」，「30点レンタルパーフェクトセット内容はこちら!!」として，レンタルによるセット商品の内容を記載し，「OE－1031」の型番の対象役務について，「30点レンタルセット価格　¥158,000［税込］」及び「※写真のコーディネートは，オプション小物（別途料金）を使用しております。」と記載するとともに，セット商品を着用したモデルの写真を掲載するなど，カタログに掲載された合計88点のセット商品について，あたかも，「30点レンタルセット価格」等として記載された金額を支払うことによって写真どおりのコーディネートに係るセット商品がレンタルできるかのように表示していた。 ⑶実際 例えば，「OE－1031」の型番の対象役務について，写真どおりのコーディネートに係るセット商品をレンタルするためには，「30点レンタルセット価格」として記載された金額のほか，袋帯，半衿，帯締め，帯揚げ，重ね衿，草履及びバッグをグレードアップするために必要な合計107,640円の費用が必要となるなど，カタログに掲載された合計88点のセット商品について，写真どおりのコーディネートに係るセット商品をレンタルするためには，「30点レンタルセット価格」等として記載された金額のほか，相当程度の費用が必要となるものであった。 ※株式会社特選呉服京彩と代表取締役・所在地同一。	§5②

〔203〕 2013/3/4 措置命令 （消表対 69）	㈱ハヤシ	販売（中古自動車） 第3版 140頁	(1)対象商品役務 中古自動車（合計11台） (2)表示の概要 (a)期間 ア　平成24年6月30日・7月7日 イ　平成24年5月3日，6月9・16・23・30日，7月7日 (b)媒体 新聞折り込みチラシ (c)表示内容 ア　（優良誤認表示） 2台の中古自動車について，走行距離数を「8キロメートル」「4キロメートル」と記載することにより，あたかも，当該中古自動車の走行距離数が欄記載の数値のとおりであるかのように示す表示をしていた。 イ　（おとり広告） 9台の中古自動車について期間を記載することにより，あたかも，記載の期間中に当該中古自動車を販売することができるかのように表示していた。 (3)実際 ア　実際の走行距離は「4680キロメートル」「2754キロメートル」であった。 イ　配布当日以前に契約が成立していた。 ※「成約済みで取引することができないものについての表示として措置事例が行われた事例」（第3版140頁） ※平成23年3月28日以降，中古車業界では当件で4件目の措置命令事案。	§5①③
〔204〕 2013/4/5	㈱スーパーレッ	販売（中古	(1)対象商品役務 中古自動車（㈱スーパーレッズ3台及び㈲レッズ宇都宮12台） (2)表示の概要（㈱スーパーレッズの場合） (a)期間 平成23年8月～9月ころ (b)媒体 中古自動車情報誌「Goo 北関東版」の「11.08.28」号（2台）及び「11.09.11」号（1台）	

措置命令（消表対107～108）	ズ (有)レッズ宇都宮	自動車）	(c)表示 掲載誌に「修無」と記載することにより，あたかも，当該中古自動車の車体の骨格部位に修復歴がないかのように示す表示をしていた。 (3)実際（(株)スーパーレッズ） 当該中古自動車は，オートオークションからの仕入れ時に提示されるオートオークション出品票（以下「出品票」という。）に，車体の骨格部位が損傷するなどの修復歴を示す記号が記載された修復歴があるものであった。 ※(株)スーパーレッズ及び(有)レッズ宇都宮については，同一人物が代表取締役を務め，それぞれの店舗において中古車の販売を行っている。	§5①
〔205〕 2013/4/23 措置命令 （消表対195）	(社)美容整体協会	美容整体の施術等（小顔矯正役務） 第3版71頁 公正取引760号75頁	(1)対象商品役務 小顔矯正（手技により頭蓋骨の縫合線を詰め，骨を整えることにより，即効性と持続性のある小顔効果が得られることを標榜する役務） (2)表示の概要 (a)期間 遅くとも平成23年10月～ (b)媒体 ウェブサイト (c)表示内容 「小顔矯正」，「即効性と持続性に優れた施術です。」，「小顔矯正施術は骨に働きかけて，ほうごう線を詰めるだけでなく，主にえらの骨や頬骨に優しく力を加え内側に入れていきます。」等と記載することにより，あたかも，本件役務を受けることで頭蓋骨の縫合線が詰まるとともに，頬骨等の位置が矯正されることによって，直ちに小顔になり，かつ，それが持続するかのように表示している。 (3)実際 消費者庁は，景品表示法第4条第2項（現7条2項）の規定に基づき，(社)美容整体協会に対し，当該表示の裏付けとなる合理的な根拠を示す資料の提出を求めたところ，(社)美容整体協会から資料が提出された。しかし，当該資料は当該表示の裏付けとなる合理的な根拠を示すものとは認められなかった。	§5① 7 II
			(1)対象商品役務	

〔206〕 2013/5/21 措置命令 （消表対253）	KDDI㈱	電気通信（携帯電話役務提供（スマートフォン）） 公正取引761号55頁	「au 4g LTE」と称する移動体通信サービス (2)表示の概要 (a)期間 ア　平成24年9月14日～11月30日　イ　平成24年11月1日ころ～12月31日ころ (b)媒体 ア　ウェブサイト　イ　カタログ (c)表示内容 ア　「iPhone5」と称するスマートフォン（以下「iPhone5」という。）紹介ページに掲載の「LTE auの超高速ネットワーク au 4G LTE」と記載があるバナー等をクリックすることにより表示される「au 4G LTE」と題するページにおいて，「受信時最大75Mbps，送信時最大25Mbpsの光ファイバーなみのスピードで快適データ通信!!」，「サービス開始時より全国主要都市をカバー。2012年度末には実人口カバー率約96%に一気にエリア拡大。広いエリアで使える。」及び「4G LTEエリアは政令指定都市を中心に全国主要都市部をカバー。一気にエリア拡大しています。」と記載することにより，あたかも，iPhone5を含む対象役務に対応する機種を使用した場合，対象役務の提供開始時から政令指定都市等の都市部において，受信時の最大通信速度が75Mbpsとなる対象役務（以下「75Mbpsサービス」という。）を利用でき，また，平成25年3月末日までに全国のほとんどの地域において75Mbpsサービスを利用できるようになるかのように示す表示をしていた。 イ　「4G LTE（iPhone5含む）対応機種なら 4G LTE」，「受信最大75Mbpsの超高速ネットワークを実人口カバー率96%＊に急速拡大。（2013年3月末予定）」及び「＊：『実人口カバー率』とは，全国を500m四方に区分けしたメッシュのうち，当社サービスエリアに該当するメッシュに含まれる人口の総人口に対する割合です。」と記載することにより，あたかも，iPhone5を含む対象役務に対応する機種を使用した場合，平成25年3月末日までに全国のほとんどの地域において75Mbpsサービスを利用できるようになるかのように示す表示をしていた。 (3)実際 対象役務の提供を開始した時点において，iPhone5を使用した場合に75Mbpsサービスを利用できる地域は極めて限られていた。 また，アの表示をした時点において，平成25年3月末日までに全国のほとんどの地域において75Mbpsサービスを提供する計画があったのは，Android搭載スマートフォンが送受	§5①

			信できる対象役務に係る電波の周波数帯域に限られており，iPhone5が送受信できる対象役務に係る電波の周波数帯域については，平成25年3月末日までに全国のほとんどの地域において75Mbpsサービスを提供する計画はなかった。このため，平成25年3月末日時点において，iPhone5を使用した場合に75Mbpsサービスを利用できる地域は，実人口カバー率14パーセントの地域であった。	
〔207〕 2013/5/29 措置命令 （消表対256）	医療法人社団太作会	医療（歯科矯正役務）	(1)対象商品役務 歯科医の矯正治療 (2)表示の概要 (a)期間 平成24年7月1日～平成25年2月14日 (b)媒体 ウェブサイト (c)表示内容 「9才以下の矯正20万円でお受けします！（特殊な症例は除きます）」，「初診料3,000円，検査診断料30,000円，管理料がかかります。」，「管理料は毎月3,000円～5,000円です。」及び「今回，早い時期の9才迄のお子様に限り，20万円でお受け致します。」と記載することにより，あたかも，9歳以下の患者については，矯正治療に係る料金，初診料及び検査診断料として記載された合計233,000円の料金並びに管理料として記載された料金を支払うだけで対象役務の提供を受けることができるかのように表示していた。 (3)実際 9歳以下の患者が対象役務の提供を受けるためには，前記ア（ウ）の合計233,000円の料金並びに管理料として記載された料金及び当該料金の消費税相当額のほか，当該合計233,000円の料金の消費税相当額及び「保定装置」と称する矯正器具に係る料金として32,650円の料金を負担することが必要となるものであった。	§5②
〔208〕 2013/6/4 措置命令 （消表対263～264）	㈱グランドホテル樋口軒 ㈲まむし温泉	施設（旅館・温泉）	【㈱グランドホテル樋口軒の表示】 (1)対象商品役務 ホテル内の温泉 (2)表示の概要 (a)期間	

			ア　①平成20年6月ころ～平成24年9月ころ 　②平成20年6月ころ～平成25年3月ころ イ　平成17年9月ころ～平成25年3月ころ ウ　平成17年10月ころ～平成25年3月ころ エ　平成18年12月ころ～平成25年3月ころ (b)媒体 ア　ウェブサイト　イ　旅行情報ウェブサイト（「楽天トラベル」）　ウ　旅行情報ウェブサイト（「じゃらん net」）　エ　案内パンフレット (c)表示内容 ア　①「船小屋温泉の炭酸泉はポカポカと体の芯から温めてくれる温泉です。」 ア　②「【風呂】①船小屋炭酸泉の温泉」， 「眺めのいいきれいなお部屋でのんびりと&船小屋炭酸泉の温泉がいつでも利用できる！」 イ　「泉質　単純炭酸泉」「船小屋の炭酸泉は神経痛，リューマチ，心臓病に効果のある温泉です」，「きれいなお部屋でのんびり&船小屋温泉の炭酸温泉が一晩中いつでも利用でき日頃の疲れをすっきり解消！」 ウ　「【風呂の特徴】①船小屋炭酸泉の温泉」 「【風呂の特徴】①単純炭酸泉の温泉」，「きれいなお部屋でのんびり&船小屋温泉の炭酸温泉が一晩中いつでも利用でき日頃の疲れをすっきり解消！」 エ　「船小屋温泉ならではの天然炭酸水は浴用して，または飲用して効果のある温泉です」と記載するなど，あたかも，樋口軒に設置した浴槽における温水が温泉であるかのように表示していた。 (3)実際 設置された浴槽における温水は，鉱泉分析法指針（平成14年環境省自然環境局）に定められた療養泉ではなかった。 ※平成26年3月時点で，ウェブサイトには『温泉』の表記が残存しているが，温泉法上の温泉でない旨の打消し表示はされていない（㈱グランドホテル樋口軒）。 ※平成26年3月現在，ウェブサイトには「弘法大師が湧き出させたと言い伝えられていた湯治場」「僧空海（平安時代初期800～840年ころ）が諸国行脚の折，この『ふくよし』の地で，まむしに咬まれ苦しんでいる人を見て，霊力により薬水を湧き出させたと言ういわれ」は記載されているが，温泉法上の温泉でない旨の打消し表示はされていない。アルカリイ	§5①

			オン水「結晶水」が35リットル100円（ポリ容器別売り）で販売されている。 ※「会社概要」に，本件措置命令については触れられていない（(有)まむし温泉）。 ※報道によると「まむし温泉の高江忠史社長は「温泉との言い伝えがあり，温泉と思っていた。指導に従って改善したい」としている。」とのこと。	
〔209〕 2013/6/27 措置命令 （消表対284）	(株)アクセルクリエイション	日用雑貨・食料品の販売（日用雑貨（菜漬機））	(1)対象商品役務 「浅漬け名人『菜漬器』（さいしき）」と称する漬物容器 (2)表示の概要 (a)期間 ア　平成23年12月18日～平成25年3月13日 イ　平成19年2月ころ～平成25年2月末 ウ　平成23年6月ころ (b)媒体 ア「まるごと得だね市！」と称するテレビショッピング番組（BS・CS・地上・有線を用い，放送回数も極めて多数。） イ　自社ウェブサイト ウ「まるごと得だね市 買って納得！使って納得！〈ズバリ！暮らしの名品特集〉No.3」と称するカタログ (c)表示内容 ア（例示）「この浅漬け名人は，普通のほうろう容器と比べた場合，乳酸菌が1時間でなんと6倍以上にもなるんです。その乳酸菌がですね，増殖することによって野菜が発酵熟成を進めまして，早く漬物ができると。で，熟成していますから塩は味付け程度でいいんです。」，「素材にタウマリン鉱石を使うことで，一般的なほうろう容器に比べ，植物性乳酸菌が1時間でなんと6倍以上に。だから早く漬かり，塩も味付けのみ。減塩でヘルシーな漬物が味わえます。」等の音声を放送するとともに，「植物性乳酸菌が1時間で6倍以上！（一般的なホーロー容器との比較 カルピス株式会社・腸内フローララボラトリー調べ）」との映像を放送することにより， イ「タウマリン鉱石が，遠赤外線（育成光線領域）を放出するので，自然発酵のスピードが早く，30分～1時間ほどで漬けられる（野菜の種類や季節によります）ので，漬けた野菜の風味も逃しません。」等と記載することにより，	§5① 7 II

			ウ 「ところがこの菜漬器『浅漬け名人』は，主原料であるタウマリン鉱石から遠赤外線を放出しているので，野菜の発酵熟成に必要な乳酸菌もホーロー容器に比べ，1時間に約6倍以上も増殖させます。その6倍以上もの乳酸菌が野菜の自然発酵を促進し，早く漬けあがるのです。」等と記載するとともに，「植物性乳酸菌増殖比較検査結果」（検出同定菌株：Lactobacillus alimentarius カルピス株式会社 腸内フローララボラトリー調べ）と題する図を掲載することにより， あたかも，対象商品を使用することにより，対象商品の原料であるとする「タウマリン鉱石」が放出する遠赤外線によって乳酸菌が短時間で著しく増殖し，これにより発酵が促進され，漬物が1時間で出来上がるかのように表示していた。 (3)実際 消費者庁は，景品表示法第4条第2項（現7条2項）の規定に基づき，㈱アクセルクリエイションに対し，当該表示の裏付けとなる合理的な根拠を示す資料の提出を求めた。㈱アクセルクリエイションから提出された資料は当該表示の裏付けとなる合理的な根拠を示すものとは認められなかった。 ※料理研究家も絶賛，と料理研究家が商品を持っている写真も掲載。 ※報道によると，1万3,800円の製品が3年間で44万個売れた，とのこと。	
〔210〕 2013/8/20 措置命令 （消表対	㈱秋田書店	出版（雑誌懸賞企画） 第5版 132頁	(1)対象商品役務 雑誌懸賞企画 (2)表示の概要 (a)期間 ア　平成23年1月6日発売～平成24年4月6日発売 イ　平成22年5月6日発売～平成24年4月6日発売 ウ　平成22年7月16日発売～平成24年3月16日発売 (b)媒体 ア 「ミステリーボニータ」 イ 「プリンセス」 ウ 「プリンセスGOLD」と称する漫画雑誌 (c)表示内容（例示） 平成23年1月6日発売の「ミステリーボニータ2011年2月号」の誌面上で実施した「ミステリーボニータ2月号 冬のハッピーアイテムプレゼント！」と称する懸賞企画において，	§5②

370）		公正取引762号65頁，763号11頁	「1 ワンセグポータブルDVDプレイヤー…2名」，「2 リストレット…2名」と記載するなど，あたかも，対象商品の誌面上で実施した懸賞企画においてはそれぞれの景品類について誌面上に記載された当選者数と同数の景品類が提供されるかのように表示していた。 (3)実際 「ミステリーボニータ2011年2月号」にあっては，下表のとおり（105名の当選者記載に対して実際の当選者は15名）であるなど，対象商品の誌面上で実施した懸賞企画においては誌面上に記載された当選者数を下回る数の景品類の提供を行っていた。 ※「いわゆる懸賞品の当選者水増しを景品表示法に違反するとして処分を行ったのは，本件が初めてである」と指摘されている（公正取引759号43頁）。 ※内部告発した女性従業員が解雇されたとして話題になった事案。	
〔211〕 2013/8/29 措置命令 （消表対371）	(有)ビートレード	中古車販売（中古自動車）	(1)対象商品役務 ①中古自動車1台 ②中古自動車13台 (2)表示の概要 (a)期間 平成24年10月～12月ころと思われる (b)媒体 ①中古自動車情報誌「Goo北海道版掲載号」（2012.10.20・11.03・11.18）及び「カーセンサー北海道版掲載号」（2012 vol. 10～12） ②中古自動車情報誌「Goo北海道版掲載号」（2012.10.20・11.03・11.18・12.02）及び「カーセンサー北海道版掲載号」（2012 vol. 10～12）（それぞれ車種によって異なる） (c)表示内容 ①中古自動車1台の走行距離について，あたかも，当該中古自動車の実際の走行距離数であるかのように表示していた。 ②中古自動車13台の走行距離について，あたかも，当該中古自動車の実際の走行距離数であるかのように表示していた。 (3)実際 ①中古自動車1台は，走行距離数が不明なものであった（オートオークション出品票に走行距離計の改ざんを示す記号が記載されていた）。	§5①

<table>
<tr><td></td><td></td><td></td><td>②中古自動車13台の走行距離数は，実際の走行距離数よりも過少に表示していたものであった。</td><td></td></tr>
<tr><td>〔212〕
2013/9/13
措置命令
(消表対406)</td><td>㈱モイスト</td><td>健康食品の販売（ダイエット食品）

第5版81頁</td><td>(1)対象商品役務
「烏龍減肥」と称する食品
(2)表示の概要
(a)期間
ア　平成24年3月13日～11月16日
イ　平成24年5月ころ～12月ころ
(b)媒体
ア　日刊新聞紙に折り込み，又は通信販売業者等が発行する商品カタログ等に同封し，それぞれ配布したチラシ
イ　自社ウェブサイト
(c)表示内容
ア　「私たちはたった1粒飲んで 楽ヤセしました!!」,「食べたカロリー・溜まったカロリーなかったことに…」,「運動も食事制限も続かな～いという方は必見!!!」等
イ　「運動も食事制限も続かな～い。という方,必見！ しっかり食べてもスッキリダイエット!!」,「ダイエット成功者続々！ 既に10万人のダイエッターが実感!?」,「ほんの一粒…まさか，ここまで「実感できる」とは思ってなかった…。」等と，あたかも，対象商品を摂取するだけで，特段の運動や食事制限をすることなく容易に著しい痩身効果が得られるかのように示す表示をしていた。
(3)実際
消費者庁は，景品表示法第4条第2項（現7条2項）の規定に基づき，㈱モイストに対し，当該表示の裏付けとなる合理的な根拠を示す資料の提出を求めたところ，㈱モイストから資料が提出された。しかし，当該資料は当該表示の裏付けとなる合理的な根拠を示すものであるとは認められなかった。</td><td>§5①</td></tr>
<tr><td></td><td></td><td></td><td>(1)対象商品役務
「パワーヘルス PH-14000B 整体電子」,「パワーヘルス PH-11500B 整体電子」及び「パワーヘルス PH-9000B 生体電子」とそれぞれ称する家庭用電位治療器
(2)表示の概要</td><td></td></tr>
</table>

〔213〕 2013/10/17 措置命令 （消表対462）	㈱ヘルス	製造販売（医療製品（家庭用電気医療機器）） 第５版40頁 公正取引765号76頁	(a)期間 平成22年11月ころ～平成25年４月ころ (b)媒体 無料体験会場における口頭使用説明 (c)表示内容 「高血圧はパワーヘルスの生体電子で必ず治ります。軽い方だったらばパワーヘルスに続けて１週間かかっていただくと，血圧が少しずつ下がり始めます。で，重い方で大体10日間ぐらいから高血圧が少しずつ下がってきます。パワーヘルスに続けてかかっていただくと，この高血圧は芯から治ります。絶対治りますからね。」等と営業員が口頭で説明した。 「パワーヘルスで治療して治ったことは数え切れません。本当にたくさん治していただきました。頭痛に肩こり，目まいに耳鳴り，冷え性に高血圧，ドライアイに視力，まだまだたくさんありますが，その中でも，継続して本当に良かったことをお話します。」等の体験談を収録したDVDを視聴させた。 「パワーヘルスで治療したお蔭で，T細胞が活発に働き，潜んでいたがんの細胞を破壊して血を出させ，早く発見する事も出来たんだと思います。更に夜の治療で，将来に発症したかも知れない乳がんが消えたんだと思います。」等の体験談を掲載した小冊子を読み聞かせ，又は配布した。 以上のような行為により，あたかも，対象商品を継続して使用することにより，頭痛，肩こり，不眠症及び慢性便秘が緩解するだけでなく治癒するかのように，また，高血圧，糖尿病，腰痛等の他の特定の疾病若しくは症状も緩解又は治癒するかのように表示していた。 (3)実際 消費者庁は，景品表示法第４条第２項（現７条２項）の規定に基づき，㈱ヘルスに対し，期間を定めて，当該表示の裏付けとなる合理的な根拠を示す資料の提出を求めたところ，㈱ヘルスは，当該期間内に資料を提出しなかった。 ※「本件は，営業員などによる口頭での説明を不当表示としたものであり，口頭での表示を違反としたのは，消費者庁では初めてである（昭和45年に２件あるのみ）」（公正取引759号43頁） ※景表法制定以来，医療機器に関する口頭表示について措置命令を行った初めての事案（公正取引765号78頁）。 ※口頭説明だけではなく，体験談を収録した冊子やDVDも用いている。	§５①

〔214〕 2013/10/31 措置命令 （消表対478）	㈱川島	販売（中古自動車）	(1)対象商品役務 中古自動車13台 (2)表示の概要 (a)時期 2012（平成24）年８月12日号～10月13日号 (b)媒体 「Goo 九州版」と称する中古自動車情報誌（車種によって異なる） (c)表示内容 「修無」と記載することにより，あたかも，当該中古自動車の車体の骨格部位に修復歴がないかのように示す表示をしていた。 (3)実際 中古自動車13台は，オートオークションからの仕入れ時に提示されるオートオークション出品票に，車体の骨格部位が損傷するなどの修復歴を示す記号が記載された修復歴があるものであった。	§5①
〔215〕 2013/11/15 措置命令 （消表対506～510）	㈱エアージェイ グリーン エージェント㈱ サンワサプライ㈱ Hamee㈱ ㈱リンクスインターナショナル	家庭用電気機械器具卸売（携帯電話等用ソーラー式充電器）	【㈱エアージェイの表示】 (1)対象商品役務 Mobile Bank Solar das (2)表示の概要 (a)時期 平成23年６月～ (b)媒体 ア　商品パッケージ　イ　自社ウェブサイト (c)表示内容 「ソーラー充電!!　最速約６～10時間で充電!!」と記載していた。 (3)実際 自然太陽光のほぼ最大値付近の日射に相当する1,000ワット毎平方メートルの人工光を本件商品に継続的に照射し，本件商品の太陽光による充電完了までの時間を計測したところ，別表記載の試験結果のとおり平均で約14時間であり，本件商品は，前記の性能を有すると認められるものではなかった。	§5①

〔216〕 2013/12/5 措置命令 （消表対 555）	㈱コマースゲート	健康食品販売（ダイエット食品）	(1)対象商品役務 「夜スリムトマ美ちゃん パワーアップ版」と称する食品 (2)表示の概要 (a)時期 ア　平成25年１月21日～３月30日 イ　平成24年８月21日～平成25年３月20日 ウ　平成23年12月１日～平成25年４月30日 (b)媒体 ア　日刊新聞紙に折り込み，又は通信販売業者等が発行する商品カタログ等に同封し，それぞれ配布したチラシ イ　雑誌・フリーペーパー等 ウ　自社ウェブサイト (c)表示内容 ア「寝ている間に勝手にダイエット!?」,「寝る前に飲むだけで努力なし!?」,「夜トマトダイエットでマイナス？キロ!!」等と記載していた。 イ「寝ている間に勝手にダイエット!?」,「寝る前に飲むだけで努力なし!?」,「夜トマトダイエットでマイナス？キロ!!」「以前着ていた洋服もこんなにブカブカ！」等と記載していた。 ウ「そもそも正しいダイエット法とは？」,「でも，通常のダイエットには大きな問題が…」,「これらの悩みを解決したい！ そこで……」等と記載していた。 上記のように記載し，あたかも，対象商品を摂取するだけで，特段の運動や食事制限をすることなく，容易に著しい痩身効果が得られるかのように表示していた。 (3)実際 消費者庁は，景品表示法第４条第２項（現７条２項）の規定に基づき，㈱コマースゲートに対し，当該表示の裏付けとなる合理的な根拠を示す資料の提出を求めた。㈱コマースゲートから提出された資料は当該表示の裏付けとなる合理的な根拠を示すものとは認められなかった。	§5① §7 II
			(1)対象商品役務 「よこて大雄ホップ茶」及び「ホップペクチン茶」と称する粉末飲料	

〔217〕 2013/12/10 措置命令 （消表対563）	㈱大雄振興公社	製造販売（食品）	⑵表示の概要 (a)時期 ア　平成23年11月6日～平成24年8月3日 イ　平成23年7月3日～平成24年3月11日 ウ　平成23年2月～平成24年9月 エ　平成24年7月～9月 (b)媒体 ア　秋田魁新報に掲載した広告 イ　秋田魁新報に折り込み配布したチラシ ウ　パンフレット エ　自社ウェブサイト (c)表示内容 独立行政法人国民生活センター（以下「国民生活センター」という。）による試験の結果，「よこて大雄ホップ茶」がポリフェノール含有量日本一のお茶であると認められたかのような表示，あたかも，「よこて大雄ホップ茶」に，人体に有益なポリフェノール等の成分が著しく多量に含まれているかのような表示をしていた。と表示していた。 ⑶実際 国民生活センターが「よこて大雄ホップ茶」のポリフェノール含有量について試験を行った事実はなかった。 また，対象商品と赤ワイン等とのポリフェノール等の含有量の比較に際して，赤ワイン等はそのまま飲用できる状態での含有量であったが，対象商品はそのまま飲用できない粉末の状態での含有量であった。このため，飲用できる状態での含有量を比較した場合，対象商品の100グラム当たりのポリフェノール等の含有量は，比較対照の赤ワイン等の100グラム当たりのポリフェノール等の含有量を大きく下回るものであった。	§5①
			＜旅館等＞（消表対591） 【優良誤認表示】 1　旅館等で提供する料理に関する表示 ⑴対象商品役務 近鉄が運営する旅館等において提供する料理	

〔218〕 2013/12/19 措置命令 （消表対591～592）	近畿日本鉄道㈱	施設（ホテル・レストラン）（食品） 公正取引766号62頁	(2)表示の概要 (a)期間 平成22年９月ころから平成25年10月29日までの間（提供する料理ごとに表示期間は異なる。） (b)媒体 メニュー等（提供する料理ごとに表示媒体は異なる。） (c)表示内容（例示） 遅くとも平成25年６月ころから同年８月ころまでの間，「奈良 万葉若草の宿 三笠」と称する施設（以下「三笠」という。）において提供する「ファミリープラン」と称する対象料理について，「じゃらん net」と称する旅行情報ウェブサイト等に「大和地鶏唐揚げ」等と記載することにより，あたかも，当該記載された料理に「大和地鶏」と称する地鶏の肉を使用しているかのように示す表示をしていた。 (3)実際 例えば，前記「大和地鶏唐揚げ」と称する料理にあっては，地鶏の定義に該当しない鶏肉を使用するなどであった。 ２　三笠において販売する「おせち料理」に関する表示 (1)対象商品役務 三笠において販売する「おせち料理」と称する商品 (2)表示の概要 (a)期間 平成24年12月ころ (b)媒体 顧客に送付したチラシ (c)表示内容（例示） 「車海老」と記載することにより，あたかも，対象商品にクルマエビを使用しているかのように表示していた。 (3)実際 「車海老」と称する料理にあっては，クルマエビよりも安価で取引されているブラックタイガーを使用するなどしていた。 **【おとり広告】**	§５①

(1)対象商品役務

三笠において「大和肉鶏」と称する地鶏を使用したと表示した「大和肉鶏鍋」又は「つみれ鍋」と称する料理（以下「大和肉鶏料理」という。）

(2)表示の概要

(a)期間平成25年２月ころから同年11月12日までの間

(b)媒体

「楽天トラベル」と称する旅行情報ウェブサイト

(c)表示内容

「大和肉鶏」,「県畜産技術センターが『名古屋種』や『シャモ』などをかけ合わせ開発した奈良独自の地鶏です。」,「三笠では『大和肉鶏鍋』や『つみれ鍋』としてお召し上がりいただいております。」と記載することにより，あたかも，三笠において大和肉鶏料理を提供することができるかのように表示していた。

(3)実際

平成25年２月以降,「大和肉鶏」と称する地鶏を仕入れておらず，大和肉鶏料理を提供していなかった。

〈ホテル等〉（消表対592）

(1)対象商品役務

近鉄が運営するホテル等において提供する料理

(2)表示の概要

(a)期間

平成20年４月から平成25年10月30日までの間

（提供する料理ごとに表示期間は異なる。）

(b)媒体

メニュー等

（提供する料理ごとに表示媒体は異なる。）

(c)表示内容（例示）

平成25年１月から同年10月30日までの間,「都ホテルニューアルカイック」と称するホテル内の「アゼリア」と称する飲食店において提供する「土日祝日ランチバイキング」等の「ランチバイキング」と称する対象料理について，同ホテル内に備え置いたチラシに「牛ロース肉のステーキ」と記載するなど，あたかも，料理に牛の生肉の切り身を使用しているか

			のように表示していた。 (3)実際 記載の料理にあっては，いずれも，生鮮食品に該当しない牛脂その他の添加物を注入した加工食肉製品を使用していた。	
〔219〕 2013/12/19 措置命令 （消表対593）	㈱阪急阪神ホテルズ	施設（ホテル・レストラン）（食品（芝エビなど））	(1)対象商品役務 阪急阪神ホテルズが運営するホテル等において提供する料理（①ホテル阪神特選飲茶コース ②大阪新阪急ホテル中国料理ランチ ③大阪新阪急ホテル内「ビーツ」パーティプラン ④「シィーファー」土・日・祝日限定同窓会プラン等 ⑤「シィーファー」土・日・祝日限定同窓会プラン ⑥「シィーファー」パーティプラン【スタンダードプラン】 ⑦「シィーファー」柔らか地鶏のバンバンジー ⑧「シィーファー」苺とチョコのシューア・ラ・モード ⑨千里阪急ホテル DrinkPlanA DrinkPlanB ⑩宝塚ホテル「宝塚ホテルのパーティプラン A プラン」 ⑪宝塚ホテル内「ザ・ガーデン」グルメサマーバイキング） (2)表示の概要 (a)期間 平成19年1月1日～平成25年10月27日 （①平成24年7月1日～平成25年7月4日　②平成23年4月1日～平成25年7月31日 ③平成24年8月1日～平成25年7月31日　④平成23年4月1日～平成25年7月31日 ⑤遅くとも平成23年12月ころ～平成25年7月31日 ⑥・⑦・⑧平成23年4月1日～平成25年7月31日 ⑨(i)平成19年1月1日～平成25年10月27日 (ii)平成22年2月1日～平成25年10月27日 ⑩平成25年3月25日～5月31日　⑪平成25年6月7日～7月31日） (b)媒体 ①店頭に掲示したメニュー　②パンフレット　③・④・⑤チラシ　⑥チラシ　⑦メニュー・	

			チラシ　⑧メニュー　⑨リーフレット　⑩チラシ　⑪チラシ (c)表示内容 ①「有機野菜のプチサラダと前菜二種盛合せ」と記載することにより，あたかも，記載された料理のうち，プチサラダには有機野菜を使用しているかのように表示していた。 ②「芝海老とイカの炒め物」と記載することにより，あたかも，記載された料理にシバエビを使用しているかのように表示していた。 ③「ビーフステーキフライドポテト添」と記載することにより，あたかも，記載された料理に牛の生肉の切り身を使用しているかのように表示していた。 ④「津軽地鶏のマリネ胡麻風味」と記載することにより，あたかも，記載された料理に「津軽地鶏」と称する地鶏の肉を使用しているかのように表示していた。 ⑤「若鶏の照り焼き九条ねぎのロティと共に」と記載することにより，あたかも，記載された料理に九条ねぎを使用しているかのように表示していた。 ⑥「津軽地鶏のマリネイタリア風」と記載することにより，あたかも，記載された料理に「津軽地鶏」と称する地鶏の肉を使用しているかのように表示していた。 ⑦「柔らか地鶏のバンバンジー」と記載することにより，あたかも，記載された料理に地鶏の肉を使用しているかのように表示していた。 ⑧「苺とチョコのシューア・ラ・モードシューアイスに苺と生クリームを加えた甘さがたまらない一品。手作りチョコソースとあわせてどうぞ。」と記載することにより，あたかも，記載された料理に手作りのチョコレートソースを使用しているかのように表示していた。 ⑨「シャンパン」と記載することにより，あたかも，「シャンパン」と称する発泡性ワインを使用しているかのように表示していた。 ⑩「やわらかビーフソテー赤ワインソース」と記載することにより，あたかも，記載された料理に牛の生肉の切り身を使用しているかのように表示していた。 ⑪「柔らか牛肉の鉄板焼きナムルとコチジャンライス添え」と記載することにより，あたかも，記載された料理に牛の生肉の切り身を使用しているかのように表示していた。 (3)実際 ①プチサラダには，有機農産物の定義（注１）に該当しない野菜を使用していた。 ②シバエビよりも安価で取引されているバナメイを使用していた。 ③生鮮食品に該当しない牛脂その他の添加物を注入した加工食肉製品を使用していた。	§5①

			④地鶏の定義（注２）に該当しない鶏肉を使用していた。 ⑤九条ねぎよりも安価で取引されている青ねぎ又は白ねぎを使用していた。 ⑥・⑦地鶏の定義（注２）に該当しない鶏肉を使用していた。 ⑧市販されている業務用のチョコレートソースを使用していた。 ⑨「シャンパン」と称する発泡性ワインよりも安価で取引されているものを使用していた。 ⑩・⑪生鮮食品に該当しない牛脂その他の添加物を注入した加工食肉製品を使用していた。 ※（注１）「有機農産物の日本農林規格」において，次の方法で生産された農産物とされている。 ①たい肥等で土作りを行い，種まき又は植え付けの前２年以上，禁止された農薬や化学肥料を使用しない ②土壌の性質に由来する農地の生産力を発揮させる ③農業生産に由来する環境への負荷をできる限り低減 ④遺伝子組換え技術を使用しない ※（注２） 「地鶏肉の日本農林規格」 （平成11年農林水産省告示第844号）において，次の方法で飼育された鶏とされている。 ①指定された在来種由来の血液百分率が50パーセント以上 ②ふ化日からの飼育期間が80日以上 ③28日齢以降は平飼いでかつ１平方メートル当たり10羽以下で飼育されたもの ※平成26年１月31日付で第三者委員会の報告書が提出されているが，「偽装」について第三者委員会が定義した上で，「個々の事例に関して，偽装と断定し得るまでの事例はなかった」としている。	
			(1)対象商品役務 (i)阪神ホテルシステムズが運営する「ザ・リッツ・カールトン大阪」と称するホテルにおいて提供する料理（①車海老のチリソース煮　②中国セット　③自家製パン各種　④コンチネンタルブレックファースト　⑤アメリカンブレックファースト　⑥アメリカンブレックファースト） (ii)ザ・リッツ・カールトン大阪内で運営する「香桃」と称する飲食店において提供する料理（①車海老のチリソース煮　②車海老の揚げ物マヨネーズソース和え　③車海老の豆板	

			醤ソース炒め　④車海老と春雨の土鍋煮込み　⑤車海老のかんざし炒め金華ハムを添えて　⑥車海老の甘辛炒めクンポースタイル　⑦芝海老チャーシュー入り炒飯　⑧芝海老，隠元豆，百合根，木くらげの炒め　⑨芝海老とカシューナッツの炒め　⑩芝海老のオムレツ香港スタイル　⑪芝海老のサクサク揚げ　⑫チャイニーズティーランチ　⑬タオファ　⑭シェフランチ　⑮ヤンチン　⑯ファミリートリートチャイニーズブッフェ） (2)表示の概要 (a)期間 平成18年4月1日～平成25年10月23日 (i)①・②平成18年4月1日～平成25年7月22日　③～⑥平成18年4月1日～平成25年10月23日 (ii)①～⑧平成19年12月1日～平成25年7月22日　⑨平成25年6月3日～7月22日　⑩・⑪平成25年6月3日～7月22日　⑫～⑮平成21年1月1日～平成25年7月22日　⑯平成20年9月15日～平成25年7月22日 (b)媒体 メニュー (c)内容 (i)（リッツ・カールトン大阪における表示） ①・②「車海老のチリソース煮」と記載することにより，あたかも，記載された料理にクルマエビを使用しているかのように表示していた。 ③「自家製パン各種（ホワイトトースト・ライ麦入りトースト・バターロール）」と記載することにより，あたかも，記載されたパンは，ザ・リッツ・カールトン大阪が製造しているものであるかのように表示していた。 ④～⑥「自家製パン（ホワイトトースト・ライ麦入りトースト・バターロール）」と記載することにより，あたかも，記載されたパンは，ザ・リッツ・カールトン大阪が製造しているものであるかのように表示していた。 (ii)（香桃） ①「車海老のチリソース煮」と記載することにより，あたかも，記載された料理にクルマエビを使用しているかのように表示していた。 ②「車海老の揚げ物マヨネーズソース和え」と記載することにより，あたかも，記載された料理にクルマエビを使用しているかのように表示していた。	
〔220〕 2013/12/19	㈱阪神ホテルシ	施設（ホテル・レストラン）（食品（車海老な		§5①

措置命令（消表対594）	ステムズ	ど）） 公正取引766号62頁	③「車海老の豆板醤ソース炒め」と記載することにより，あたかも，記載された料理にクルマエビを使用しているかのように表示していた。 ④「車海老と春雨の土鍋煮込み」と記載することにより，あたかも，記載された料理にクルマエビを使用しているかのように表示していた。 ⑤「車海老のかんざし炒め金華ハムを添えて」と記載することにより，あたかも，記載された料理にクルマエビを使用しているかのように表示していた。 ⑥「車海老の甘辛炒めクンポースタイル」と記載することにより，あたかも，記載された料理にクルマエビを使用しているかのように表示していた。 ⑦「芝海老チャーシュー入り炒飯」と記載することにより，あたかも，記載された料理にシバエビを使用しているかのように表示していた。 ⑧「芝海老，隠元豆，百合根，木くらげの炒め」と記載することにより，あたかも，記載された料理にシバエビを使用しているかのように表示していた。 ⑨「芝海老とカシューナッツの炒め」と記載することにより，あたかも，記載された料理にシバエビを使用しているかのように表示していた。 ⑩「芝海老のオムレツ香港スタイル」と記載することにより，あたかも，記載された料理にシバエビを使用しているかのように表示していた。 ⑪「芝海老のサクサク揚げ」と記載することにより，あたかも，記載された料理にシバエビを使用しているかのように表示していた。 ⑫「車海老，帆立貝柱，中国野菜の炒め」と記載することにより，あたかも，記載された料理にクルマエビを使用しているかのように表示していた。 ⑬「車海老帆立貝柱烏賊の葱生姜煮込み」と記載することにより，あたかも，記載された料理にクルマエビを使用しているかのように表示していた。 ⑭「車海老と季節野菜の炒め」と記載することにより，あたかも，記載された料理にクルマエビを使用しているかのように表示していた。 ⑮「車海老のキンモクセイソース炒め」と記載することにより，あたかも，記載された料理にクルマエビを使用しているかのように表示していた。 ⑯a　「芝海老の揚げ物マヨネーズソース」と記載することにより，あたかも，記載された料理にシバエビを使用しているかのように表示していた。 b　「芝海老のチリソース煮」と記載することにより，あたかも，記載された料理にシバエビを使用しているかのように表示していた。

			c　「芝海老と野菜の炒め」と記載することにより，あたかも，記載された料理にシバエビを使用しているかのように表示していた。 d　「芝海老入りオムレツ」と記載することにより，あたかも，記載された料理にシバエビを使用しているかのように表示していた。 (3)実際 (i)①・②クルマエビよりも安価で取引されているブラックタイガーを使用していた。③～⑥記載されたパンは他社が製造したものであった。 (ii)①～⑥⑫～⑮クルマエビよりも安価で取引されているブラックタイガーを使用していた。⑦～⑪⑯シバエビよりも安価で取引されているバナメイエビを使用していた。	
〔221〕 2013/12/26 措置命令 (消表対598)	アップリカ・チルドレンズプロダクツ㈱	製造販売(マタニティー・ベビー用品(ベビーカー)) 第5版52頁	(1)対象商品役務 「AirRia」(エアリア) と称するベビーカー (2)表示の概要 (a)期間 ア　平成25年3月1日～10月17日 イ　平成25年3月25日～10月17日 ウ　平成25年3月1日～10月18日 エ　平成25年4月15日発売 (b)媒体 ア　「AirRia」と題するリーフレット イ　「BREATHAIR®」と題するリーフレット ウ　自社ウェブサイト エ　「たまごクラブ5月号」と称する雑誌 (c)表示内容 (例示) (b)ア～エにおいて，以下のように記載し，あたかも，対象商品のシート部分が，自社従来品のシート部分 (内部にウレタンを使用) に比して約11倍の通気性を有するかのように表示していた。 「AirRia エアリア 新登場」, 「新素材ブレスエアー® 搭載！」, 「『ムレ』と『振動＊』からやさしく守る，空気をまとったクッション。＊アップリカ調べ」,	§5①

<table>
<tr><td></td><td></td><td></td><td>「通気性バツグンでいつでも快適」，「通気性がウレタンの約11倍!!」，
「※エアリアはブレスエアー®を座面に使用しています。」
(3)実際
対象商品のシート部分において，ほとんど通気性を有しないポリエステル素材により，「ブレスエアー」と称する素材を覆っていた。さらに，他の素材も重ねており，対象商品のシート部分は，全く通気性が認められないものであった。
※「通気性がウレタンの11倍!!」の表示とともに，棒グラフで効用を視覚化していた。
※2013年12月26日付でHPにお詫び告知。「広告の内容は2013年10月18日までに改訂済みであり，また対象製品以外の弊社ベビーカーに係る広告等における問題はございません」とすると共に，フリーダイヤルの番号を記載。
※幼児は体感について表現できないため，苦情等が事業者に届きにくく，被害が拡大するおそれがあるとの指摘がある（公正取引767号68頁）。</td><td></td></tr>
<tr><td>〔222〕
2014/1/21
措置命令
（消表対4）</td><td>㈱きむら</td><td>小売（食品（うなぎ蒲焼））

公正取引769号75頁</td><td>(1)対象商品役務
愛知県西尾市一色町産のうなぎ及び同うなぎを用いたうなぎ蒲焼
(2)表示の概要
(a)期間
ア　平成25年7月21日
イ　平成25年7月20日～22日
ウ　平成25年7月19日～22日
(b)媒体
ア　新聞の折り込みチラシ
イ　自社ウェブサイト
ウ　テレビコマーシャル
(c)表示内
ア　「愛知県三河一色産　うなぎ蒲焼　1本 1,980円より」容
「愛知県三河一色産 生うなぎ（養殖）大1本 1,780円」
等と記載することにより，あたかも，対象商品を販売するかのように表示していた。
イ　「愛知県三河一色産　うなぎ蒲焼　1本 1,980円より」
などと記載することにより，あたかも，対象商品を販売するかのように表示していた。</td><td>§5③
（おとり広告）</td></tr>
</table>

			ウ 「うなぎ蒲焼（愛知三河一色産） 7月22日(月)土用の丑の日」 等の映像を放送することにより，あたかも，対象商品を販売するかのように表示していた。 (3)実際 きむらは，対象商品を仕入れておらず，対象商品の全部について取引に応じることができないものであった。 ※特に一色産を強調した表示ではない。	
〔223〕 2014/1/28 措置命令 （消表対20）	㈱シニア	教育（家庭教師） 公正取引770号53頁	(1)対象商品役務 家庭教師派遣に係る役務 (2)表示の概要 (a)期間 平成24年7月ころ～平成25年6月20日 (b)媒体 自社ウェブサイト (c)表示内容（例示） 以下のように記載することにより，あたかも，対象役務について，毎月の「指導料金」と称する費用以外に一切の費用を支払う必要なく，対象役務の提供を受けることができるかのように表示していた。 ア 「小学生の方の指導料金」 「シニアだけのシンプル&安心明瞭な料金(振込制)」,「費用関連の重要事項のご説明」,「1登録料・運営費 等」, 「当社の場合，登録料，保証金，預り金，管理費，維持費，サポート費，カリキュラム費，運営費，年会費，解約金，違約金等は，一切かかりません。」 イ 「ご入会前によくいただくご質問」 「Q：何社か説明を聴きましたが，広告の料金と説明時の料金が全く違うようですが…」, 「A：当社の場合，週1回の指導で月々12,500円(税込み13,125円)または月々15,200円(税込み15,960円）です。」, 「これ以外に管理・維持・サポート費等は一切お預かりしておりませんので，ご安心ください。」 (3)実際	§5②

			対象役務の提供を受けるためには，毎月の「指導料金」と称する費用の支払が必要であるほか，21,000円の「入会金」と称する費用を負担することが必要となるものであった。 ※平成26年６月10日時点で，ウェブサイトにおいては，月々料金12,500円の他に，入会金20,000円（税別）がかかることが明示されている。	
〔224〕 2014/3/20 措置命令 （消表対131）	㈱くるまや・LeO	販売（中古自動車） 第５版151頁	**【修復歴についての虚偽表示【優良誤認】】** (1)対象商品役務 中古車６台 (2)表示の概要 (a)期間 （発売日）平成24年４月５日ころ～平成25年１月17日 (b)媒体 中古車情報誌 Goo 東北版2012.5.5号～2013.2.17号 (c)表示内容 「Goo 東北版」において，「修無」と記載することにより，あたかも，当該中古自動車の車体の骨格部位に修復歴がないかのように表示していた。 (3)実際 該当の中古自動車６台は，オートオークションからの仕入れ時に提示されるオークション出品票又はオークション出品申込書に，車体の骨格部位が損傷するなどの修復歴を示す記号が記載された修復歴があるものであった。 **【取引に応じることができない中古自動車に係る表示（おとり広告告示第１号）】** (1)対象商品役務 中古車７台 (2)表示の概要 (a)期間 （発売日）平成24年６月21日～平成24年10月４日 (b)媒体 中古車情報誌 Goo 東北版2012.7.21号～2012.11.04号 (c)表示内容 当該中古自動車の情報を掲載することにより，あたかも，発売日以降，当該中古自動車を	§５①③

			販売することができるかのように表示していた。 ⑶実際 記載の中古自動車7台は，発売日よりも前に売買契約が成立しており，取引に応じることができないものであった。 **【取引する意思がない中古自動車に係る表示（おとり広告告示第4号）】** ⑴対象商品役務 中古自動車「プレオ・ニコット」 ⑵表示の概要 (a)期間 （発売日）平成24年3月15日～平成25年2月21日 (b)媒体 中古車情報誌Goo東北版2012.4.15号～2012.3.21号 (c)表示内容 当該中古自動車の情報を掲載することにより，あたかも，発売日以降，当該中古自動車を販売することができるかのように表示していた。 ⑶実際 記載の中古自動車は，くるまや・LeOが代車として使用していたため，一般消費者から取引の申出があった場合には取引を拒否することとしており，取引する意思がないものであった。	
			【㈱アシストの表示】 ⑴対象商品役務 携帯型除菌グッズ「空間除菌ブロッカーCL-M50」 ⑵表示の概要 (a)期間 平成24年10月1日～ (b)媒体 自社ウェブサイト (c)表示内容 対象商品について，	

<table>
<tr>
<td>〔225〕
2014/3/27
措置命令
（消表対
134～150）</td>
<td>㈱アシスト
ERA Japan㈱
㈱エイビイエス
大木製薬㈱
紀陽除虫菊㈱
㈱クオレプランニング
㈱阪本漢法製薬
㈱ザッピィ
CKK インターナショナル㈱
新光㈱
大幸薬品㈱
㈱中京医薬品
㈱ティエムシィ
㈱東京企画販売
㈱ヒュー・メックス
㈱プライス
レッドハート㈱</td>
<td>日用品雑貨販売（除菌グッズ）

第5版80頁

公正取引771号67頁</td>
<td>「二酸化塩素の強力パワーでウイルス・菌を除去！」，
「空間除菌ウイルス除去悪臭解消花粉対策」，
「効果長持ち40日間」，
「気になるニオイも解消！」，
「身につけるだけで約1m³以内の空間を浄化！」，
「使い方はかんたん！　ストラップで首からぶらさげたりネームホルダー等で胸につけて携帯するだけ」，
「こんな方々に最適です　オフィス　介護施設　学校・幼稚園　接客業　ドライバー　医療関係　いろいろな場所で空間除菌ブロッカーは活躍しています」，
「二酸化塩素が持つ強力な除菌力　二酸化塩素は分子内の酸素による酸化作用により，ウィルスや細菌のタンパク質を酸化し，悪臭の原因物質も酸化分解します。　二酸化塩素は通常の塩素と比べ，約2.5倍の強力な除菌力（酸化力）を持ち，その除菌速度は塩素の3倍にもなります。」，
「空間除菌ブロッカーの消臭と除菌効果　■排泄臭・生ゴミ臭（メルカプトエタノール使用）■ウィルスブロッカー除菌効果判定試験」と記載の表
と記載することにより，あたかも，対象商品を身に着けて使用するだけで，オフィスや介護施設内などの生活空間における身の周りの約1m³の範囲内で，対象商品から放出される二酸化塩素がウイルス及び菌を除去し，悪臭を解消し，また，花粉対策として有効であるなど，対象商品が身の周りの約1m³以内の空間を浄化するかのように示す表示をしていた。
⑶実際
消費者庁は，景品表示法第4条第2項（現7条2項）の規定に基づき，㈱アシストに対し，当該表示の裏付けとなる資料の提出を求めた。㈱アシストは，期間内に表示に係る裏付けとする資料を提出したが，当該資料は，表示の裏付けとなる合理的な根拠を示すものであるとは認められないものであった。
【その他備考】
・2014年5月8日付で「お詫びとお知らせ」を掲載。
その後，「new ウィクリア GEL」として販売し，「※広さ，換気回数，設置場所などのご利用環境により，成分の広がりは異なります。」との打消し表示を入れている（㈱坂本漢方製薬）。</td>
<td>§5①
7 II</td>
</tr>
</table>

・納豆菌やオゾンなど，他物質との消臭効果の比較のマトリックスを記載して，合理的根拠があるかのような表示としている（㈱ザッピイ）。

・2014年5月13日付で社長からの「謹告」としてお詫びを掲載し，同年6月8日時点で，ウェブサイトの「製品案内」から「スペースウォッシャー」の記載は消えている（㈱ザッピィ）。

・2014年4月10日付でウェブサイトに「当社に対する措置命令の内容に関して」を記載。顧客問い合わせ用フリーダイヤルの電話番号も記載。

一方で，ハイパーバリアについては，トップページにモデル女性が首から同商品を提げた写真を掲載したままとなっている（2014年6月8日時点）（CKK インターナショナル㈱）。

・複数製品に特許登録番号を記載している（大幸薬品㈱）。

・ウェブサイトでは，3月29日付でお詫びの告知を行っているが，「ウェブサイトで使用されている該当表現について，「＊ご利用環境により成分の広がりは異なります。」という注意文言を入れる等，速やかに修正を行ないました。弊社では，二酸化塩素分子には，ウイルスや菌を除去し，カビの生育を抑制し，消臭する働きがある事を確認しており，今後も，実製品による一般居住空間等での検証を繰り返し，その結果を元にしてわかりやすく誤解のない広告表記を行ってまいります。」としている（大幸薬品㈱）。

・臭い成分の減少をグラフ化したり，化学的な知見により消臭のメカニズムを説明解説している（㈱中京医薬品）。

・①「ウイルス対策」のフォントがひときわ大きく，ウイルス除去効果を強調。②「ウイルスガード・ゲル空間除菌中」を複数のページに記載。フォントも大きい（㈱ティエムシィ）。

・17社のうち㈱東京企画販売のみ，有利誤認表示についても措置命令がされている。

・「ウイルス不活性化試験」の結果を記載し，合理的根拠があるかのような表示をしている（㈱ヒュー・メックス）。

・「精製水」と比較した「ウイルス不活性化試験」の結果を記載し，合理的根拠があるかのような表示となっている（㈱プライス）。

・17社が提出した資料は，例えば，密閉空間において二酸化塩素ガスを使用した試験結果や二酸化塩素水溶液の試験結果など，いずれも表示された効果，性能と提出資料によって実証された内容が適切に対応しているとはいえないものであった（公正取引771号69頁）。

・除菌効果のグラフも掲載しており，合理的な根拠を有するかのような外観となっている（㈱アシスト）。

			※販売は継続しているもよう。ウェブサイトの製品案内には，「密閉空間による試験　二酸化塩素ガス発生剤による浮遊ウイルスの抑制性能評価試験：密閉された1 m³の試験チャンバー内の1分間あたりの浮遊ウイルス数の対数値から求めたウイルス減少率が二酸化塩素ガス発生（0.05ppm 設定）から55分で99%に達した結果による。 大気の流れ，周囲の状況等によって期待される効果を得られない場合があります。また，本品は屋内のウイルスや菌，カビをすべて除去できるものではありません。」 等々の打消し表示が加わっている（大木製薬㈱）。	
〔226〕 2014/5/1 措置命令 （消表対208）	㈱エム・エイチ・シー	販売（家庭用電気機具（車内空気清浄雑貨））	(1)対象商品役務 「蘇生イオンR空気活性器 旅の恋人」と称する商品 (2)表示の概要 (a)期間 ア　平成25年11月14日～12月28日 イ　平成25年1月25日～12月4日 (b)媒体 ア　「噂の商品！通販リサーチ社」と称するテレビショッピング番組 イ　日刊新聞紙に掲載した広告 (c)表示内容（例示） ア　前記(b)アにおいて，次のように音声等を放送することにより，あたかも，対象商品を車内や室内等で使用することで，当該空間において，対象商品に内蔵された「活性石」，「イオン活性パウダー」，「ゲルマニウム」と称する物質の相乗効果により，ウイルスが除去され，抗ウイルス・除菌効果が生じるとともに，ニコチンが除去され，消臭されるかのように示す表示をしていた。 「車内やお部屋を快適空間にしてくれる」 「挿し込みますと，内蔵された祖母山の活性石，イオン活性パウダー，99.999パーセントの純度に近いゲルマニウムとの相乗効果で快適空間にしてくれるという商品なんですね。」 「実はですね，ウイルスを98.4パーセント以上除去したり，嫌な臭いのニコチン，これも89パーセント以上を除去，という風に，抗ウイルス，除菌，さらには，消臭までしてくれるということなんですね。」 イ　前記(b)イにおいて，平成25年1月25日に発行された朝日新聞東京本社版に掲載された	§5① 7 II

			広告にあっては，次のように記載することにより，あたかも，対象商品を車内や室内等で使用することで，当該空間において，イオンの働きやイオンと「活性石」と称する物質の相乗効果により，インフルエンザウイルス及び黄色ブドウ球菌が除菌され，ニコチン，タール，ホルムアルデヒド及びアンモニアが除去され，脱臭・抗菌効果が生じるかのように示す表示をしていた。 「イオンと活性石の相乗効果で こんなにスゴイ実験結果が！」 「インフルエンザウイルス98.4%以上除菌」 「黄色ブドウ球菌99.6%除菌」 「ニコチン89%以上除去」 「タール91%以上除去」 「ホルムアルデヒド39%除去」 「アンモニア36%除去」 「車はもちろん，こんな場所でも使えます！」 「トイレの嫌なニオイを除去。脱臭・抗菌効果で快適な空間に！」 (3)実際 消費者庁は，景品表示法第4条第2項（現7条2項）の規定に基づき，㈱エム・エイチ・シーに対し，当該表示の裏付けとなる合理的な根拠を示す資料の提出を求めたところ，㈱エム・エイチ・シーから資料が提出された。しかし，当該資料は当該表示の裏付けとなる合理的な根拠を示すものとは認められなかった。 ※車内や室内等において，自動車のシガーソケット又は付属のACアダプターに挿し込むことにより使用する商品である。	
			(1)対象商品役務 進学会が運営する学習塾において一般消費者に提供する学校教育の補習教育及び学習指導に係る役務 (2)表示の概要 (a)期間 平成23年5月23日～平成25年3月11日 (b)表示媒体 進学会が運営する学習塾のうち，「北大学力増進会」，「東北大進学会」及び「名大進学会」	

〔227〕 2014/5/20 措置命令 （消表対 238）	㈱進学会	教育（学習塾（主に高校受験）） 公正取引 772号64頁	と称する学習塾に係る新聞折り込みチラシ (c)表示内容（例示） 各学習塾について，次のように記載することにより，あたかも，対象役務に係る学習塾における講師の98パーセントが国公立大学・大学院出身者であるかのように示す表示をしていた。 ア　「北大学力増進会」と称する学習塾において提供する対象役務について， 「国公立大出身98%増進会・進学会全国講師出身大学構成比　精鋭講師陣が皆さんを指導！」， 「■塾は講師で決まる！　『塾は講師で決まる』の言葉にあるように，当会は有名国立大出身の講師を中心に，厳しい研修を積み重ねてきた精鋭講師陣がみなさんの指導にあたります。増進会で『講師の力』を実感して下さい！」 等と記載するとともに，氏名及び卒業した　国公立大学・大学院の名称を併記した自社講師の写真を掲載していた。 イ　「東北大進学会」と称する学習塾において提供する対象役務について 「国公立大出身98%増進会·進学会全国講師出身大学構成比精鋭講師陣が皆さんを指導！」， 「■塾は講師で決まる！　当会は有名国公立大出身の講師を中心に，厳しい研修を積み重ねてきた精鋭講師陣が　みなさんの指導にあたります。進学会で『講師の力』を実感して下さい！」 等と記載するとともに，氏名及び卒業した国公立大学・大学院の名称を併記した自社講師の写真を掲載していた。 ウ　「名大進学会」と称する学習塾において提供する対象役務について， 「国公立大出身98%増進会・進学会全国講師出身大学構成比精鋭講師陣が皆さんを指導！」 等と記載するとともに，氏名及び卒業した国公立大学・大学院の名称を併記した自社講師の写真を掲載していた。 (3)実際 対象役務に係る学習塾における講師のうちの国公立大学・大学院出身者が占める割合は，約14パーセントにすぎないものであった。 ※教育産業において，学費・合格実績以外では，平成16年以降初めての類型と思われる。 ※講師が国公立大学を卒業していないからと言って，即講師の技量が低いという訳では勿論ないが，「国公立卒業の経歴」をことさら強調しているとともに，「国公立大出身98%」	§5①

			を謳っておきながら，現実には14%にとどまるなど，悪質な事案であるといえよう。 ※ちなみに，「北大進学会」「東北大進学会」等とあるが，講師らが担当していたのは小中学生向けの講座である。 ※2014年6月6日時点で，特にこの件についてウェブサイトなどで告知はされていなかった。	
〔228〕 2014/6/13 措置命令 (消表対263)	ステラ漢方㈱	健康食品販売（ダイエット食品）	(1)対象商品役務 「カロリストン -PRO-」と称する食品 (2)表示の概要 (a)期間 平成25年11月下旬～平成26年5月1日 (b)表示媒体 自社ウェブサイト (c)表示内容 「えっ!? 普段の食事のままで…!!」と題し，「もうリバウンドしない『理想の姿』になりたい!!」，「食べたカロリーを!! 今までにないダイエット」，「カロリーを気にしないって幸せ！」等と記載することにより，あたかも，本件商品を摂取するだけで，特段の運動や食事制限をすることなく，容易に著しい痩身効果が得られるかのように示す表示をしていた。 (3)実際 表示について，消費者庁は，景品表示法第4条第2項（現7条2項）の規定に基づき，ステラ漢方㈱に対し，当該表示の裏付けとなる合理的な根拠を示す資料の提出を求めた。ステラ漢方㈱は，当該期間内に表示に係る裏付けとする資料を提出したが，当該資料は，当該表示の裏付けとなる合理的な根拠を示すものであるとは認められないものであった。 ※消費者庁は，同日付で「いわゆる健康食品の表示に関する消費者の皆様へのお知らせ」をリリースしている。 ※同日16時56分，Yahoo！ニュースがリリース（5億円売り上げたとのこと）。 ウェブサイトにお詫びもアップされる。 専用フリーダイヤルも明記。 ※「普段の食事のままで」を強調。 ※「ダイエット成功の葉書」としてユーザーの直筆の感想を掲載。	§5① 7 II

			※商品が到着して10日間は返品を認める制度も記載していた。 ※某ダイエット商品クチコミサイトでは，「多数の自作自演があったので閉鎖しました」とも表示されている。 ※他にも自作自演と思われるサイトが見られる。	
〔229〕 2014/6/27 措置命令 （消表対238）	新光通販㈱	販売（衣料（高齢者用尿漏れ防止下着）） 公正取引774号69頁	⑴対象商品役務 下着（高齢者用尿漏れ防止下着） ダンディトランクス30，ダンディ「いき」30，ダンディ「いき」80，ダンディ「いき」120，ダンディ「いき」200，ダンディ「いき」ボクサータイプ30，ダンディ「いき」ボクサータイプ80，ダンディ「いき」ボクサータイプ120，ダンディ「いき」ボクサータイプ200，エレガンス「れい」30，エレガンス「れい」80，エレガンス「れい」120，エレガンス「れい」200，すいすいパンツ130cc，NEW 楽々安心ショーツ，安心さわやかパンツ200cc 女性用の16品目 ⑵表示の概要 (a)期間 ア　平成22年１月ころ～平成25年11月ころ イ　平成21年12月30日～平成25年12月31日 ウ　平成21年４月ころ～平成25年11月ころ (b)媒体 ア　日刊新聞紙等に掲載した広告 イ　「元気はつらつ特報」等と称する商品カタログ ウ　自社ウェブサイト (c)表示内容（例示） ㋐「ダンディトランクス30」と称する本件商品について，平成25年11月30日に発行された読売新聞に掲載した広告（②-１）において，「中高年の快適生活応援 毎日が安心」，「残尿モレに安心な爽やかトランクス」，「裾が広くても吸水パッドも広いので，横モレもありません。」，「最大吸収量30cc」と記載するなど，日刊新聞紙等に掲載した広告において，本件商品について，表示期間の間に記載することにより， ㋑「ダンディ「いき」120」と称する本件商品について，平成25年９月30日に配布した「元気はつらつ特報 秋冬号 Vol. 23」と称する商品カタログ（②-２）において，	§5①

			「ちょいモレから大容量まで中高年の悩みに対応 ひかり爽快パンツ」，「◆お出かけや，長時間の会合に，大容量で安心の失禁パンツ」，「吸水部分は安心の６層構造で120cc を吸収。旅行やご宴会など，トイレが不安な場合に大変便利です。」，「最大吸収量120cc」と記載するなど，商品カタログにおいて，本件商品について，表示期間の間に，表示内容のとおり記載することにより， (ウ)「安心さわやかパンツ200cc 女性用」と称する本件商品について，平成21年12月ころから平成25年11月ころまでの間に，自社ウェブサイトにおいて，「長時間も安心 瞬く間に吸い込まれていく牛乳瓶一本分の水分」，「200cc 吸収」，「●広範囲に設置された大量吸水パッドで，失禁数回分も，強力に吸い込みます。」，「女性特有のいきなり大量に出てしまう失禁や，旅行中や，安眠を妨げる夜間の失禁にも」と記載するなど，自社ウェブサイトにおいて，本件商品について，表示期間の間に，「表示内容のとおり記載することにより，あたかも，本件商品を着用することにより，日常生活において失禁した場合でも，吸収量として表示された量までの尿の量であれば，本件商品の外側に尿が漏れ出すことがないかのように表示していた。 (3)実際 実際には，本件商品を日常生活において人が着用して失禁した場合，表示された吸収量を相当程度下回る量で，本件商品の外側に尿が漏れ出すと認められるものであった。 ※失禁症状に悩む消費者が本件商品のような布製の下着を購入するに当たり，どの程度の量までであれば外側に漏れずに使用できるかという表示は，極めて重要な要素であり，当該表示どおりの性能を備えていなかった場合には，人間の尊厳を損なう事態が生じることとなる，と指摘されている（公正取引774号69頁）。	
			(1)対象商品役務 「バイオプレート」と称する器具を用いた「バイオプレート医療」と称する診療に係る役務 (2)表示の概要 (a)期間 遅くとも平成25年７月ころ～平成26年２月21日 (b)表示媒体 自らが運営するウェブサイト (c)表示内容（例示）	

〔230〕 2014/7/4 措置命令 （消表対263）	医療法人社団バイオファミリー	医療（歯科診療所運営（特定器具を用いた診療役務）） 第5版80頁 公正取引775号69頁	「なぜ，バイオプレートで完治を目指せるのか　バイオプレートを歯にはめることで，下あごの位置が正しい位置に誘導されます。奥歯の高さを補うことにより，下顎頭と顎関節のくぼみの間に正常なスペースをつくり，関節円板の損傷や癒着を塞ぐことができるので，ほとんどの顎関節症は完治可能になるのです。また，下あごの位置が正しい位置に誘導されると，左右の下アゴを釣り上げている筋肉の緊張度も左右同じになるために，全身の筋肉の緊張が緩みます。そのため首がまっすぐになり，脊椎へのゆがみも解消されるため，頭痛，肩や首のコリ，腰痛，慢性疲労，不良姿勢，O脚，顔のゆがみ，ヘルニア，坐骨神経痛から解放されます。さらに筋肉が緩むと血行がよくなり，免疫やホルモンバランスを正常に整えます。そのため免疫力が高まりアトピー，アレルギー性鼻炎，不眠症，自律神経失調症，血圧異常，生理痛，生理不順，不妊症，更年期障害などから解放されます。」， 「バイオプレート治療は，下あごのずれから生じる150もの慢性疾患を治療する治療法です。」， 「そしてこの治療は対症治療ではなく，原因除去による治療であるため，的確な治療法がなくて長年困られていた方にとっては，特効的作用に驚かれます」 等と記載することにより，あたかも，対象役務の提供を受けることにより，顎関節症，睡眠時無呼吸症候群，腰痛，椎間板ヘルニア，坐骨神経痛などの特定の疾患又は症状が治療または改善するかのように示す表示をしていた。 (3)実際 表示について，消費者庁は，景品表示法第4条第2項（現7条2項）の規定に基づき，バイオファミリーに対し，当該表示の裏付けとなる合理的な根拠を示す資料の提出を求めた。バイオファミリーから資料は提出されたが，当該資料は当該表示の裏付けとなる合理的な根拠を示すものとは認められなかった。 ・2013年7月までの1年間で，この治療による売り上げは約2億円だったと報道されている。	§5① 7 II
〔231〕 2014/7/17 措置命令 （消表対314）	(有)プライムワン	販売（健康食品等（ダイエット食品））	(1)対象商品役務 「トリプルバーナー」と称する商品 (2)表示の概要 (a)期間 ア　平成24年8月10日発売及び同年10月10日発売（「2012年9月号」及び「2012年11月号」）	

			イ　平成25年1月26日発売（「2013年3月号」） (b)媒体 ア　「絶対恋愛 Sweet」と称する雑誌 イ　「Sweet ロマンス」と称する雑誌 (c)表示内容 「飲むだけ簡単！ 脂肪燃焼専用サプリトリプルバーナー」， 「3大脂肪中性脂肪内臓脂肪皮下脂肪を3種の脂肪燃焼専用サプリで徹底燃焼」， 「余分な脂肪は1gだって残さない！」， 「このサプリで失敗した人は1,000人中，たった1人だけ！」 等と記載することにより，あたかも，対象商品を摂取するだけで，体脂肪を燃焼させ，容易に著しい痩身効果が得られるかのように示す表示をしていた。 (3)実際 消費者庁は，景品表示法第4条第2項（現7条2項）の規定に基づき，プライム・ワンに対し，当該表示の裏付けとなる合理的な根拠を示す資料の提出を求めた。プライム・ワンから資料は提出されたが，当該資料は当該表示の裏付けとなる合理的な根拠を示すものとは認められなかった。	§5① 7 II
〔232〕 2014/7/24	㈲ミート伊藤	小売（食品	(1)対象商品役務 牛肉，豚肉及び鶏肉 (2)表示の概要 (a)期間 ア　平成23年5月28日～平成25年12月29日 イ　平成24年11月28日～平成25年12月29日 (b)媒体 ア　新聞折り込みチラシ イ　テレビコマーシャル (c)表示内容（例示） ミート伊藤は，毎月29日等に実施する「肉の日」等と称する売出し（以下「特定日の売出し」という。）に際して，対象商品を一般消費者に販売するに当たり，商品パッケージにおいて，対象商品ごとの価格（以下「個別価格」という。）を記載するとともに，次のように	§5②

措置命令 （消表対 313）		（牛肉等））	記載等することにより，あたかも，特定日の売出しにおいては，対象商品を通常時の販売価格の半額で販売するかのように表示していた。 ア　新聞折り込みチラシ（例示） 平成25年５月23日に，愛媛県宇和島市内に配布した新聞折り込みチラシにおいて，「５月29日（水）肉の日限り」と記載した上で，「牛肉 豚肉 鶏肉 当日表示価格より 半額」と記載 イ　テレビコマーシャル 愛媛県内及び高知県内で放送されたテレビコマーシャルにおいて，「毎月29日は肉の日!!」等の映像等を放送した上で，「牛肉が半額！ 当日表示価格より」等の映像及び「牛肉が半額」等の音声を放送した。 (3)実際 実際には，特定日の売出しにおいて，ミート伊藤が対象商品の商品パッケージに記載した個別価格の多くは，通常時の販売価格が一旦引き上げられたものであって，通常時の販売価格の半額ではなかった。	
〔233〕 2014/9/19 措置命令 （消表対 424）	㈱ハーブ健康本舗	販売（健康食品（ダイエット食品）） 第５版79頁	(1)対象商品役務 「カロピタスリム　オールクリア」と称する食品 (2)表示の概要 (a)期間 平成24年11月ころ～平成26年１月８日 (b)媒体 自社が運営するウェブサイト (c)表示内容（例示） 「食べたこと，なかったコトに!?」「３大パワーでオールクリア！『あまい』も『こってり』も『どっしり』もまとめてカロピタ！」「これらの自然植物が，糖分・脂質・炭水化物のカロリーをサポート。」，「ダイエット中の“食べたい”気持ちを力強く応援します。」等と記載することにより，あたかも，対象商品を摂取するだけで，食事からのカロリー摂取を阻害し，特段の運動や食事制限をすることなく，容易に著しい痩身効果が得られるかのように表示していた。 (3)実際 上記表示について，消費者庁は，景品表示法第４条第２項（現７条２項）の規定に基づき，	

			㈱ハーブ健康本舗に対し，上記表示の裏付けとなる合理的な根拠を示す資料の提出を求めた。㈱ハーブ健康本舗から資料は提出されたが，当該資料は当該表示の裏付けとなる合理的な根拠を示すものとは認められなかった。 ※消費者庁及び公正取引委員会事務総局九州事務所の調査の結果と公表されている。 ※本年６月に，同じく福岡市所在のステラ漢方株式会社が，ダイエット商品の不実証広告によって措置命令を受けたばかり。 ※2012年５月の販売開始から2014年７月までで，１袋1,500円前後で約15万袋を販売し，売り上げは約２億円だったと報道されている（msn 産経ニュース2014年９月29日）。 ※社長は，インタビューで「25歳の時に父親が亡くなり，健康にかかわる仕事がしたいと起業した」「ブームを追うのではなく，顧客満足を第一に考えている」等と回答している。当初は健康茶を５gパックにしたことが当たり，平成20年に直販に参入したとのこと。 ※複数のファッションモデルのブログで，「カロピタスリム」をリコメンドする記事が掲載されている(2013.1.24，2013.2.26，2014.6.24)。後者二者は(同一人によるブログ記事)，ブログ主宰企業による「公認」マークが付されている記事であり，ブロガーが事業者が謝礼を得て掲載している記事である。	§５① ７Ⅱ
〔234〕 2014/10/		飲食店業等 (牛肉)	(1)対象商品役務 ㈱木曽路が「木曽路」と称する飲食店において提供する料理 (2)表示の概要 (a)期間 平成24年８月ころ～平成26年８月15日（店舗及び提供する料理により表示期間は異なる） (b)媒体 メニュー，店頭看板及び自社ウェブサイト（店舗及び提供する料理により表示媒体は異なる） (c)表示内容（例示） ア　「木曽路北新地店」と称する飲食店において対象料理を一般消費者に提供するに当たり，平成24年８月10日から同年12月31日までの間，「松阪牛しゃぶしゃぶコース」と称する対象料理について，「松阪牛　入荷いたしました　木曽路が目利きした，最高級の松阪牛をお楽しみください」と記載した上で「松阪牛しゃぶしゃぶコース」と記載するなど，あたかも，記載の料理に松阪牛を使用しているかのように示す表示をしていた。	

15 措置命令 （消表対 424）	㈱木曽路	 公正取引 776号69頁	イ 「木曽路神戸ハーバーランド店」と称する飲食店において対象料理を一般消費者に提供するに当たり，平成25年８月10日から同年12月31日までの間，「松茸としゃぶしゃぶコース松阪華（松阪牛）」と称する対象料理について，「松坂華（松阪牛）」と記載するなど，あたかも，記載の料理に松阪牛を使用しているかのように示す表示をしていた。 ⑶実際 ㋐対象料理にあっては，平成24年12月ころから平成26年７月17日までの間，大部分について，松阪牛ではない和牛の肉を使用していた。 ㋑対象料理にあっては，一部について，松阪牛ではない和牛の肉を使用していた。 ※平成26年８月14日に社内調査で偽装が判明した旨発表するとともに，記者会見を行っていた。 ※日経新聞が平成26年10月７日付朝刊で措置命令がなされる旨報道していた。 ※平成26年８月中に社長が謝罪会見を開くとともに，９月10日付で弁護士を委員長とする第三者委員会を設置する旨告知している。 ※㈱木曽路は東証１部・名証１部上場企業であるが，10月10日付で業績予想を修正している。 ※㈱木曽路の平成26年９月の売上高は前年同月比87.43％となっている。	§５①
〔235〕 2014/10/ 23 措置命令 （消表対 474）	㈱豆千待月	施設（旅館，温泉，食品（牛肉））	【温泉表示について】 ⑴表示の概要 (a)期間 平成24年11月中旬～平成26年３月17日 （表示媒体ごとに表示期間は異なる。） (b)媒体 「楽天トラベル」と称する旅行情報ウェブサイト等 (c)表示内容（例示） いち豆に設置した「彩(あや)の湯」，「匠(たくみ)の湯」及び「幸(さち)の湯」と称する貸切浴場のそれぞれの浴槽における温水について，「貸切露天風呂 当館の貸切露天風呂は1300ｍの地下より湧き出る良質な温泉。とろりとした肌ざわりのお湯は日頃の疲れを癒すのにはもってこいです。日帰り入浴も好評です。」等と記載することにより，あたかも，当該浴槽における温水が，温泉であるかのように表示していた。	

			⑵実際 平成25年8月ころから同年12月17日までの間，当該浴槽における温水は，温泉法（昭和23年法律第125号）第2条第1項に規定する温泉ではなく，水道水を加温したものであった。 **【「天然とらふぐ」表示について】** ⑴表示の概要 (a)期間 遅くとも平成25年10月ころ～平成26年2月末 (b)媒体 「JTBサイト」と称する旅行情報ウェブサイト (c)表示内容（例示） 豆千待月における「貸切露天風呂無料『知多の味覚の王様！』DXとらふぐ会席」と称する宿泊プランについて，「とらふぐ会席大好評!!」，「トラフグ会席（通常料理）［10月1日～3月31日］内容・特色　地元天然とらふぐを使った料理」等と記載することにより，あたかも，当該宿泊プランの利用者に提供する料理に天然のトラフグを使用しているかのように表示していた。 ⑵実際 当該宿泊プランの利用者に提供する料理に，養殖のトラフグ又はトラフグよりも安価で取引されているゴマフグを使用していた。 **【「和牛」表示について】** ⑴表示の概要 (a)期間 遅くとも平成24年10月ころ～平成25年11月末及び平成25年12月上旬～平成26年1月上旬 (b)媒体 「じゃらんnet」と称する旅行情報ウェブサイト等 (c)表示内容（例示） 豆千本館において，例えば，「【1番人気】肉食系集合！　知多牛・あわび会席」と称する宿泊プランについて，「柔らかくてジューシーな地元和牛の知多牛のステーキ」と記載することにより，あたかも，当該宿泊プランの利用者に提供する料理に和牛を使用しているかのように示す表示をしていた。 ⑵実際	5①

			「和牛等特色ある食肉の表示に関するガイドラインについて」（平成19年３月26日18生畜第2676号農林水産省生産局長通知）における和牛の定義に該当しない牛肉を使用していた。	
〔236〕 2014/11/26 措置命令 （消表対494）	㈱ジャストライト	販売（中古自動車）	⑴対象商品役務 中古自動車36台 ⑵表示の概要 (a)期間 平成25年６月７日～平成26年５月25日（車種・掲載媒体によって異なる） (b)媒体 「Goo－net」と称するウェブサイト及び「カーセンサーnet」と称するウェブサイトに開設した「APPLAUSE（アプローズ）VOXY 専門店」と称するウェブサイト (c)表示内容 ①中古自動車27台について表示内容当該中古自動車の走行距離数が同表「表示された走行距離数の数値であるかのように表示をしていた。 ②中古自動車９台について，アプローズ VOXY 専門店サイト「修復歴」欄に「なし」又は「修復歴なし」と記載することにより，あたかも，当該中古自動車の車体の骨格部位に修復歴がないかのように表示していた。 ③（おとり広告）中古自動車34台について，アプローズ VOXY 専門店サイトにおいて，当該中古自動車の情報を掲載することにより，あたかも，同表「表示期間」欄記載の期間に当該中古自動車を販売することができるかのように表示していた。 ⑶実際 ①走行距離計が取り付けられているインストルメントパネルを交換した上で交換後の走行距離計が示す数値を記載したものであって，オートオークションからの仕入れ時に提示されるオークション出品票，車輌説明書等に記載された走行距離数より過少に表示していたものであった。 ②「車種等」欄記載の中古自動車９台は，出品票等に，車体の骨格部位が損傷するなどの修復歴を示す記号等が記載された修復歴があるものであった。 ③中古自動車34台は，売買契約が成立しており，取引に応じることができないものであった。	§５①③
			【㈲プロモート・タカハシの表示】	

〔237〕 2014/11/27 措置命令 （消表対495～497）	㈲プロモート・タカハシ ㈲アーバンオート ㈲シティーオート	販売（中古自動車）	(1)対象商品役務 中古自動車36台 (2)表示の概要 (a)期間 平成25年6月7日～平成26年5月25日（車種・掲載媒体によって異なる） (b)媒体 「Goo－net」と称するウェブサイト及び「カーセンサーnet」と称するウェブサイトに開設した「APPLAUSE（アプローズ）VOXY専門店」と称するウェブサイト (c)表示内容 ①中古自動車8台についてカーセンサー関東版において,「修復無」と記載することにより，あたかも，当該中古自動車の車体の骨格部位に修復歴がないかのように表示していた。 ②中古自動車6台についてGoo首都圏版において,「修無」と記載することにより，あたかも，当該中古自動車の車体の骨格部位に修復歴がないかのように表示していた。 (3)実際 ①オートオークションからの仕入れ時に提示される車両状態票（以下「車両状態票」という。）に，車体の骨格部位が損傷するなどの修復歴を示す記号等が記載された修復歴があるものであった。 ②車両状態票に，車体の骨格部位が損傷するなどの修復歴を示す記号等が記載された修復歴があるものであった。	§5①
			(1)対象商品役務 ①仙台ロイヤルパークホテル及び桂花苑において提供する「岩のり」と称する料理 ②仙台ロイヤルパークホテルにおいて提供する和牛 (2)表示の概要 (a)期間 ①平成23年9月1日～平成26年3月17日 ②平成25年4月1日～平成26年7月22日 （店舗及び提供する料理により表示期間は異なる） (b)表示媒体 ①婚礼用メニュー，チラシ及びメニュー（提供する料理により表示媒体は異なる。）	

〔238〕 2015/2/4 措置命令 （消表対149）	㈱ロイヤルパークホテルズアンドリゾーツ	施設（ホテル）（食品（牛肉等））	②婚礼用メニュー (c)表示内容（例示） ①「A. La. Japone」と称する対象料理について，「黒毛和牛ヒレ肉の低温ロースト 磯の香りをのせた岩海苔のブールコンポーゼを添えて 黒酢ソースと仙台小ねぎのコンビネーションと共に」と記載するなど，あたかも，記載の料理に岩礁等に自生する岩のりを使用しているかのように表示していた。 ②「The Menu on My Message」と称する対象料理について，「ヴァン・ルージュで煮込んだ黒毛和牛頬肉の宝石箱見立て 野菜のロンドと共に」と記載することにより，あたかも，記載の料理に黒毛和牛の頬肉を使用しているかのように表示していた。 (3)実際 ①養殖ののりを使用していた。 ②「和牛等特色ある食肉の表示に関するガイドライン」（平成19年3月26日18生畜第2676号農林水産省生産局長通知）に定められた和牛の定義に該当しない牛の頬肉を使用していた。	§5①
〔239〕 2015/2/10 措置命令 （消表対174）	㈱三貴	宝石，時計，貴金属，食品及び健康食品の販売等（飲料水）	(1)対象商品役務 「プラチナビューティーウォーター」と称する清涼飲料水 (2)表示の概要 (a)期間 ア　平成26年2月15日～25日 イ　平成26年3月11日～4月23日 (b)媒体 日刊新聞に折り込み配布したチラシ (c)表示内容（例示） 「ガンの原因である活性酸素を除去する“プラチナナノコロイド”配合飲料 プラチナビューティーウォーター」， 「プラチナビューティーウォーターは，病気・老化の原因である活性酸素を除去し健康・美容を増進する『プラチナナノコロイド』，脂肪燃焼の働きがある『L－カルニチン』，中性脂肪・コレステロールを低下させる『難消化性デキストリン』が含まれています。」， 「ガンなどの病気・老化の原因の80％以上，お肌のシミ・たるみなどは，活性酸素が原因と言われています。」，	§5①②

			「プラチナを約2ナノメートル（50万分の1ミリメートル）の大きさにしたプラチナナノコロイドは，活性酸素を除去し，体外に排出されます。」， 「全ての病気・老化の原因として，“活性酸素”が深く関わっていると言われています。」などと表示することにより，あたかも，対象商品を摂取するだけで，ガン等の疾病及び老化を予防する効果が得られるかのように表示していた。 ⑶実際 消費者庁は，景品表示法第4条第2項（現7条2項）の規定に基づき，三貴に対し，当該表示の裏付けとなる合理的な根拠を示す資料の提出を求めた。三貴から資料は提出されたが，当該資料は当該表示の裏付けとなる合理的な根拠を示すものとは認められなかった。	
〔240〕 2015/2/16 措置命令 （消表対181～183）	㈲アトム商会 ㈲インテーク ㈱クラッチ	販売（中古自動車）	【アトム商会の表示】 ⑴対象商品役務 中古自動二輪車6台 ⑵表示の概要 (a)期間 （店舗及び提供する料理により表示期間は異なる） (b)媒体 ア　「GooBike 首都圏版」と称する中古自動二輪車情報誌 イ　「GooBike.com」と称するウェブサイトに開設した「バイクショップ アトム」と称するウェブサイト (c)表示内容（例示） ア　中古自動二輪車3台について，GooBike 首都圏版において，走行距離数を記載することにより，あたかも，当該中古自動二輪車の走行距離数が記載の数値のとおりであるかのように表示していた。 イ　中古自動二輪車6台について，バイクショップ アトム ウェブサイトにおいて，走行距離数を記載することにより，あたかも，当該中古自動二輪車の走行距離数が記載の数値のとおりであるかのように表示していた。 ⑶実際 ア　記載の走行距離数は，オートオークションからの仕入れ時に提示されるオートオークション出品票に記載された走行距離数より過少に表示していたものであった。	§5①

			イ　記載の中古自動二輪車６台の走行距離数は，出品票に記載された走行距離数より過少に表示していたものであった。	
〔241〕 2015/2/17 措置命令 （消表対190）	㈱ライフサポート	販売（ダイエット食品）	⑴対象商品役務 「キャルッツ1000」と称する食品 ⑵表示の概要 (a)期間 平成25年４月15日～12月６日 (b)媒体 「快適生活ラジオショッピング」と称するラジオ放送による広告 (c)表示内容（例示） 「今日はなんと，食べ過ぎたと思ったその場で飲んで，お茶碗およそ３杯分のご飯の炭水化物をカット。余分なカロリーが余分な脂肪になる前にすっきりほとんどなかった事にして，１か月でマイナス10キロ以上を達成した方もいらっしゃるダイエットサプリ，キャルッツ1000を御紹介いたします。」， 「白インゲンマメから抽出された大注目のダイエット成分，ファベノールフォースが，ご飯やパンなどに含まれる炭水化物を，なんと４粒で，1000キロカロリーもカット。」， 「1000キロカロリーを消費しようとすると，ウォーキングならおよそ6.5時間，水泳なら25メートルプールを150回も往復する運動量になるんですよ。」， 「油っこいものもお好きなだけ，どうぞ召し上がってください。様々な機関で食事で摂り過ぎたアブラの吸収を抑えると発表されている成分，キノコキトサンが，アブラを徹底ガード。さらに，ダイエット素材のリーンガードが，既に体についてしまった余分なアブラもすっきりとさせて，スリムを徹底的にサポートしてくれるんです。」 などと放送することにより，あたかも，対象商品を摂取するだけで，特段の運動や食事制限をすることなく容易に著しい痩身効果が得られるかのように表示していた。 ⑶実際 消費者庁は，景品表示法第４条第２項（現７条２項）の規定に基づき，ライフサポートに対し，当該表示の裏付けとなる合理的な根拠を示す資料の提出を求めた。ライフサポートから資料は提出されたが，当該資料は当該表示の裏付けとなる合理的な根拠を示すものとは認められなかった。	§５① ７Ⅱ

〔242〕 2015/2/20 措置命令 (消表対 232～235)	アース製薬㈱ 興和㈱ 大日本除蟲菊㈱ フマキラー㈱	製造販売 (日用雑貨 (除虫グッズ))	**【アース製薬㈱の表示】** ⑴対象商品役務 「パポナ虫よけネット W120日用」「パポナ玄関用虫よけネット」 ⑵表示の概要 (a)期間 平成24年３月１日～，平成25年３月１日～(商品により表示期間は異なる) (b)媒体 商品パッケージ (c)表示内容（例示） 「虫よけネット W」， 「240日用」， 「広さの目安 14畳」， 「いやな虫をよせつけない!!」， 「２つの薬剤で速く効く！ 長く効く！」， 「ベランダ 軒下 つるだけ」， ユスリカの絵の記載 「つるだけ，おくだけでいやな虫をよせつけないネットタイプの虫よけです。」， 「トランスフルトリンとエムペントリンの２つの薬剤で虫をよせつけません。」， 「大型ボディで，約14畳空間に効きめが広がります。」， 「本品の有効期間は使用環境により異なりますが，通常約240日間効力が持続します。」， 「適用害虫：ユスリカ，チョウバエ」， 「使用期間：約240日間（使用環境により異なります）」， 「使用の目安：約14畳あたり１個」 と記載することにより，あたかも，本件商品をベランダ等に吊るすなどするだけで，同表「範囲」欄に記載の範囲，同表「期間」欄に記載の期間にわたり，本件商品から放出される薬剤により，ユスリカ及びチョウバエを寄せ付けないかのように表示していた。 ⑶実際 消費者庁は，景品表示法第４条第２項（現７条２項）の規定に基づき，アース製薬㈱に対し，当該表示の裏付けとなる合理的な根拠を示す資料の提出を求めたところ，アース製薬㈱から資料が提出された。しかし，当該資料は当該表示の裏付けとなる合理的な根拠を示	§５① ７II

			すものとは認められなかった。	
〔243〕 2015/2/24 措置命令 （消表対228）	㈲湯迫温泉	施設（旅館）（温泉（旅館内））	⑴対象商品役務 ㈲湯迫温泉が運営する「湯迫温泉　白雲閣」及び「湯迫温泉　健康村」と称する施設（以下「本件施設」という。）において提供する宿泊及び浴場利用役務 ⑵表示の概要 (a)期間 平成16年２月ころ～ (b)媒体 自社ウェブサイト及びパンフレット並びに「岡山市温泉情報・予約ネット」と称する旅行情報ウェブサイト (c)表示内容（例示） （自社ウェブサイト） 「九種類の湯めぐり三昧白雲閣には，併設した健康村も合わせて九種類の温泉がございます。温泉好きの方にきっとご満足いただけることと思います。[効能]：神経痛，リュウマチ，皮ふ病など」， と記載し，あたかも，本件施設において９種類の浴槽に温泉を使用しているかのように示す表示をしていた。 （「岡山市温泉情報・予約ネット」と称する旅行情報ウェブサイト） 「遊び心がそそられる，11種類の湯めぐり天然のお湯は日常がふっと遠のく極楽夢ごこち。全11種類の温泉が，湯遊び心をくすぐります。九種類の湯めぐり三昧白雲閣には，併設した健康村も合わせて九種類の温泉がございます。温泉好きの方にきっとご満足いただけることと思います。[効能]：神経痛，リュウマチ，皮ふ病など」 と記載し，あたかも，本件施設において11種類の浴槽に温泉を使用しているかのように表示していた。 ⑶実際 平成21年ころ以降ほとんど全ての期間において，温泉法（昭和23年法律第125号）第２条第１項に規定する温泉を使用した浴槽は別表「浴場施設名」欄記載の「白雲閣　台湾大岩風呂」の「大岩風呂」及び「ひのき風呂」と称する浴槽の２種類のみであった。	§５①
			【①翠光トップライン②ジェイトップラインの表示】	

〔244〕 2015/2/27 措置命令 （消表対 254～255）	㈱翠光トップライン ㈱ジェイトップライン	建築資材販売・建築工事施工（資材（窓ガラス用フィルム））	(1)対象商品 「シーグフィルム」と称する窓ガラス用フィルム (2)表示の概要 (a)期間（媒体により表示期間は異なる） ①平成16年ころ～ ②平成23年４月１日～ (b)媒体 ①自社ウェブサイト ②リーフレットおよび自社ウェブサイト (c)表示内容（例示） ①「夏の断熱で　冷房費　10％ダウン　室内に入る熱をカット」， 「冬の断熱で　暖房費　10％ダウン　室内から熱を逃がさない」， 「１．夏涼しく，冬暖かい　冷暖房効率が最大40％アップします。」， 「断熱・遮熱フィルムとしての高い効果　放射熱を94％カット！　夏涼しく・冬暖かい部屋を作るから冷暖房効率が30～40％アップします！」， 「夏は，外からの太陽熱の侵入をいかに防ぐかが重要です。シーグフィルムを室内側に張ることで，窓ガラスが室外側から吸収した熱の室内への放射を大幅に抑えます。シーグフィルムを張った窓の放射熱量はなんと通常の窓ガラスの18分の１。熱のほとんどは室外側に放射され，窓ガラスから入る熱が40～50％削減されます。室内が熱くならないから，冷房効率が大幅にアップします！」， 「冬は，外気の影響よりも室内の暖かい空気を外に逃がさないようにすることが大切です。シーグフィルムを室内側に貼ることで，特殊コート層が室内の熱の損失を抑制。」， と記載することにより，あたかも，対象商品を利用すれば，夏季においては対象商品が窓ガラスから入る熱を40％ないし50％削減し，冬季においては対象商品が窓ガラスから逃げる熱を20％ないし30％削減し，冷暖房効率が最大40％向上すると共に冷暖房費が10％低下するかのように表示していた。 ②「シーグを貼付すると，室温が２～６℃変化します　設定温度を２℃変えるだけで空調費は一般オフィスで約25～35％削減できます。一般家庭でも光熱費を約20～30％節約できます。」， 「シーグは空調機の稼働を制限し，省エネルギーに直接貢献します（夏冬共に20～40％抑	§５① ７II

			制)」, 「夏　窓ガラスから入る熱を20～40%軽減し，冷房効率を向上させます。 冬　窓ガラスから逃げる熱を20～30%削減し，暖房効率を向上させます。」, 「フィルム表面の透明なコート層が室内の断熱を行うことによって冷暖房効率が30～40%アップします。」, と記載することにより，あたかも，対象商品を利用すれば，夏季においては対象商品が窓ガラスから入る熱を20%ないし40%削減し，冬季においては対象商品が窓ガラスから逃げる熱を20%ないし30%削減し，冷暖房効率が20%ないし40%向上させるとともに，一般家庭における光熱費を約20%ないし30%節約できるかのように表示していた。 (3)実際 消費者庁は，景品表示法第4条第2項（現7条2項）の規定に基づき，当該表示の裏付けとなる合理的な根拠を示す資料の提出を求めたところ，資料が提出された。しかし，当該資料は当該表示の裏付けとなる合理的な根拠を示すものとは認められなかった。 ※ジェイトップラインは，本件商品を翠光トップラインから仕入れ，自ら又は取引先業者を通じて一般消費者に販売している。	
〔245〕 2015/3/5 措置命令 (消表対249)	(株)タカショー	製造販売(屋外用シェード)	(1)対象商品 「シェードネット」と称する屋外用シェード (2)表示の概要 (a)期間 ア　平成24年8月1日以降 イ　平成24年2月1日以降 ウ　平成24年2月1日～平成26年11月10日 (b)媒体 ア　商品チラシ イ　商品カタログ ウ　自社ウェブサイト (c)表示内容（例示） 「自然の力で快適に… 省エネな暮らしのご提案」 「暑くなる前の猛暑対策」,	§5①

			「気温が約10℃下がります」, 「※当社試験結果より」, 「直射日光を遮るだけでなく，通気性がよいので，シェードの下は気温が平均約10℃下がります。」 等と記載するとともに，効果を強調するような画像を掲載することにより，あたかも，対象商品を使用することで，対象商品の内側の空間部分の気温が約10度低下する効果が得られるかのように表示していた。 (3)実際 対象商品を使用した内側の空間部分の気温が約10度低下するとは認められないものであった。	
〔246〕 2015/3/13		出版（雑誌	(1)対象商品 竹書房が発行する以下の漫画雑誌 ①まんがライフ ②まんがくらぶ ③まんがライフオリジナル ④まんがくらぶオリジナル ⑤本当にあったゆかいな話 ⑥本当にあったゆかいな話 芸能ズキュン！ ⑦まんがライフ MOMO (2)表示の概要 (a)期間および(b)媒体 ①まんがライフ平成24年8月17日発売～平成25年7月17日発売(「2012年10月号」～「2013年9月号」) ②まんがくらぶ平成24年8月4日発売，平成24年9月4日発売，平成25年2月4日発売～7月4日発売まで (「2012年9月号」，「2012年10月号」，「2013年3月号」～「2013年8月号」まで) ③まんがライフオリジナル平成24年8月11日発売～平成25年8月12日発売（「2012年9月号」～「2013年9月号」まで) ④まんがくらぶオリジナル平成24年8月20日発売～平成25年7月22日発売まで(「2012年10	

措置命令（消表対319）	㈱竹書房	懸賞企画）	月号」～「2013年９月号」） ⑤本当にあったゆかいな話平成24年８月30日発売～平成25年７月30日発売（「2012年10月号」～「2013年９月号」まで） ⑥本当にあったゆかいな話 芸能ズキュン！平成24年８月11日発売～平成25年７月13日発売（「2012年９月号」～「2013年８月号」） ⑦まんがライフ MOMO 平成24年８月28日発売～平成25年３月28日発売（「2012年10月号」～「2013年５月号」） (c)表示内容（例示） 対象商品のうち，平成24年８月４日発売の「まんがくらぶ2012年９月号」の誌面上で実施した「お疲れサマー！ リフレッシュプレゼント」と称する懸賞企画において， 「② iPodShuffle＋iTunes カード3000円分 夏を記録しよう♪ ③名様」， 「③超音波美顔器 お肌のお手入れを！ ③名様」， 「④保温弁当箱 持ち運びトート付き☆ ⑤名様」， 「⑤ジェット歯間ブラシ 清潔な歯を！ ③名様」 と記載するなど，あたかも，対象商品の誌面上で実施した懸賞企画において，記載された当選者数と同数の景品類が提供されるかのように表示していた。 (3)実際 上記例示した「まんがクラブ2012年９月号」の懸賞企画の実際の当選者は ②１名（３名と表示）③１名（３名と表示）④１名（５名と表示）⑤１名（３名と表示）であるなど，本件商品の誌面上で実施した懸賞企画においては誌面上に記載された当選者数を下回る数の景品類の提供を行っていた。	§５②
〔247〕 2015/3/20 措置命令（消表対335）	㈱キャリアカレッジジャパン	教育（通信教育講座）	(1)対象商品役務 通信講座に係る役務 (2)表示の概要 (a)期間 ア　平成22年５月25日～平成23年４月30日 イ　平成23年５月16日～平成24年４月30日 ウ　平成24年５月９日～平成24年11月30日 エ　平成24年５月９日～平成24年11月30日	

			オ　平成24年12月7日～平成25年2月25日 カ　平成25年3月1日～平成25年11月27日 キ　平成25年12月1日～25日 ク　平成26年1月1日～29日 ケ　平成26年2月1日～平成26年4月30日 コ　平成26年5月8日～平成26年7月31日 (b)媒体 自社ウェブサイト (c)表示内容（例示） ①(平成26年6月1日～6月30日) 「資格取得！ 応援キャンペーン 全講座 1万円割引実施中 期間限定 2014年6月1日㊐ ⇒ 6月30日㊊まで」, ②(平成26年7月1日～7月31日) 「ハッピーサマーキャンペーン 今なら 全講座 1万円割引 資格取得を受講料割引で強力サポート！ キャンペーン期間 2014年7月1日 ▶ 7月31日(木)まで」 と記載することにより，あたかも，当該期間内において対象役務の受講を申し込んだ場合に限り，正規受講料から1万円の値引きをするかのように表示していた。 (3)実際 上記の通り，期間1,527日中1,471日1万円割引のキャンペーンを行っていた。	§5②
〔248〕 2015/5/1		販売（中古	(1)対象商品役務 中古自動車 (2)表示の概要 (a)期間 ア　平成25年1月10日～平成26年5月8日（掲載誌の発売日） イ　平成25年7月11日～平成26年4月10日（同上） (店舗及び提供する料理により表示期間は異なる) (b)媒体 Goo 関西版（中古車情報誌）	

措置命令（消表対567）	㈱オートアクション	自動車）	(c)表示内容（例示） ア　（5条1号関連）　中古自動車を一般消費者に販売するに当たり，Goo関西版において，「修無」と記載することにより，あたかも，当該中古自動車の車体の骨格部位に修復歴がないかのように表示していた。 イ　（5条3号関連）　Goo関西版において，中古自動車を掲載することにより，あたかも発売日以降に記載の中古自動車を販売することができるかのように表示していた。 (3)実際 ア　記載の中古自動車は，出品票に，車体の骨格部位が損傷するなどの修復歴を示す記号が記載された修復歴があるものであった。 イ　記載の中古自動車は，発売日の日よりも前の日に売買契約が成立しており，取引に応じることができないものであった。	5①③
〔249〕 2015/5/22 措置命令（消表対638）	㈱日本通販	販売（健康食品（ダイエット食品））	(1)対象商品役務 「すこやか酵母」と称する食品 (2)表示の概要 (a)期間 ア　平成26年9月15日　イ　平成26年8月24日～10月13日　ウ　平成26年8月12日及び同年9月23日 (b)媒体 ア　新聞折り込みチラシ　イ　新聞　ウ　雑誌 (c)表示内容（例示） 「ムリな食事制限なしで 12kg体重減！」 「私のダイエットはもうキツイ我慢なし！」 「63.5kgが54kgに減った！」 「ひとつでも当てはまると思ったら… こんな方は今すぐ酵母パワー！」と記載の上で「ダイエットが続かない 10年前より体重増 食事制限は嫌だ ハードな運動はツライ」 「食べてもOK!? そんな減量ケアあり？『炭水化物』対策で注目の酵母パワー！」 「全国から成功談が続々！」と記載の上で「ぜい肉が引き締まった 体重が大幅にダウン！40代でもヤセた！ 二の腕やお腹など，余分なぜい肉が引き締まったんです。体重も大幅減！ 確かに体は軽く動かしていたんですけど，40代でも簡単にヤセるんだとビックリで	§5① 7 II

			す。」 「体重やお肉が簡単にストンと落ちた！」 「発売元に続々と届く 喜びの声」と記載の上で「2か月で6kgも減った！ ◎30歳半ばを過ぎた頃から，余分な所のお肉が気になりだして，酵母ダイエットを始めることに。すると，体重が2か月で6kgも減ったんです。感動です。1日2粒目安飲むだけと簡単で続けやすいのも嬉しいです。」 と記載することにより，あたかも，対象商品を摂取するだけで，特段の運動や食事制限をすることなく容易に著しい痩身効果が得られるかのように表示していた。 (3)実際 消費者庁は，景品表示法第4条第2項（現7条2項）の規定に基づき，㈱日本通販に対し，当該表示の裏付けとなる合理的な根拠を示す資料の提出を求めた。㈱日本通販から資料は提出されたが，当該資料は当該表示の裏付けとなる合理的な根拠を示すものとは認められなかった。	
〔250〕 2015/11/10 措置命令	㈱日本イルムス	販売（健康食品（ダイエット食	(1)対象商品役務 「薬膳めかぶスープ」及び「薬膳めかぶスープ極」と称する即席スープ (2)表示の概要 (ア)表示媒体 牛乳販売業者を通じて一般消費者に配布したチラシ a　薬膳めかぶスープ b　薬膳めかぶスープ極 (イ)表示期間 a　薬膳めかぶスープ 平成26年2月～12月ころ b　薬膳めかぶスープ極 平成27年1月ころ～4月ころ (ウ)表示内容（例示） 次のとおり記載することにより，あたかも，対象商品を摂取するだけで，特段の運動や食事制限をすることなく容易に著しい痩身効果が得られるかのように表示していた。 ○「ネバネバパワーと燃焼力で，強力なスッキリ感！」と記載（薬膳めかぶスープ及び薬膳	§5① 7 II

（消表対1429）		品））	めかぶスープ極） ○「16kg も痩せて，お腹ウエストスッキリ！」と記載（薬膳めかぶスープ及び薬膳めかぶスープ極） ○「超低カロリーだから，無理な食事制限なし！ 1日1杯でOK！」と記載（薬膳めかぶスープ及び薬膳めかぶスープ極） ○「従来より60種も増えた『108種の薬膳薬実』が体の隅々まで浸み渡り，強力なダイエットパワーを発揮！ じっとしていても心地よく活動している状態へとサポートしてくれるので，無理な運動や食事制限の必要はありません。」と記載（薬膳めかぶスープ極） (3)実際 消費者庁は，景品表示法第4条第2項（現7条2項）の規定に基づき，日本イルムスに対し，当該表示の裏付けとなる合理的な根拠を示す資料の提出を求めた。日本イルムスから資料は提出されたが，当該資料は当該表示の裏付けとなる合理的な根拠を示すものとは認められなかった。	
〔251〕 2015/12/3 措置命令 （消表対1496）	源平製薬㈱	製造販売（健康食品（ダイエット食品））	(1)対象商品役務 「LAPURA」と称する食品 (2)対象表示 ア　表示の概要 (ア)表示媒体 a　情報誌 b　新聞 c　無料配布冊子 d　雑誌 e　機関紙 (イ)表示期間 a　平成25年7月26日～平成27年3月6日 b　平成26年3月12日～平成27年2月27日 c　平成26年11月1日及び平成27年2月1日 d　平成26年6月20日～平成27年5月1日 e　平成26年4月1日～平成27年4月1日	

			(ウ)表示内容（例示） 源平製薬は，例えば，次のとおり記載することにより，あたかも，対象商品を摂取するだけで，特段の運動や食事制限をすることなく，短期間で容易に痩身効果が得られるかのように表示していた。 ○「『ダイエットサポートがこの１粒で！　※目安 短期間で－３kgの秘密とは…？』」 ○「寝る前にたった１粒。※目安 短期間ではっきりと変化が」と記載の上で「届いてすぐに飲んでみる。なんのことはない健康食品…と思ったら，短期間ではっきりとした変化が！続けていると，規則正しくスッキリしはじめたのがよくわかる。」，「寝る前の１粒（目安）だからすっごく楽。なんとなくウエストがちょっとゆるくなったような…」 ○「短期間でマイナス３kg！ ブラックジンジャーが脂肪そのものを減らす！」と記載の上で「数日たった夜，初めて体重計に乗ってみる。すると…なんと３kgも変化が！ なぜ？」，「独自のブラックジンジャーが脂肪そのものに作用。継続して摂取すればするほど高い効果が期待できる。」 (3)実際 消費者庁は，景品表示法第４条第２項（現７条２項）の規定に基づき，源平製薬に対し，当該表示の裏付けとなる合理的な根拠を示す資料の提出を求めた。源平製薬から資料は提出されたが，当該資料は当該表示の裏付けとなる合理的な根拠を示すものとは認められなかった。	§５① ７II
			(1)対象商品役務 雑誌の懸賞広告 (2)表示の概要 (ア)表示媒体 (a)クロスワードパクロス 2014年３月号～11月号(月刊：平成26年１月27日～９月27日発行の９冊) (b)ナンプレマガジン 2014年４・５月号～2015年２・３月号(隔月刊：平成26年２月19日～12月19日発行の６冊) (c)ナンプレジャンプ 2014年３・４月号～2015年１・２月号(隔月刊：平成26年１月19日～11月19日発行の６冊) (d)ペイントロジック 2014年３月号～2015年１月号(隔月刊：平成26年１月27日～11月27日	

〔252〕 2015/12/8 措置命令 （消表対 1542）	アイア㈱	出版（雑誌懸賞企画）	発行の6冊） (e)スーパーペイントロジック 2014年4月号～2015年2月号（隔月刊：平成26年2月19日～12月19日発行の6冊） (f)漢字王 2014年4月号～2015年2月号（隔月刊：平成26年2月27日～12月25日発行の6冊） (g)ペイントロジックベストセレクション Vol.7（平成26年1月11日発行の1冊） (h)ナンバーネットロジック（平成26年9月10日発行の1冊） (イ)表示期間 (ア)の通り (ウ)表示内容（例示） 平成26年1月27日発売の「クロスワードパクロス 2014年3月号」の誌面上で実施した「全問豪華スペシャルプレゼント」と称する懸賞企画において，「Special Present 現金10万円 1名様」,「Special Present 現金5万円 1名様」,「Special Present 32V型液晶テレビ 1名様」,「Special Present ルンバ 1名様」,「Special Present PHILIPS ノンフライヤー 1名様」と記載するなど，あたかも，対象商品の誌面上で実施した懸賞企画においてはそれぞれの賞品等について誌面上に記載された当選者数と同数の賞品等が提供されるかのように表示していた。 (3)実際 対象商品の誌面上で実施した懸賞企画においては誌面上に記載された当選者数を下回る数の賞品等の提供を行っていた。 ※雑誌の懸賞広告に関する不当表示事案としては，㈱秋田書店（2013.8.20），㈱竹書房（2015.3.13）がある。	§5②
〔253〕 2015/12/11 措置命令 （消表対 1527）	㈱ダスキン	役務・販売施工（清掃事業（窓用フィルム施工サービス））	(1)対象商品役務 「遮熱・UVカットタイプ（Nano80S）」と称する窓用フィルムの施工サービス (2)表示の概要 (ア)表示媒体 ダイレクトメールおよびチラシ (イ)表示期間 平成26年4月ころ～7月ころ（媒体によって期間は異なる）	

			(ウ)表示内容（例示） ○室温の上昇を抑える！　最大−5.4℃※空調効率アップ！ ○室温の上昇を抑える！　最大−6℃※空調効率アップ！ と記載することにより，あたかも，対象役務の提供を受けることで，対象役務の提供を受けない場合と比して，室温の上昇が最大で摂氏5.4度又は6度抑えられるかのように表示していた。 (3)実際 消費者庁は，景品表示法第4条第2項（現7条2項）の規定に基づき，ダスキンに対し，当該表示の裏付けとなる合理的な根拠を示す資料の提出を求めた。ダスキンから資料は提出されたが，当該資料は当該表示の裏付けとなる合理的な根拠を示すものとは認められなかった。 ※ダスキンからいかなる資料が提出されたかは不明であるが，室内の空調効率に与える効果が訴求点となっているような商品の場合，季節，日当たりなど居室の状況は様々であるので，できるだけ多くの状況下での実施実験及びその結果資料の確保が必要となると思われる。 ※因果関係は不明だが，ダスキンの株価は12月8日～16日にかけて100円程度低下している。 ※㈱翠光トップライン事件（2015.2.27）と類似の商品であるが，ダスキンは12月11日当日にお詫びの声明を出しており，争う様子はない。	§5① 7 II
〔254〕 2016/1/28		販売（空気	(1)対象商品役務 「PM2.5対応プラズマ空気清浄機」と称する空気清浄機 (2)表示の概要 (a)期間 平成26年5月31日～平成26年7月2日 (b)媒体 日刊新聞誌に掲載した広告 (c)表示内容（例示） ○「ファンの力で浮遊物を吸込み，プラズマイオンを部屋中に放出！　約21畳まで対応のハイパワーで広いリビングにもこれ1台でOK！」	

措置命令 （消表対 9）	㈱ユーコー	清浄機）	○「21畳対応　防ダニ　除菌　抗ウイルス　花粉　保湿」 ○「ダニ抑制」及び「カビ抑制」と題するグラフ ○「３分でなんと99.97%無力化！」と記載した「インフルエンザウイルス無力化」と題するグラフ と記載・掲載することにより，あたかも，21畳の生活空間において，対象商品を１台使用すれば，防ダニ，除菌，抗ウイルス，花粉除去，保湿，悪質除去，カビ除去，ダニ抑制，カビ抑制及びインフルエンザウイルス無力化の効果が得られるかのように表示していた。 (3)実際 消費者庁は，景品表示法第４条第２項（現７条２項）の規定に基づき，株式会社ユーコーに対し，当該表示の裏付けとなる合理的な根拠を示す資料の提出を求めた。株式会社ユーコーから資料は提出されたが，当該資料は当該表示の裏付けとなる合理的な根拠を示すものとは認められなかった。	§５① ７II
〔255〕 2016/2/16 措置命令 （消表対 189）	弁護士法人アディーレ法律事務所	弁護士業務（債務整理役務）	(1)対象商品役務 債務整理・過払い金返還請求に係る役務 (2)表示の概要 (a)期間 ア　平成26年11月４日～平成27年８月12日 イ　平成25年８月１日～平成26年11月３日 ウ　平成22年10月６日～平成25年７月31日 (b)媒体 自社ウェブサイト (c)表示内容（例示） ア　対象役務について １ヶ月間の期間表示と「今だけの期間限定で「返金保証キャンペーン」を実施いたします！」「アディーレ法律事務所は，2014年10月，創立10周年を迎えました。今後も，皆さまが債務整理・過払い金のご相談を気軽にできるよう，今だけの期間限定で「返金保証キャンペーン」を実施いたします！」（2014年11月４日～30日の表示）等と記載することにより，あたかも，当該期間内において対象役務の提供を申し込んだ場合に限り，過払い金返還請求の着手金が無料又は値引きとなるかのように表示していた。	

			イ　（平成25年８月１日～９月１日の表示） 対象役務について ・「法律相談実績10万人 もっと身近な弁護士に」 ・「笑顔満点キャンペーン」 ・「2013　8／1木▶９／1日」 ・「当事務所は2004年の設立以来，法律相談の実績が累計10万人を突破しました。感謝の想いを胸に，これからもひとりでも多くの困っている方が笑顔になってもらえるよう，期間限定で「笑顔満点キャンペーン」を実施いたします！」等と記載することにより，あたかも，当該期間内において対象役務の提供を申し込んだ場合に限り，過払い金返還請求の着手金が無料又は値引きとなるかのように表示していた。 ウ　（平成22年10月５日～11月６日） 対象役務について ・「１ヵ月限定」 ・「過払い金消滅防止キャンペーン」 ・「あなたの過払い金は消滅寸前？」 ・「過払い金返還着手金⇒０円 無料 キャンペーン期間 2010年10月６日～11月５日まで」と記載することにより，あたかも，当該期間内において対象役務の提供を申し込んだ場合に限り，過払い金返還請求の着手金が無料又は値引きとなるかのように表示していた。 (3)実際 ア　平成26年11月４日～平成27年８月12日の期間において（継続して），契約から90日以内に契約の解除を希望した場合に着手金を全額返金すること，過払い金返還請求の着手金を無料又は値引きとすること，及び借入金の返済中は過払い金診断を無料とすることを内容とするキャンペーンを実施していた。 イ　平成25年８月１日～平成26年11月３日の期間において（継続して），過払い金返還請求の着手金を無料又は値引きとすること，及び借入金の返済中は過払い金診断を無料とすることを内容とするキャンペーンを実施していた。 ウ　平成22年10月６日～平成25年７月31日の期間において，過払い金返還請求の着手金を無料又は値引きとすることを内容とするキャンペーンを実施していた。	§５②
			(1)対象商品役務	

〔256〕 2016/3/10 措置命令 （消表対 289）	㈱村田園	製造販売 （食品（茶など））	株式会社村田園が販売する以下の茶 ①村田園万能茶（選）400グラム入り ②大阿蘇万能茶（選）400グラム入り ③村田園万能茶（粋）400グラム入り ④大阿蘇万能茶（粋）400グラム入り ⑵表示の概要 (a)期間 平成21年7月ころ～平成27年12月 (b)媒体 容器包装 (c)表示内容（例示） ○「阿蘇の大地の恵み」と記載（対象商品①～④） ○日本の山里を思わせる風景のイラストの記載（対象商品①～④） ○「どくだみ・柿の葉・とうきび・はと麦・甜茶・くま笹・あまちゃづる・はぶ茶・甘草・大豆・田舎麦・桑の葉・枸杞・ウーロン茎・びわの葉・浜茶」と記載（対象商品①及び②） ○「どくだみ・柿の葉・とうきび・はと麦・くま笹・あまちゃづる・ゴールドはぶ茶・甘草・大豆 甜茶・田舎麦・桑の葉・浜茶・枸杞・グァバ茶・霊芝・びわの葉・極上プーアル茶・南天・かりん」と記載（対象商品③） と記載することにより，あたかも，本件商品の原材料が日本産であるかのように表示していた。 ⑶実際 原材料のうち，「大麦」の一部及び「どくだみ」の一部以外の原材料は外国産であった。 原材料のうち，「大麦」の一部及び「かりん」以外の原材料は外国産であった。 ※村田園は，平成28年3月10日，自社ウェブサイトにおいて「弊社商品に対する措置命令に関するお知らせ」として措置命令について「本件措置命令に関して消費者庁より指摘された事項は，パッケージの表示に関するものであり，商品の品質や安全性に瑕疵があるという内容ではなく，販売差止めや回収の命令ではございませんので，ご安心いただきますようお願い申し上げます。」とするとともに，「一括表示の原材料表記はJAS法を遵守して行うなど適切なパッケージ表記に努めることはもちろん，原材料の原産地についてお客様よりお問い合わせがあった場合には包み隠さず原産地をお答えし，取引先様に対してもお	§5①

			取引前に随時原産地をご案内しているところでありますので，本件措置命令に対しては法的に対処するべく検討しております」としている。 しかし「阿蘇万能茶」（②④）という商品名に加え，「阿蘇の大地の恵み」という記載や，熊本県の「ゆるキャラ」を包装に記載するなどしており（②），消費者は熊本県産の茶葉等を使用した商品と誤認しやすいものと思われる。	
〔257〕 2016/3/15 措置命令 （消表対321）	合同会社アサヒ食品	企画販売（健康食品（ダイエット食品））	⑴対象商品役務 「スリムオーガニック」と称する食品 ⑵表示の概要 (a)期間 平成25年11月ころ～平成27年12月ころ (b)媒体 自社ウェブサイト (c)表示内容（例示） ○「今までにない　スッキリの理由とは!?」，「秘密その１　新成分ガセリ菌SP配合!!」，「新成分ガセリ菌SPが強力にダイエッターを襲う!!　あなたをモテボディに!!」 ○「甘いものは我慢したくない！という方にオススメ！　糖質完全サポート成分ギムネマをたっぷり配合！　砂糖は人間が働くためのエネルギーとしてとても必要な成分ですが，摂り過ぎてしまうと脂肪として蓄えられます。糖質は脂肪よりも先にエネルギー源として代謝されるので，砂糖をたくさん摂ってしまうといつまでも脂肪がエネルギーに変わりません。」，「スリムオーガニックはこの糖質も完全にサポートする成分ギムネマが配合されているので，甘いものを我慢できない方にお勧めです!!」 ○「L−カルニチン　L−カルニチンは加齢や食事内容により不足しがちな成分です。スリムオーガニックはそのL−カルニチンを高配合。エネルギーの消費にアプローチし，若々しく燃えやすい身体づくりをサポートします。」，「レスベラトロール　無理な食事制限はしたくないという方のために！“いつまでも若くいたい”注目の成分レスベラトロールで若々しさをサポート!!」 と記載することにより，あたかも，対象商品を摂取するだけで，特段の運動や食事制限をすることなく，容易に著しい痩身効果が得られるかのように表示していた。 ⑶実際	§5① 7Ⅱ

			消費者庁は，景品表示法第4条第2項（現7条2項）の規定に基づき，合同会社アサヒ食品に対し，期間を定めて，当該表示の裏付けとなる合理的な根拠を示す資料の提出を求めたところ，合同会社アサヒ食品は，当該期間内に資料を提出しなかった。	
〔258〕 2016/3/23 措置命令 （消表対388）	㈲ペルシャンオート	販売（中古自動車）	⑴対象商品役務 中古自動車17台 ⑵表示の概要 (a)期間 平成26年2月3日～平成27年6月21日 （商品によって異なる。2週間程度表示していた商品が多い） (b)媒体 ヤフー株式会社が運営する「ヤフオク！」と称するインターネットオークションサイト (c)表示内容（例示） 商品説明の「修復歴」欄に「なし」と記載することにより，あたかも，当該中古自動車の車体の骨格部位に修復歴がないかのように表示していた。 ⑶実際 有限会社ペルシャンオートがオートオークションに出品した際の出品票に，車体の骨格部位に損傷があるもの又は修復されているものを示す記号が記載された修復歴があるものであった。	§5①
〔259〕 2016/3/30 措置命令 （消表対466）	㈱えがお	製造・販売（健康食品（ダイエット食品））	⑴対象商品役務 「えがおの黒酢」と称する食品 ⑵表示の概要 (a)期間 ア　平成25年3月19日～平成26年9月30日 イ　平成26年5月22日～平成27年5月30日 (b)媒体 自社ウェブサイト (c)表示内容（例示） ○「アミノ酸一般食酢の120倍のえがおの黒酢でダイエットサポート！」 ○「『黒酢』に含まれたアミノ酸のメラメラパワー！」	

			○「不足していたのはメラメラ力だったんですね…」 ○「人より効果が出にくい私。最初からアミノ酸を使ってたら…」 ○「タンスの奥のジーンズが出せた！」 ○「運動量は変わらないのに遂に出産前のスタイルに！」 ○「えがおの黒酢であっという間の目標達成！ その仕組みとは？」 ○「たとえば，脂肪 1 kg（約7,000kcal）を燃やすにはこんな運動&食事制限が必要なんです。」，「ウオーキング約63時間！」，「平泳ぎ約13時間！」，「絶食約 7 日！」，「こんなに？できない！」 ○「そこで注目したいのが人が本来持っている“メラメラ力！”という名の力！」，「そうです！ このメラメラ力！をサポートすれば本来の力をぐんぐん高めることが出来るのです!!」 ⑶実際 消費者庁は，景品表示法第 4 条第 2 項（現 7 条 2 項）の規定に基づき，㈱えがおに対し，当該表示の裏付けとなる合理的な根拠を示す資料の提出を求めた。㈱えがおから資料は提出されたが，当該資料は当該表示の裏付けとなる合理的な根拠を示すものとは認められなかった。	§5① 7 II
〔260〕 2016/3/31		販売（健康	⑴対象商品役務 「エクストラバージンココナッツオイル」及び「エクストラバージンココナッツオイルカプセル」と称する食品 ⑵表示の概要 (a)期間 平成26年 3 月ころ～平成27年11月ころ (b)媒体 自社ウェブサイト （※本件表示は，商品紹介ページ，これにリンクさせたページ及び更にそれにリンクさせたページ全体を商品の広告として認定したものである。） (c)表示内容（例示） 対象商品を摂取することにより，認知症，ガン等の各種疾病を予防する効果等が期待できるかのように示す表示をしていた。	

措置命令 （消表対 472）	ココナッツジャパン㈱	食品）	○「ココナッツオイルで認知症の予防・改善」と記載 ○「ココナッツオイルでガン予防」と記載 ○「ココナッツオイルでウイルス感染を防ぐ」と記載 ○「ココナッツオイルが心臓病を予防する理由」と記載 ○「ココナッツオイルがアルツハイマー病に効果がある理由」と記載 ○「ココナッツオイルに含まれるのは中鎖脂肪酸ですから，すぐにエネルギーとなってくれるため体内に溜まることはありません。むしろ体内に溜まっている脂肪をエネルギーに換えてくれるので，便秘だけでなく，ダイエットにも効果を期待することができます。」 と記載することにより，あたかも，対象商品を摂取することにより，認知症，ガン等の各種疾病を予防する効果等が期待できるかのように表示していた。 (3)実際 消費者庁は，景品表示法第４条第２項（現７条２項）の規定に基づき，ココナッツジャパン㈱に対し，当該表示の裏付けとなる合理的な根拠を示す資料の提出を求めた。ココナッツジャパン㈱から資料は提出されたが，当該資料は当該表示の裏付けとなる合理的な根拠を示すものとは認められなかった。	§５① ７II
〔261〕 2016/6/29 措置命令 （消表対 919～927）	磯部美容整体Vセンターこと磯部昭弘他８社	美容・健康役務（小顔施術）	(1)対象商品役務 「磯部式瞬間小顔矯正法」等と称する役務 (2)表示の概要 (a)期間 平成27年７月17日～12月24日 (b)媒体 ウェブサイト (c)表示 ・「磯部式 小顔矯正法とは？」 ・「１回の施術から効果実感　頭蓋骨を本来の形に整える独自の矯正法で施術を行っています。ほとんどの方が１回で効果を感じています。」 ・「無痛の骨格矯正」 ・「１回の施術から効果実感」 ・「１回の施術で顔の横幅を数センチ縮める独自の小顔矯正法です。」	

			・「磯部式小顔矯正では，１回の施術後，アフターケア２～３回で固定するのが特長です。何十回も通う必要はありません。」 ・「１回の施術で顔の横幅が数センチ縮まる」 ・「１回の施術で－1.5cm 縮小。」 ・「頭蓋骨にアプローチする磯部式小顔矯正法」 ・「独自の無痛骨格矯正法」 と記載することにより，あたかも，対象役務の提供を受けることで，頭蓋骨の歪みやずれが矯正されることにより，直ちに小顔になり，かつ，それが持続するかのように示す表示をしていた。 (3)実際 消費者庁長官は，磯部美容整体Ｖセンターに対して，期間を定めて，当該表示の裏付けとなる合理的な根拠を示す資料の提出を求めたところ，磯部美容整体Ｖセンターは，当該期間内に当該資料を提出しなかった。	§5① 7 II
〔262〕 2016/9/1	㈱オークローン	通信販売	(1)対象商品役務 「セラフィット」と称するフライパン (2)表示の概要 (a)期間 平成27年７月17日～12月24日 (b)媒体 ①テレビ放送 ②ウェブサイト (c)表示 ①テレビ放送(例示…平成26年５月23日) 「ダイヤモンドの次に硬いセラミックを使用」との映像及び「セラフィットはダイヤモンドの次に硬いセラミックを使用」との音声を放送し，また，「傷がつかないコーティングが剝がれない」との映像及び「コインで擦っても傷が付かず，コーティングは剝がれません」との音声，「クギを炒めても傷がつかない！」との映像及び「たとえ大量の釘を炒めたって傷が付かない」との音声，「耐摩耗テスト50万回クリア!!」との映像及び「セラフィットは50万回擦っても傷まないことが証明されました」との音声並びに本件商品で金属製品を	

措置命令（消表対1230）	マーケティング	（日用雑貨）	用いて調理する映像を放送した。 ②ウェブサイト 自社ウェブサイトに掲載していた本件商品の動画広告において 「ダイヤモンドの次に硬いセラミックを使用」との映像及び「セラフィットはダイヤモンドの次に硬いセラミックを使用」との音声を掲載し，また，「傷がつかない コーティングが剝がれない」との映像及び「コインで擦っても傷が付かず，コーティングは剝がれません」との音声，「クギを炒めても傷がつかない！」との映像及び「たとえ大量の釘を炒めたって傷が付かない」との音声，「耐摩耗テスト50万回クリア!!」との映像及び「セラフィットは50万回擦っても傷まないことが証明されました」との音声並びに本件商品で金属製品を用いて調理する映像を掲載した。 ①②のように放送・掲載することにより，あたかも，本件商品の表面処理加工に用いられている「セラミック」と称する物質はダイヤモンドの次に硬いものであり，本件商品を金属製品で50万回擦っても傷が付かないかのように示す表示をしていた。 (3)実際 本件商品の表面処理加工に用いられている「セラミック」と称する物質はダイヤモンドの次に硬いものであるとはいえず，本件商品を金属製品で擦った場合には50万回を大きく下回る回数で傷が付くものであった。	§5①
〔263〕2016/12/21 措置命令（消表対1754～1755）	イズミヤ㈱及び㈱牛肉商但馬屋	小売（食料品（牛肉））	(1)対象商品役務 神戸牛 (2)表示の概要 (a)期間 ①平成28年2月13日 ②平成28年2月13日～同月15日 (b)媒体 ①新聞折り込みチラシ ②ウェブサイト (c)表示（平成28年2月13日新聞折り込みチラシ） 「土 13日限り」，「和牛専門店 但馬屋」，「■八尾店・広陵店は『兵庫産神戸牛・佐賀産和牛』」，「■神戸玉津店は『兵庫産神戸牛・神戸ワインビーフ』」，「今ついている本体価格よりレジ	

			にて3割引」 と記載することにより，あたかも，平成28年2月13日に対象商品を販売するかのように表示していた。 (3)実際 株式会社牛肉商但馬屋は，大阪府八尾市所在のイズミヤスーパーセンター八尾店(以下「八尾店」という。)，神戸市西区所在のイズミヤスーパーセンター神戸玉津店（以下「神戸玉津店」という。）及び奈良県北葛城郡広陵町所在のイズミヤスーパーセンター広陵店（以下「広陵店」という。）において，同日に販売するための神戸牛の仕入れは行っておらず，イズミヤ株式会社及び株式会社牛肉商但馬屋は，対象商品の全部について取引に応じることができないものであった。 ※イズミヤ株式会社及び株式会社牛肉商但馬屋は，株式会社牛肉商但馬屋が八尾店，神戸玉津店及び広陵店に入店し同店の一部において運営を行い，イズミヤ株式会社は株式会社牛肉商但馬屋に対し同社の店舗の売上額に一定の比率を乗じた額を仕入代金として支払う旨の契約を締結し，一般消費者に食肉等を販売している。	§5③ (おとり広告)
〔264〕 2017/1/27 措置命令 (消表対71・72) 課徴金納	三菱自動車工業㈱	製造販売 (自動車)	(1)対象商品役務 ①軽自動車38商品 ②普通自動車等29商品 (2)表示の概要 (a)期間 ①遅くとも平成28年4月1日～同月20日までの間 ②遅くとも平成28年4月1日～同年8月30日までの間（うちデリカD：5　LLHFZ(V00) CHAMONIXについては遅くとも平成28年4月1日～同年8月30日までの間） (b)媒体 カタログ及び自社ウェブサイト (c)表示 あたかも，各商品が国の定める試験方法に基づく燃費性能が，燃料消費率JC08モード(国土交通省審査値)（km/L）及び燃費基準達成状況を達成しているかのように示す表示をしていた。 （下記(例1)(例2)参照）	§5① ※課徴金納付命令に

付命令 (消表対 81)			(3)実際 表示された燃費性能は国が定める試験方法に基づくものとはいえないものであって，燃費性能として表示できる上限をこえる表示であった。 ※課徴金納付命令は，普通自動車26商品について4億8,507万円を平成29年8月28日までに国庫に納付することとされた。 ※(例1)eKワゴン(LTMX，M，二輪駆動)については，燃料消費率(国土交通省審査値)として「30.4km/L JC08モード」と表示されていたが，実際に表示できる上限は26.1km/Lであり，燃費基準達成状況として，「平成32年度燃費基準＋20%達成車」と表示されていたが，実際に表示できる上限は「平成32年度燃費基準達成車」であった。 ※(例2)ミラージュ(XTHX，G，二輪駆動)については，「燃料消費率(国土交通省審査値)」として「25.4km/L」と表示されていたが，実際に表示できる上限は24.0km/Lであった。	ついて §8 I
〔265〕 2017/1/27 措置命令 (消表対 73)	日産自動車工業(株)	製造販売 (自動車)	(1)対象商品役務 軽自動車27商品 (2)表示の概要 (a)期間 ①遅くとも平成28年4月1日～同月20日までの間 ②遅くとも平成28年4月1日～同年8月30日までの間（うちデリカD：5 LLHFZ (V00) CHAMONIXについては遅くとも平成28年4月1日～同年8月30日までの間） (b)媒体 カタログ及び自社ウェブサイト (c)表示 あたかも，各商品が国の定める試験方法に基づく燃費性能が，燃料消費率JC08モード(国土交通省審査値)（km/L）及び燃費基準達成状況を達成しているかのように示す表示をしていた。 (下記(例)参照) (3)実際 表示された燃費性能は国が定める試験方法に基づくものとはいえないものであって，燃費性能として表示できる上限をこえる表示であった。	§5①

			※(例)デイズ（LTSX，S，二輪駆動）については，燃料消費率（国土交通省審査値）として「30.4km/L JC08 モード」と表示されていたが，実際に表示できる上限は26.1km/L であり，燃費基準達成状況として，「平成32年度燃費基準＋20%達成車」と表示されていたが，実際に表示できる上限は「平成32年度燃費基準達成車」であった。	
〔266〕 2017/2/2 措置命令 （消表対92）	㈱ Xena	販売（健康商品（石鹸））	**【優良誤認表示】** ⑴対象商品役務 「VC ソープ」と称する石鹸 ⑵表示の概要 (a)期間 平成27年2月20日ころ～同年11月20日ころ （各月20日ころが配布日と認定されている） (b)媒体 「よみうりファミリープリュ」などの情報誌 (c)表示 （例示） ○「※シミを『ビタミン洗顔』で洗い流しませんか？」 ○「長年の肌悩み，あきらめる前に！」 ○「あれ？またシミが…」 ○「それにしても，ビタミンで洗うとは一体!?なんでも，長年しみついた悩みや※1くすみを，洗顔だけで洗い流すというのだ！」 ○「このビタミン洗顔だからこそ，シミのもとメラニンを含む，古い角質まで洗い流せるんだとか！」 と記載することにより，あたかも，対象商品を使用することによって，シミを解消又は軽減することができるかのように示す表示をしていた。 ⑶実際 消費者庁は，景品表示法第7条第2項の規定に基づき，株式会社 Xena に対し，当該表示の裏付けとなる合理的な根拠を示す資料の提出を求めたところ，同社から資料が提出された。しかし，当該資料は当該表示の裏付けとなる合理的な根拠を示すものとは認められなかった。	§5①② 7 II

<table>
<tr><td></td><td></td><td></td><td>【有利誤認表示】
(1)対象商品役務
「VC ソープ」と称する石鹸
(2)表示の概要
(a)期間
平成27年2月20日ころ及び同年3月20日ころ（情報誌配布日）
(b)媒体
「読売ライフ」などの情報誌
(c)表示
(例示)(読売ライフ2015年3月号)
「期間限定！2015年3/22（日）まで」,「今だけ！半額！」と記載した上で,「初回半額1個990円（税別）」
と記載することにより，あたかも，当該広告に記載した期限までに対象商品を初めて購入した場合に限り，通常価格の半額で購入することができるかのように表示していた。
(3)実際
平成27年2月20日ころから同年12月19日までの期間において，対象商品を初めて購入した場合に通常価格の半額で購入できることとしていた。</td><td></td></tr>
<tr><td>〔267〕
2017/2/14
措置命令
（消表対175）</td><td>日本サプリメント(株)</td><td>製造販売（健康食品）</td><td>(1)対象商品役務
以下のペプチドシリーズ5商品
「ペプチドエースつぶタイプ」と称する錠剤状180粒入りの食品
「ペプチドエースつぶタイプ」と称する錠剤状90粒入りの食品
「ペプチド茶」と称する食品
「ペプチドストレート」と称する食品
「ペプチドスープEX」と称する食品
(2)表示の概要
(a)期間
①平成13年12月ころ～平成28年9月17日
②遅くとも平成27年7月6日～同月7日
③遅くとも平成26年4月15日～平成28年6月30日</td><td></td></tr>
</table>

	④遅くとも平成28年5月1日～同年9月17日 ⑤遅くとも平成26年3月1日～平成28年9月18日 (b)媒体 ①容器包装 ②新聞折り込みチラシ ③新聞 ④テレビ ⑤ウェブサイト (c)表示 (例示)(「ペプチドエースつぶタイプ」の容器包装) ○健康増進法に規定する特別用途表示の許可等に関する内閣府令第8条第1項第6号に掲げる同令別記様式第2号による許可証票を記載 ○「かつお節オリゴペプチド配合」 ○「消費者庁許可保健機能食品（特定保健用食品）」 ○「血圧が高めの方に適した食品です。」 ○「●保健機能食品（特定保健用食品）●許可表示：本品はかつお節オリゴペプチドを配合した食品で，血圧が高めの方に適した食品です。」 ○「●摂取目安量：1日当たり6粒（かつお節オリゴペプチド1.5g，LKPNMとして5mg）を目安にお召し上がり下さい。」 ○「栄養成分量及び熱量（6粒，1.71gあたり）」 ○「関与成分：かつお節オリゴペプチド……1.5g（LKPNMとして5mg）」 と記載することにより，あたかも，当該商品が特定保健用食品として消費者庁長官の許可の要件を満たしたものであるかのように示す表示をしていた。 (3)実際 ペプチドシリーズ5商品の各商品は，それぞれ，遅くとも平成23年8月以降，品質管理として，包装後の製品における関与成分についての試験検査が行われておらず，また，平成26年9月に，関与成分の特定ができないことが判明しており，健康増進法第26条第1項の規定に基づく特定保健用食品の許可等の要件を満たしていないものであった。 ※いわゆる「トクホ」商品で景品表示法違反が認定されるのは初めて。 ※同社は，2016年9月，1991年に制度が始まって以来初めて，トクホの許可を取り消され	§5① 7 II			

			ている。消費者庁は同年9月27日，トクホの許可を受けている全事業者に対して，有効成分の含有量を報告するよう業界団体を通じて要請している。 ※消費者庁は，本措置命令と同時に，特定保健用食品等に関する景品表示法の取組として，①特定保健用食品の許可要件を満たさない商品に対する厳正な対応，②特定保健用食品及び機能性表示食品の全商品のウェブサイト等における表示監視を行うこととし，これら取組方針を特定保健用食品の全許可事業者及び機能性表示食品の全届出事業者に対し通知し，社内体制の確認等所要の対応を要請した，と公表している。	
〔268〕 2017/3/3 措置命令 （消表対245～247）	㈱マハロほか2社	健康食品販売（水素水関連商品）	(1)対象商品役務 「ビガーブライトEX」と称する清涼飲料水 (2)表示の概要 (a)期間 平成27年7月20日～同年11月15日（情報誌配布日） (b)媒体 ウェブサイト (c)表示 ・「水素水でダイエット効果もある!?」，「『水素水の良いところ』を教えてください。」，「そうですね。(中略)ただ，私はダイエット効果が非常に高いことにも注目しています。」，「水素水ってダイエット効果があるんですか？」，「あります。水素はエネルギー生成の役割をするミトコンドリアの働きを活性化してくれます。」 ・「水素水が身体の代謝を上げるまで。」として図を付記するとともに，「①水素水を飲みます。1回に飲む量の目安は少なくとも200ml～250ml程度になります。」，「②水素水の中に含まれた，水素分子は細胞膜に存在する小さな穴（アクアポリン）を抜けて体内に入ります。そして，体内酵素が水素分子を水素原子に分解します。」，「③水素原子が細胞のミトコンドリアを活性化させます。ミトコンドリアはエネルギーを作り出す働きをしています。」，「④水素の力によってミトコンドリアの働きが活性化し，エネルギー生産効率が飛躍的にアップします。」，「⑤水素は地球で一番小さな物質なので，身体の隅々まで行き渡ります。つまり，身体の隅々のミトコンドリアに働きかけることができます。」，「⑥結果的に代謝が上がり，脂肪が燃焼しやすく・太りにくい身体へ変わることができます。」 ・「水素水を飲むと，水素分子は細胞膜に存在する小さな穴（アクアポリン）より体内に入	§5① 7 II

			ります。そして，体内酵素が水素分子を水素原子に分解します。その水素原子によりミトコンドリアのエネルギー生産効率を上げてくれます。また，水素分子は非常に小さな物質なので身体の隅々のミトコンドリアまで浸透し，働きかけることができます。このように全身の代謝が活発になり，脂肪燃焼が20%アップしたという結果もあります。日本内科学会の発表では水素水を飲んで１年で25kg 痩せた人が紹介されてましたね。」,「１年で25kg 痩せたんですか!?」,「すごいですよね。ただし，水素水を飲み続けることが大切なことです。」 と記載することにより，あたかも，対象商品を摂取するだけで，特段の運動や食事制限をすることなく，著しい痩身効果が得られるかのように示す表示をしていた。 (3)実際 消費者庁は，景品表示法第７条第２項の規定に基づき，３社に対し，それぞれ当該表示の裏付けとなる合理的な根拠を示す資料の提出を求めたところ，㈱メロディアンハーモニーファイン及び千代田薬品工業㈱から資料が提出された。しかし，当該資料は当該表示の裏付けとなる合理的な根拠を示すものとは認められなかった。㈱マハロからは，資料は提出されなかった。 ※水素水関連商品における初めての措置命令事案である。 ※水素水関連商品については国民生活センターが2016年12月15日に,「容器入り及び生成器で作る，飲む「水素水」－「水素水」には公的な定義等はなく，溶存水素濃度は様々です－」を発表していた。	
			(1)対象商品役務 ㈱布屋商店が運営する「‘超’ 寝具店ヌノヤ」と称する店舗のうち，高岡鐘紡店，高岡荻布店，金沢有松店，彦根店，射水小杉店，富山金泉寺店，富山山室店，富山堀川店，金沢畝田東店において販売する寝具等 (2)表示の概要 (a)期間 平成27年２月20日ころ及び同年３月20日ころ（情報誌配布日） (b)媒体 店頭表示物（「ポップ」と称する店頭表示物又は商品本体に貼付するバーコード） (c)表示	

〔269〕 2017/3/8 措置命令 （消表対126）	㈱布屋商店	小売（日用品（寝具））	「ポップ」と称する店頭表示物又は「バーコード」に表示価格（税込，単位：円）を記載するとともに，「割引札」と称する店頭表示物に，「表示価格よりレジにて30％割引」と一定の割引額を記載して，ポップ又はバーコードと割引札を併せて掲示することにより，あたかも，ポップ又はバーコードに価格記載の価格は，対象商品が販売されている店舗における通常の販売価格であり，当該価格から割り引いて販売するかのように表示していた。 （（例１）～（例３）参照） ⑶実際 記載の価格は，株式会社布屋商店が任意に設定したものであって，店舗において販売された実績のないものであった。 （例１） 金沢畝田東店において販売していた「コタツ中掛毛布（UEN291-24）（190×240サイズ）」と称する商品に係る価格表示として，ポップに「11,999円　レジにて8,400円」，割引札には「表示価格よりレジにて30％割引」と記載していたが，表示された価格「11,999円」は，株式会社布屋商店が任意に設定したものであって，金沢畝田東店において販売された実績のないものであった。 （例２） 高岡荻布店において販売していた「２層式羽毛掛布団（キナリ・ポーランド産 WMD95％）（シングルロングサイズ）」と称する商品に係る価格表示として，ポップに「99,999円　レジにて50,000円」（割引札には「表示価格よりレジにて50％割引」と記載）と記載していたが，ポップに表示された価格「99,999円」は，株式会社布屋商店が任意に設定したものであって，高岡荻布店において販売された実績のないものであった。 （例３） 金沢有松店において販売していた「クールラッシュ接触冷感敷パッド（シングルサイズ）」と称する商品に係る価格表示として，バーコードに「￥3,399」，割引札には「表示価格よりレジにて30％割引」と記載していたが，バーコードに表示された価格「3,399円」は，株式会社布屋商店が任意に設定したものであって，金沢有松店において販売された実績のないものであった。	§５②
			⑴対象商品役務 「アスタキサンチン　アイ＆アイ」と称する食品	

〔270〕 2017/3/9 措置命令 （消表対 284）	㈱だいにち堂	販売 （健康食品）	⑵表示の概要 (a)期間 平成28年6月27日～同月30日 (b)媒体 日刊新聞紙に掲載した広告 (c)表示 （例示）平成28年6月27日から同月30日までの間，全国に配布された日刊新聞紙に掲載した広告において， ○「ボンヤリ・にごった感じに!!」 ○「ようやく出会えたクリアでスッキリ!!」 ○「クリアな毎日に『アスタキサンチン』」と題し，「つまり，だいにち堂の『アスタキサンチン　アイ&アイ』でスッキリ・クリアな毎日を実感，納得の1粒を体感出来ます。」 ○眼鏡を掛け，読み物をしている中高年男性の写真と共に，「新聞・読書 楽しみたい方に ▷目からウロコの実感力!!　爽快なクリア感 アスタキサンチンを今すぐ始めませんか？クリアな毎日を応援します。」 ○「多くのお客様より嬉しいお声をいただいている『アスタキサンチン　アイ&アイ』は1日1粒目安お飲み頂くことで，晴れやかな毎日をサポートします！」 と記載することにより，あたかも，対象商品を摂取することにより，ボンヤリ・にごった感じの目の症状を改善する効果が得られるかのように示す表示をしていた。 ⑶実際 消費者庁は，景品表示法第7条第2項の規定に基づき，株式会社だいにち堂に対し，当該表示の裏付けとなる合理的な根拠を示す資料の提出を求めたところ，同社から資料が提出された。しかし，当該資料は当該表示の裏付けとなる合理的な根拠を示すものとは認められなかった。	§5① 7 II

審決・命令・警告索引

〔役務提供〕

（注）〔 〕の番号は，第2部の通し番号です。

〔外食〕

〔134〕	2009	6	22	排除命令	食品(米・有機野菜・塩を用いる料理)	㈱庄屋フードシステム	322
〔154〕	2010	12	9	措置命令	食品(鶏肉・鶏卵を含むメニュー)	㈱ジェイアール西日本ホテル開発	338
〔161〕	2011	3	4	措置命令	食品(霜降りステーキ)	㈱パークジャパン	342
〔177〕	2011	10	28	措置命令	食品(生がき)	㈱アールディーシー	357
〔234〕	2014	10	15	措置命令	食品(牛肉等)	㈱木曽路	418

〔教育〕

番号	年	月	日	処分	サービス・商品	事業者	頁
〔1〕	2004	1	28	排除命令	通信教育	㈱日本通信教育連合会	24,200
〔19〕	2005	2	10	排除命令	資格教育	㈱東京リーガルマインド	216
〔20〕	2005	2	25	排除命令	資格教育(公務員試験)	㈻石川学園ほか2社	216
〔47〕	2006	5	24	排除命令	職業教育	㈱代々木ライブ・アニメイション	238
〔53〕	2006	10	12	警告	資格教育	TAC㈱	245
〔57〕	2006	11	13	排除命令	職業教育	㈻西日本松永学園	248
〔63〕	2006	12	26	警告	家庭教師	㈱トライグループ	254
〔65〕	2007	1	26	排除命令	学習塾	㈱受験Vアカデミー	256
〔74〕	2007	6	15	排除命令	資格教育	㈱日本経営経理指導協会	265
〔131〕	2009	6	2	警告	書籍(英語の参考書など)	㈱旺文社	320
〔159〕	2011	2	25	警告	家庭教師紹介	㈱サンライズ	341
〔168〕	2011	4	26	措置命令	学習塾	㈱市進ホールディングスほか2社	348
〔170〕	2011	6	29	措置命令	専修学校	㈻北海道安達学園	350
〔185〕	2012	5	10	措置命令	資格教育	お茶の水女子アカデミー	364
〔195〕	2012	9	10	措置命令	資格教育	㈱アビバ	374
〔223〕	2014	1	28	措置命令	家庭教師	㈱シニア	404
〔227〕	2014	5	20	措置命令	学習塾	㈱進学会	22,410
〔247〕	2015	3	20	措置命令	通信教育講座	㈱キャリアカレッジジャパン	431

〔金融・投資〕

番号	年	月	日	処分	サービス・商品	事業者	頁
〔7〕	2004	5	28	警告	外貨定期預金	㈱シティバンク・エヌ・エイ(日本支店), ㈱新生銀行	204
〔52〕	2006	8	8	警告	住宅ローン	㈱みずほ銀行	243
〔71〕	2007	3	28	排除命令	金融商品(定期預金)	㈱新生銀行	**148**,262
〔81〕	2007	10	19	排除命令	金融保険商品(生命保険)	アメリカン・ライフ・インシュアランス・カンパニー(アリコ)	272
〔122〕	2009	2	16	排除命令	住宅ローン商品	トヨタホーム㈱, トヨタホーム東京㈱	312
〔123〕	2009	2	16	警告	住宅ローン商品	トヨタホーム名古屋㈱	313
〔179〕	2011	11	30	措置命令	和牛飼育等委託	㈱安愚楽牧場	359

〔建築工事・住宅〕

番号	年	月	日	処分	サービス・商品	事業者	頁
〔72〕	2007	3	29	排除命令	住宅の着工数実績	タマホーム㈱	263
〔122〕	2009	2	16	排除命令	住宅ローン商品	トヨタホーム㈱，トヨタホーム東京㈱	312
〔123〕	2009	2	16	警告	住宅ローン商品	トヨタホーム名古屋㈱	313
〔171〕	2011	7	15	措置命令	住宅用太陽光発電システム	㈱日本ホットライフ	351
〔191〕	2012	8	21	措置命令	不動産（分譲マンション）	㈱コスモスイニシア	370
〔198〕	2012	10	30	措置命令	住宅用太陽光発電システム	三光ホーム㈱	29，376
〔244〕	2015	2	27	措置命令	窓用フィルムの販売・施工役務	㈱翠光トップライン，㈱ジェイトップライン	427

〔施設〕

番号	年	月	日	処分	サービス・商品	事業者	頁
〔14〕	2004	8	9	警告	温泉	㈱天然の温泉村	19，211
〔16〕	2004	10	18	排除命令	有料老人ホーム	㈱クリスタル介護施設センター	212
〔21〕	2005	3	2	警告	温泉	水の素㈱	217
〔31〕	2005	10	13	排除命令	ホテル	㈶厚生年金事業振興会，ルートインジャパン㈱	226
〔41〕	2006	3	13	排除命令	有料老人ホーム	㈱川島コーポレーション，㈱ライフケアサービス	38，233
〔56〕	2006	11	7	審判審決	ホテル内浴場	ルートインジャパン㈱	247
〔62〕	2006	12	14	排除命令	ホテル	㈲湯本物産ほか３社	**147**，253
〔67〕	2007	2	8	排除命令	有料老人ホーム	㈱原弘産ほか２社	38，257
〔97〕	2008	3	28	警告	有料老人ホーム	㈱ベストライフほか２社	38，287
〔118〕	2008	12	16	排除命令	ホテルレストラン（食品）	日本ヒルトン㈱	307
〔172〕	2011	7	21	措置命令	スポーツクラブ	㈱東洋	352
〔197〕	2012	10	18	措置命令	ホテルレストラン（食品）	㈱ホテル椿館	376
〔208〕	2013	6	4	措置命令	温泉	㈱グランドホテル樋口軒，㈲まむし温泉	385
〔218〕	2013	12	19	措置命令	ホテルレストラン（食品）	近畿日本鉄道㈱	394
〔219〕	2013	12	19	措置命令	ホテルレストラン（食品）	㈱阪急阪神ホテルズ	397
〔220〕	2013	12	19	措置命令	ホテルレストラン（食品）	㈱阪神ホテルシステムズ	399
〔235〕	2014	10	23	措置命令	温泉，食品	㈱豆千待月	419
〔238〕	2015	2	4	措置命令	ホテルレストラン（食品）	㈱ロイヤルパークホテルズアンドリゾーツ	422
〔243〕	2015	2	24	措置命令	旅館内温泉	㈲湯迫温泉	427

〔情報・通信〕

番号	年	月	日	処分	サービス・商品	事業者	頁
〔59〕	2006	12	12	警告	携帯電話事業	ソフトバンクモバイル㈱	250
〔60〕	2006	12	12	注意	携帯電話事業	KDDI㈱，㈱エヌ・ティ・ティ・ドコモ	251
〔83〕	2007	11	16	警告	携帯電話事業（料金割引サービス）	㈱エヌ・ティ・ティ・ドコモ，KDDI㈱	22，273
〔96〕	2008	3	13	排除命令	電話番号案内サービス	東日本電信電話㈱，西日本電信電話㈱	285

〔107〕	2008	7	15	排除命令	音声通話役務提供	東日本電信電話㈱，西日本電信電話㈱	297
〔112〕	2008	9	4	警告	携帯電話事業	イー・モバイル㈱	301
〔186〕	2012	6	7	措置命令	モバイルデータ通信サービス	ニフティ㈱	365
〔199〕	2012	11	16	措置命令	モバイルデータ通信サービス	イー・アクセス㈱	22,378
〔206〕	2013	5	21	措置命令	携帯電話事業（スマートフォン）	KDDI ㈱	22,**152**,383

〔販売〔製造販売・小売り・卸売〕：衣料〕

番号	年	月	日	処分	サービス・商品	事業者	頁
〔18〕	2004	11	24	排除命令	外国製ズボン	八木通商㈱ほか5社	34,215
〔27〕	2005	7	21	警告	絹織物	奥順㈱ほか9名	24,**135**,222
〔28〕	2005	8	2	排除命令	価格表示	㈱ビッグイレブン	223
〔40〕	2006	2	28	警告	ブランドバッグ	㈱ドンキホーテ	**137**,233
〔45〕	2006	5	15	審判審決	外国製ズボン	㈱ユナイテッドアローズ	**138**,237
〔69〕	2007	3	22	排除命令	バッグ	㈱フェリシモ	**139**,260
〔78〕	2007	7	31	排除命令	カシミヤ製品	小杉産業㈱，丹羽幸㈱	270
〔86〕	2007	12	4	審判判決	ズボン	㈱トゥモローランド，㈱ワールド	276
〔92〕	2007	12	26	排除命令	カシミヤ製品	㈱ユナイテッドアローズ	281
〔108〕	2008	7	17	排除命令	カシミヤ製品	日本生活協同組合連合会	298
〔117〕	2008	12	10	排除命令	カシミヤ製品	㈱伊勢丹，㈱ファイブ・フォックス	307
〔119〕	2009	1	8	排除命令	革製品	全日空商事㈱ほか4社	34,309
〔124〕	2009	2	24	排除命令	紳士用シャツ	㈱京王百貨店ほか2社	313
〔132〕	2009	6	9	排除命令	タッグの取扱い	アドルフォ・ドミンゲスジャパン㈱	320
〔140〕	2009	12	3	措置命令	ニット製品	㈱三陽商会	329
〔142〕	2010	1	21	警告	子供服	㈱ティンカーベル	330
〔148〕	2010	6	24	措置命令	婦人用革靴	㈱シップス	334
〔158〕	2011	2	24	措置命令	紳士用シャツ	㈱レナウン	341
〔163〕	2011	3	24	措置命令	Tシャツ等	㈱ユナイテッドアローズ	**146**,344
〔165〕	2011	3	30	措置命令	女性用スノボウェア・シューズ	㈱アシックス	345
〔173〕	2011	7	26	措置命令	紳士服	㈱ AOKI ほか4社	**160**,353
〔184〕	2012	4	27	措置命令	振袖	松村㈱	363
〔229〕	2014	6	27	措置命令	高齢者用尿漏れ防止下着	新光通販㈱	413

〔販売〔製造販売・小売り・卸売〕：自動車等〕

番号	年	月	日	処分	サービス・商品	事業者	頁
〔3〕	2004	3	29	警告	中古自動車	㈱マックコーポレーション	201
〔54〕	2006	10	18	排除命令	中古二輪自動車	㈱アイビー	246
〔94〕	2008	2	8	排除命令	自動車用品	㈱ソフト99コーポレーションほか17社	282
〔164〕	2011	3	28	措置命令	中古自動車・車両保証サービス	㈱ガリバーインターナショナル	344
〔167〕	2011	4	8	措置命令	中古自動車	㈱ K&S トレーディング，㈲ KUC	347

〔181〕	2012	2	28	措置命令	中古自動車	岩切自動車こと岩切明春ほか4社	361
〔203〕	2013	3	4	措置命令	中古自動車	㈱ハヤシ	37,382
〔204〕	2013	4	5	措置命令	中古自動車	㈱スーパーレッズ，㈲レッズ宇都宮	382
〔211〕	2013	8	29	措置命令	中古自動車	㈲ビートレード	389
〔214〕	2013	10	31	措置命令	中古自動車	㈱川島	392
〔224〕	2014	3	20	措置命令	中古自動車	㈱くるまや・LeO	405
〔236〕	2014	11	26	措置命令	中古自動車	㈱ジャストライト	421
〔237〕	2014	11	27	措置命令	中古自動車	㈲プロモート・タカハシほか2社	421
〔240〕	2015	2	16	措置命令	中古自動車	㈲アトム商会ほか2社	424
〔248〕	2015	5	1	措置命令	中古自動車	㈱オートアクション	432
〔258〕	2016	3	23	措置命令	中古自動車	㈲ペルシャンオート	443
〔264〕	2017	1	27	措置命令・課徴金納付命令	自動車製造販売	三菱自動車工業㈱	**169**,448
〔265〕	2017	1	27	措置命令	自動車製造販売	日産自動車工業㈱	449

〔販売〔製造販売・小売り・卸売〕：食品〕

番号	年	月	日	処分	サービス・商品	事業者	頁
〔2〕	2004	2	27	排除命令	食品・飲料	国分㈱ほか4社	32,200
〔5〕	2004	4	13	排除命令	加工食品	㈱丸久	203
〔8〕	2004	6	30	排除命令	生鮮食品	㈱そごう他2社	205
〔10〕	2004	7	13	排除命令	レトルトパウチ食品	㈱ベルーナ，㈱セシール	206
〔11〕	2004	7	21	警告	食塩	㈱青い海ほか8社	208
〔15〕	2004	10	4	排除命令	菓子	㈱タカチホ，㈱札幌グルメフーズ	**154**,211
〔17〕	2004	11	19	警告	精米	㈱山田鶏卵，㈲米の野田屋	**134**,214
〔24〕	2005	5	27	警告	そばの種子	㈱司電子ほか2社	221
〔26〕	2005	6	29	警告	食品・日用雑貨品	㈱東北西友	222
〔39〕	2006	1	24	排除命令	菓子	㈱リボン	232
〔42〕	2006	3	23	排除命令	のり	日本生活協同組合ほか9社	234
〔44〕	2006	3	29	排除命令	貝類	三光食品工業㈱ほか2社	236
〔49〕	2006	6	15	排除命令	カニ	㈱朝日バル	240
〔50〕	2006	6	19	排除命令	牛肉	㈱丸井今井	241
〔70〕	2007	3	26	排除命令	菓子	㈱ろすまりん	**157**,261
〔73〕	2007	5	18	排除命令	牛肉	㈱テレマート	263
〔82〕	2007	10	30	警告	鶏肉加工食品	㈱山形屋	272
〔87〕	2007	12	14	排除命令	食肉	㈱ファンシーほか4社	277
〔88〕	2007	12	20	警告	魚加工食品・鶏肉加工食品	㈱小田急百貨店ほか2社	278
〔90〕	2007	12	25	警告	調味料	㈱フーズマーケットホック	280
〔100〕	2008	5	13	排除命令	キャビアセット	㈱そごう，㈱西武百貨店	290
〔105〕	2008	6	17	排除命令	清涼飲料	ハウス食品㈱	**142**,293
〔109〕	2008	8	5	警告	手延べそうめん	㈱ウスケ・コーポレーションほか3社	299
〔115〕	2008	12	5	排除命令	清涼飲料	㈱ポッカコーポレーション	**143**,304

〔116〕	2008	12	10	排除命令	コーヒー	㈱トーホーほか２社	305
〔133〕	2009	6	15	排除命令	水産食料品	日本水産㈱	321
〔135〕	2009	7	1	警告	菓子	石崎製菓㈲	323
〔139〕	2009	11	10	措置命令	おにぎり	㈱ファミリーマート	**152**,328
〔145〕	2010	3	29	措置命令	うなぎ蒲焼など	㈱日本一	332
〔147〕	2010	4	8	措置命令	もつ鍋製品	㈱山方屋，㈱益正グループ	333
〔151〕	2010	10	13	措置命令	菓子	㈱大藤	**157**,336
〔152〕	2010	11	30	措置命令	魚介類	㈱光洋	34,337
〔153〕	2010	12	8	措置命令	米・有機野菜・塩を用いる料理	全国農業組合連合会	338
〔155〕	2011	2	4	措置命令	おせち料理	㈱サンシャインチェーン本部	339
〔156〕	2011	2	22	措置命令	おせち料理	㈱外食文化研究所	113,339
〔160〕	2011	3	3	措置命令	牛肉加工品	シンワオックス㈱	341
〔162〕	2011	3	10	措置命令	はちみつ製品	㈱カンノ蜜蜂園本舗	343
〔169〕	2011	6	14	措置命令	調味料	日本緑茶センター㈱	349
〔175〕	2011	9	9	措置命令	自然薯そば	㈱アイランド食品	354
〔196〕	2012	9	28	措置命令	天然はちみつ等	㈲藤原アイスクリーム工場	375
〔201〕	2012	12	20	措置命令	ペットボトル飲料水	VanaH ㈱	380
〔217〕	2013	12	10	措置命令	茶	㈱大雄振興公社	393
〔222〕	2014	1	21	措置命令	うなぎ蒲焼	㈱きむら	403
〔232〕	2014	7	24	措置命令	牛肉など	㈲ミート伊藤	416
〔256〕	2016	3	10	措置命令	茶など	㈱村田屋	440
〔263〕	2016	12	21	措置命令	牛肉	イズミヤ㈱，㈱牛肉商但馬屋	447

〔販売〔製造販売・小売り・卸売〕：電化製品〕

番号	年	月	日	処分	サービス・商品	事業者	頁
〔4〕	2004	4	8	警告	デジタル家電・コンピュータ周辺機器	㈱バッファロー	202
〔32〕	2005	10	27	排除命令	電動機付自転車	㈲アルザン，㈲アクスト	227
〔128〕	2009	4	20	排除命令	家庭電気製品（電気冷蔵庫）	日立アプライアンス㈱	**151**,317
〔171〕	2011	7	15	措置命令	発電システム	㈱日本ホットライフ	351
〔187〕	2012	6	14	措置命令	LED ランプ	㈱アガスタほか11社	367
〔198〕	2012	10	30	措置命令	住宅用太陽光発電システム	三光ホーム㈱	29,376
〔213〕	2013	10	17	措置命令	家庭用電気医療機器	㈱ヘルス	18,**166**,390
〔215〕	2013	11	15	措置命令	家庭用電気機器（携帯電話用ソーラー式充電器）	㈱エアージェイほか４社	392
〔226〕	2014	5	1	措置命令	空気清浄機	㈱エム・エイチ・シー	23,409
〔254〕	2016	1	28	措置命令	空気清浄機	㈱ユーコー	438

〔販売〔製造販売・小売り・卸売〕：日用雑貨〕

番号	年	月	日	処分	サービス・商品	事業者	頁
〔6〕	2004	4	21	警告	台所用品・食用油処理剤	㈱植木ほか４社	203
〔25〕	2005	6	28	警告	トイレットペーパー	㈱キリン堂	221
〔28〕	2005	8	2	排除命令	衣料品・家庭用品	㈲ビッグイレブン	223
〔30〕	2005	9	28	警告	携帯電話関連商品	㈱アリスティほか13社	226

〔販売〔製造販売・小売り・卸売〕：美容・健康〕

番号	年	月	日	処分	サービス・商品	事業者	頁
〔1〕	2004	1	28	排除命令	伸長法講座	㈱日本通信教育連合会	24,200
〔9〕	2004	7	2	排除命令	ダイエット食品	㈲イデアル製薬	205
〔12〕	2004	7	29	排除命令	ビタミンC含有食品	㈱アサヒフードアンドヘルスケアほか2社	209
〔13〕	2004	7	30	排除命令	ダイエット食品	㈱ネピオス	210
〔22〕	2005	4	18	排除命令	ダイエット食品	日商ストックマネージメント㈱	218
〔29〕	2005	9	8	排除命令	サプリメント	バリアスラボラトリーズ㈱	224
〔38〕	2006	1	12	警告	コエンザイム含有食品	㈱ネイチャーラボ	231
〔51〕	2006	7	13	排除命令	健康食品（香醋）	㈱やずや	**146**,242
〔58〕	2006	11	14	排除命令	大豆イソフラボン含有食品	㈱大磯，㈱エープライム	249
〔61〕	2006	12	13	排除命令	ポリフェノール含有食品	㈲ティー・アンド・エフほか2社	252
〔76〕	2007	6	26	排除命令	化粧品（毛髪染料）	㈱コジットほか3社	267
〔98〕	2008	4	1	排除命令	ダイエット商品	㈱ウィズダムコーポレーション，㈱ビューティーサイエンス研究所	288
〔121〕	2009	2	3	排除命令	口臭対策商品	㈱健康の森ほか6社	311
〔126〕	2009	3	16	排除命令	医療衛生用品（いびき軽減用グッズ）	ピップ東京㈱ほか2社	315
〔144〕	2010	3	25	措置命令	化粧品	㈱ボンシック	**145**,331
〔174〕	2011	8	31	措置命令	眼鏡	㈱フィッシュランド	354
〔178〕	2011	11	25	措置命令	ダイエット食品	㈱リアル，㈱ビューティーサイエンス	**166**,358
〔182〕	2012	3	8	措置命令	化粧品	㈱リソウ	362
〔190〕	2012	7	19	措置命令	化粧品	サニーヘルス㈱	369
〔192〕	2012	8	31	措置命令	化粧品，健康食品，美容機器等（美容機器）	㈱ドクターシーラボ	372
〔212〕	2013	9	13	措置命令	ダイエット食品	㈱モイスト	390
〔216〕	2013	12	5	措置命令	ダイエット食品	㈱コマースゲート	393
〔228〕	2014	6	13	措置命令	ダイエット食品	ステラ漢方㈱	412
〔231〕	2014	7	17	措置命令	ダイエット食品	㈲プライム・ワン	415
〔233〕	2014	9	19	措置命令	ダイエット食品	㈱ハーブ健康本舗	417
〔239〕	2015	2	10	措置命令	飲料水	㈱三貴	423
〔241〕	2015	2	17	措置命令	ダイエット食品	㈱ライフサポート	425
〔249〕	2015	5	22	措置命令	ダイエット食品	㈱日本通販	433
〔250〕	2015	11	10	措置命令	ダイエット食品	㈱日本イルムス	434
〔251〕	2015	12	3	措置命令	医薬品，医学部外品，日用品雑貨等	源平製薬㈱	435
〔257〕	2016	3	15	措置命令	ダイエット食品	合同会社アサヒ食品	442
〔259〕	2016	3	30	措置命令	ダイエット食品	㈱えがお	443
〔260〕	2016	3	31	措置命令	食品等（健康食品）	ココナッツジャパン㈱	444
〔266〕	2017	2	2	措置命令	石鹸	㈱Xena	450
〔267〕	2017	2	14	措置命令	サプリメント	日本サプリメント㈱	451
〔268〕	2017	3	3	措置命令	飲料水	㈱マハロほか2社	453
〔270〕	2017	3	9	措置命令	サプリメント	㈱だいにち堂	455

〔販売〔製造販売・小売り・卸売〕：その他〕

番号	年	月	日	処分	サービス・商品	事業者	頁
〔35〕	2005	12	7	警告	宝飾品（真珠）	㈱ベルーナ	24,**136**,229
〔37〕	2005	12	27	警告	ガソリン	福岡スタンダード㈱ほか5社	230
〔80〕	2007	10	5	警告	ひな人形	㈱ディノス	271
〔89〕	2007	12	20	警告	家具	㈱丸井今井ほか6社	34,279
〔91〕	2007	12	25	警告	財布・カードケースセット	㈱日本航空インターナショナル	280
〔99〕	2008	4	25	排除命令	コピー用紙	王子製紙㈱ほか7社	**149**,289
〔102〕	2008	6	5	排除命令	事務用品（システム手帳）	日本シーベルヘグナー㈱	291
〔176〕	2011	10	20	措置命令	絵画など	㈱トップアート	356
〔180〕	2012	2	9	措置命令	スキューバダイビング用品	㈲モアナエモーション	**162**,360
〔183〕	2012	4	19	措置命令	ガソリン	㈲エム・ワイ産業	362

判例索引

裁判所	元号	年	月	日	事件番号・判例集	事件名	頁
最判	昭和	53	3	14	（昭和48年（行ケ）第34号）	主婦連合会ほか審決取消請求事件	128
東京高判	昭和	56	4	2	（昭和52年（行ケ）第195号）	栄光時計審決取消請求事件	116,117
東京高判	昭和	57	11	19	（昭和55年（行ケ）第354号）	三耀及びジャパンヘルス審決取消請求事件	131
東京高判	平成	8	3	29	審決集42巻457頁	東京もち審決取消請求事件	127,176
大阪高判	平成	10	1	29	審決集44巻555頁	豊田商法国家賠償請求大阪訴訟事件	194
東京地判	平成	14	2	5	審決集48巻823頁	大正製薬損害賠償請求事件	195
東京高判	平成	14	6	7	審決集49巻579頁	カンキョー審決取消請求事件	21,122,179
最判	平成	14	11	22	審決集49巻622頁	カンキョー審決取消請求上告事件	181
東京高判	平成	19	10	12	審決集54巻661頁	ビームス審決取消請求事件	118,120,123,124,126,182
東京高判	平成	20	5	23	審決集54巻681頁	ベイクルーズ審決取消請求事件	119,121,125,126,127,128,183
東京高判	平成	22	7	16	審決集57巻第２分冊152頁	カクダイ審決取消請求事件	185
東京高判	平成	22	10	29	審決集57巻第２分冊162頁	オーシロ審決取消請求事件	186
東京高判	平成	22	11	26	審決集57巻第２分冊181頁	ミュー審決取消請求事件	132,133,191
最判	平成	23	3	4	審決集57巻第２分冊267頁	オーシロ審決取消請求上告事件	191
最判	平成	23	3	10	審決集57巻第２分冊267頁	カクダイ審決取消請求上告事件	191
京都地判	平成	27	1	21	（平成26年（ワ）第116号）	クロレラチラシ配布差止請求事件	7

〔著者紹介〕

林　秀弥（はやし・しゅうや）

名古屋大学大学院法学研究科教授。京都大学博士（法学）。日本経済法学会理事，情報通信学会理事等を務める。

【主要著作】

『企業結合規制－独占禁止法による競争評価の理論』（単著，商事法務，2011年）
『クラウド産業論』（共編著，勁草書房，2014年）
『リーガルクエスト　経済法（第2版）』（共著，有斐閣，2015年）
『オーラルヒストリー電気通信事業法』（共著，勁草書房，2015年）
『独禁法審判決の法と経済学』（共編著，東京大学出版会，2017年）

村田 恭介（むらた・きょうすけ）

弁護士　第一東京弁護士会

【主要著作】

『これだけは知っておきたい独禁法』（単著，日本経済新聞社，2008年）
『下請企業の契約実務』（共著，中央経済社，2010年）
『論点体系独占禁止法』（共著，第一法規，2014年）

野村 亮輔（のむら・りょうすけ）

弁護士（赤れんが法律事務所パートナー）　東京弁護士会

【主要著作】

「ウェブマーケティングにおける表示の問題」月刊ビジネス法務・2015年2月号
「表示担当者のためのはじめての景表法セミナー　Q&A編」月刊ビジネス法務・2015年5月号
「表示担当者のためのはじめての景表法セミナー　チェックテスト編」月刊ビジネス法務・2015年6月号
「基本用語と講習例でわかる！LGBT基礎知識」月刊ビジネス法務・2017年3月号（共同執筆）

「審決・命令・警告」徹底整理

景品表示法の理論と実務

2017年8月10日　第1版第1刷発行

著　者　林　秀弥
村田恭介
野村亮輔

発行者　山本　継
発行所　㈱中央経済社
発売元　㈱中央経済グループパブリッシング

〒101-0051　東京都千代田区神田神保町1-31-2
電話　03（3293）3371（編集代表）
03（3293）3381（営業代表）
http://www.chuokeizai.co.jp/
印刷／昭和情報プロセス㈱
製本／誠製本㈱

ISBN978-4-502-20301-5　C3032